新訂増補
個人コレクション 美術館博物館 事典

日外アソシエーツ編集部編

日外アソシエーツ

Museums of Private Collections in Japan

A Directory

Revised Edition

Compiled by

Nichigai Associates, Inc.

©2008 by Nichigai Associates, Inc.

Printed in Japan

●編集担当● 山本 幸子
装 丁：赤田 麻衣子

刊行にあたって

　本書は、個人コレクションを主体に設立され、一般公開されている国内の美術館・博物館・資料館の総合的なガイドである。いまでは「コレクション」「コレクター」という言葉は定着しているが、日本の美術館・博物館を考える上で、個人コレクターの果たしている役割は大きい。企業の創業者が私財を投じて収集した絵画や陶磁器など国宝級の美術品を揃える美術館、趣味が高じ時計や人形などを少しずつ集めて開館したという博物館、特定海外作家の絵画のみで構成された美術館など、ユニークなものが多く、また貴重な資料が含まれていることも少なくない。しかし、この種の美術館・博物館で、特に運営も個人で担っている館などは、内容や活動について一般にはあまり知られていないことも多い。

　小社では、1998年に「個人コレクション美術館博物館事典」を刊行した。全国各地の個人コレクション館を紹介したこのガイドブックは、幸いにして好評をいただいた。本書はその10年ぶりの新訂増補版である。編集にあたり、最新かつ精確な情報を盛り込むべく、前版に掲載されていた美術館・博物館を含め、全館にアンケート調査を行った。有り難いことに192館ものご協力を得ることができたが、編集部の力及ばず掲載をあきらめた館もあることをお断りしておく。

　前版に掲載されていた館の中には、残念ながら休館したところもいくつかあった。その一方、最近開館した美術館や、リニューアルした館もあり、10年の時の流れを物語っている。

　本書が前版同様、学習、研究、見学、観光などに広く活用されることを期待している。

　最後に、貴重な時間を割いてアンケートに快くご協力くださった関係諸機関の皆様に、心から感謝いたします。

2007年12月

日外アソシエーツ編集部

凡　　例

1. 本書の内容
　本書は、個人コレクションを主体として設立され、一般公開している美術館、博物館および資料館について（一部公立含む）その事業概要等を掲載した。掲載した施設は192館である。

2. 収録の対象
1）　個人コレクションを主体として設立され、一般公開している美術館、博物館、資料館を対象にアンケート調査を行い、寄せられた回答および資料をもとに収録した。
2）　アンケート未回答館は掲載しなかった。

3. 掲載事項
1）　以下の事項を、原則として2007年11月現在で掲載した。
　　館名／沿革・概要／展示・収蔵／事業／出版物／所在地／設立年月／TEL／FAX／ホームページ／E-mail／交通／開館時間／入館料／休館日／施設／責任者
2）　掲載事項の詳細は以下のとおり。
　（1）　館名の記載にあたっては財団法人、学校法人、宗教法人、株式会社等の法人格の表示は省略した。
　（2）　事業には、館主催・共催事業のほか、一部賛助事業等も含めた。
　（3）　出版物は原則として館編集・発行のものを採用したが、一部、企画・編集協力、監修も含まれている。
3）　記載内容については用語等の統一を行ったが、アンケートの回答を尊重し表記をそのままとしたものもある。
4）　写真（外観・収蔵品等）は各館から提供されたものを使用した。

4. 排　列
  1） 全国を「北海道・東北」「関東」「北陸」「中部・東海」「近畿」「中国」「四国」「九州・沖縄」の8つのブロックに分け、さらに都道府県別に館名の五十音順で排列した。
  2） 濁音・半濁音は清音とみなし、またヂ→シ、ヅ→スとみなして排列した。
  3） 拗音・促音は直音とみなし、長音（音引き）は無視して排列した。

5. 索　引
  1） 館名索引
    ブロック・都道府県別に関係なく館名の五十音順で排列し、掲載ページを示した。
  2） コレクション・コレクター索引
    各館が収蔵する作品、またはコレクター名を五十音順で排列し、館名と掲載ページを示した。

6. **参考資料**
「全国美術館ガイド」全国美術館会議編　美術出版社　2006.12

目　次

北海道・東北

北海道
荒井記念美術館……………………… 3
チェアーズ・ギャラリー………… 5
北海道伝統美術工芸村 国際
　染織美術館………………………… 7
岩手県
御所湖　川村美術館 ……………… 9
宮城県
カメイ記念展示館………………… 11
観慶丸本店　丸寿美術館 ……… 13
芹沢長介記念　東北陶磁文化館 15
宗左近記念　縄文芸術館 ……… 17
東北福祉大学　芹沢銈介美術
　工芸館…………………………… 19
秋田県
大村美術館………………………… 21
平野政吉美術館…………………… 24
山形県
蟹仙洞……………………………… 26
掬粋巧芸館………………………… 28
斎藤真一　心の美術館 ………… 30
出羽桜美術館……………………… 32
山寺　後藤美術館 ……………… 34
福島県
喜多方蔵座敷美術館……………… 36
三春郷土人形館…………………… 38

関　東

茨城県
笠間日動美術館…………………… 40
栃木県
稚葉アンティークジュウリー
　美術館…………………………… 43
鹿沼市立川上澄生美術館……… 46
栗田美術館………………………… 48
佐野市立吉澤記念美術館……… 50
那珂川町馬頭広重美術館……… 52
那須オルゴール美術館…………… 54
那須テディベア・ミュージアム 57
ニキ美術館………………………… 60
群馬県
大川美術館………………………… 63
天一美術館………………………… 66
埼玉県
河鍋暁斎記念美術館……………… 68
遠山記念館………………………… 71
山崎美術館………………………… 74
千葉県
川村記念美術館…………………… 76
白浜海洋美術館…………………… 78
東京都
出光美術館………………………… 80
UKIYO-e TOKYO ………………… 83
青梅きもの博物館………………… 85
大倉集古館………………………… 87
大島町貝の博物館「ぱれ・ら
　めーる」………………………… 90

(6)　個人コレクション美術館博物館事典

目　　次

太田記念美術館‥‥‥‥‥‥‥ 91
唐澤博物館‥‥‥‥‥‥‥‥‥ 94
菊池寛実記念　智美術館‥‥‥ 96
講談社野間記念館‥‥‥‥‥‥ 98
国際基督教大学博物館　湯浅
　八郎記念館‥‥‥‥‥‥‥ 101
五島美術館‥‥‥‥‥‥‥‥ 103
澤乃井櫛かんざし美術館‥‥ 106
杉野学園衣裳博物館‥‥‥‥ 108
相撲博物館‥‥‥‥‥‥‥‥ 110
静嘉堂文庫美術館‥‥‥‥‥ 112
大名時計博物館‥‥‥‥‥‥ 114
竹久夢二美術館‥‥‥‥‥‥ 116
凧の博物館‥‥‥‥‥‥‥‥ 118
長泉院附属　現代彫刻美術館 120
戸栗美術館‥‥‥‥‥‥‥‥ 122
ニューオータニ美術館‥‥‥ 124
根津美術館‥‥‥‥‥‥‥‥ 126
長谷川町子美術館‥‥‥‥‥ 129
畠山記念館‥‥‥‥‥‥‥‥ 131
ブリヂストン美術館‥‥‥‥ 133
松岡美術館‥‥‥‥‥‥‥‥ 136
村内美術館‥‥‥‥‥‥‥‥ 138
山種美術館‥‥‥‥‥‥‥‥ 140
弥生美術館‥‥‥‥‥‥‥‥ 143

神奈川県
カスヤの森現代美術館‥‥‥ 145
鎌倉大谷記念美術館‥‥‥‥ 147
鎌倉古陶美術館‥‥‥‥‥‥ 149
北原コレクション　箱根トイ
　ミュージアム‥‥‥‥‥‥ 151
三溪園‥‥‥‥‥‥‥‥‥‥ 153
箱根・芦ノ湖　成川美術館‥ 155
箱根美術館‥‥‥‥‥‥‥‥ 158
箱根武士の里美術館‥‥‥‥ 160
箱根ラリック美術館‥‥‥‥ 162

光と緑の美術館‥‥‥‥‥‥ 164
ブリキのおもちゃ博物館‥‥ 167
ポーラ美術館‥‥‥‥‥‥‥ 169

北　陸

新潟県
池田記念美術館‥‥‥‥‥‥ 171
木村茶道美術館‥‥‥‥‥‥ 173
郷土玩具館　痴娯の家‥‥‥ 175
空想ひみつ基地　こどもの時
　代館‥‥‥‥‥‥‥‥‥‥ 177
黒船館‥‥‥‥‥‥‥‥‥‥ 178
駒形十吉記念美術館‥‥‥‥ 180
敦井美術館‥‥‥‥‥‥‥‥ 182
同一庵藍民芸館‥‥‥‥‥‥ 184
新潟市潟東樋口記念美術館‥ 186
ミティラー美術館‥‥‥‥‥ 188
ロマンの泉美術館‥‥‥‥‥ 190

富山県
百河豚美術館‥‥‥‥‥‥‥ 192
富山市佐藤記念美術館‥‥‥ 195
西田美術館‥‥‥‥‥‥‥‥ 197

石川県
小松市立本陣記念美術館‥‥ 200

中部・東海

山梨県
清里北澤美術館‥‥‥‥‥‥ 202
清里現代美術館‥‥‥‥‥‥ 204
美枝きもの資料館‥‥‥‥‥ 206

長野県
安曇野ジャンセン美術館‥‥ 208
有明美術館‥‥‥‥‥‥‥‥ 211

個人コレクション美術館博物館事典　（7）

目　次

大熊美術館……………………… 213
軽井沢絵本の森美術館………… 215
北澤美術館　本館 ……………… 218
北野美術館……………………… 221
京都造形芸術大学附属　康耀
　堂美術館…………………… 223
小池千枝コレクション　世界
　の民俗人形博物館………… 225
佐久市立近代美術館…………… 227
サンリツ服部美術館…………… 230
信州高遠美術館………………… 232
須坂クラシック美術館………… 235
東御市梅野記念絵画館・ふれ
　あい館……………………… 237
日本浮世絵博物館……………… 239
日本のあかり博物館…………… 241
白馬三枝美術館………………… 243
ペイネ美術館…………………… 245
松本民芸館……………………… 247
マリー・ローランサン美術館… 249
ラフォーレ白馬美術館………… 251

岐阜県
名和昆虫博物館………………… 253
日本土鈴館……………………… 256
飛騨高山美術館………………… 259

静岡県
池田20世紀美術館……………… 262
伊豆ガラスと工芸美術館……… 264
伊豆テディベア・ミュージア
　ム…………………………… 266
上原近代美術館………………… 268
MOA美術館 …………………… 271
佐野美術館……………………… 274
平野美術館……………………… 277
ベルナール・ビュフェ美術館… 279

愛知県
かみや美術館…………………… 281
桑山美術館……………………… 283
昭和美術館……………………… 285
メナード美術館………………… 287
ヨコタ博物館…………………… 290

三重県
伊賀信楽古陶館………………… 292
秤乃館…………………………… 294
マコンデ美術館………………… 296

近　畿

滋賀県
木下美術館……………………… 298
日登美美術館…………………… 299

京都府
想い出博物館…………………… 301
何必館・京都現代美術館……… 303
北村美術館……………………… 305
京都嵐山オルゴール博物館… 307
京都ギリシアローマ美術館… 309
高麗美術館……………………… 311
田村資料館……………………… 313
野村美術館……………………… 315
博物館・さがの人形の家……… 317
藤井斉成会　有鄰館 …………… 319
ブリキのおもちゃと人形博物
　館…………………………… 322

大阪府
和泉市久保惣記念美術館……… 325
逸翁美術館……………………… 329
藤田美術館……………………… 331
湯木美術館……………………… 333

兵庫県
頴川美術館……………………… 335

目　次

エンバ中国近代美術館……… 338
柿衞文庫…………………… 340
財団法人黒川古文化研究所… 343
辰馬考古資料館…………… 345
丹波古陶館………………… 347
丹波市立植野記念美術館… 349
滴翠美術館………………… 351
鉄斎美術館………………… 353
西宮市大谷記念美術館…… 356
日本玩具博物館…………… 358
能楽資料館………………… 361
白鶴美術館………………… 363
兵庫陶芸美術館…………… 366
三木市立堀光美術館……… 369

奈良県
中野美術館………………… 371

中　国

鳥取県
鳥取民藝美術館…………… 374
渡辺美術館………………… 376

島根県
足立美術館………………… 378
板橋アンティックドール美術
館…………………………… 380
石見安達美術館…………… 382
奥出雲多根自然博物館…… 385

岡山県
林原美術館………………… 387
BIZEN中南米美術館 ……… 389
夢二郷土美術館…………… 392

広島県
国際聚蔵館………………… 394
たけはら美術館…………… 396
福山自動車時計博物館…… 398

山口県
山口県立萩美術館・浦上記念
館…………………………… 400

四　国

香川県
鎌田共済会郷土博物館…… 402
中津万象園・丸亀美術館… 404

愛媛県
今治市河野美術館………… 406
今治市玉川近代美術館…… 409
久万美術館………………… 411

九州・沖縄

福岡県
秋月美術館………………… 414
石橋美術館………………… 415

佐賀県
河村美術館………………… 417

熊本県
島田美術館………………… 419

大分県
岩下コレクション………… 421

鹿児島県
岩崎美術館………………… 424
長島美術館………………… 426
松下美術館………………… 428

沖縄県
佐喜眞美術館……………… 430

個人コレクション美術館博物館事典　（9）

個人コレクション美術館博物館事典

荒井記念美術館

　当館は、1989(平成元)年に、東京で出版卸売業を営む荒井利三(1914-)によって創立、開館したものである。当初は、館名を荒井記念館といい、同氏が経営するいわない高原ホテルの敷地内に建てられた。1階が200席収容の多目的ホール、2階がピカソの版画の常設展示室、3階に有島武郎の小説『生れ出づる悩み』を主題とする絵画、絵本原画、お茶室があり、日本海を望む岩内岳の中腹に位置し、眺望が大変よい。

　1992(平成4)年には、岩内郡小沢村出身の画家西村計雄の油彩購入を機に別館(2号館)を増築し、ピカソの版画と『生れ出づる悩み』を主題とする絵画が更に加わり、同年11月には財団法人の認可も下りて、館名を荒井記念美術館に改称した。

　1993(平成5)年には、『生れ出づる悩み』を主題とする彫刻作品も収蔵品として増え、美唄出身でイタリアで制作している彫刻家安田侃のモニュメント「天光散」も前庭に設置された。

　当館は、文学者の有島武郎と画家木田金次郎の出会いから生まれた小説『生れ出づる悩み』に感銘を受けた荒井利三の志から設立が計画されたが、現在では、この小説を主題にする絵画と彫刻作品、郷土の画家西村計雄の油彩作品、そしてピカソの版画267点を有する3つの柱の常設展示が、特徴となっている。音楽会や講演会、特別企画展なども積極的に行っている。

【展示・収蔵】

　ピカソの版画コレクション〜267点、西村計雄油彩〜84点、有島武郎の

北海道

小説「生れ出づる悩み」を主題とする絵画26点、彫刻10点、モニュメント彫刻「天光散」（安田侃作）など。

【事　業】
年1回程度のコンサートほか。

【出版物】
荒井記念館収蔵品目録Ⅰ（ピカソ版画コレクション）(1989)／荒井記念館収蔵品目録Ⅱ（生れ出づる悩み・讃）(1989)／荒井記念美術館収蔵品目録Ⅲ（西村計雄）(1992)／荒井記念美術館収蔵品目録Ⅵ（第2回「生れ出づる悩み」展）(1992)／荒井記念美術館収蔵品目録Ⅴ（荒井記念美術館大賞展'93 (1993)／特別展図録

- 所在地　〒045-0024 北海道岩内郡岩内町字野東505
- 設　立　1989年6月
- ＴＥＬ　0135-63-1111
- ＦＡＸ　0135-63-1111
- ＵＲＬ　http://www.iwanai-h.com/art/
- 交　通　札幌中央バスターミナルより岩内行終点下車，岩内バスターミナルより円山線「荒井記念美術館前」下車徒歩3分
- 開　館　5月～9月：AM10:00～PM6:00，10月～4月：AM9:00～PM5:00（入館は各々30分前まで）
- 入館料　一般1000円，高・大学生700円，小・中学生400円（10名以上の場合，各料金から100円引き）
- 休館日　月曜日（月曜日が祝日の場合は翌日休み），12月16日～4月15日（冬季休館）
- 施　設　鉄筋コンクリート3階建（1号館），同2階建（2号館），喫茶（1号館3階），ミュージアムショップ（2号館2階）
- 責任者　館長・荒井邦子

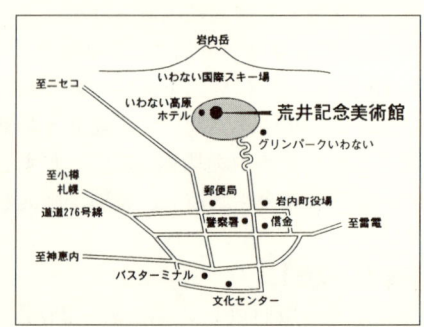

チェアーズ・ギャラリー

　開拓後間もない明治33年頃から順次建てられたレンガ造り倉庫群は歴史の浅い旭川にとっては、大変貴重な歴史的建造物のひとつとなっている。当時の旭川は第7師団を有する軍都であり、鉄道の拠点でもあった。米をはじめ、たくさんの商品や資材が旭川を中心に行き交いし、上川倉庫群も主として穀物倉庫として使用され、旭川の歴史とともに歩んで来たが、近代化されてゆく中でこれらの倉庫群は使命を終えていった。
　駅周辺の再開発計画が進められる中で、この旭川市内最古の建造物を次世代へと残し、古い建造物を現代の人間が上手に生かして使うという文化が育つ事を願い、また、株式会社上川倉庫と旭川市の理解もあり、市民の皆さんの貴重なコレクションを常設的に展示するギャラリーとして開設した。

【展示・収蔵】
　近代以降の北欧を中心とした世界各国の優れたデザインの椅子、図面、図書、スケールモデル等椅子のデザインに関わる様々な資料を収集している織田憲嗣氏所有のコレクションを、毎回テーマごとに1000脚以上の椅子の中から50脚程を展示(年2、3回入れ替え予定)。

北海道

- 所在地　〒070-0030　北海道旭川市宮下通11蔵囲夢コレクション館内
- 設　立　1998年9月
- ＴＥＬ　0166-23-3000
- ＦＡＸ　0166-23-3005
- ＵＲＬ　http://potato.hokkai.net/~ada/
- E-mail　ada@potato.hokkai.net
- 交　通　旭川駅より徒歩5分
- 開　館　(5月～10月)AM10:00～PM6:00, (11月～4月)AM11:00～PM5:00
- 入館料　無料
- 休館日　月曜, 12月30日～1月4日
- 施　設　レンガ造, 展示面積約221㎡
- 責任者　会長・小林謙

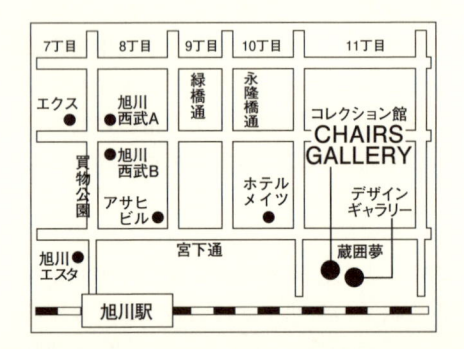

北海道伝統美術工芸村 国際染織美術館

　当館は1986(昭和61)年、優佳良織織元・木内綾によって創設された。北海道の自然をテーマとする木内綾の創作織物「優佳良織」を展示する「優佳良織工芸館」〔1980(昭和55)年開館〕および雪の美しさをテーマにした「雪の美術館」〔1991(平成3)年開館〕とともに、3館で「北海道伝統美術工芸村」を構成している。

　当館は染めと織りの専門美術館であり、初代館長で日本染織文化協会会長であった故上村六郎博士が多年にわたる染織文化研究のなかで収集した染織品を基に、世界各国、日本各地のさまざまな染織美術を収蔵・展示している。素材は天然繊維を用い、天然染料で染められ、手織りで織られたものが収蔵・展示の基本である。収蔵品の多くは、合成繊維や化学染料、機械織りが普及する以前の18世紀後半から19世紀にかけてつくられたものであるが、古いものでは3～10世紀エジプトのコプト裂や6～15世紀南米のアンデス古裂、中国・敦煌で発掘された唐代の茜染、飛鳥時代の法隆寺裂などがある。地域的には、日本各地の伝統的染織工芸をはじめ、中国、東南アジア、インド、ペルシア、トルコ、ヨーロッパ、アフリカ、アメリカと広範囲にわたっている。

　館内は全体として世界の「染織文化地図」となるように展示構成されており、館内を一巡することによって、地域ごとの染織美術の個性および相互の伝播交流のあとを一覧することができる。

北海道

【展示・収蔵】
　創立の基礎となった上村コレクションのほかに、開館後の収集品、寄贈品、寄託品を加え、現在収蔵品は約3000点。毎年、テーマを変えて展示替えを行い200点ほどを展示している。主な染織品:ペルシア絨毯(19C)、ダマスクシルク(19C)、トルコのカフタン(19C)、インド更紗(18～19C)、辻が花染(室町時代)、舞楽装束裂(慶長年間)、小袖(江戸時代)、きもの(明治～昭和初期)。

【事業】
　企画展、ギャラリートークなど。

【出版物】
　「染織美の展観」(1986)／「奈良薬師寺国宝・吉祥天女と国宝・三神像展」(1986)／「北方民族・鮮麗な繡の文化展」(1986)(絶版)／「タピスリー・女神の凱旋」(1987)(絶版)／「染織の文化」(1993)

- 所在地　〒070-8567　北海道旭川市南が丘3-1-1
- 設　立　1986年
- ＴＥＬ　0166-61-6161
- ＦＡＸ　0166-62-2060
- ＵＲＬ　http://www.yukaraori.co.jp
- E-mail　senbi@yukaraori.co.jp
- 交　通　JR旭川駅下車　車で15分、道北バスで高砂台入口下車徒歩5分、クレヨンパーキング(旭川市1条通6丁目)前から無料専用バスで15分
- 開　館　AM9:00～PM5:30(11・12月はPM5:00まで)
- 入館料　一般550円
　　　　　高校・大学生350円
　　　　　小・中学生250円
- 休館日　4月～12月無休、1月～3月休館
- 施　設　鉄筋コンクリート(一部鉄骨)2階建652.52㎡
- 責任者　館長・木内和博

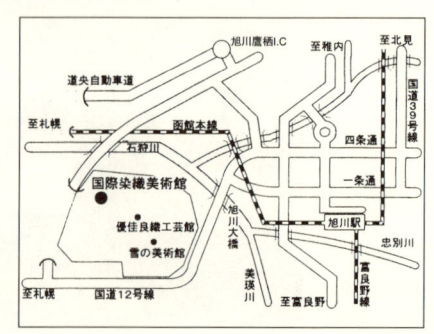

御所湖 川村美術館

　御所湖川村美術館は、建設設備会社などを経営してきた盛岡市出身の川村昶館長が個人蒐集した東欧絵画を中心に展示する、私設美術館である。

　川村館長は、東欧作品の『美との出会い』に衝撃と感動を覚え、この素晴らしい絵画を《一人でも多くの皆様に》との思いから幾度となく絵画展を開催してきたが、その都度、鑑賞した人々からの「ぜひ美術館を」という声に励まされた。長年の夢の結晶として、1995(平成7)年8月、私財を投じて館の建設に着手し、同年12月に開館した。

【展示・収蔵】
　東ヨーロッパ絵画・彫刻
　ロシア―イゴシェフ、ミハイル・シュミアキン、シェルバコフ
　ポーランド―スタシス・エイドリゲビチウス
　収蔵品は500点

【事　業】
　3ヶ月ごとの企画展、毎週日曜日クラシック演奏会開催。

岩手県

【出版物】

パンフレット／企画展案内

- 所在地　〒020-0572　岩手県岩手郡雫石町西安庭11-55-6
- 設　立　1995年12月
- ＴＥＬ　019-692-5931
- ＦＡＸ　019-692-5931
- E-mail　http://www.13.ocn.ne.jp/~k-museum/
- 交　通　盛岡駅よりバス30分または雫石駅よりタクシー5分
- 開　館　AM9:30～PM5:00
- 入館料　大人500円(400円)、小・中学生400円(300円)
　　　　　※( )内は10名以上の団体料金
- 休館日　月曜日(祝日の場合は翌日休館)、12月31日～1月3日
- 施　設　敷地2000㎡に約300㎡の一階建・西欧風の館、カフェ・メモリアルショップ併設
- 責任者　館長・川村昶

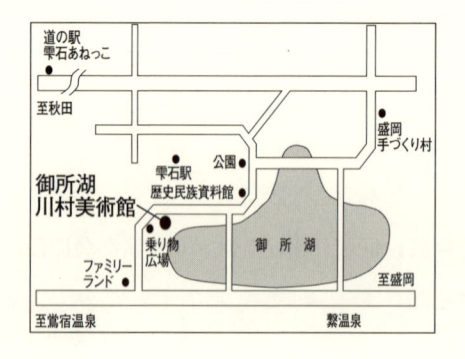

宮城県

カメイ記念展示館

　当館は、カメイ株式会社の創業90周年を記念して設立された財団法人カメイ社会教育振興財団が運営する博物館であり、地域に貢献すると共に、生涯学習・社会教育の振興に寄与することを目的として、1994(平成6)年9月に開館した。

　収蔵品並びに展示品は三部門に分かれており、絵画展示室では、日本の近・現代の具象画を中心に、海外の作家、東北にゆかりのある作家の作品を展示している。また、財団理事長の亀井文蔵が60年以上にわたって収集した世界の蝶の展示は圧巻であり、そして、理事の亀井昭伍のコレクションであるこけしの展示室では、東北固有の文化を堪能することができる。

【展示・収蔵】
絵画展示室……浅井忠、藤田嗣治、小山敬三、田崎広助など、日欧の近代洋画約300点を収蔵し特別展、企画展を開催している。
蝶展示室………亀井文蔵コレクション　世界の蝶約1万4000頭(オーゴンテングアゲハ、アレキサンダートリバネアゲハなど)と約1300匹の甲虫などを常設展示している。他にアッコウスバシロチョウなど1万4100頭を所蔵している。
こけし展示室…亀井昭伍コレクション　佐藤直助・高橋胞吉など東北の古作こけし500本と受贈こけし等3500本を収蔵し、特別展、企画展を開催している。ほかこけし関係文献約150冊収蔵。

宮城県

【事　業】
ギャラリートーク、こけし絵付体験

【出版物】
「世界の蝶」（亀井文蔵著）／「こけし百彩」（カメイ記念展示館図録）／「佐藤達展図録」／「傅益瑤『奥の細道』を描く　芭蕉『生命の賛歌』」（傅益瑤著）／伝統こけし最新工人録

- 所在地　〒980-0022　宮城県仙台市青葉区五橋1-1-23　カメイ五橋ビル7階
- 設　立　1994年9月
- ＴＥＬ　022-264-6543
- ＦＡＸ　022-264-6544
- ＵＲＬ　http://www.kamei.co.jp/museum/
- E-mail　kupu-kupu@syd.odn.ne.jp
- 交　通　仙台駅より徒歩10分，市営地下鉄五橋駅下車北4出口を出て徒歩3分
- 開　館　AM10:00～PM5:00（入館はPM4:30まで）
- 入館料　一般300円（240円）※（　）内は団体20名以上，65才以上・高校生以下無料
- 休館日　月曜日（但し月曜日が祝休日の場合は開館），年末年始
- 施　設　カメイ五橋ビル7階…受付・絵画展示室，6階…蝶・こけし展示室，ミュージアムショップ
- 責任者　館長・亀井文蔵

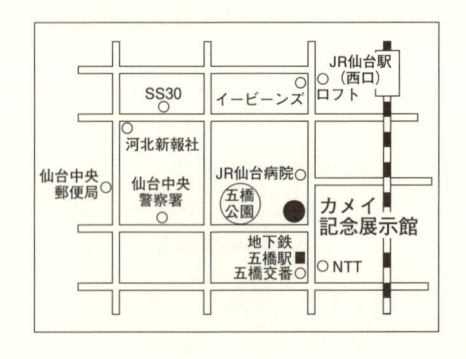

観慶丸本店　丸寿美術館

陶器店観慶丸本店の3階にあり、常時一般に公開されている。面積は約150平方メートル。陶器販売店である観慶丸本店が先祖代々から伝わる陶磁器を陳列して希望者に閲覧して頂くために、須田幸一郎により1950（昭和25）年にスタートした。

【展示・収蔵】
　有田、京都、九谷、瀬戸などの陶磁器の産地の実力派の名工の作品を展示している。特に九谷の大花瓶、有田の飾り皿など見るべきものが多い。展示替えがある。
〈主な展示品〉
　◇「青華唐草紋大鉢」（七代目　柿右衛門作）
　◇「織部鯉彫り大鉢」（加藤又三郎作）
　◇「織部すいれん鉢」（三代目　加藤春花作）
　◇「竹林仙人庄三風大花瓶」（初代　竹腰善平作）
　◇「鯉絵大鉢」（三代目　竹腰善平作）
　◇「織部大灯籠」（加藤春岱作）
　◇「金剛童子像」（初代　徳田八十吉作）

宮城県

- **所在地**　〒986-0822　宮城県石巻市中央2-8-1観慶丸本店内
- **設　立**　1958年
- **ＴＥＬ**　0225-22-0151
- **ＦＡＸ**　0225-22-7601
- **ＵＲＬ**　http://homepage3.nifty.com/kankeimaru/
- **E-mail**　kankeimaruhonten@mbf.nifty.com
- **交　通**　JR仙石線石巻駅から徒歩10分、三陸自動車道石巻河南インターから10分（駐車場あり）
- **開　館**　AM10:00 〜 PM5:30
- **入館料**　300円（小学生以下は無料）※観覧券は店内で300円の買い物券として利用できる。
- **休館日**　火曜日

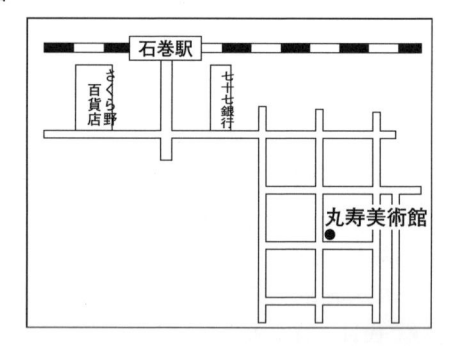

芹沢長介記念 東北陶磁文化館

　1987(昭和62)年、故・芹沢長介氏(1919-2006、東北大学名誉教授、東北福祉大学芹沢銈介美術工芸館 前館長)から東北の近世陶磁の寄贈を受け、中新田町(現・加美町)が開設した。

【展示・収蔵】
　東北地方における江戸から明治頃の陶磁器を収蔵・展示する。芹沢長介コレクションは氏の専門である考古学による見識と、型絵染めの人間国宝である父・芹沢銈介とともに培われた審美眼によって選び出された秀逸なものである。
　現在収蔵は1626点、そのうち400点ほどを常設展示している。

【出版物】
　「東北の近世陶磁」(1987年刊)

- **所在地**　〒981-4261　宮城県加美郡加美町字町裏64
- **設　立**　1987年4月
- **ＴＥＬ**　0229-63-3577

宮城県

- FAX　0229-64-1510
- 交　通　東北新幹線古川駅より宮城交通バス30分,「中新田西町」下車徒歩5分
- 開　館　AM10:00～PM4:30(但し入館はPM4:00まで)
- 入館料　大人300円, 65歳以上200円, 高校大学生200円, 小中学生150円
　　　　　※団体20名以上は各50円引き
- 休館日　月曜日, 祝日の翌日(土・日曜日は除く), 12月28日～1月4日, 展示替期間等
- 施　設　2階建, 延床面積1032㎡
- 責任者　館長・吉岡善太郎

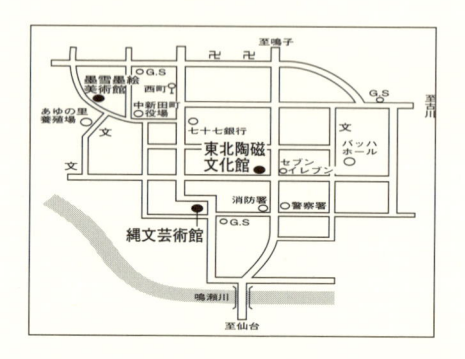

宮城県

宗左近記念 縄文芸術館

　当館は、1988(昭和63)年4月に詩人の故・宗左近氏の縄文土器、土偶約200点の寄贈を受けて開館したものである。収蔵品は、すべて縄文時代の土器、土偶で、従来、考古資料としてしか見られていなかったものを、日本人の祖先である縄文人がつくりあげた芸術品としてとらえ美術的観点から鑑賞するように展示してある。そのために考古的説明はほとんどなく、年表による説明だけにとどめている。

　展示品は縄文時代・前期から晩期までのもので、東北、関東を中心とした円筒上層下層式(青森県)、加曽利式(千葉県)、阿玉台式(関東)などの美術的価値の高いものである。

　なお、建物は、昭和初期のみそ、しょうゆ蔵を改築したもので、展示品と一体となるように改装している。

【展示・収蔵】

　円筒上層、下層式深鉢(青森県)、亀ヶ岡式壺・注口土器(青森県)、阿玉台式深鉢(関東)、加曽利式深鉢(関東)、亀ヶ岡式土偶(青森県)、十腰内式土偶(青森県)、勝坂式深鉢(東京都)。

宮城県

【事　業】
講演会など。

【出版物】
縄文芸術館展示図録

- 所在地　〒981-4241　宮城県加美郡加美町字南町186-1
- 設　立　1988年4月
- ＴＥＬ　0229-63-5030
- ＦＡＸ　0229-63-5030
- 交　通　東北新幹線古川駅より宮城交通バス中新田西町下車徒歩10分
- 開　館　AM10:00～PM4:30（入館はPM4:00まで）
- 入館料　一般300円，学生200円，シルバー（65才以上）200円，小・中学生150円（団体20名以上50円引き）
- 休館日　月曜日（但し月曜日が祝休日の場合は翌日），12月28日～1月4日
- 施　設　木造一部2階建235㎡，展示室152㎡
- 責任者　館長・吉岡善太郎

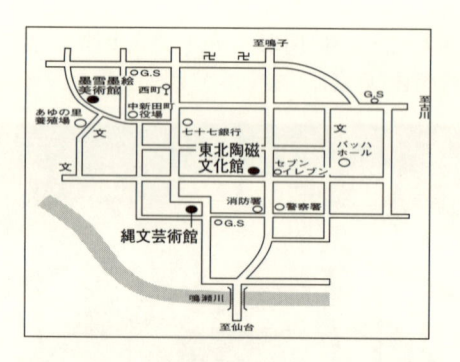

宮城県

東北福祉大学 芹沢銈介美術工芸館

　芹沢銈介（1895-1984）は、わが国染色界の至宝として1956（昭和31）年、型絵染の重要無形文化財保持者（人間国宝）に指定された。生前、銈介は東北の風土と古い伝統の息づく文化を愛し「仙台にも陳列館を」と望んでいた。

　長男の芹沢長介氏（東北大学名誉教授）が東北福祉大学に赴任した時、かねてより美術館建設の予定があったことを知り、銈介の遺志を生かすためにと、コレクション約1000点と作品約200点の寄贈を申し出、1989（平成元）年に開館。コレクションと作品を展示している。

【展示・収蔵】
　◇芹沢銈介コレクション
　　「芹沢銈介のもうひとつの創造」と呼称されるコレクション。アフリカのマスク、衣類、木工品、土偶、壺など180点。中南米、特にインカの染織品を中心とする資料約150点。東南アジア、インドの染織品、装飾品等約380点を中心としている。他に中国、台湾、朝鮮の衣類、箱等約56点。日本の衣類、絵馬、容器など620点があり、それらの多くは晩年になって収集されたものといわれている。
　◇芹沢銈介作品
　　着物、帯地、のれん、壁掛、カーテン地、風呂敷、屏風、軸、額絵、端裂、鉄行灯下絵、緞帳下絵など。その中にはこれまで公開されることのなかったものや、試作品、作品制作の原点となる型紙なども含まれている。

宮城県

【事　業】
年4回の展示（特別展2回、企画展2回）

【出版物】
「芹沢銈介作品図録」（1989年・2001年刊）／「芹沢銈介コレクション図録」（1989年・2006年刊）／「アイヌ文化展」（1990年刊）／「東北の古人形」（1991年刊）／「民衆の絵画」（1993年刊）／「私本・私家本・装幀本」（1998年刊）

- 所在地　〒981-8522　宮城県仙台市青葉区国見1-8-1
- 設　立　1989年6月
- ＴＥＬ　022-717-3318
- ＦＡＸ　022-717-3324
- ＵＲＬ　http://www.tfu.ac.jp/kogeikan/
- 交　通　JR：仙山線（各停）で「東北福祉大前」下車 徒歩10分、バス：市営バス JR仙台駅・仙台ホテル前24番「北山-子平町循環」もしくは25番「子平町-北山循環」行きで「福祉大前」下車
- 開　館　AM10:00～PM4:30（入館はPM4:00まで）
- 入館料　一般300円（200円）、学生200円（100円）、高校生以下無料 ※（ ）内は20名以上の団体料金
- 休館日　展示替期間、大学入試日 等
- 施　設　鉄筋コンクリート6階建のうち1階・5階・6階が展示室（5階にコーヒーラウンジあり）、総面積（延床面積）2713㎡
- 責任者　館長・萩野浩基

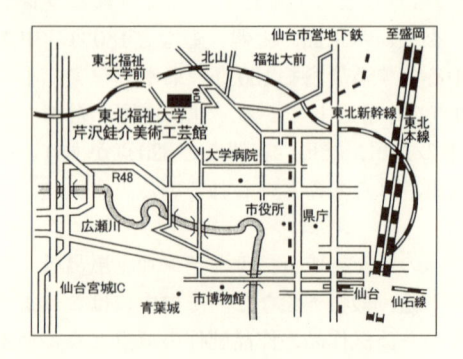

秋田県

大 村 美 術 館

　大村美術館は、フランスの装飾芸術家ルネ・ラリックのガラス作品を専門に公開・展示している私立美術館である。古き日本文化の面影を残す角館に新たな文化エッセンスを加えたい、という個人コレクターの熱意によって、1995(平成7)年に秋田市角館町(現・仙北市)に設立。

　所蔵コレクションは、フランスの装飾史上最も偉大な芸術家のひとりであるルネ・ラリックのガラス作品とデザイン作品、およびその周辺資料を主軸としている。その他、娘のスザンヌ・ラリックのデザインした磁器、1925年に開催されたアール・デコ博覧会の写真資料やジョルジュ・バルビエなどに代表されるアール・デコ期のイラストレーター達が描いたファッション・ポショワールなど20世紀前半のフランスのアール・デコ様式に特化したコレクションが特徴である。また、現代作家のコレクションとしてスペインのアントニ・タピエス、アントニ・クラーベ等の版画作品等も所蔵。なお、これらのコレクションは2〜3ヶ月ごとにテーマを定めて60〜80点前後を選定し、公開展示している。

　ルネ・ラリックのコレクションには、1925年パリで開催されたアール・デコ博覧会(Exposition Internationale des Arts Décoratifs et Industriels

秋田県

Modernes）のメインモニュメントとなった噴水塔「フランスの水源」に取り付けられていたガラス立像「テルフューズ」や同博覧会の美術工芸パビリオンの扉を飾ったドアパネル「ガラスの職人（左側）」など装飾美術史上貴重な作品が所蔵、常設展示されており、ラリックの偉大な業績の一端を眼にすることができる。

併設のミュージアム・セレクトショップとカフェがあり、注染のてぬぐい、七宝やトンボ玉のアクセサリーなどの生活雑貨のショッピングや自家焙煎コーヒーを楽しむことができる。

【展示・収蔵】
ルネ・ラリックコレクション
- ◇ドアパネル「ガラス職人（左側）」 1925年　プレス成形フロスト 33cm×36.5cm
- ◇装飾パネル「競技者/c」1912年　プレス成形フロスト・グレーパティネ 42cm×111.5cm
- ◇花瓶「つむじ風」1926年 プレス成形フロスト、黒エナメル彩　高20 径15
- ◇リング付花瓶「とかげ」 1919年　一部プレス成形、リング部のみ赤茶パティネ 高33 径20
- ◇香水瓶「アンバーアンティーク」 1910年　フロスト赤茶パティネ 高15.5 径4
- ◇ナイトランプ「鳩」 1920年　ティアラ部:プレス成形、フロスト（部分）

現代作家コレクション
- ◇「フォルムとニス」 1986年　アントニ・タピエス
- ◇「赤と黒」 1985年　アントニ・タピエス
- ◇「鳥を持った王様」 1958年　アントニ・クラーベ

【事　業】
ミュージアム・コンサート、ギャラリートークなど。

秋田県

【出版物】
大村美術館 図録〈Ⅰ〉（1995年4月）

- 所在地　〒014-0326　秋田県仙北市角館町山根町39-1
- 設　立　1995年4月
- ＴＥＬ　0187-55-5111
- ＦＡＸ　0187-55-5112
- ＵＲＬ　http://www007.upp.so-net.ne.jp/lalique/museum/
- E-mail　s-omura@db3.so-net.ne.jp
- 交　通　JR秋田新幹線・角館駅下車徒歩15分，高速道路・秋田自動車道・大曲ICより国道105号線経由約40分
- 開　館　4〜11月：AM10:00〜PM5:00，12〜3月：AM10:00〜PM4:00
- 入館料　一般800円，大学・専門学校生700円，中学・高校生300円
- 休館日　4〜11月：木曜日(但し，木曜日が祝休日の場合は前日)，12〜3月：水・木曜日，年末年始，展示替えのための臨時休館有り
- 施　設　木造1階建185.1㎡，館内にカフェ，ギャラリーショップを併設
- 責任者　館長・大村美智子

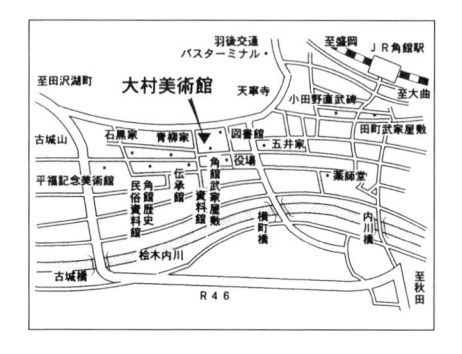

個人コレクション美術館博物館事典　23

秋田県

平野政吉美術館
(ひらのまさきち)

　1966(昭和41)年12月、秋田県立美術館が千秋公園の入口に落成。県立美術館は、平野政吉(1895-1989)が独力で蒐集した美術コレクションを公開するために、国の補助金、平野政吉・県民・文化団体の寄付金をあわせ建設された。
　1967(昭和42)年2月、平野政吉コレクションの中から320点を寄付し、財団を県立美術館に設立。1967年5月5日、財団法人平野政吉美術館が開館。その後、追加の寄付により、現在601点所蔵。1997(平成9)年10月より1998(平成10)年4月まで、リニューアル工事のため休館した。
　藤田嗣治作品、西欧絵画を常設展示。他は随時展示。藤田作品の中でもカンバス張りで20世紀世界最大と云われる壁画「秋田の行事」はその大きさ(高365cm・巾2050cm)、出来ばえとも素朴、豊潤な秋田の風俗を静動対照的に描き、1937(昭和12)年当時の秋田を描き尽した絶品である。また、藤田画伯の壮年期の代表作を70点程展示しており、これだけでも例を見ない。藤田画伯の遺品資料等も展示している。

【展示・収蔵】
　(1)常設展示
　　　藤田嗣治作品…油彩14点を含め、素描・版画70〜80点展示。主な作品「秋田の行事」(壁画・365×2050cm)、「眠れる女」「五人女」など。
　　　西欧絵画………スペイン系中世宗教画油彩8点、ゴヤ銅版画集「闘牛技」34点、ゴーギャン、ゴッホ、ロートレック、マチス、

秋田県

ピカソ、ダリの版画など。
（2）収蔵品
　藤田嗣治作品102点、西欧絵画94点、日本初期洋画72点、明治初期洋画87点、中国絵画33点、藤田遺品資料213点（計601点）。

【事　業】
　常設展示されていない収蔵品などで、年2回程度、1～2ヶ月の企画展を春秋に計画。美術講座を年2回程度開催。

【出版物】
　絵はがき

- 所在地　〒010-0875　秋田県秋田市千秋明徳町3-7
- 設　立　1967年2月（開館5月）
- ＴＥＬ　018-833-5809
- ＦＡＸ　018-833-5819
- ＵＲＬ　http://hirabi.m78.com/
- 交　通　JR秋田駅より徒歩10分
- 開　館　4月～9月：AM10:00～PM5:30，10月～3月：AM10:00～PM5:00
　　　　（入館は閉館の30分前まで）
- 入館料　一般610円，高・大学生200円，小・中学生100円，シルバー（70歳以上）550円，団体（20人以上）一般490円，高・大学生160円，小・中学生80円
- 休館日　月曜日（祝日の場合は翌日），12月29日～1月3日，展示替のため臨時休館あり
- 施　設　鉄筋コンクリート3階建
- 責任者　理事長・大野忠右ヱ門

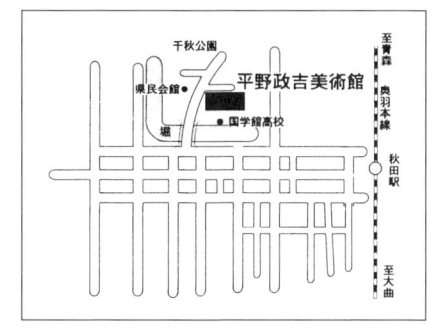

山形県

蟹仙洞（かいせんどう）

　蟹仙洞は、当地で製糸業を経営していた故長谷川謙三が半生をかけて収集していた日本刀や堆朱などの中国の明・清時代の漆工芸品を保存公開するために設立された私立の美術博物館である。館名は、「蟹仙堂」と号していた氏により名付けられたものである。

　1951（昭和26）年に財団法人として開館し、翌年に登録博物館に指定された。当初は長谷川家の母屋（現在は美術館の施設）で公開されていたが、1953（昭和28）年に大成建設の設計施工による鉄筋コンクリート造の本館が完成、ここに本格的な展示公開がスタートした。

　収集品の中心は、日本刀と刀装具類と中国の漆工芸品である。日本刀には、国の重要文化財に指定されている備前国長船住長義や備前国長船兼光・延文元年十二月日銘の太刀などの外に、漆器類では中国明時代の楼閣人物填漆箪笥などがその代表的な収蔵品である。

　本館展示室にはコレクションの中心である中国明・清時代の彫漆が常時展示されているので研究者の方にとっては格好の資料となっている。1992（平成4）年には土蔵展示室を開設。古刀から新刀までの日本刀および小道具類が展示されている。また、本館に併設されている大正時代の木造住宅は日本の住宅の失われた姿を知る建築資料生活資料である。建坪1000㎡の建物に面した日本庭園と共に館の特徴になっている。

　また、長谷川家関係資料として雛人形を中心とした人形類及び創立者長谷川兼三が大正・昭和前半に撮影した各地の記録写真資料があり、写真作品はホームページで公開をはじめている。

【展示・収蔵】
　国指定重要文化財楼閣人物填漆箪笥、太刀銘 来国次、太刀銘 備前国長船兼光 延文元年十二月日、太刀銘 備前国長船住長義などを含む日本刀と刀装具及び中国明・清時代の漆工芸品の収蔵品等合計200余点。他に長谷川家関係資料として人形関係の資料600点、記録写真などの写真資料1000点を収蔵

する。

【事　業】
山形県教育委員会と共催企画展、日本刀展、中国の漆工芸展、雛人形展など。

【出版物】
美術選集第8巻「彫漆」(フシアート出版)/絵はがき

- 所在地　〒999-3134　山形県上山市矢来4-6-8
- 設　立　1951年
- ＴＥＬ　023-672-0155
- ＦＡＸ　023-672-0155
- ＵＲＬ　http://www6.ocn.ne.jp/~kaisendo/
- E-mail　kaisendo@aroma.ocn.ne.jp
- 交　通　山形新幹線かみのやま温泉駅下車徒歩7分
- 開　館　3〜11月：AM9:00〜PM5:00，12〜2月：AM9:00〜PM4:00
- 入館料　大人500円(400円)，高・大学生300円(200円)，小・中学生100円(50円)，(　)内は団体20名以上，障害者は(　)内の料金
- 休館日　火曜日(祝日の時は開館)，12月29日〜1月5日，冬期間は水・木曜日も休館，開館の希望は要予約
- 施　設　鉄筋コンクリート吹抜2階建本館，大正時代のスレート葺木造2階建(日本庭園付)。昼食のみ"十割蕎麦処"10人位迄(全席予約制，800〜2000円)AM11:00〜PM2:00営業
- 責任者　長谷川浩一

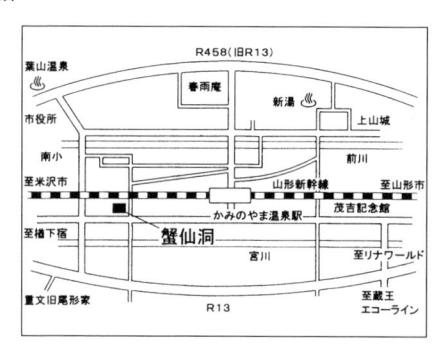

山形県

掬粋巧芸館
（きくすい）

　1932（昭和7）年4月、井上家10代庄七が収集した日本、中国、朝鮮の古陶磁器約600点を収蔵・公開するため、財団法人掬粋巧芸館として登録、私立美術館として開設された。

　明治末期から主として日本陶磁器を購入、大正中期に至り中国古陶の発掘が盛んとなると、骨董商を介し、少しずつコレクションを増やしていった。

　収集が進むにつれて、後代の散逸を恐れた庄七は11代と相談の上財団法人を設立するに至ったものである。

【展示・収蔵】

◇主な収蔵品

中国元時代「染付飛鳳唐草文八角瓢型瓶」（重要文化財）、宋「白釉黒花牡丹文梅瓶」「白釉黒花掻落牡丹文瓶」、明「五彩竜鳳文壺」（以上重要美術品）、室町「黄瀬戸茶碗」、南北朝「黄瀬戸狛犬」（以上県文化財）等。

◇展示内容

中国（漢〜清）、朝鮮（新羅〜高麗〜李朝）、日本（鎌倉〜近代）など古陶磁約600点のうち、重要文化財1点、重要美術品4点、県文化財を11点全品常時展示。

他に、平安時代後期に作られた高さ1.6mの木像釈迦如来立像、県内では数少ない等身大の優雅な仏像で、頭部に典型的な藤原様式の特徴を持つ。1943（昭和18）年京都から川西町に移され、1956（同31）年県文化財の指定を受ける。

山形県

【事　業】
　見学者に対する理事長およびその家族、樽平酒造株式会社関係者に依る解説の奉仕、文化財、研究者、そのグループ等に対する講義などの奉仕。

【出版物】
　図録「東洋陶磁の美」財団法人掬粋巧芸館 1989.9

- 所 在 地　〒999-0122　山形県東置賜郡川西町中小松2911-5
- 設　　立　1932年4月
- Ｔ Ｅ Ｌ　0238-42-3101
- Ｆ Ａ Ｘ　0238-42-3104
- 交　　通　JR米坂線羽前小松駅下車徒歩15分
- 開　　館　AM9:00～PM4:00（秋はAM9:00～PM3:00）
- 入 館 料　大人1名600円（団体20名より500円），大・高校生500円，小・中学生400円
- 休 館 日　12月より翌年3月末日，毎週月曜日
- 施　　設　本館および別館国指定登録文化財　本館(土蔵)，別館(石造建築)
- 責 任 者　館長兼理事長・井上京七

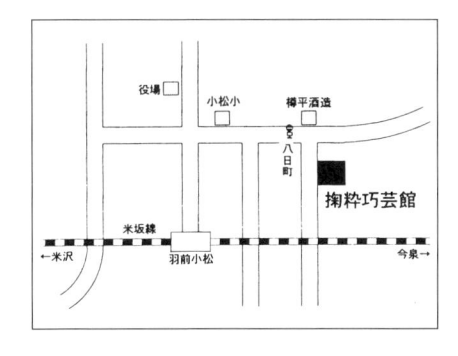

北海道・東北

個人コレクション美術館博物館事典

山形県

斎藤真一 心の美術館

「斎藤真一心の美術館」は、出羽桜美術館の分館であり、本館から道を隔てた筋向かいにある。

岡山県倉敷市出身の斎藤真一画伯(1922-1994)は、東京美術学校卒業後、静岡県立伊東高等学校で教鞭をとる傍ら制作を続けた。1959(昭和34)年36歳の時フランスに留学し、ジプシーに心惹かれてヨーロッパ各国を放浪、さすらいの旅を続け、その中で藤田嗣治の助言もあり、帰国後、東北を旅することになる。そこで瞽女(ごぜ)を知り、瞽女の哀しい足跡を記録した作品を描いた。更に明治の吉原に生きる遊女の実態を検証し、悲しみ、憂い、情念を独自に表現し、数々の作品を描いた。

出羽桜酒造株式会社三代目社長・仲野清次郎は20代前半の若い頃、鎌倉の小さな画廊で斎藤真一展を見て心を打たれ、言葉では表現し得ない感動を覚えたのである。画面には悲しみが溢れ、人の心を締め付けるような哀しさがある。この独特の美の世界を紹介するために、40年近く親交を深めてきた斎藤真一と共に1993年に開館した。

仲野清次郎が集めてきた斎藤真一の作品は、大正時代初期の蔵に展示され、北国の風土と調和し、より叙情的に心に深く染み入る。所蔵作品には、瞽女、明治吉原細見記、さすらい、哀愁、街角シリーズがあり、企画展示をしている。

斎藤真一「二本木の雪」

【展示・収蔵】
◇瞽女……………「二本木の雪」「雪に死す」「越後瞽女日記」
◇明治吉原細見記…「吉原夜景」「軽気球」
◇さすらい…………「ピエロの悲しみ」「あるトランペット吹き」

◇街角……………「チェロの男」「白い教会」等、約500点

【事　業】
（1）企画展。
（2）作品の収集・保管・展示。
（3）他の美術館との資料の貸借。

【出版物】
「越後瞽女日記作品集」／「一寸昔」／「風雨雪」／「斎藤真一の世界」

- 所在地　〒994-0044　山形県天童市一日町2-4-34
- 設　立　1993年6月
- ＴＥＬ　023-654-5050
- ＦＡＸ　023-653-0600
- ＵＲＬ　http://www.dewazakura.co.jp/museum.htm
- E-mail　dwz@dewazakura.co.jp
- 交　通　JR天童駅より徒歩15分，山形空港より車で15分
- 開　館　AM10:00 〜 PM5:00（入館はPM4:30まで）
- 入館料　一般300円，高校・大学生200円，小・中学生100円
- 休館日　月曜日（月曜日が祝日のときは翌日），展示替期間，年末年始
- 施　設　展示室119㎡，アトリエ27㎡
- 責任者　理事長・仲野益美

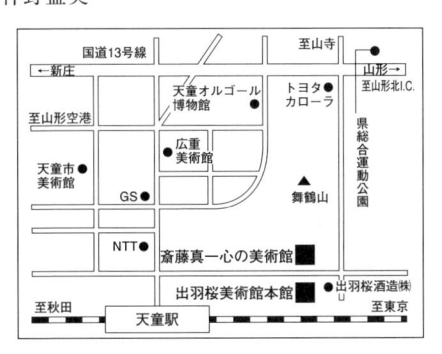

山形県

出羽桜美術館
（でわざくら）

　1988（昭和63）年5月に設立。出羽桜酒造株式会社三代目社長・仲野清次郎が永年に亘って蒐集してきた陶磁器、工芸品等の寄付を受けて、開館に至ったものである。

　当美術館は仲野清次郎の旧住宅。明治後期の建物で国の登録有形文化財に指定されている。木造瓦葺の母屋と蔵座敷が展示室であり、「枯山水」の庭園を背景にしている。

染付花唐草文皿

　主な収蔵品は、古韓国、新羅・高麗・李朝期の陶磁器と工芸品で、これらは戦後まもない在京学生の頃、李朝陶磁の「無心の心」に惹かれ、それ以来ライフワークとして収集したものである。「文化は社会のものとなって初めて文化遺産となる」「美術品は多くの人の目に触れ、更に価値が高くなる」とコレクションの散逸を防ぐとともに社会に還元しようと一般公開した。近代文人の書、桜に因んだ工芸品、日本六古窯、歌川広重の肉筆画等3000点余を所蔵、伝統的な美しさと洗練された落ち着いた雰囲気の中で鑑賞できる。

【展示・収蔵】
　李朝期の陶磁器と工芸品、桜をモチーフにした工芸品、日本六古窯、近代文人の書、根来等を3カ月毎に展示替をする。李朝染付花唐草文皿、李朝染付秋草文瓶、李朝華角張方形箱、李朝白磁大壺、李朝彫三島魚文瓶、初期伊万里染付枝垂桜文皿など。

【事　業】
　（1）企画展・特別展。

（2）高麗・李朝に関する資料を収集・保管・展示する。
（3）展示資料に関する案内書、解説書を作成し、頒布する。
（4）他の美術館と協力し、展示資料の相互貸借を行う。

【出版物】
「李朝工芸」/「近代文人の書Ⅰ」/「近代文人の書Ⅱ」/「日本画展」/「名匠五人展」

- 所在地　〒994-0044　山形県天童市一日町1-4-1
- 設　立　1988年5月
- ＴＥＬ　023-654-5050
- ＦＡＸ　023-653-0600
- ＵＲＬ　http://www.dewazakura.co.jp/museum.htm
- E-mail　dwz@dewazakura.co.jp
- 交　通　JR天童駅より徒歩15分，山形空港より車で15分
- 開　館　AM10:00〜PM5:00（入館はPM4:30まで）
- 入館料　一般500円，高校・大学生300円，
　　　　　小・中学生200円（20名以上10％OFF）
- 休館日　月曜日（月曜日が祝日のときは翌日），展示替期間，年末年始
- 施　設　展示室157㎡，休憩室29㎡
- 責任者　理事長・仲野益美

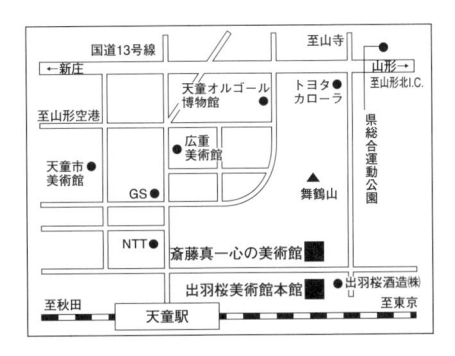

山形県

山寺 後藤美術館
(やまでら ごとう)

　山寺 後藤美術館は、山形県西村山郡河北町出身の実業家・後藤季次郎が、自身が長年にわたり収集したヨーロッパ絵画を中心とした美術品を収蔵・展示するため、歴史と景勝の地・山形市山寺に1994(平成6)年に開館したものである。
　後藤季次郎氏は18歳で上京し絵と出会い、後に収集を始めた。最初に惹かれたのは、ヨーロッパ絵画の中でも、故郷の風景を思わせるような農村の風景画だったという。そのため、収集した絵画の中には、自然を描いた「バルビゾン派」のものが多い。後藤氏は、それらの絵画を集めた美術館を自らの故郷に作りたい、という夢を持ち続けており、ついに実現することができた。
　また当館には、絵画のほかにも、ガレやドームのガラス作品、ロダンの彫刻、ヨーロッパ各地の伝統工芸品など、貴重なコレクションが多数展示されている。
　建物は、山寺周辺の景観と既存の建物との調和を考え、白壁と面格子の和風の造りとなっている。

【展示・収蔵】
　バルビゾン派を中心としたヨーロッパ絵画、アールヌーボーのガラス工芸作品、彫刻作品など約700点を収蔵。
〈主な収蔵品〉
　◇ジャン＝マルク・ナティエ「落ちついた青色の服」
　◇ウィリアム・ブーグロー「愛しの小鳥」

山形県

◇ジャン＝バティスト＝カミーユ・コロー「サン＝ロー近くの丘と牧場」
◇テオドール・ルソー「ノルマンディーの風景」
◇ジャン＝フランソワ・ミレー「庭にて」

など

【事　業】
　年2〜3回 公立美術館、新聞社、百貨店の企画展を協催。

【出版物】
　所蔵品図録、巡回展図録、絵はがき、額絵 ほか。

- 所在地　〒999-3301　山形県山形市大字山寺2982-3
- 設　立　1994年4月
- ＴＥＬ　023-695-2010
- ＦＡＸ　023-695-2010
- ＵＲＬ　http://www.yamadera-goto-museum.jp
- 交　通　JR仙山線「山寺駅」下車5分
- 開　館　5月〜9月 AM9:30〜PM5:30（入館はPM5:00まで），
　　　　　10月〜4月 AM9:30〜PM5:00（入館はPM4:30まで）
- 入館料　大人（高校生以上）800円（600円）、小人（小学生以上）400円（300円）
　　　　　※（　）内は20名以上の団体料金
- 休館日　月曜日（祝休日と重なる場合は翌日）、12月30日〜1月3日
- 施　設　総敷地面積3632㎡、延床面積1000.55㎡、展示室655.15㎡、展望休憩室、庭園
- 責任者　館長・後藤季次郎

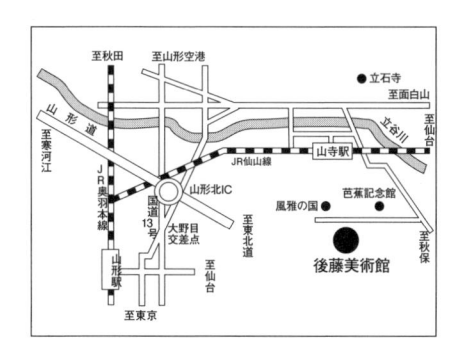

北海道・東北

個人コレクション美術館博物館事典

福島県

喜多方蔵座敷(くらざしき)美術館

　創業明治12年の「蔵座敷」のある笹屋旅館は三代目・岩田圭一郎が画商を兼ねていたため、竹久夢二、小川芋銭、森田恒友、安田靫彦、下村観山、武者小路実篤など「笹屋」に逗留した画家も少なくなく、多くの絵が残されている。喜多方文化の継承と発展を考え、広く公のものとするため、1990（平成2）年4月27日、蔵座敷を美術館として開館した。蔵座敷は明治24年に建てられ、重厚な白と黒の壁でできた大きな"戸前"、上段の間、中の間、三の間の三つの部屋から成っており、絵と蔵座敷の魅力を充分に味わうことができる。
　1993（平成5）年2月改装工事、2004（平成16）年4月移築（曳屋）増築工事完了。

【展示・収蔵】
　竹久夢二「秋のおとづれ」等5点、酒井三良 絹本金裏箔墨画淡彩屏風 六曲一双「夕月」等7点、小川芋銭5点、勝田蕉琴1点、名取春仙10点、ジャン・

福島県

バティスト・カルポー（仏：1827-1875）ブロンズ像「母と子」、旧華族家御愛用の飾棚等100点。

- 所在地　〒966-0817　福島県喜多方市字三丁目4844
- 設　立　1990年4月
- ＴＥＬ　0241-22-0008
- ＦＡＸ　0241-22-0238
- 交　通　JR磐越西線「喜多方駅」下車徒歩10分
- 開　館　AM10:00～PM4:00
- 入館料　大人（高校生含む）400円，団体20名以上300円，小・中学生200円
- 休館日　水曜日，冬期間（12月～3月）：月～金曜日（土・日・祝日のみ開館）
- 施　設　土蔵2階建，187.47㎡
- 責任者　館主・岩田誠之助

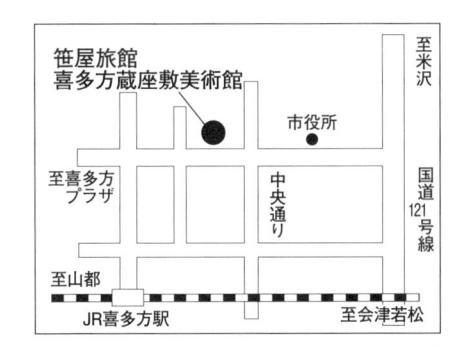

福島県

三春郷土人形館

　当館は、1990(平成2)年に、三春町歴史民俗資料館の分館として、2棟の蔵を利用して開館したものである。

　展示及び収蔵品の中心となっているのは、中井淳氏が収集し、高久田脩司氏に引き継がれた郷土玩具の「らっこコレクション」である。この「らっこコレクション」の名称は、両氏が東北帝国大学在学中に学友数名と共同生活を営んだ寮の名「羅虎山塞（らっこさんさい）」に由来する。

　「らっこコレクション」は、こけしのコレクションとして有名であるが、本来はこけしだけでなく、三春人形をはじめ各地の伝統的な郷土玩具全般を含んでおり、質量ともに第一級のコレクションである。仙台の堤人形をはじめとする東北地方の土人形や、東北各地のこけしなどの優品がある。収集するまでには厳選に厳選を重ねられ、こけしに関しては作者(工人)のサインが入った貴重な資料も含まれている。

　また、現在では廃絶してしまって、「らっこコレクション」でしか見ることができないものも多く、このことから幻のコレクションと評される一面もある。その他にも「橋元コレクション」「民芸サトウコレクション」などの資料がある。

　展示室は、三春人形、三春駒・八幡駒・木下駒のフロア。東北各地のこけしだけのフロア。堤・花巻・相良・根子町などの東北各地の土人形のフロア。全国各地のさまざまな郷土玩具を紹介するフロアと、2棟の蔵を4部屋に分けて展示を行なっている。

福島県

【展示・収蔵】
　三春人形(古人形)・東北の伝統こけし・東北の土人形を展示。収蔵品は、全国の郷土玩具を収集した一大コレクション「らっこコレクション」を中心に「民芸サトウコレクション」「橋元コレクション」等がある。資料総点数は、約5000点。

【事　業】
　常設展示、企画展示。

【出版物】
　図録「ふるさとの人形たち」／「幻想のこけし」／「三春人形と木型」

- 所在地　〒963-7759　福島県田村郡三春町字大町30
- 設　立　1990年4月
- ＴＥＬ　0247-62-7053
- ＵＲＬ　http://www.town.miharu.fukushima.jp/rekishi/
- E-mail　shiryokan@town.miharu.fukushima.jp
- 交　通　東北新幹線郡山駅よりバス40分，磐越自動車道郡山東IC・船引三春ICより10分，磐越東線三春駅より徒歩20分
- 開　館　AM9:00～PM4:30(入館はPM4:00まで)
- 入館料　一般・大学生200円(団体20名以上150円)，
　　　　　小・中・高校生100円(団体20名以上70円)
- 休館日　月曜日，国民の祝日の翌日および年末年始の休日，くん蒸日
- 施　設　軒を接した2棟の土蔵(1号館・2号館)，展示室：計4フロア

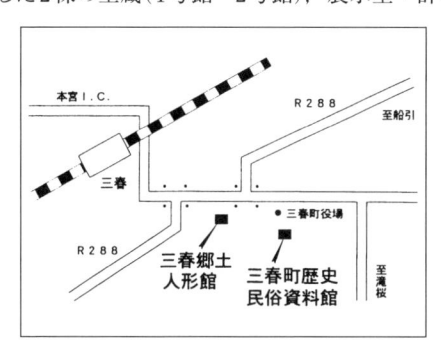

茨城県

笠間日動美術館

笠間日動美術館は1972(昭和47)年に開館した。当財団は株式会社日動画廊の創設者長谷川仁・林子夫妻が創業45周年とふたりの金婚式を記念して笠間市内に私財を投じて創設したものである。長谷川家累代の住まいがあった笠間は、古来陶芸の町として栄え、現在でも市内には多くの芸術家たちが活動している。

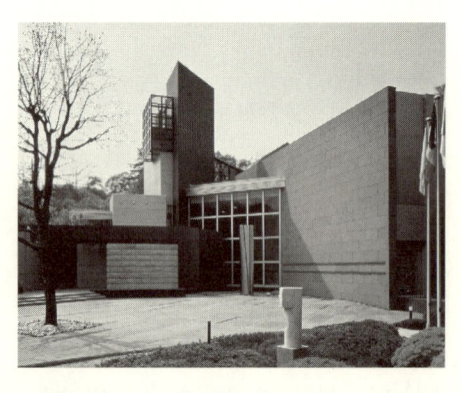

創設時は長谷川仁・林子記念館、春風萬里荘だけの施設から出発、1981(昭和56)年に野外彫刻庭園を開設、1985(昭和60)年の新館(日本・アメリカ館)開館を期に企画美術館として生まれ変わり、1989(平成元)年12月には延床面積1600平方メートルの企画展示館を開館、財団創立25周年と画廊創業70周年でもある1997(平成9)年、創設者の記念館であった旧館をリニューアル、フランス館とし、総合的な美術館として活動することになった。

当館の基本的なコレクションの多くは、長年の画商活動のかたわら収集したものである。芸術家たちとの幅広い交友関係から収集されたコレクション、特に明治以降現在に至るまでの著名画家が実際に使用したパレット、自画像のコレクションは現在では美術史的に貴重な史料となっている。他にも工芸品、北大路魯山人、岸田劉生、小磯良平、野外設置の彫刻作品など、総計2000点に及ぶ所蔵品がある。収集活動は年々着実に進められ、企画展示館の開館に際しては、ヨーロッパの印象派、後期印象派からエコール・ド・パリ、戦後アメリカ美術の収集にも力を注ぎ、今日に至っている。

【展示・収蔵】
〔フランス館〕：1997(平成9)年、創設者の記念館であった旧館を建てかえフ

ランス館としている。1階は長谷川仁・林子記念室、デッサン室、ミュージアムショップがある。記念室ではさまざまな画家が描いた夫妻の肖像画、夫妻愛蔵品、また夫妻の業績を残す資料を中心に展示。古伊万里の大皿、竹内栖鳳の文箱や長谷川家伝来の蒔絵や螺鈿の細工を施した箪笥、漆器類なども展示している。

　2階では、日本の近代絵画に大きな影響を与えたヨーロッパ印象派からエコール・ド・パリと、近代日本の巨匠の作品を常設。印象派のモネ、ドガ、ルノワール、後期印象派のゴッホ、セザンヌ、さらにボナール、マチス、ピカソ、シャガール、ローランサン、スーチン、フジタなどがある。

　近代日本の作品としては、満谷国四郎、藤島武二、岸田劉生、金山平三、安井曾太郎、梅原龍三郎、佐伯祐三など当館所蔵の名品を展示している。

〔日本・アメリカ館〕：1985（昭和60）年に開館。現在活躍中の日本の洋画家の作品収集に力を注いでいる。

　特筆されるものとして自画像とパレットのコレクションがある。当館では約90点の近代洋画家の自画像を所蔵。佐伯祐三は18歳、岸田劉生は22歳、安井曾太郎は26歳、日本洋画を築き上げた画家たちのさまざまな素顔に出会うことが出来る。長谷川仁が、多年のつきあいのあった画家たちからゆずり受けた約350点のパレットからは、作品からは窺うことの出来ない画家の素顔や制作の秘密などを垣間見ることができ、当館独自のコレクションとなっている。

〔企画展示館〕：1989（平成元）年12月に開館。3階の喫茶室"Cafe de L'aube"からは、春にはつつじ咲き乱れる佐白山が、秋には見事な紅葉が望め、市内でも最も美しい景観に恵まれた場所である。企画展示館は豊かな自然に溶け込んだ石貼りの落ち着きと先鋭的な構築性を合わせ持つ美しい建物となっている。

　ここでは年間約8回のさまざまな特別展を開催。開館以来ピカソ、シャガール、ドガ、マチス、ユトリロ、ローランサン、フジタ、ビュッフェ、ミロ、ルノワール、クレーに加え、岸田劉生、佐伯祐三、山下りん、竹久夢二、小磯良平、向井潤吉、岡本太郎、棟方志功、北大路魯山人など、内外の美術の流れを紹介している。1階は可動パネルを備えた絵画中心の展示室、2階は日本画の軸装、屏風さらには各種工芸品の総合展示も可能な大型陳列ケースを備え付けており、洋画、版画、日本画、陶芸、ガラス工

茨城県

芸、人形、写真など幅広いジャンルの展覧会を開催している。
　また館内のところどころにムーア、ジャコメッティ、マンズーなどの彫刻やサンファール、コールダー、レジェなどの立体作品を配している。

【事　業】
年間4～6回の企画展。

【出版物】
「笠間日動美術館名作選」(1997)

- 所在地　〒309-1611　茨城県笠間市笠間978-4
- 設　立　1972年11月
- ＴＥＬ　0296-72-2160
- ＦＡＸ　0296-72-5655
- ＵＲＬ　http://www.nichido-garo.co.jp/museum/
- 交　通　常磐線友部駅よりバスまたはタクシー約15分，水戸線笠間駅より徒歩約25分，笠間駅より市内循環バス銀行角下車徒歩3分
　《自動車利用》常磐自動車道友部JCTより北関東自動車道経由，友部ICより約15分
- 開　館　AM9:30～PM5:00(入場はPM4:30まで)
- 入館料　大人1000円，大高生700円，中小生500円，65歳以上800円(団体20名以上各200円引)
- 休館日　月曜日(祝日の場合はその翌日)，展示替え期間，年末年始
- 施　設　フランス館：鉄筋コンクリート2階建，企画展示館：同3階建，日本・アメリカ館：同5階建の3館と野外彫刻庭園，分館：春風萬里荘
- 責任者　理事長・長谷川徳七

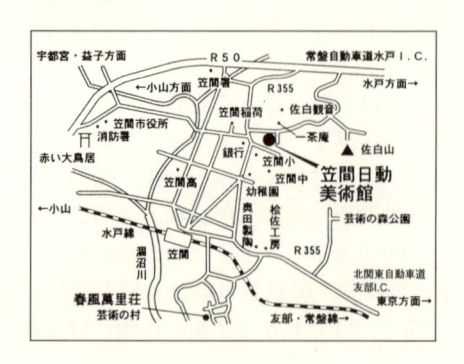

栃木県

穐葉アンティークジュウリー美術館

　当館は、那須高原の美しい自然環境のもとに1994(平成6)年、アンティークジュエリーの研究・収集家、穐葉昭江によって創立、翌年開館したものである。
　装身具は、人類の歴史とともに社会環境やその時代の精神を反映する最も身近なものであり、小さな美術品として次世代へ受け継ぐべき重要な文化遺産の一つである。しかしながら純然たる美術品とは異なって個人のものとして広く深く人々の生活に浸透しているため、学問的に体系づけることが困難であり、専門美術館は日本は勿論、世界的にも類をみないのが現状である。
　装身具が真の意味で華開いた英国の18、19世紀(ジョージアンからヴィクトリアン)の作品を中心に系統的に収蔵し、ヨーロッパの宝飾文化の理解研究に貢献することを旨に、日本に初の専門美術館を試みる。19世紀の産業革命は、著しい技術の発達、宝石貴金属の発見、さらには世界各地での古代遺跡の発掘をもたらし、装身具の世界にも多大な影響を与えた。台頭してきた資本家層の需要に伴い、それまでにないほどの質と量の装身具が生み出された時代で、ジュエリーが一部特権階級の富と権力の象徴から個人のものに、そして広く大衆に浸透し、今日に至った宝飾史上注目すべき時代である。
　当館は、アンティークジュエリーのもつ見事な細工と多様性を時代を超えうる普遍的な行為の表れとして受け止め、現代そして次代を考える『場』の

栃木県

創造に努めるものである。

【展示・収蔵】
　当館は、ヴィクトリア女王にまつわる作品を中心に英国王室ゆかりの宝飾品と、19世紀を代表する美術品的価値の高いアンティークジュエリー約300点を系統的に収蔵、展示する。
〈おもな収蔵品〉
　◇チャールズ1世のモーニングスライド（1650年頃）
　　亡き国王を追悼するために、その遺髪を編み込み、その上にイニシャルを飾りつけて水晶で覆った装身具。
　◇アン女王のプレゼンテーションリング（1702年）
　　アン女王が即位の記念に乳母のファースィング婦人に贈ったダイヤモンドリング。（宣誓文付き）
　◇ジョージ4世のシール
　　ジョージ4世が英国皇太子時代に用いたデスクシール（印章）。
　◇ヴィクトリア女王のミニアチュールペンダント（1858年）
　　1838年の戴冠式のヴィクトリア女王が描かれたペンダント。
　◇ヴィクトリア女王のプレゼンテーションペンダント（1875年）
　　女王が親交の深かったクーパー夫妻に、長男アルバート・エドワード王子がお世話になったお礼に贈ったペンダント。（ヴィクトリア女王直筆の手紙付き）
　◇エドワード7世のプレゼンテーションバングル（1903年）
　　1903年、アイルランド訪問の折に両陛下よりロンドンデリー公爵夫人テレーザに贈られたバングル。
　19世紀を代表する宝飾師カルロ・ジュリアーノやカステラーニなどの作家もの及びジョン・シェルダンコレクションやイスメリアン・コレクションなど

【事　業】
　（1）企画展主催…『英国王室にまつわる宝飾品』展（1998年7月15日～8月31日　英国祭UK98公認イベント）、その他、1年に2～3回「イギリスの生活に根ざした文化」を企画展で紹介する。

（2）企画展協賛・作品貸し出し…東京都『庭園美術館』、国立博物館、鳥羽市『御木本真珠博物館』等に作品貸し出し。
（3）セミナー企画主催、講演会。

【出版物】
収蔵作品図録「ジョージアン＆ヴィクトリアンジュウリー」（1995年7月15日発行）／「漆黒の宝石ジェット」（1999年10月20日発行）

- 所在地　〒325-0302　栃木県那須郡那須町高久丙1790-20
- 設　立　1994年8月（開館1995年7月）
- ＴＥＬ　0287-76-4580
- ＦＡＸ　0287-76-4405
- ＵＲＬ　http://www.jewellery-museum.com/
- E-mail　akiba@jewellery-museum.com
- 交　通　【車】東北自動車道那須ICより那須街道を湯本方面へ，「友愛の森」先広谷地交差点を右折し，池田交差点を左折1500m左側
【東北新幹線】那須塩原駅下車「那須湯本（黒磯経由）」行バス守子坂下車，徒歩15分
【東北本線】黒磯駅下車「那須ハイランドパーク（りんどう湖経由）」行バス穐葉アンティークジュウリー美術館下車（4月1日〜11月30日）「那須湯本」行バスまたは「那須ロープウェイ」行バス守小坂下車，徒歩15分
- 開　館　AM9:30〜PM5:00（入館はPM4:30まで），作品解説（約30分）10:30 11:30 15:00
- 入館料　大人1000円，高・大学生800円，中学生600円（小学生以下無料）（団体20名以上200円割引）
- 休館日　年中無休，冬季休館あり
- 施　設　鉄筋コンクリート陸屋根2階建，625.80㎡，館内に喫茶コーナー，ミュージアム・ショップ
- 責任者　館長・穐葉昭江

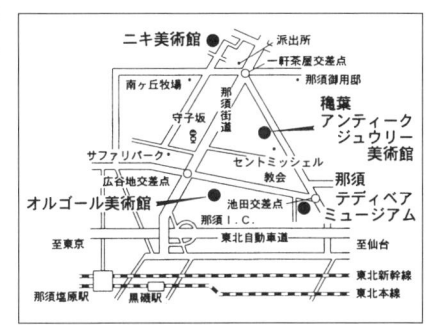

栃木県

鹿沼市立川上澄生美術館

鹿沼出身であり川上澄生の教え子でもあった長谷川勝三郎氏が心血を注いで収集した川上作品約2000点を、故郷の鹿沼市に全て提供、鹿沼市立川上澄生美術館の基礎をつくり上げた。

木のまち鹿沼は、木版画の詩人川上澄生に接点を見出し、1992(平成4)年9月に美術館をオープンさせた。鹿沼市街の中心、黒川に臨んで建つ美術館は川上澄生のイメージを「かたち」にし、文明開化の明治調洋館を模して建てられ、川上澄生の作品と共に、来館者をあたたかく迎えている。

【展示・収蔵】

川上澄生の代表作「初夏の風」(1926(大正15)年・木版多色刷)を中心に「洋燈とアルファベット読本」(1926(大正15)年・木版多色刷)、「波囲み蛮船図D」(1969(昭和44)年・木版多色刷)などの木版画、ガラス絵、焼絵、革絵、水彩、油彩、木工玩具、陶器など川上芸術の集大成とでもいうべき約2000点の作品を収蔵。また、自筆原稿、ノート、スケッチブック、書簡、絵本、装幀本なども収蔵する。

【事　業】

年約4回の企画展、鹿沼市立川上澄生美術館木版画大賞、地域の作家展、年賀状展、美術教養講座、友の会主催の美術館見学バスツアーなど。

【出版物】

企画展図録「若き日の川上澄生」(1992)／「ガラス絵と肉筆の川上澄生」(1992～1993)／「南蛮の川上澄生」(1993)／「北海道の川上澄生」(1993～

栃木県

1994）／「机の上の川上澄生」（1994）／「アラスカ物語の川上澄生」（1994）／「文明開化の川上澄生」（1995）／「川上澄生 創造の秘密」（1995）／「竹久夢二と川上澄生」（1996）／「詩人の川上澄生」（1996）／「川上澄生大正詩集」（1996）／「蔵書票の川上澄生」（1997）／「風景の川上澄生」（1997）／「塚田泰三郎と川上澄生」（1998）／「棟方志功と川上澄生」（1998）／「詩集の川上澄生」（1999）／「南蛮船の川上澄生」（1999）／「ゑげれすいろはの川上澄生」（2000）／「20世紀の川上澄生」（2000）／「川上澄生の女性像」（2001）／「しんでれら出世繪噺」（2001）／「創作版画の川上澄生」（2002）／「いま木版画に何ができるか」（2002）／「1921〜1945 木版画家川上澄生の前期」（2004）／「1945〜1972 木版画家川上澄生の後期」（2004）／「山口進と川上澄生」（2005）／「川上澄生作品 収蔵目録」（2006）／「栃木の川上澄生」（2007）／「わたしの川上澄生」（2007）／「川上澄生・身辺のデザイン」（2007）

- 所在地　〒322-0031 栃木県鹿沼市睦町287-14
- 設　立　1992年9月
- ＴＥＬ　0289-62-8272
- ＦＡＸ　0289-62-8227
- ＵＲＬ　http://www.city.kanuma.tochigi.jp/kyouiku_a/kawakami/index_kawakami.htm
- E-mail　bijutsukan@city.kanuma.tochigi.jp
- 交　通　JR日光線鹿沼駅下車徒歩20分，東武日光線新鹿沼駅下車徒歩30分
- 開　館　AM9:00〜PM5:00（入館はPM4:30まで）
- 入館料　一般300円（200円），高・大学生200円（100円），小・中学生100円（50円）
　　　　　※（　）内は20名以上の団体料金
　　　　　※毎週土曜日は小・中学生無料
- 休館日　月曜日，祝日の翌日，年末年始
- 施　設　1階・254.54㎡（事務室，収蔵庫，展示ホールほか），2階・243.08㎡（展示ホール，倉庫，ミーティング室）
- 責任者　館長・柏村祐司

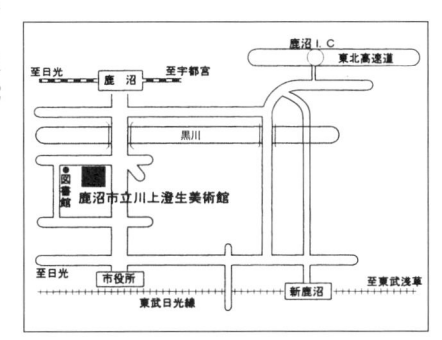

個人コレクション美術館博物館事典

栃木県

栗田美術館

関東

　当館は、1973(昭和48)年8月に栗田英男(1912-1996)により創立され、1975(昭和50)年には創立者の故郷である栃木県足利市に足利本館が完成し11月に開館したものである。栗田は著書において「美術品は国家国民の貴重な文化遺産であり、個人が私有すべきものにあらずという常に抱懐する私の信念を実行に移したものである。」と財団法人設立の目的を述べている。
　収蔵品は伊萬里・鍋島の陶磁器である。江戸時代肥前鍋島藩において日本で最初に生産された磁器が伊萬里であり、オランダ東印度会社により広く西欧にも輸出された。栗田はこれらの輸出された伊萬里を積極的に買戻しコレクションの充実を計った。「伊萬里色絵菊文蓋付壺」は、蓋をパリ、壺をロンドンで入手したというユニークな来歴があり美術品の収集にかけた氏の情熱を語るものではないだろうか。1933(昭和8)年に買った伊萬里の徳利から始まった伊萬里・鍋島のコレクションは晩年まで止むことなく続けられ、また、伊萬里・鍋島以外の美術品には一顧だにしなかった、というのが創立者栗田英男の蒐集の大きな特徴といえる。
　美術品同様に力を注いだのが建築物であり、庭園である。本館開館後、1979(昭和54)年には磁器タイルを使用した歴史館、1983(昭和58)年陶磁会館、1987(昭和62)年無名陶工祈念聖堂と次々に建物が完成した。その他茶室やミュージアムショップも独立した建物を設けている。3万坪の自然庭園に展示館が点在し、四季折々の風景と共に作品を鑑賞していただければ幸いである。

48　個人コレクション美術館博物館事典

栃木県

【展示・収蔵】
　伊萬里・鍋島の陶磁器、常時展示は約800点。そのうち重要文化財1点、重要美術品1点。
　◇「鍋島色絵岩牡丹植木鉢文大皿」(重文)
　◇「伊萬里色絵唐花文皿」元禄八乙亥柿銘(重美)
　◇「伊萬里色絵馬像」(柿右衛門様式)
　◇「鍋島色絵寿之字宝尽し文八角皿」

【事　業】
　館蔵品の常設展と企画展、ミュージアムショップにおいての陶磁器の販売。

【出版物】
　「栗田コレクション」(1965)／「伊萬里」(1975)／「栗田美術館」(1981)／「栗田コレクション 軌跡と展開」(1990)／「伊萬里・鍋島二百選」(1991)

- 所在地　〒329-4217　栃木県足利市駒場町1542
- 設　立　1973年8月
- ＴＥＬ　0284-91-1026(代)
- ＦＡＸ　0284-91-2153
- ＵＲＬ　http://www.kurita.or.jp/
- 交　通　東武伊勢崎線足利市駅下車タクシー利用約15分，JR両毛線富田駅下車徒歩約10分
- 開　館　AM9:30～PM5:00
- 入館料　一般1550円(1390円)，小・中・高生520円(460円) ※(　)内は団体20名以上
- 休館日　月曜日(祝休日の場合は翌日)，年末年始
- 施　設　敷地内に本館，歴史館，陶磁会館，無名陶工祈念聖堂等の展示館のほか，栗田山荘(食事処)，阿蘭陀館と世界陶磁館(ミュージアムショップ)など
- 責任者　館長・栗田俊英

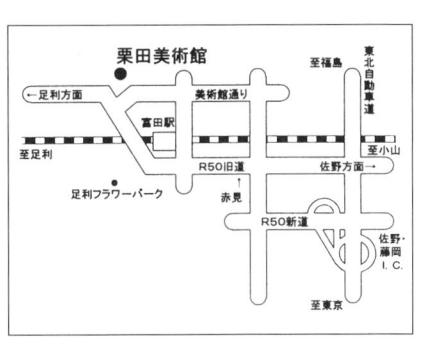

関東

個人コレクション美術館博物館事典　49

栃木県

佐野市立吉澤記念美術館

　2002(平成14)年6月1日、葛生町立吉澤記念美術館開館。2005(平成17)年2月28日、佐野市・田沼町・葛生町合併にともない「佐野市立吉澤記念美術館」となる。
　吉澤松堂(1789-1866)以来、地元旧家・吉澤家において江戸時代後期から約200年間にわたり収集されてきた絵画・陶芸作品500余点からなる吉澤コレクションを所蔵。
　所蔵企画展を年6回程度開催し、江戸時代〜現代の日本の絵画、近現代の陶芸を親しみやすい視点で紹介している。

【展示・収蔵】
　美術館に収蔵される516点は現在のところ、その形式に従い以下のように分類されている。
　　近世・近代の書画(軸装・屏風装・巻子装など)…308点
　　現代の絵画(額装)…72点
　　近現代の陶芸(一部ガラスを含む)…125点
　　その他(彫刻)…1点

◇近世の絵画：狩野探幽「十牛図」／伊藤若冲「菜蟲譜」
◇近代の絵画：川合玉堂「孟母断機」／小林古径「神埼の窟」／安田靫彦「菅公幼時」
◇現代の絵画：東山魁夷「山湖」／杉山寧「昊」／高山辰雄「小鳥」
◇近・現代の陶芸：板谷波山「彩磁呉州絵香炉」／楠部彌弌「彩埏薫風香炉」／富本憲吉「色絵金銀彩水指」

【事　業】
年6回ほど企画展を開催。

【出版物】
「開館記念名品展　吉澤コレクションの軌跡」（2002）

- 所在地　〒327-0501　栃木県佐野市葛生東1-14-30
- 設　立　2002年6月
- ＴＥＬ　0283-86-2008
- ＦＡＸ　0283-84-3655
- ＵＲＬ　http://www.city.sano.lg.jp/museum
- E-mail　yoshizawa@city.sano.lg.jp
- 交　通　東武佐野線「葛生駅」下車徒歩8分
- 開　館　AM9:30～PM5:00
- 入館料　一般500円（450円），高・大学生300円（270円），小・中学生100円（90円）
　　　　　※（　）内は団体20名以上
- 休館日　月曜日（祝休日の場合は開館，翌日休館），祝日の翌日，年末年始（12月29日～1月3日），展示替期間
- 施　設　鉄筋コンクリート2階建，建築面積1137.30㎡
- 責任者　館長・太田敏治

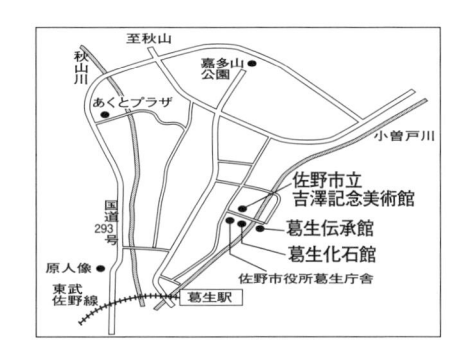

栃木県

那珂川町馬頭広重美術館
(なかがわまち ばとうひろしげ)

　1995(平成7)年1月の阪神淡路大震災に被災された青木藤作氏(1870-1946)のご遺族から、歌川広重の肉筆画を中心とするコレクション寄贈の申し出が馬頭町(現・那珂川町)にあったのは、1996(平成8)年4月のこと。
　青木藤作氏は、明治3年に栃木県塩谷郡熟田町狭間田(現・さくら市)に生まれ、肥料店を営み実業家として成功するかたわら、広重の肉筆画や版画をはじめとする美術品を収集された人である。ご遺族は、コレクションを一括して所蔵・展示してくれるところへの寄贈を望まれていた。
　美術館は、この青木コレクションを核とした作品を展示し、町の中核的文化施設、さらに八溝地域の活性化につながる広域的文化施設とすることを目的に、2000(平成12)年11月設置された。

【展示・収蔵】
　青木藤作氏のコレクションは、総数約4200点。
　江戸時代の浮世絵師歌川広重の肉筆画、木版画、その他幕末明治期の浮世絵(歌川国貞・国芳・小林清親等)、明治〜昭和期の日本画(久保田米遷等)、洋画(川村清雄)、徳富蘇峰の書・漆器等の工芸品が含まれる。
　特に「江都八景」「富士十二景」などの歌川広重による肉筆画は、当館を代表するものとなっている。
　これらのコレクションをふまえ、広重や浮世絵に関連した展示を年10回ほど開催している。

栃木県

【事 業】
　展覧会(年間約10回)、学生版画コンクール(年1回)、ワークショップ・講演会(年数回)

【出版物】
　「青木コレクション名品展 知られざる広重の肉筆を中心に」(1999)／「開館記念特別展 広重肉筆画名作展―青木コレクションを中心に―」(2000)／「馬頭町広重美術館 所蔵作品目録 青木コレクション 版画編」(2001)／近代洋画の先駆者 川村清雄」(2002)／「開館二周年記念特別展 江戸の旅 東海道五拾三次展」(2002)／「浮世絵ってなんだ？」(2004)／「町村合併50周年記念・開館4周年記念特別展 川崎・砂子の里資料館所蔵 浮世絵名品展」(2004)／「広重・ふたつの富士三十六展」(2005)／「開館五周年記念特別展 広重画業展」(2005)／「"自由"を生きた画家 深沢史朗展」(2006)／「初代広重と二代広重の諸国名所絵展―六十余州名所図会と諸国名所百景―」(2007)

- 所在地　〒324-0613 栃木県那須郡那珂川町馬頭116-9
- 設　立　2000年11月
- ＴＥＬ　0287-92-1199
- ＦＡＸ　0287-92-7177
- ＵＲＬ　http://www.hiroshige.bato.tochigi.jp
- E-mail　hpmaster@hiroshige.bato.tochigi.jp
- 交　通　JR宇都宮線氏家駅から東野バス馬頭行きで約50分、「馬頭役場前」下車徒歩3分
- 開　館　AM9:30～PM5:00(入館はPM4:30まで)
- 入館料　大人500円(450円)、高・大学生300円(270円)、小・中学生100円(90円)、※特別展は別途設定、( )内は20名以上の団体料金、70歳以上・小学生未満無料、障がい者割引あり
- 休館日　月曜日、祝日の翌日(土日を除く)、年末年始、展示替期間
- 施　設　鉄筋コンクリート鉄骨造地上1階、延べ床面積1962㎡、展示室2室、レストラン、ショップ
- 責任者　館長・桑野正光

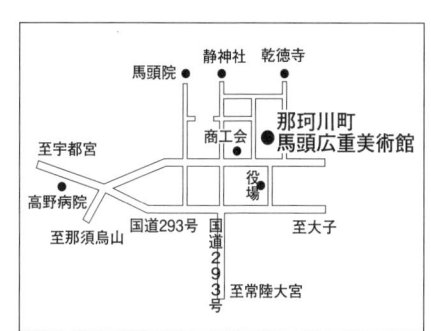

栃木県

那須オルゴール美術館

当館は、オルゴール収集とその普及に努めた、故・佐藤潔氏のメモリアルホールとして、1992(平成4)年4月にオープンした。19～20世紀にかけて欧米でつくられたオルゴールのコレクションを中心に展示している。音色の美しさを求めて改良されたシリンダー式、コインを入れると鳴りだすディスク式、人の身長以上もあり迫力ある音を奏でる自動演奏楽器などのオルゴール演奏が、スタッフの解説付きで定期的に行われている。

また、館内には、アンティークオルゴールの音色に包まれて挙式ができるカリヨンチャペルが併設されている。白く統一されたチャペルの正面には、高さ4mの大理石が建てられ、中心からは光の十字架が放たれている。1日1組限定の挙式は、美術館を訪れた方々からも祝福してもらえる。

オルゴールのルーツは、自動的に鳴るように工夫された教会の鐘、カリヨンといわれている。当館の外には、時報と時間ごとに様々な曲を奏でるカリヨンがあり、那須高原にその音が響き渡っている。

【展示・収蔵】

シリンダー式オルゴール、ディスク式オルゴール、自動演奏楽器など展示品数約100点。代表的なものとして、以下の作品があげられる。

◇「インターチェンジャブル・シリンダーオーケストラボックス」
H40×W120×D46cm(BAブレモンド社 1860年代 スイス)
　オルガン、ベル、ドラム、チターアタッチメントのついたオーケストラ式オルゴール。19インチ(約50cm)のシリンダー1本で8曲を奏でる。25本のシリンダーを持ち、200曲の演奏が可能。シリンダー式オーケス

トラとしては世界最大級。
◇「スリーディスクシンフォニオン「エロイカ」時計付」
H230×W65×D43cm(シンフォニオン社 1895年 ドイツ)
　アレンジを変えた3枚のディスクを同時に回転させ音を奏でる。時計と連動させることによって、時報とともにオルゴールを聴くことも可能。「エロイカ」は、ベートーベン作曲・交響曲第3番「英雄」の意。
◇「オートマティックディスクチェンジャー『ドラゴン』」
H186×W100×D60cm(レジーナ社 1899年 アメリカ)
　あらかじめ12枚のディスクがセットされ、その中から好みの曲を選曲する、ジュークボックスの原型と言えるオルゴール。正面扉の2頭の竜の彫刻から「ドラゴン」と名付けられている。
　他にB.A Bremond、Mermod Freres、Nicore Freres、Mira Symphonion、Polyphon、Regina、Stella、Adler Kalliopa、Original Musikwerke、Bake-Troll&Co C.Luche、F.G.Otto&Sons、Lambert、Steinway-Duo-Art製の作品を収蔵する。

【事　業】
　ウェディング、日曜礼拝。ギャラリーの一部を貸しギャラリーとして開放。

【出版物】
　〔図録・図書〕「CATALOGUE OF THE MUSIC BOXES ～ vol.1 ～」(1992.4)／「オルゴール～聴いてみたいアンティークの音色～」京都書院アーツコレクション(1998.6)
　〔オリジナルCD〕「THE SOUND OF ANTIQUE MUSIC BOX ～ Regina Corona ～」(1992.4)　／「THE SOUND OF ANTIQUE MUSIC BOX ～ EROICA ～」(1995.4)
　〔オリジナルビデオ〕「アンティークオルゴールの小さなお話～ Musical Box in NASU ～ vol.1」(1997.7)／アンティークオルゴールの小さなお話～ Musical Box in NASU ～ vol.2」(1997.12)

栃木県

- 所在地　〒325-0302　栃木県那須郡那須町大字高久丙270番地
- 設　立　1992年4月
- ＴＥＬ　0287-78-2733
- ＦＡＸ　0287-78-2735
- ＵＲＬ　http://nasuorgel.jp/
- E-mail　orgel@sweet.ocn.ne.jp
- 交　通　車／東北自動車道那須ICより那須街道右折湯本方面へ広谷地交差点右折1.5km先看板手前右折500m，電車／東北新幹線JR那須塩原駅より那須温泉行きバスで広谷地下車徒歩2km
- 開　館　AM9:00〜PM5:00
- 入館料　大人1000円，中高生800円，小学生600円
- 休館日　年中無休
- 施　設　鉄筋コンクリート2階建4782㎡，展示室(3)，ミュージアムショップ，アンティークショップ，喫茶室
- 責任者　館長・田中健

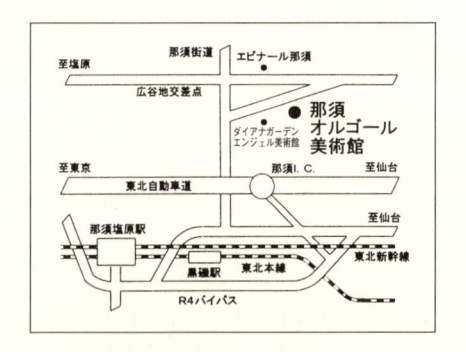

那須テディベア・ミュージアム

　1997(平成9)年7月5日に、伊豆テディベア・ミュージアムの姉妹館として開館。伊豆テディベア・ミュージアムと同様に、館長関口芳弘が収集したテディベア(熊のぬいぐるみ)を展示する。当館では、「世界中のテディベア作家の100人の作品」を大きなコンセプトとして掲げており、著名で多様なテディベア作家たちの作品が一堂に会した、まさに現代におけるテディベアの殿堂となっている。

　テディベアは、誕生して1世紀近くになるが、その大半は玩具産業の発展と共に歴史を刻んできた。しかし、1980年代から、テディベアを自由な作風で表現するテディベア作家(テディベア・アーティスト)たちが登場し、新たな注目を集めてきた。その作品の多くは擬人化され、非常にユニークで、また極めて精緻である。また、ほとんどの作家が自ら手作りでテディベアを制作するため、その作品は1体あるいは数体の限定であることが多い。今日では、世界各地でテディベア・コンベンションやフェアが開催され、テディベア・アーティストたちの活動の場もグローバルになった。評価の一定したコンテストも恒例化し、作品のレベルもより高いものとなってきている。

　当館は、そうしたテディベア・アーティストの活動を支援し、一般の方々に彼らの存在とその作品の魅力を伝えることを目指すものである。

栃木県

【展示・収蔵】
当館のテディベア・コレクション数は以下の内容となっている。
- テディベア…1300体（約2000体のコレクションのうち常時1300体を展示）
- テディベア由来の品…50点
- テディベアを描いた絵画…80点（写真含む）

代表的な収蔵品としては以下のテディベアたちがあげられる。

◇「テディ・エドワード」
　世界中を最も多く旅したベアとして知られる。元の持ち主であった写真家のパトリック・マシューズ氏が、世界各地でこのテディベアを主人公とした写真を撮影することを思いつき、35年以上に渡ってそれを実践した。その写真は英国で絵本やTV番組になって親しまれた。

◇「ピッコリシモ」
　ドイツのテディベア・アーティスト、ハンネ・シュラム氏の作り出した12mmのテディベア。手・足・首がジョイントのテディベアとしては世界最小である。

　こうした展示品の他に、館内には「テディベアのファッションショー」や「テディベアのウェディング」など動くジオラマ展示を設け、一般の方々がテディベアの世界に親しめるような演出を施した。

【事　業】
（1）新しいテディベア・アーティストの発掘のためにコンテストを開催している。「ウェディングベア・コンテスト」「クリスマスベア・コンテスト」「ハロウィンベア・コンテスト」など。

（2）テディベア・ファンを中心に、ミュージアム友の会組織「テディベア・ネットワーク」を運営している。入会金1000円、年会費2000円。伊豆と那須、2つのテディベア・ミュージアムの年間無

料パスを兼ねるメンバーズカードと入会記念品の他、年4回の会報誌を提供。

【出版物】
会報誌「テディベア・ネットワーク」(1996年10月〜)

- 所 在 地　〒325-0302　栃木県那須郡那須町高久丙1185-4
- 設　立　1997年7月
- ＴＥＬ　0287-76-1711
- ＦＡＸ　0287-76-1980
- ＵＲＬ　http://www.teddynet.co.jp/
- E-mail　teddynet@nasuinfo.or.jp
- 交　通　東北自動車道那須ICより車で約10分(りんどう湖近く)．東北新幹線那須塩原駅より車で約30分．東北本線黒磯駅より車で約20分
- 開　館　AM9:30〜PM5:00(入館はPM4:30まで)
- 入館料　大人1000円，中高生800円，小学生600円
- 休館日　2．3．6．12月第2火曜日(2月は第2水曜日も休館。祝・祭日、年末年始、GW、8月は無休)
- 施　設　敷地面積約7430㎡(ミュージアム延床面積約1185㎡)駐車場150台、ミュージアムショップ，ティールーム
- 責任者　館長・関口芳弘

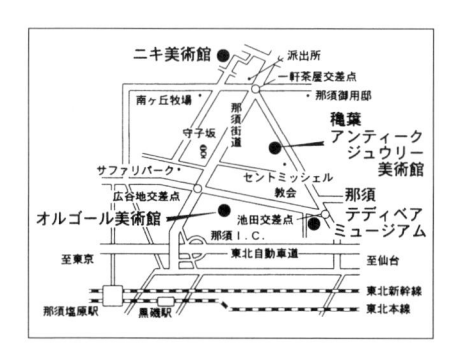

個人コレクション美術館博物館事典

栃木県

ニキ美術館

関東

　館長でもある増田静江氏は、1980(昭和55)年の1枚の絵との出会いをきっかけに、現代ヨーロッパ・アートを代表する芸術家ニキ・ド・サンファルの芸術活動に注目。私財をなげうちスペースニキ(東京・上野)の名に於いて15年間に亘りその作品を収集し、またあらゆる角度から彼女の芸術活動を紹介してきた。
　1988(昭和63)年、幸いにも那須高原の一角に予定地を取得、当初実現が期待されたニキ・ド・サンファル自身のデザインによる環境建築物としてのニキ美術館建設は叶わなかったものの、作家本人の理解と多大な協力のもと、1994(平成6)年10月、開館の運びとなった。ニキ・ド・サンファルの芸術を日本に紹介すると共に、アジアにおける情報発信基地となるべく、精力的に活動を続けている。
　世界に数少ない女性立体芸術家の美術館であり、2002(平成14)年5月に作家は他界したが、女性という普遍的なテーマを題材としており、館長と作家の交流を含め、見るものに共感を与える美術館である。
　また、1934年長野県より移築された長屋門をはじめ、小川の流れる美しい日本庭園は、春はカタクリの花の群生、山ツツジ、秋は紅葉と、四季折々の表情を見せており、ラウンジではこの庭園を眺めながらくつろぐことができる。

【展示・収蔵】
　ニキ・ド・サンファルが制作を開始した60年代初頭から近年までの、貴重な作品群が展示される館内は、自らの作品を自叙伝と呼ぶ作家の生命力溢れる胎(体)内であり、鑑賞者はその胎(体)内を巡ることにより、彼女の人間

性そのものに触れることにもなる。多くの作品が屋外展示される中で、館内は彼女のエネルギーを内包させた空間となっている。立体、レリーフ、版画、ドローイング、ポスターなど約100点あまりを展示している。

〔おもな収蔵品〕
◇「射撃(1961)」(195×159cm 木、石膏、混合素材、射撃によるドリッピング)
◇「赤い魔女(1962-63)」(198×122×25cm 木、石膏、混合素材、射撃によるドリッピング)
◇「最初のナナたち(1965)」(75×92×75cm 紙粘土、羊毛、樹脂)
◇「グウェンドリン(1966-1990)」(262×125×200cm ポリエステル、ポリウレタン塗料、鉄の台)
◇「ビッグヘッド(1970)」(245×223×100cm ポリエステル、ラッカー塗料)
◇「魂の自画像(1982)」(100×40×50cm 石膏、水性絵の具、針金、プラスチック)
◇「ビッグレディ(1968-95)」(250×157×80cm ポリエステル、テフロン・アクリル系絵の具、鉄の台)
◇「トエリス(1990)」(225×100×145cm ブロンズ、油絵の具、カラー電球、鉄)
　エジプトシリーズは他に2体。「アヌビス(1990)」、「ホルス(1990)」

【事　業】
　ミュージアムショップ：ニキ美術館オリジナルポストカード、ステーショナリーをはじめ、美術館限定販売のニキ・ド・サンファルデザインによる香水やアクセサリー、スカーフ、ステーショナリーなどの販売。

【出版物】
「Nikide Saint Phalle(ニキ美術館オリジナルカタログ)」(美術出版社発行・1998.6.25)／「タロット・ガーデン」(美術出版社発行・2008.1.20)

栃木県

- **所在地** 〒325-0301 栃木県那須郡那須町湯本203
- **設　立** 1994年10月
- **ＴＥＬ** 0287-76-2322
- **ＦＡＸ** 0287-76-4622
- **交　通** 東北自動車道「那須インター」より約20分
  東北新幹線「那須塩原」駅西口下車，東野交通バス「那須温泉」「ロープウェイ」行30分，「一軒茶屋」下車徒歩10分，「新那須」下車徒歩5分
- **開　館** 4月〜10月AM9:30〜PM5:00，11月〜3月AM9:30〜PM4:00（入館は30分前まで）
- **入館料** 大人1000円，大学・高校生800円，小・中学生600円（団体・身障者割引有り）
- **休館日** 水曜日（但し水曜日が祝祭日の場合翌日）2月冬期休館
- **施　設** 敷地面積6904.87㎡，建築面積848.79㎡，延床面積943.59㎡，鉄骨造一部鉄筋コンクリート造 ※無料駐車場（20台）あり
- **責任者** 館長・増田静江

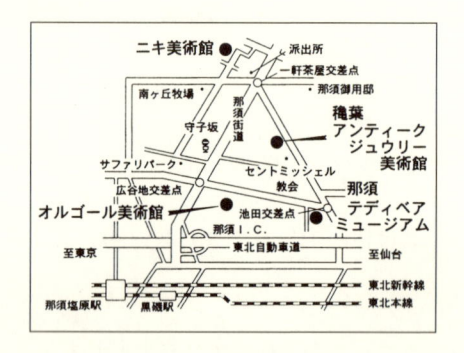

群馬県

大川美術館

　当館は桐生市出身の現理事長兼館長大川栄二が寄贈したもので、これに呼応して生まれた市民運動を軸に、市当局の全面的協力により1989(平成元)年、市を一望する水道山の中腹に開館した。

　開館当時1500点であった収蔵品は、現在約6500点を数えるまでになり、日本近代洋画史に大きな足跡を残した松本竣介、野田英夫の国内最大コレクションを誇り、これを軸に2人とつながりのあった人間的画家達の作品が中心となっている。

　またピカソ、ミロ、ベン・シャーン、サム・フランシスに代表される海外作品とを合わせて常設展示し、「絵を人格とし人脈をたどった」ユニークな展観を試みている。更に藤島武二の素描100点(旧安宅コレクション)、清水登之の作品・滞米デッサンなど300点に加え、日本抽象画の第一人者、難波田龍起と2人の息子・紀夫、史男による難波田ファミリー室もある。

　そして市民の為の「美の館」として、明治から現代までの美術の流れを鳥瞰するコーナーもあり、年4回の特別企画展も開催している。

松本竣介「運河(汐留近く)」
1943年 油彩・カンヴァス 45.5×61.0cm

松本竣介「街」
1938年 油彩・合板 131.0×163.0cm

群馬県

美術館をとりまく四季折々に姿を変える美しい自然と水道山の自然も名画とともに目と心を楽しませてくれている。

【展示・収蔵】
収蔵品数約6500点。年4回特別企画展を開催。
◇「街」松本竣介 1938年 油彩・合板 131.0×163.0cm
◇「運河(汐留近く)」松本竣介 1943年 油彩・カンヴァス 45.5×61.0cm
◇「都会」野田英夫 1934年 油彩・カンヴァス 44.5×99.9cm
◇「バーウィック近くの墓地」国吉康雄 1941年 カゼイン・厚紙 31.0×53.0cm
◇「海老と水差し」パブロ・ピカソ 1948年 油彩・カンヴァス 50.0×65.0cm
◇「四つの色より作品1～5」ジョアン・ミロ 1975年 エッチング・アクアチント・紙 90.5×63.1cm
◇「なぜ?(ラッキー・ドラゴン・シリーズ)」ベン・シャーン 1961年 グワッシュ・紙 49.5×64.8cm
◇「森」マックス・エルンスト 1927年 油彩・カンヴァス 26.5×21.5cm

【事　業】
美のパーティー、研修会(年3回)、ワークショップ(年2回)

【出版物】
「大川美術館所蔵品カタログ」(1989.4)／「大川美術館所蔵品カタログNo.2」(1998.3)／美術館ニュース「ガス燈」(年4回)／友の会ニュース(年4回)／「母と子のために 絵のみかた たのしみかた」／「デッサン100選」／「美術館の窓から」／「続・美術館の窓から」／「新・美術館の窓から」(財界研究所)／「二足の草鞋と本音人生」(上毛新聞社出版局)／各企画展毎のカタログ

- 所在地　〒376-0043 群馬県桐生市小曽根町3-69
- 設　立　1988年8月
- ＴＥＬ　0277-46-3300
- ＦＡＸ　0277-46-3350
- ＵＲＬ　http://www.kiryu.co.jp/ohkawamuseam/
- E-mail　okawa-m@theia.ocn.ne.jp
- 交　通　東武浅草駅より急行りょうもう号新桐生駅下車(約105分)タクシーで約

群馬県

　　　　10分，JR両毛線桐生駅下車徒歩約13分
- 開　館　AM10:00 ～ PM5:30（入館はPM5:00まで）
- 入館料　一般1000円（800円），高大生600円（480円），小中生300円（240円）
　　　　※（　）内は団体割引20名以上
- 休館日　月曜日（祝祭日の場合翌火曜日），年末年始（12月28日～1月2日）
- 施　設　鉄筋コンクリート造（一部鉄骨造），ティールーム，ミュージアムグッズコーナー，ビデオコーナー，図書室
- 責任者　理事長兼館長・大川栄二

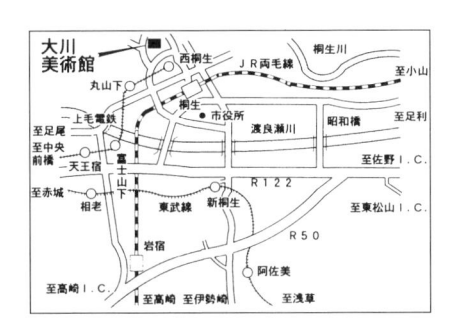

群馬県

天一美術館
てんいち

関東

　谷川岳に抱かれた陽光燦々たる地に、自然景観に溶け込んだ佇まいの美術館。「銀座 天一」創業者・矢吹勇雄氏が、創業以来、専ら鑑賞するために蒐集した美術品を収蔵展示する。建築家・吉村順三氏が、後世に伝える集大成として、ここを訪れる人に思いを馳せながら、熟知する美術品に相応しいものとなるよう設計した。この「別荘のような美術館」では、主に日本を代表する作家の逸品達がたがいに語り合う場となっている。美術品の鑑賞を通じて作家達との語らいを楽しんだり、庭に出て燦々たる陽光に包まれたりすると、必ずや凛とした気に触れていただけるに違いない。

　矢吹勇雄氏は「銀座 天一」を経営する傍ら、品位格調を持つ優品が備える美に、日頃の生活の中で触れ合うことこそ芸術に対する心を育むものであると考え、美術品の蒐集に努めた。1990(平成2)年、「銀座 天一」の創業60年を機に「所蔵美術品の公開は、文化の高揚と美の認識に多大な貢献をする」との勇雄氏の発意を受け、長男で現社長・矢吹潤一氏の意向により天一美術館を開設することとなったものである。

岸田劉生「麗子像」1922年 油彩

【展示・収蔵】
◇岸田劉生「麗子像」、佐伯祐三「弥智子像」、藤田嗣治、藤島武二、青木繁、安井曽太郎、梅原龍三郎、熊谷守一など、明治・大正・昭和期の画家の秀品。

◇浦上玉堂、田能村竹田、谷文晁、池大雅などの書画、浮世絵その他、大津絵や工芸品など。
◇新羅、高句麗、李朝の朝鮮古陶磁器の中でも、特に優れた作品。

【事　業】
年1回、企画展を開催。

【出版物】
「天一美術館ニュース」（不定期）

- 所在地　〒379-1619　群馬県利根郡水上町谷川
- 設　立　1997年10月
- ＴＥＬ　0278-20-4111
- ＦＡＸ　0278-20-4113
- ＵＲＬ　http://www5a.biglobe.ne.jp/~tenichi/
- 交　通　JR上越線「水上駅」から車で7分，上越新幹線「上毛高原駅」から車で20分，関越自動車道水上I.C.から車で15分
- 開　館　AM9:30～PM5:00（入館はPM4:30まで）
- 入館料　大人1000円，小人（小・中学生）800円
- 休館日　1月6日～2月末日
- 責任者　理事長・矢吹潤一

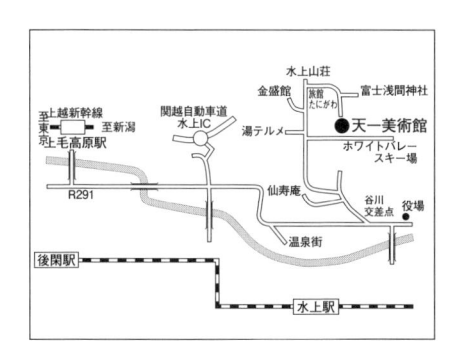

埼玉県

河鍋暁斎記念美術館
かわなべきょうさい

河鍋暁斎(1831-1889)は幕末〜明治前半に活躍した狩野派絵師。その作品は狩野派的な作品にとどまらず、土佐派、円山四条派、琳派、浮世絵をとり入れた様々な作品を描いた。本画から錦絵、挿絵など幅広い。

その河鍋暁斎の曾孫河鍋楠美(館長)が、暁斎とその一門の顕彰のため自宅を改築し、河鍋家に伝わる画稿、下絵、遺品を中心とする所蔵品を公開したことに始まる。1977(昭和52)年11月自宅に「河鍋暁斎記念館」をオープン。1986(昭和61)年3月財団法人の認可を受け「財団法人河鍋暁斎記念美術館」と改称。

【展示・収蔵】
暁斎ほか、日本画家であった娘・河鍋暁翠(きょうすい)や門人の残した画稿、下絵、校合刷など2300点(登録済み分)を中心に、館長が後に購入した肉筆本画(軸、額、屏風など)、錦絵、摺物、版本・挿絵本など約3200点を収蔵する。展示室には、常時40点ほどの作品の他、遺品も展示する。代表作品として「鍾呂伝道図」(肉筆 軸 文久2年)、「文読む美人」(肉筆 軸 明治20年代)、「弾琴五美女憩の図」(肉筆 軸)、「吉原遊宴図」(肉筆 軸 明治12年以降)、「鯉魚遊泳図」(肉筆 軸 明治18・19年頃)、「白鷺と猿図」(肉筆 軸 明治17年頃)、「風流蛙大合戦之図」(大判錦絵三枚続 元治元年)、「暁斎楽画第三号 化々学校」(大判錦絵 明治7年)など。

【事業】
企画展示(2ヶ月毎に全作品を入れ替え)、講演会(年6、7回)、シンポジ

埼玉県

ウム(年1回)、研究発表会(年2回程)。
「河鍋暁斎美術館友の会」、「かえる友の会」(蛙愛好家を会員とし、蛙に関する研究、情報交換を行う)など。

【出版物】
〔復刻本〕：「暁斎画談(内篇)」(1983.11)／「暁斎画談(外篇)」(1983.11)／「狂斎百図」(1983.11)／「河鍋暁斎下絵」(1984.4)／「河鍋暁斎―本画と画稿―」(1984.7)／「暁斎絵日記(一)」(1985.4)／「暁斎絵日記(二)」(1985.4)／「河鍋暁斎 挿絵(一)」(1985.4)／「暁斎能画図式」(1985.4)／「暁翠能楽図絵」(1985.4)／「暁斎漫画」1985.4／「暁斎楽画」(1985.4)／「暁斎鈍画」(1985.4)／「暁斎酔画」(1985.4)／「暁斎略画」(1985.4)／「文明快絵編」(1985.4)／「狂斎画譜(1860)」(1985.4)／「暁斎画譜(1881)」(1985.4)／「絵本鷹かがみ」(1985.4)／「暁斎百鬼画談」(1985.4)／「座敷芸 道戯忠臣蔵」(1985.4)／「おしえ草孝行和讃」(1985.4)／「PAINTING AND STUDIES by KAWANABE KYOSAI」(1993.11)

〔図録他〕：「河鍋暁斎版画・版本展図録」(1987.4)／「河鍋暁翠」(1990.10)／「河鍋暁斎版画集(1)」(1991.4)／「館報 第1号」(1992.11)／「河鍋暁斎」(1994.1)／「ことわざ絵と暁斎」(1996.10)／「暁斎絵日記の中のコンデル」(1997.5)

〔雑誌〕：研究雑誌「暁斎」(第1号～第96号・現在続刊)(1980～)／「暁斎」目録(1号～40号)／「暁斎」英文目録(1号～50号)

- 所在地　〒335-0003　埼玉県蕨市南町4-36-4
- 設　立　1977年11月
- ＴＥＬ　048-441-9780
- ＦＡＸ　048-445-3755
- ＵＲＬ　http://www2.ocn.ne.jp/~kkkb/index.html
- 交　通　JR京浜東北線西川口駅下車(西口)徒歩15分．又は西川口駅西口下車後国際興業バス「西川64」系統南町経由蕨駅西口行きにて「南町ポンプ場」下車徒歩2分
- 開　館　AM10:00～PM4:00
- 入館料　大人300円，中学生～大学生200円(団体は20名以上各200円，100円)，小学生以下100円(団体割引きなし)
- 休館日　木曜日，年末年始，26日～月末展示替期間(お問い合わせ下さい)

埼玉県

- 施　設　〈本館〉鉄筋コンクリート3階建のうち1階全部と2・3階の一部（延床面積295.95㎡）。〈別館1〉木造2階建（延べ面積70.76㎡），〈別館2〉木造2階建（延べ面積64.47㎡）
- 責任者　館長・河鍋楠美

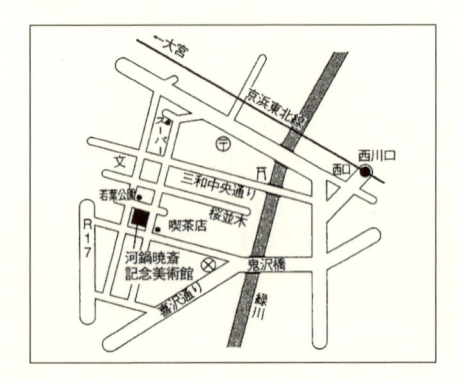

遠山記念館

　当館は、日興證券の創立者・遠山元一(1890-1972)が長年にわたって蒐集した美術品の公開と邸宅の保存を目的に、1968(昭和43)年に財団法人の認可を受け、敷地内に今井兼次設計にかかる土蔵風高床式の美術館を付設し、1970(昭和45)年に開館した。

　遠山邸は、元一が幼い頃に没落した生家を再興し、苦労した母・美以の住まいとするために建てられた。室岡惣七設計により、2年7ヵ月を費やして1936(昭和11)年に完成している。豪壮な総欅造りの長屋門をくぐると、伝統的な日本建築があらわれる。建物は趣の異なった3つの主屋を渡り廊下で結ぶ構成で、表玄関のある東棟は関東地方の豪農風茅葺屋根小屋組、中棟は起破風を正面に見せる入母屋屋根2階建ての書院造り(2階は非公開)、西棟は京間の数奇屋造りとなっている。内装は華美になることをさけ、落ち着いた意匠で統一され、随所に全国各地の銘木と選りすぐられた技術を見ることができるため、建築関係者の来館が絶えない。また、中棟一階の大広間には、節句ごとに遠山家の雛段飾りと五月人形(いずれも大正時代)が飾られ、こちらも来館者の人気を集めている。

　庭園は、松や紅葉などの植栽と多様な石組みが美しく、園路の飛石を進め

埼玉県

ば石灯籠や四季折々の花々が人々を迎える。また一隅には、寄付・腰掛待合を伴う茅葺四畳中板の茶室本席(設計/裏千家・亀山宗月)があり、茶会に利用することができる。

【展示・収蔵】

当館は、遠山元一の収集が元になっており、さらに元館長である山辺知行氏コレクションの日本の人形(1995年)・インド染織品(1995年)、中南米及び北米染織品、インドネシア染織品(1996年)の寄贈を受けている。

主な収蔵品として日本・中国の絵画・書跡・陶磁器・染織品・日本の人形、中近東の土器・土偶・陶器・ガラス製品・染織品、中南米の土器・土偶・染織品、インド・インドネシア・中央アジア・ヨーロッパの染織品があげられる。現在で蔵品は約1万2000点。

〈おもな収蔵品〉
- ◇「佐竹本三十六歌仙絵 頼基」日本・鎌倉時代(13世紀)
- ◇「寸松庵色紙」伝紀貫之筆 日本・平安時代(11世紀)
- ◇「秋野蒔絵手箱」日本・鎌倉時代中〜後期(13〜14世紀)
- ◇「享保雛」日本・江戸時代中〜後期(18〜19世紀)
- ◇「白地四季花束に文字入模様友禅染小袖」日本・江戸時代中期(18世紀)
- ◇「加彩双頭蛇形鳥頭付橋型注口壺」ペルー・パラカス文化(BC500〜BC200年頃)
- ◇「供養碑」エジプト・新王国時代(BC1570〜BC1085年頃)

【事　業】

2008年展観例「初春を寿ぐ」(1月8日〜2月3日)、「雛の世界」(2月9日〜3月16日)、「春の優品とレトロな着物」(3月22日〜6月1日)、「生命讃歌—アンデスの布と器」(6月7日〜7月31日)、「世界の絣—文様の美—」(9月2日〜10月19日)、「秋冬の美いろいろ」(10月25日〜12月20日)。他に展観ごとに講座、ギャラリートーク、中学生のための体験茶会などを開催。

【出版物】

◇所蔵品図録:「遠山記念館蔵品図録」(1975初版・1982再版)/「遠山記念館蔵品選集Ⅰ　コプト裂・中世エジプト染織品」(1972)/「遠山記念館

蔵品選集Ⅱ　近世日本の染織」(1977)／「遠山記念館蔵品選集Ⅲ　茶道具」(1978)／「遠山記念館所蔵品目録Ⅰ　日本・中国・朝鮮」(1990)／「遠山記念館所蔵品目録Ⅱ　中近東・アフリカ・ヨーロッパ」(1992)／「遠山記念館所蔵品目録Ⅲ　中南米・アジア」(1992)

◇展覧会図録：「百華の宴―遠山記念館開館25周年名品展」(1995)／「アート・セレクション〔1〕書―古筆の美」(1994)／「アート・セレクション〔2〕小袖」(1994)／「アート・セレクション〔3〕人形」(1997)

◇図書：「和風建築の粋　遠山邸」(1995)／「幾星霜」(1969)／「母乃面影抄」(1969初版・1984第3版)／「遠山元一」(1964初版・1990第6版)

- 所在地　〒350-0128　埼玉県比企郡川島町白井沼675
- 設　立　1970年5月
- ＴＥＬ　0492-97-0007
- ＦＡＸ　0492-97-6951
- ＵＲＬ　http://www.e-kinenkan.com/
- E-mail　tohyama@e-kinenkan.com
- 交　通　東武東上線・JR埼京線：川越駅、JR高崎線：桶川駅、西武新宿線：本川越駅、いずれも川越駅-桶川駅間の東武バスで牛ヶ谷戸下車徒歩15分
- 開　館　AM10:00〜PM4:30(入館はPM4:00まで)
- 入館料　大人700円(560円)、学生500円(400円)、小学生300円(240円)　※( )内は20名以上の団体料金(要予約)
- 休館日　月曜日(祝祭日の場合は開館、翌日休館)、展示替期間、年末年始(12月21日〜1月4日)
- 施　設　美術館：鉄筋コンクリート造2階建323.5㎡、遠山邸：木造平屋一部2階建794㎡
- 責任者　館長・関口正之

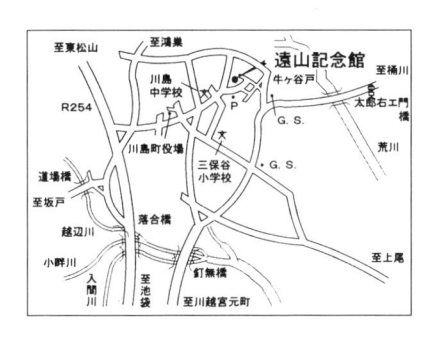

埼玉県

山崎美術館

橋本雅邦画伯は、川越藩松平周防守のお抱え絵師橋本晴園養邦の令息にて、幼小の頃より画道にすぐれ、日本画革新の先覚者として、明治時代における我が国画壇の最長老と呼ばれるまでに至った。川越の人士は画伯を郷土の誇りとし、有志が集い1899（明治32）年先生の雅号にちなみ、画宝会と称する会を結成、画伯のご力作をお頒ち願うこととなった。

これについて、当家四代山崎嘉七翁は隠退後豊と改名し、同会には率先して協力活躍、しかも、画伯から受けた作品を尊重し、全てを大切に保管し、日夜観賞することを何よりの楽しみとしていた。その一切を子々孫々に伝えるべく、遺言された。

しかし、我々子孫としてはこれを収蔵するよりも、社会公益のため、広く鑑賞して頂き、多少とも美学向上の資料に供することとし、蒐集に努力した豊翁生誕150年にあたる1982（昭和57）年11月、これに菊池容斎、勝田焦琴、川合玉堂、野口小蘋等の作品及び古くから伝わる器物を加えて、記念としてここに「山崎美術館」を発足したものである。

【展示・収蔵】

主な収蔵品として、橋本雅邦「蓬莱山図」「刈田の雁図」「昇龍図」「松に鶴と波の屏風図」などがある。展示資料は2か月ごとに季節に因んだ作品に入れ替えられる。土蔵造りの館内には井戸のある休憩所が設けられくつろぐことが出来る。

埼玉県

- 所在地　〒350-0065　埼玉県川越市仲町4-13
- 設　立　1982年11月
- ＴＥＬ　049-224-7114
- ＦＡＸ　049-226-8560
- 交　通　JR埼京線，東武東上線川越駅下車徒歩20分，または市内バス「仲町」下車，西武新宿線本川越駅下車徒歩8分
- 開　館　AM9:30〜PM5:00(入館はPM4:30まで)
- 入館料　一般500円(団体10人以上400円)，高校・大学生350円(団体10人以上250円)，小・中学生150円(団体10人以上100円)，障害者割引有
- 休館日　木曜日(祝日は開館)，年末年始
- 施　設　敷地面積986㎡，鉄骨作り2階建て，3階建て蔵2棟，2階建て蔵1棟(収蔵庫含む)
- 責任者　理事長・山﨑嘉正

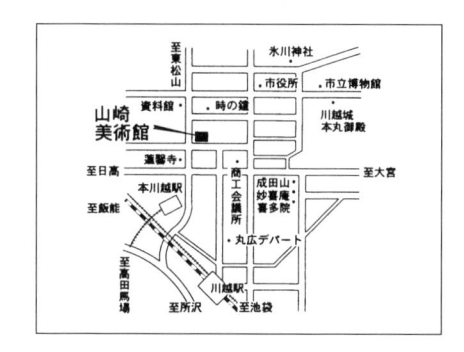

千葉県

川村記念美術館

　大日本インキ化学工業株式会社が関連グループ会社とともに収集してきた作品を公開するため、1990(平成2)年、佐倉市に開館。大日本インキ化学工業株式会社の創業者・川村喜十郎のコレクションが含まれている。
　1000点を超える多彩なコレクション、展示作品に最もふさわしい空間づくりを目指した建物(海老原一郎氏設計)、四季折々の変化が楽しめる自然環境。川村記念美術館では「作品」「建物」「自然」の三要素を調和させることで、理想の美術館を実現させようと努めている。
　当館の設立・運営母体である大日本インキ化学工業株式会社が2008(平成20)年に創業100周年を迎えるにあたり、これを記念する事業の一環として美術館を増改築し、2008(平成20)年3月15日にリニューアルオープンする。展示室の床面積が約1.5倍に拡張され、より多くのコレクションをゆったり鑑賞できるようになる。

【展示・収蔵】
　1000点を超える収蔵作品の中から代表作約80点を展示。
　ロスコルーム、ニューマンルーム(2008年3月15日より公開):20世紀後半のアメリカ絵画を代表する二人の作家、マーク・ロスコとバーネット・ニューマンの最重要作品を、それぞれの作品のためにデザインされた展示空

間で公開。

　代表的な作品：レンブラント「広つば帽を被った男」（1635年）／モネ「睡蓮」（1907年）／ルノワール「水浴する女」（1891年）／ポロック「緑、黒、黄褐色のコンポジション」（1951年）／長谷川等伯「烏鷺図」（17世紀初頭・重要文化財）

【事　業】
　年3～4回企画展・特別展を開催、美術教育サポート、友の会ミュージアムコンサート、毎日PM2:00からガイドスタッフによるギャラリートークなど

- 所在地　〒285-8505　千葉県佐倉市坂戸631
- 設　立　1990年5月
- ＴＥＬ　0120-498-130
- ＦＡＸ　043-498-2139
- ＵＲＬ　http://kawamura-museum.dic.co.jp
- 交　通　JR佐倉駅・京成佐倉駅より無料送迎バスあり20～30分
- 開　館　AM9:30～PM5:00（入館はPM4:30まで）
- 入館料　展覧会により異なる
- 休館日　月曜（祝日の場合は翌日），年末年始
- 施　設　レストラン，ギフトショップ，付属ギャラリー，茶席，庭園
- 責任者　館長・仲川憲四

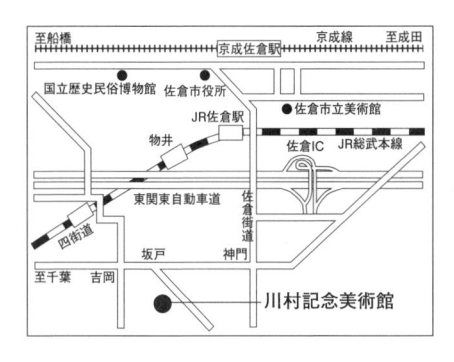

千葉県

白浜海洋美術館

　房総半島の最南端、野島崎灯台に向かい、左手松林の中に瓦葺き木造白壁の純日本式建物。
　海洋民族のつくりだした造形美術をさぐり、収集・保存して広く大衆のなかにその誇りをもって伝え理解していただくために開館した。
　1965(昭和40)年7月、土地の漁業家の母屋を借りて開館し活動を続けてきたが、1973(昭和48)年8月に現在地に新築、開館して、同時に展示資料の充実、収集地域の拡大を図り、海洋美術資料の集大成を目的としている。

【展示・収蔵】
　主に万祝(まいわい)を展示している。
　他に大漁奉納絵馬、捕鯨絵巻物、地元千葉の漁師さんたちの手作り道具など100点前後を展示。

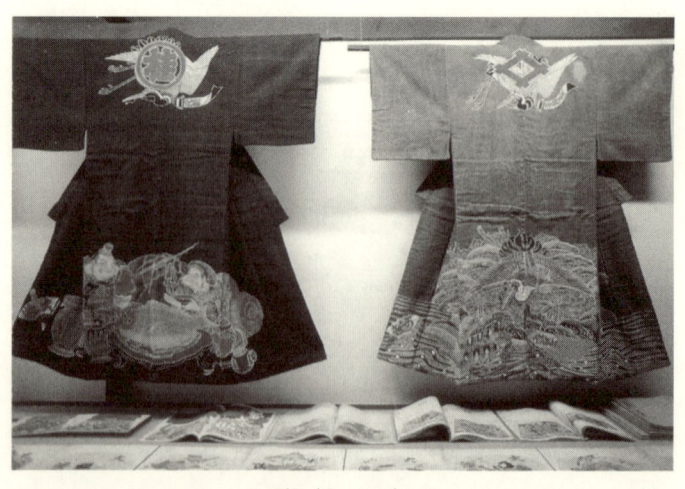

万祝(まいわい)

千葉県

- 所在地　〒295-0102　千葉県南房総市白浜町白浜628-1
- 設　立　1965年7月
- ＴＥＬ　0470-38-4551
- ＦＡＸ　0470-38-4551
- ＵＲＬ　http://homepage2.nifty.com/kaibi/
- E-mail　kaibi@nifty.com
- 交　通　内房線館山駅下車JRバス白浜行・野島崎灯台口下車徒歩10分または高速バス「房総なのはな号」東京－白浜
- 開　館　AM9:00 ～ PM5:00
- 入館料　一般500円，学生400円，小・中学生200円
- 休館日　木曜日（但し学校の春・夏・冬休み期間中は開館）
- 施　設　木造・日本建築平屋429㎡，館内一部喫茶・即売品あり
- 責任者　館長・柳和子

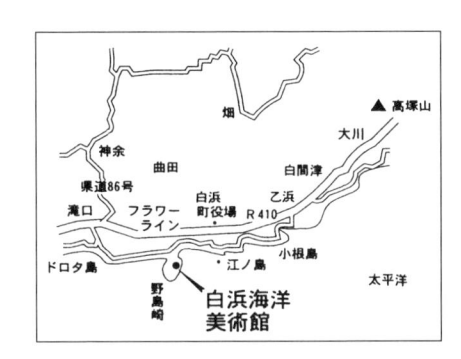

東京都

出光美術館
(いでみつ)

　出光美術館は出光興産の創業者であり、出光美術館初代館長の出光佐三が70余年の歳月をかけて蒐集した美術品を展示・公開するため、1966(昭和41)年、東京・丸の内の帝劇ビル9階に開館。その後、1972(昭和47)年には文部省の認可を受け、財団法人出光美術館が設立された。

　美術館の開館に際し、出光佐三は次のように述べている。
　「美術品は人の芸術作品であり、そこには日本人として独創と美がなくてはならない。そして、優れた美術品の蒐集を常に心掛け、これをもって時の人の教学の資となし、後の世の人のために手厚く保存しこれを伝えることは、美術館の最も重要な使命である」

　この創設者の言を信条として、出光美術館は現在まで、美術研究および保存・修復にもとづく展観の活動を積極的に行っている。また広く内外から招いて特別展を開催するとともに、ヨーロッパ、アメリカ、オーストラリア、トルコ、中国など多くの国々でコレクションを通じて日本文化の紹介にも努めてきた。

　2000(平成12)年には創設者ゆかりの地、北九州・門司港レトロ地区に出光美術館(門司)を開館し、さらに充実した美術館活動を目指している。

【展示・収蔵】
　収蔵品は国宝2件、重要文化財52件をふくむ1万件におよぶ。国宝「伴大納言絵巻」をはじめとする日本の書画、中国・日本の陶磁器、近代作家の小杉放菴や板谷波山、洋画家のジョルジュ・ルオーやサム・フランシスなど、幅広いコレクションが特徴である。

東京都

　展示は日本の書画、中国・日本の陶磁器など東洋古美術が中心である。テーマに沿った内容で、年6～7回の展覧会を開催している。また、コレクションを代表するルオーの作品と、オスロ市立ムンク美術館の協力によりノルウェーの画家ムンクの作品を常時展示しているほか、アジア各国および中近東の陶片資料を集めた陶片室は、充実した陶磁器コレクションをもつ当館ならではの施設として親しまれている。

【事　業】
　企画展示および併設展示としてルオー、ムンク作品の展示、陶片室の展示、茶室「朝夕菴」の展示。各展覧会にあわせて行う列品解説、特別講座の開催。会員制度の設置（会員を対象とした講演会の開催、入館フリーパスの発行など、特典をもった会員制度）。出光美術館館報、出光美術館研究紀要の発行。

【出版物】
　◇蔵品図録：「板谷波山」「書」「仙厓」「肉筆浮世絵」「日本陶磁」「田能村竹田」「風俗画」「小杉放菴」
　◇図録：「板谷波山素描集1～6」「皇帝を魅了したうつわ」「漂泊の詩人芭蕉」「最後の文人 鉄斎」「古唐津」「茶陶の源流」「中国・磁州窯」「京の雅び・都のひとびと」「平安の仮名、鎌倉の仮名」「青磁の美」「国宝風神雷神図屏風」「国宝 伴大納言絵巻」「出光美術館名品選Ⅱ」「書のデザイン」「志野と織部」「肉筆浮世絵 出光コレクション」など
　◇出光美術館館報、出光美術館研究紀要

- 所在地　〒100-0005　東京都千代田区丸ノ内3-1-1　帝劇ビル9階（出光専用エレベータ9階）
- 設　立　1966年10月
- ＴＥＬ　ハローダイヤル03-5777-8600（展覧会案内），03-3213-9402（事務所直通）
- ＦＡＸ　03-3213-8473
- ＵＲＬ　http://www.idemitsu.co.jp/museum/
- 交　通　JR有楽町駅 国際フォーラム口より徒歩5分，東京メトロ日比谷線・千代田線／都営三田線日比谷駅，東京メトロ有楽町線有楽町駅 帝劇方面出口より徒歩5分
- 開　館　AM10:00～PM5:00（入館はPM4:30まで）毎週金曜日はPM7:00まで（入館はPM6:30まで）

東京都

- 入館料　一般1000円，高・大生700円(団体20名以上 各200円引)
中学生以下無料(保護者の同伴が必要)
- 休館日　毎週月曜日(ただし月曜日が祝日および振替休日の場合は開館)，年末年始および展示替期間
- 施　設　展示室1，展示室2，展示室3，展示室4，展示室5(陶片室)，茶室「朝夕菴」，レクチャールーム，ミュージアムショップ，ロッカールーム，ロビー
- 責任者　館長・出光昭介

UKIYO-e TOKYO

　平木コレクションは、リッカーミシンの創設者である故・平木信二氏によるコレクションである。戦前の優れた浮世絵コレクションとして有名な、三大コレクション「斉藤コレクション」「三原コレクション」「松方コレクション」の内の「斉藤コレクション」「三原コレクション」が中心となっている(「松方コレクション」は、東京国立博物館が所蔵)。

　多くの人に浮世絵の素晴らしさを知っていただこうと1971(昭和46)年に財団法人平木浮世絵財団を設立、1972(昭和47)年9月に日本最初の浮世絵専門美術館「リッカー美術館」を開館し、「平木浮世絵美術館」を経て、2006(平成18)年10月に東京ベイエリアの新興都市豊洲に「UKIYO-e TOKYO」を開館した。

【展示・収蔵】
　浮世絵の創始・菱川師宣から橋口五葉・伊東深水にいたるまで、浮世絵以降の日本の木版画の歴史がたどれるようにコレクションは形成され、戦前の斉藤・三原コレクションを中心に、約6000点(浮世絵)を収蔵。その内には鳥居清倍の「初代市川団十郎の暫」など重要文化財11点、喜多川歌麿の「高名三美人」などの重要美術品238点の指定作品を含み、優れた浮世絵のコレクションとして内外に知られている。

東京都

【事　業】
年に10〜11の企画展を開催（ほぼ毎月展示内容が変わる）。

【出版物】
「にゃんとも猫だらけ―Cats of Many Varieties―」（UKIYO-e TOKYO開館記念展図録）／「浮世絵名品集三部作」美人画，役者絵，風景・花鳥画

- 所在地　〒135-8614 東京都江東区豊洲2-4-9 アーバンドックららぽーと豊洲1F
- 設　立　1972年9月
- ＴＥＬ　03-6910-1290
- ＦＡＸ　03-5289-0927
- ＵＲＬ　http://www.ukiyoe-tokyo.or.jp/
- 交　通　東京メトロ有楽町線／ゆりかもめ線「豊洲」駅下車 徒歩5分
- 開　館　火曜日〜金曜日PM12:00〜PM7:00（入館はPM6:30まで），土曜・日曜・祝日AM11:00〜PM7:00（入館はPM6:30まで）
- 入館料　大人・大学生500円，小学・中学・高校生300円 ※70歳以上の方400円 ※20名以上の団体は100円割引
- 休館日　月曜日（祝日の場合は翌日火曜日），展示替え期間
- 責任者　館長・佐藤光信

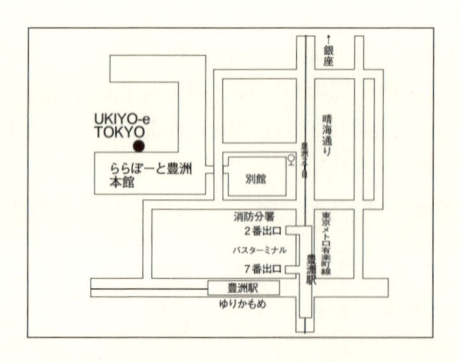

東京都

青梅きもの博物館

　当館は1996(平成8)年4月1日、東京・駒込和装学院理事長鈴木十三雄により設立された。日本の伝統美の文化であるきものを、自らきもの教育に携わるかたわら、後世に残すべく多摩の山地水明の地、青梅吉野梅郷の中心にきもの博物館として設立。今から30数年程前に、元梨本宮家より学院のきもの教育に暖かいご理解をいただき、両殿下が大正天皇即位式にご着用になられた貴重な衣裳を預る機会に恵まれ、それをきっかけとして皇室衣裳・時代衣裳の収集を続け、現在は500点を越える。これらを3ヵ月ごとに内容を替え展示している。
　また、元東宮侍従の浜尾実氏から寄贈された同家の天皇家よりご拝領の品々も展示してある。

【展示・収蔵】
　〈皇室衣裳〉
　　大正天皇即位式ご着用衣冠(梨本宮守正王殿下着用)、五衣小袿(梨本宮

東京都

伊都子妃殿下着用)。
明治天皇内親王ご着用小袖、帷子、祝着、振袖、襟、小裃他。
大沢典儀官着用束帯、女官着用小裃。
〈時代衣裳〉
武家、商家、公家着用の小袖、振袖他。
〈時代掛袱紗、時代名物製・天皇宸翰、他〉

【事　業】
きもの博物館友の会講演会、他博物館への貸出展示公開

【出版物】
「日本伝統文化の証 官廷衣裳・時代衣裳」(駒込和装学院発行)／皇室衣裳・時代衣裳絵ハガキ(青梅きもの博物館発行)

- 所在地　〒198-0063　東京都青梅市梅郷4-629
- 設　立　1996年4月
- ＴＥＬ　0428-76-2019，03-3821-2341(東京事務所)
- ＦＡＸ　03-3823-8808
- ＵＲＬ　http://www3.kitanet.ne.jp/~kimono/
- E-mail　kimono@ma.kitanet.ne.jp
- 交　通　JR青梅線 日向和田(ひなたわだ)駅下車 徒歩10分
- 開　館　金・土・日曜日 AM10:00～PM4:00 3月観梅期のみ毎日開館 団体の場合は予約開館
- 入館料　大人800円(団体20名以上600円)，小人600円(団体20名以上500円)
- 休館日　月・火・水・木曜日，12月～1月は整理のため休館
- 施　設　200年前の土蔵に増築木造民家風の建物120坪(360㎡)
- 責任者　館長・鈴木十三雄

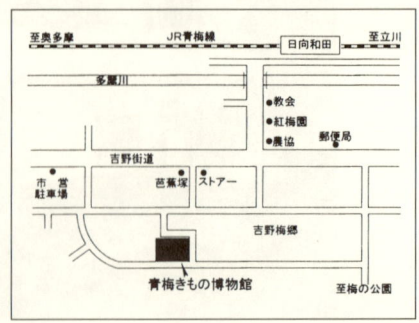

大倉集古館

　大倉集古館は大倉喜八郎(号鶴彦・1837-1928)が創立した美術館であり、わが国では最初の私立美術館である。彼は明治維新以来、新興日本の産業の振興、貿易の発展に力を尽くし、育英、慈善事業にも功績が多く、その一方文化財の海外流出を嘆いてその保護とわが国文化の向上に努めた上、五十余年にわたって蒐集した多数の文化財と、土地、建物及び基金を寄付、1917(大正6)年8月に財団法人大倉集古館が誕生した。

　しかし1923(大正12)年関東大震災により、当初の建物と陳列中の所蔵品を失ったが、残された優品を基本とし、伊東忠太博士の設計による耐震耐火の陳列館を建築して、1928(昭和3)年10月再び開館、その後所蔵品も増加して復興の成果を挙げた。さらに長男大倉喜七郎(号聴松・1882-1963)がその遺志を継いで、館の維持経営に絶大な援助を与え、また自ら多年蒐集した名品、特に近代日本絵画多数を寄付することで館蔵品の充実を計った。

　第2次大戦では空襲の難を免れ、1960(昭和35)年12月に財団法人大倉文化財団と改称、1962(昭和37)年に第一次の改装工事を、また以来35年を経過した1997(平成9)年には、創立80周年を記念して、全館の復元と設備の近代化を計るため大改修工事が行われた。この美術館は、伊東博士が中国の

東京都

　古典様式を生かした名作として1990(平成2)年に東京都の歴史的建造物に選定されたが、さらに1998(平成10)年に、国の登録有形文化財となった。
　所蔵品は日本をはじめ東洋各地域の絵画、彫刻、書跡、工芸など豊富多彩である。中でも著名な木造普賢菩薩騎象像(国宝)や北魏(5-6世紀)の石仏としてわが国最大の如来立像、紀元前3世紀の旧状に復元された夾紵大鑑(きょうちょたいかん)などの優品を常時陳列、また館蔵品等を主題別に選択構成した企画展示も年に5回ほど開催している。
　来館者はその都度変化ある名品を観賞でき、近隣の大使館、外資系企業並びにホテルオークラ東京に滞在の多くの外国人にも、東洋美術の粋にふれる好機を与えている。

【展示・収蔵】
　大倉喜八郎・喜七郎の親子二代にわたるコレクションを収蔵。所蔵品は日本・東洋の古美術品が中心で、絵画・彫刻・工芸品・考古発掘品など、広範なジャンルにわたっている。総収蔵品数は美術品約2000点、漢籍1万余部、そのうち3点が国宝、12点が重要文化財、44点が重要美術品に指定されている。
　主な所蔵品に「普賢菩薩騎象像」(平安・国宝)、「随身庭騎絵巻」(鎌倉・国宝)、「古今和歌集序」(平安・国宝)、「一字金輪像図」(鎌倉・重文)、「石清水八幡曼荼羅図」(鎌倉・重文)、「賀茂競馬・宇治茶摘図屏風」久隅守景筆(江戸・重文)、「鵜飼図屏風」狩野探幽筆(江戸・重文)、「石造如来立像」(北魏・重文)、「大唐三蔵取経詩話 宋版」(南宋・重文)、「長生殿蒔絵手箱」(鎌倉・重文)、「十六羅漢図」(鎌倉・重美)、「詩書巻」本阿弥光悦筆(江戸)、「夾紵大鑑」(戦国・重美)などがある。
　展示は所蔵作品などの中からテーマを決めた企画展として年に5〜6回の展覧会を行う。なお「普賢菩薩騎象像」「石像如来立像」「夾紵大鑑」などは常時陳列されている。

【出版物】
　「大倉集古館500選」/「大倉集古館への誘い」/「大倉集古館の名宝」/「昭和五年・ローマ展開催日本美術展覧会の回想」ほか。

東京都

- 所在地　〒105-0001　東京都港区虎ノ門2-10-3
- 設　立　1917年8月
- ＴＥＬ　03-3583-0781
- ＦＡＸ　03-3583-3831
- 交　通　東京メトロ南北線六本木一丁目駅下車5分，日比谷線神谷町下車8分，銀座線虎ノ門下車10分，銀座線・南北線溜池山王下車10分
- 開　館　AM10:00～PM4:30(入館はPM4:00まで)
- 入館料　大人800円，大高生500円，中小学生無料(20名以上団体割引：各200円割引)
　　　　※特別展は大人1000円，大高生800円
　　　　※土・日曜日の高校生以下の児童・生徒ならびに引率の両親・教師は無料
- 休館日　月曜(ただし休日の場合は開館)，年末年始，展示替期間中
- 施　設　陳列館：鉄筋コンクリート2階建862.8㎡，事務棟：倉庫棟等352.66㎡
- 責任者　理事長・大崎磐夫

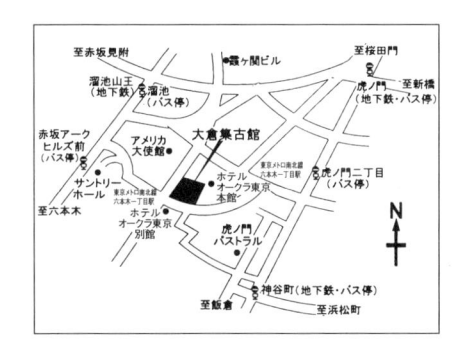

東京都

大島町貝の博物館「ぱれ・らめーる」

　1987(昭和62)年、大島ユースホステルが閉鎖、公共利用を条件に大島町に払下げられたこの施設を、東京都水産試験場大島分場長であった草苅正氏の約40年に亘る貝類コレクションの寄贈を受けたことにより1989(平成元)年、貝の資料館としてオープン。世界の美しい貝類を約5000種(数万点)展示する。また、大島町で所有していた伊東深水画伯の版画を中心とした絵画類数十点も併せて展示されている。館名の「ぱれ・らめーる」は設立当時に来館されたフランス大使ベルナール・ドラン氏による命名。

【展示・収蔵】
　現在展示中の標本は約5000種。他に整理中の標本類約2000種、全体では数万点に及ぶ。主なものに、タカラガイ類、生きた化石と言われるオキナエビスガイ類(29種中26種)、イモガイ科、ソデガイ科など美麗な貝類がある。
　他に、幼貝～老貝の生長標本や微小貝(約1000種)、陸貝(カタツムリ)類、化石類、貝類の民芸品等も展示している。

- 所在地　〒100-0211　東京都大島町佐木地字クダッチ
- 設　立　1989年1月
- ＴＥＬ　04992-4-0501
- ＦＡＸ　04992-4-1769
- 交　通　①JR浜松町駅→竹芝桟橋より船にて大島へ，②羽田より航空便にて大島空港→タクシー30分
- 開　館　AM9:00～PM5:00(夏季)，AM9:00～PM4:00(冬季)
- 入館料　大人400円，小人200円
- 休館日　水曜日
- 施　設　鉄筋コンクリート3階建
- 責任者　館長・三木誠

東京都

太田記念美術館

　東邦生命保険相互会社の元会長であった故太田清蔵氏は、古くから絵画を愛好、特に海外における浮世絵の高い評価と愛好者層の多いことを見聞し、浮世絵が我が国独自の代表的絵画であることを認識、以来60有余年に亘りその研究と収集に情熱を注ぎ、約1万点に及ぶコレクションを集大成した。

　これら国家的文化遺産である浮世絵を、広く一般に公開して情操教育の発展、また国際的にも紹介したいという故人の遺志にそい、遺族は蒐集品の全部と新美術館の建設資金、土地などを財団法人近代美術振興協会に寄贈された。

　財団では、その事業の一環として寄贈を受けた浮世絵を順次展覧するため、はじめ銀座東邦生命ビル内に設けた美術館で展示を行う一方、浮世絵展示にふさわしい本格的な専門美術館の建設を計画、1979(昭和54)年8月末完成、1980(昭和55)年1月に開館した。

【展示・収蔵】

　当美術館は約1万2000点の作品を収蔵。その大部分は、故太田清蔵氏の蒐集によるもので、肉筆浮世絵約500点・浮世絵版画約1万点・肉筆扇子(旧鴻池コレクション)約900点・浮世絵関係の版本および骨董品約200点からなる。

　この当館収蔵品の核ともいうべき太田コレクションは、肉筆画・版画とも浮世絵の初期から終末までの代表作品をほぼ完全な形で網羅し、更に従来未公開であったため、作品の保存状態に優れている。

　代表的な作品として、鈴木春信「風流うたひ八景」(版画・細判8枚揃)「瀬川菊之丞」(肉筆画)、鳥居清長「大川岸楼上の月見」(版画・大判3枚続)「真崎の月見」(肉筆画)、喜多川歌麿「北国五色墨てっぽう」(版画・大判)「文

東京都

読む美人」(肉筆画)、東洲斎写楽「三代目瀬川菊之丞の田辺文蔵妻おしず」(版画・大判)「七代目片岡仁左衛門の紀名虎」(版画・細判)、葛飾北斎「風俗三美人」(肉筆画・三幅対)「見立三番叟」(肉筆画・三幅対)、歌川広重「江戸近郊八景」(版画・大判8枚揃)などが挙げられる。これら、現在確認されている限りでは唯一の作品や、各絵師の代表作品などが数多く揃で収蔵されており、浮世絵美術館として総合的な展覧が可能となっている。

旧鴻池コレクション約900点の扇子は、浮世絵派(約60点)・狩野派・琳派・土佐派・文人画派など、近世絵画史上極めて貴重な作品群である。この他には、浮世絵研究家・長瀬武郎氏より寄贈された肉筆画および版画が約650点収蔵されており、このコレクションは、葛飾北斎の摺物や稀少な作品で大半が占められ、研究者必見のコレクションである。

また、2005年には当館所蔵の肉筆画の名品、葛飾北斎「雨中の虎」が、パリのギメ東洋美術館所蔵の「龍図」と対幅であったことが新発見され、大きな話題となった。

【事 業】

企画展、土曜講座、日曜映画会、浮世絵研究助成。

【出版物】

「旧美術館6冊セット」(1980.1)／「広重特別展(稀品・名品)」(1980.2)／「明治の漫画と風刺画展」(1980.4)／「浮世絵の流れ1 初期浮世絵」(1980.5)／「片岡球子描く浮世絵師展」(1980.6)／「団扇と扇子絵展」(1980.8)／「浮世絵の流れ2 錦絵の誕生」(1981.5)／「鴻池コレクション扇絵展(1)浮世絵編」(1981.8)／「鈴木宇宙コレクション展」(1982.2)／「浮世絵の流れ3 錦絵黄金時代 美人画編」(1982.5)／「鴻池コレクション扇絵展(2)江戸琳派編」(1982.8)／「浮世絵に描かれた中国展」(1982.10・11)／「浮世絵の流れ4 錦絵黄金時代 天明寛政の秀作」(1983.2)／「江戸行楽のさまざま展」(1983.6)／「鴻池コレクション扇絵展(3)土佐、狩野派編」(1983.8)／「浮世絵の流れ5 文化文政」(1984.5)／「清親、楽天と十人の風刺画家展」(1984.6)／「鴻池コレクション扇絵展(4)円山、四条派編」(1984.8)／「妹尾コレクションどろ絵ガラス絵」(1984.11・12)／「開館5周年記念 浮世絵近代日本画名品展」(1985.1)／「松方三郎コレクション 浮世絵美人画名品展」(1987.5)／「葛飾派歌川派を中心と

東京都

した下絵展」(1987.6・7)／「初公開 立正大学田中啓爾文庫 古地図・浮世絵にみる開港名品展」(1987.11)／「太田記念美術館収蔵浮世絵名品展」(1988.2)／「初公開 向山コレクション浮世絵優品展」(1989.8・9)／「初公開 熊本県立美術館所蔵今西コレクション肉筆浮世絵名品展」(1990.4)／「江戸・東京ものしり図典」(1990.7・8)／「錦絵黄金時代を築いた人々」(1990.9・10)／「歌川国芳とその一門展」(1990.11)／「浮世絵にみる美人の変遷」(1991.9・10)／「菱川派とその周辺」(1992.4)／「資料による近代浮世絵事情」(1992.7・8)／「歌麿とその周辺」(1992.11・12)／「京都風俗画展」(1993.3・4)／風景画の変遷-師宣から柳村まで」(1993.9・10)／「明治・大正 美人版画展」(1993.11・12)／「歌川豊春とその時代」(1994.4・5)／「川瀬巴水展 大正期の佳作群」(1994.9)／「マーンコレクション浮世絵名品展」(1994.10・11)／「歌麿芸術の再発見」(1995.4・5)／「宮川長春とその系譜」(1995.9・10)／「歌川広重展生誕200周年記念」(1996.3・4)／「奈良県立美術館所蔵 吉川観方コレクション肉筆浮世絵名品展」(1996.10)／「溪斎英泉展(没後150年記念)」(1997.3・4)／「生誕200年記念 広重・花鳥画展」(1997.5)／「牧野宗則木版画録」(1997.10)／「UKIYO-E DOG & CAT 浮世絵に描かれた犬と猫」(1997.11・12)／「藤澤衛彦コレクション 摺物を中心として」(1998.4・5)

- **所在地** 〒150-0001 東京都渋谷区神宮前1-10-10
- **設　立** 1980年1月
- **ＴＥＬ** 03-3403-0880
- **ＦＡＸ** 03-3470-5994
- **URL** http://ukiyoe-ota-muse.jp/
- **交　通** 東京メトロ千代田線明治神宮前駅5番出口より徒歩3分．JR山手線原宿駅表参道口徒歩5分
- **開　館** AM10:30～PM5:30（入館PM5:00まで）
- **入館料** 平常展：一般700円，大高生500円，小中生200円　特別展：一般1000円，大高生700円，小中生400円
- **休館日** 月曜日(但し祝休日の場合は翌日)，27日以降月末，年末年始
- **施　設** 鉄筋コンクリート日本瓦葺地上2階・地下1階建，延面積776.5㎡
- **責任者** 館長・太田幹二

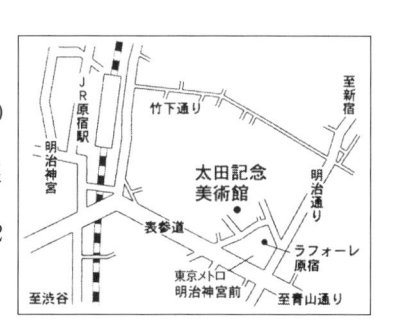

東京都

関東

唐澤博物館

　唐澤博物館は、教育学・教育史研究家の唐澤富太郎が、長い歳月をかけて収集した数万点におよぶ研究資料の中から、特に選りすぐった7000点余りを展示する私立の個人博物館である。

　日本の子どもの教育と遊びを、江戸時代までその源流をたどりながら、日本文化の歴史の中で、わかりやすく紹介している。子どもの教育と遊びの世界に花開いた文化・芸術の粋をご覧いただくとともに、教育立国日本の真髄に触れることも可能である。また、昔懐かしい教材や玩具に、過ぎし子どもの頃を思い返していただくこともできる。

【展示・収蔵】
　玄関：江戸いろはカルタ「教訓いろはたとゑ」
　1階：「子どもと学校120年」…学校がはじまったころ・明治大正期学校の風景・知識を世界に求めて・教科書、卒業証書、賞状の移りかわり・通知簿と賞品・明治天皇と教育勅語・二宮金次郎・行灯からガス灯まで。
　2階：「江戸時代の子どもの教育」…［読み書きそろばんと子どもの教育］学問の神:天神様・寺子屋の風景・往来物—江戸時代の教科書・そろばん、硯、水滴、文鎮。［男児と女児の江戸・明治・大正・昭和

東京都

の遊び］子どもの遊びと玩具・人形にみる子どもの生活・おとぎの世界・人形芝居と木馬。
3階：「日本人のくらし」…食の器と道具・女性の装身具・男の粋と旅道具・仕事と道具・農耕用具・仏教信仰等。

- 所在地　〒176-0012　東京都練馬区豊玉北3-5-5
- 設　立　1993年9月
- ＴＥＬ　03-3991-3065
- ＦＡＸ　03-3991-3065
- ＵＲＬ　http://members3.jcom.home.ne.jp/kmuseum/
- E-mail　karasawamuseum@hotmail.co.jp
- 交　通　西武池袋線桜台駅下車徒歩10分，都営大江戸線新江古田駅下車徒歩12分
- 開　館　要電話予約
- 入館料　大人・大学生700円，中高生300円，小学生200円
- 施　設　鉄骨3階建
- 責任者　館長・唐澤輝子

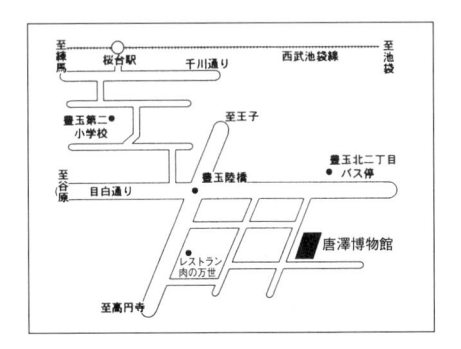

東京都

菊池寛実記念 智美術館

　菊池寛実記念 智美術館は、現代陶芸のコレクターである菊池智のコレクションを公開するため2003(平成15)年4月に開館した。菊池智は、父・菊池寛実が創業した諸事業の経営を担いつつも、現代陶芸に深い愛情と理解を示し、永年その収集に努め、作家と交流を広めるとともに新進作家の育成に力を注いできた。

　また菊池智は、それらの作品は一個人で所有するものではなく、交通至便な都心に現代陶芸館を設け、所蔵品の展示や講演会その他の催事などを通じて現代陶芸に対する一般愛好家の要望に応えるとともに、陶芸作家・研究者

(撮影・黒川未来夫)

の育成を図ることこそが、現代陶芸を愛し、その発展を祈る者としての大きな責務であり、同時に現代陶芸の発展のために寄与することになると考えた。そして、港区虎ノ門に2003年に建てられた、暖かい色のライムストーンの外壁を持つビルの地下一階に、美術館を開いたのである。

【展示・収蔵】
　富本憲吉をはじめ、近現代の陶芸作家の作品などを所蔵。ことに「色絵磁器」で重要無形文化財保持者に認定された藤本能道(1919-1992)については随一のコレクションを誇る。

【事　業】
　年3〜4回、企画展を開催。菊池ビエンナーレ、現代の茶陶展の開催。

【出版物】
　展覧会図録：「Japanese Ceramics Today, Part1＆2」/「藤本能道の色絵」/「藤平伸の芸術―追憶の詩」/「樂 吉左衛門 1999年秋―2005年春 創作」/「杉浦康益 陶の植物園」など。

- 所在地　〒105-0001　東京都港区虎ノ門4-1-35
- 設　立　2003年4月
- ＴＥＬ　03-5733-5131
- ＦＡＸ　03-5733-5132
- ＵＲＬ　http://www.musee-tomo.or.jp/
- 交　通　東京メトロ日比谷線「神谷町駅」出口4bより徒歩6分，南北線「六本木一丁目駅」出口3より徒歩8分，南北線「溜池山王駅」出口13より徒歩8分，銀座線「虎ノ門駅」出口3より徒歩10分
- 開　館　AM11:00〜PM6:00(但し入館はPM5:30まで)
- 入館料　一般1300円，大学生800円，小・中・高校生500円
- 休館日　月曜日(但し祝日の場合は翌日に振替)
- 施　設　鉄筋コンクリート7階建，美術館は地下1階，レストラン併設
- 責任者　館長・林屋晴三

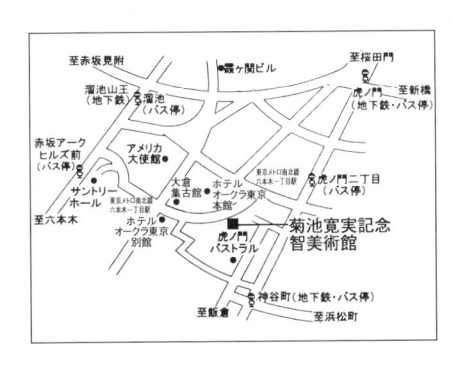

東京都

講談社野間記念館

　1909(明治42)年に大日本雄弁会(講談社の前名)を創立して以来、野間清治は、『雄弁』『講談倶楽部』『少年倶楽部』『面白倶楽部』『婦人倶楽部』『現代』『少女倶楽部』『キング』『幼年倶楽部』といった雑誌を、社会の各層にむけて次々と刊行していった。これらは、俗に"九大雑誌"と呼ばれて講談社の出版活動の中心的存在であり、華々しい宣伝活動とともに世に送り出された。これらの雑誌は、多彩な付録と、表紙絵・口絵などの充実とを特徴としていた。雑誌の巻頭には、第一線で活躍中の日本画家、洋画家たちの作品が掲載され、また小説などの文学作品には、当時定評のあった挿絵画家たちの力作がそえられていた。
　1921(大正10)年6月、野間は東京府小石川区音羽にある旧山田顕義伯爵邸を購入した。このころの野間は、本業の出版事業が好調となっており、おそらくは新しい邸宅の装飾品との目的で、美術品収集を開始している。やがて野間は、美術家たちの後援者としての性格を強め、こうしてつちかった美術家たちとの広範な交際が、あらためて雑誌の充実に反映されていくこととなった。野間の美術品収集は、1921(大正10)年ころから、1938(昭和13)年に没するまで続けられた。
　講談社野間記念館は、上述したような野間清治が収集した美術品を主体とする「野間コレクション」と、講談社の社業にともない蓄積されてきた「出

版文化資料」の二つを展示品の柱として、講談社創業90周年事業の一環として2000(平成12)年4月に設立された。

その後、当館は順調な展示活動を続けていたが、2004(平成16)年にはあらたに村上豊画伯より作品の一括寄贈を受けた。「村上豊作品群」は、当館展示の三番目の柱として、多くの観覧者を魅了している。

【展示・収蔵】

当館の展示作品は、大別すると三つの柱から成り立っている。

一つ目の柱「野間コレクション」は、講談社の創業者である野間清治が、大正後期から昭和初期にかけて収集した美術品を主体とするものである。その内容は、横山大観をはじめとする近代日本画家の作品を中心に、近代洋画、彫刻、陶磁器なども含む。また、昭和初期に画壇で活躍していた多くの画家に直接依頼することで集まった6000点におよぶ色紙群は、美術品であると同時に貴重な近代美術資料でもあるといえよう。

二つ目の柱は、「出版文化資料」である。講談社において、創業以来の活動に伴い、大量に蓄積されてきた資料群のことであり、内容は、絵本原画、雑誌の表紙や口絵の原画、挿絵、原稿、付録、ポスターなど、まさに多岐にわたる。なかでも、1937(昭和12)年に野間が満を持して刊行を開始した『講談社の絵本』シリーズの原画群や、1989(平成元)年にNHKが選定した「日本のうたふるさとのうた100曲」をモティーフとして、50人の日本画家たちに2点ずつ制作を依頼した「日本のうたふるさとのうた」シリーズの日本画群などは、特筆されるべき存在である。これら明治、大正、昭和、平成を通じて形成されている「出版文化資料」は、まさに当館でなければ見ることのできない資料である。

三つ目の柱は、「画家・村上豊の作品群」である。村上豊画伯は、1962(昭和37)年の創刊以来、『小説現代』の表紙原画を描き続けており、講談社のこしかたを語る上で、まさに欠くことのできない存在のひとりである。画伯の活動は幅広く、1960(昭和35)年のデビュー以来、絵本原画や挿絵、装幀にも及び、また水墨に鮮やかな色彩を添えた墨彩画でも定評があり、国内外の個展で精力的な制作活動の成果を発表してきた。1998(平成10)年にはこれらの業績が認められて第46回菊池寛賞を受賞している。当館では、2004(平成16)年以降毎年、画伯から、その多種多様な作品群の寄贈を受けている。

東京都

画家の画業の全貌と、そこにどのように出版文化活動が関わっていくかを見て取れるという意味で、当館にふさわしい、ユニークなコレクションが誕生したといえる。

　以上三つの柱をもとに、当館では年間5回の企画展示(収蔵品展示)を実施し、膨大な作品群を順次展示、公開している。

【事　業】
年間5回、企画展示(収蔵品展示)

【出版物】
講談社野間記念館、財団法人野間文化財団・編「美のながれ―講談社野間記念館名品図録」(2005年刊)

- 所在地　〒112-0014　東京都文京区関口2-11-30
- 設　立　2000年4月
- ＴＥＬ　03-3945-0947
- ＦＡＸ　03-3945-0981
- ＵＲＬ　http://www.kodansha.co.jp/nomamuseum/
- 交　通　東京メトロ有楽町線「江戸川橋駅」下車徒歩10分、あるいはJR「目白駅」下車、都営バス椿山荘行きもしくは新宿駅西口行きにて「椿山荘前」下車徒歩2分
- 開　館　AM10:00～PM5:00(ただし入館はPM4:30まで)
- 入館料　一般500円(300円)、学生300円(200円)、小学生以下無料　※(　)内は団体20名以上
- 休館日　月・火曜日(ただし月・火曜日が祝休日にあたる場合は水曜以降に振替)
- 施　設　鉄筋コンクリート造、2階建、建築面積735.1㎡
- 責任者　館長・野間佐和子

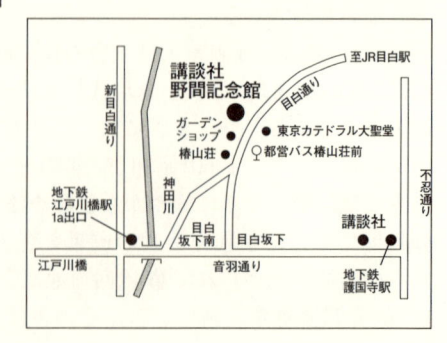

東京都

国際基督教大学博物館 湯浅八郎記念館

　当館は国際基督教大学(ICU)の創立25周年記念事業の一環として計画され、初代学長であった湯浅八郎博士(1890-1981)の本学創設および育成に対する貢献を記念して、1982(昭和57)年に開館した大学博物館である。館内には民芸展示室、考古資料展示室、特別展示室、資料室があり、広く一般に公開している。

　湯浅八郎は、柳宗悦によって提唱された民芸運動に啓発され、昭和初期より民芸品の収集を始めた。無名の工人の手になる日常雑器の素朴で健康的な美を愛すと共に、収集を通じて得た様々な体験を若い人々に伝えたいと、1978(昭和53)年に「民芸の心」と題した特別講義を行った。その際、本学において収集品の一部が展示され、当館の設立に伴い約6000点に及ぶコレクションが寄贈された。

　一方、大学敷地は東京西部の野川流域に位置し、この付近には旧石器時代から縄文時代にかけての多くの遺跡が埋蔵されている。本学では1957年以降、J.E.キダー教授の指導のもと、教育プログラムの一環として学術的な発掘調査が行われてきた。こうして発掘された石器、土器、装身具は遺跡分布図や敷石住居址の標本と共に考古資料展示室において紹介されている。

【展示・収蔵】

　民芸部門の収蔵品は、江戸時代から昭和初期にかけ、日常用具として使用された食器類や、筒描染や絣などの染織品、また菓子型をはじめとする木工品など約7000点である。これらの一部を展示する他、外国の工芸品や600点ほどのそば猪口などを資料室において公開。考古学資料は多数の出土品の中から580点を展示。

東京都

1. 民芸展示:丹波布、筒描夜具地、伊勢型紙、箪笥、菓子型、自在鉤、行灯、石皿、そば猪口、柄鏡。
2. 考古展示:敷石住居址、関東ローム層断層標本、ICU構内出土の先土器時代の石器、縄文時代の土器・石器。

【事 業】
収蔵資料中心の企画展(年3〜4回)、公開講座。

【出版物】
湯浅八郎著「民芸の心」「信仰と生活」「若者に幻を」/図録:「蔵品図録―民芸」/「展示品解説・考古資料」/「染のかたがみ―文様の展開」/「粧いの道具―柄鏡とお歯黒道具」/「藍染」/「織田コレクションによるインドネシアの絣」/「日本考古学の概要と国際基督教大学構内の遺跡」/「湯浅八郎記念館所蔵品にみる日本の文様―唐草」/「刺子とこぎん」/「湯浅八郎記念館所蔵・太田コレクション―鐔」/「湯浅八郎記念館所蔵品にみる日本の文様―幾何・器物」/「弁当箱の工夫」/「湯浅コレクションに親しむ25の鍵」/年報

- 所在地　〒181-8585　東京都三鷹市大沢3-10-2
- 設　立　1982年6月
- ＴＥＬ　0422-33-3340
- ＦＡＸ　0422-33-3485
- ＵＲＬ　http://subsite.icu.ac.jp/yuasa_museum/
- E-mail　museum-office@icu.ac.jp
- 交　通　JR中央線三鷹駅南口または武蔵境駅南口より小田急バス国際基督教大学行にて終点下車
- 開　館　AM10:00〜PM5:00(土曜日はPM4:30まで)
- 入館料　無料
- 休館日　日曜日、月曜日、祝祭日、展示準備期間、夏期休暇中、年末年始
- 施　設　鉄筋コンクリート造2階建、延床面積1353.13㎡
- 責任者　館長・森本光生

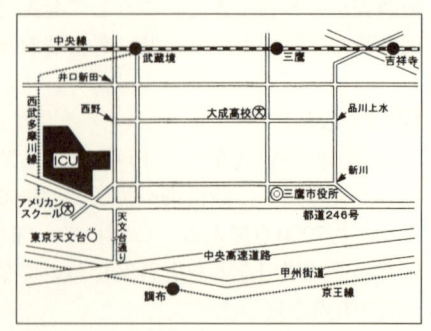

五島美術館

　東京の最南端、武蔵野の雑木林の台地が多摩川に向かって深く傾斜する所（国分寺崖線）に、五島美術館はある。今は老木のため概ね3年に一度しか満開にならない「上野毛のこぶし」（東京都指定天然記念物）が庭にある。

　五島美術館は、東京急行電鉄株式会社の元会長・五島慶太翁（1882-1959）が半生をかけて収集した日本と東洋の古美術品（明治期以前）をもとに、1960（昭和35）年に設立された私立（財団法人）の美術館で、第一次のいわゆる美術館ブームのなかで生まれた。建物（本館）の設計は、和様空間の案出に秀でた芸術院会員・吉田五十八氏（1894-1974）。当館が所蔵する国宝「源氏物語絵巻」、国宝「紫式部日記絵巻」にふさわしい寝殿造の意匠を随所にとり入れている。

　展示室が1部屋のため、常設展示はないが、茶道具、中国陶磁器、絵巻と古筆や墨跡、古写経、銅鏡、刀剣などを、ローテーションを組んで1年間に7回ほど変える。また現在、春秋に行なう特別展は、100回をすでに越え、毎回話題を呼んでいる。展示室は約280㎡の広さで、1回の展示品は60点から100点。一巡する平均鑑賞時間は約40分、庭を含めると1時間以上かかり、散策を楽しむ人も多い。

国宝「紫式部日記絵巻　五島本第一段」鎌倉時代（13世紀）

東京都

【展示・収蔵】
　創立者・五島慶太翁は、はじめ奈良時代の写経を集めた。鉄道事業の関係から関西に行くことが多く、繁忙な仕事の合間に味わう古都奈良の古代文化の香りに、次第にひき込まれたためだ。やがて僧侶の書（墨跡）を集め、古代から中世へと関心を移し、さらに心のやすらぎを求めて茶の道に入った。
　最も有名な国宝「源氏物語絵巻」は、一番最後に収集したもの。現在、毎年5月に1週間展示している。このような自己の美術遍歴と一体となったコレクションだが、美術館開館の前年に、慶太翁は世を去った。
　その後の購入や寄贈品を含め、五島美術館のコレクションは、絵画、書跡、茶道具、陶磁、考古、刀剣、文房具など多岐な分野にわたり、現在では、国宝5件、重要文化財50件を含む約4000件の美術品を所蔵している。
〈主な所蔵品〉
　◇国宝「金銅馬具類」（古墳時代）
　◇国宝「源氏物語絵巻」（平安時代）
　◇国宝「紫式部日記絵巻」（鎌倉時代）
　◇重要文化財「青磁鳳凰耳花生（砧青磁）」（南宋時代）
　◇重要文化財「宗峰妙超墨跡「梅溪」二大字」（鎌倉時代）
　◇重要文化財「古伊賀水指 銘 破袋」（桃山時代）　など

【事　業】
　展覧会毎の講演会やギャラリートーク。
　「友の会」（「美の友の会」「茶の友の会」）など。

【出版物】
　展覧会図録「源内焼―平賀源内のまなざし」（2003）/「茶の湯 名碗―新たなる江戸の美意識」（2005）/「やまとうた一千年」（2005）/「鎌倉 円覚寺の名宝 七百二十年の歴史を語る禅の文化」（2006）/「よみがえる源氏物語絵巻」（2006）など

- 所在地　〒158-8510　東京都世田谷区上野毛3-9-25
- 設　立　1960年
- ＴＥＬ　03-5777-8600（ハローダイヤル）

東京都

- URL　http://www.gotoh-museum.or.jp/
- 交　通　東急・大井町線「上野毛駅」下車徒歩5分
「渋谷駅」から東急・東横線「自由が丘駅」で大井町線に乗り換え(計約40分)
「東京駅」からJR・京浜東北線「大井町駅」で大井町線に乗り換え(計約60分)
「横浜駅」から東急・東横線「自由が丘駅」で大井町線に乗り換え(計約50分)
- 開　館　AM10:00 〜 PM5:00(入館受付はPM4:30まで)
- 入館料　展覧会ごとに異なる(お問い合わせ下さい)
- 休館日　月曜日，祝日の翌日，展示替期間，年末年始など
- 施　設　総敷地面積2万㎡，展示室約280㎡
- 責任者　館長・池田泰久

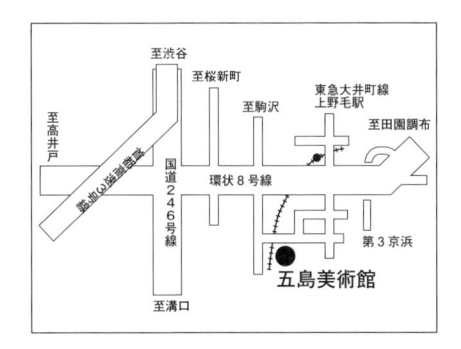

東京都

澤乃井櫛かんざし美術館

　当館は、櫛かんざしを通して、1人でも多くの皆様に日本の美を再認識していただければという願いのもと、1998(平成10)年4月に設立された。収蔵品は、櫛かんざしの収集家として著名な岡崎智予さんのコレクションを基に集大成されたもので、展示室は、第一展示室＝江戸時代、第二展示室＝明治・大正・昭和時代と時代別に展示されており、その他ビデオコーナー、美術館庭園、エレベーター、身障者用トイレも設置され、館内はすべてバリアフリーとなっている。
　館内ラウンジからの眺望も素晴らしく、眼下に多摩川の清流を一望することができる。

【展示・収蔵】
　江戸から昭和に至る、櫛とかんざしを中心に、紅板、はこせこ、かつら、姫印籠、蒔絵矢立、着物等、女性の装飾品、装身具を約4000点収蔵し、季節に合わせ年4回の展示替がなされる。常時約400点が展示されている。
　〈代表的作品〉
　　◇「鷺文様蒔絵櫛」法橋光琳作

東京都

　◇「舞踊文様蒔絵べっ甲櫛」巨柳作（花押）
　◇「桜樹文様蒔絵櫛」梶川（印）
　◇「狐嫁入り図蒔絵櫛」羊遊斉
　◇「桜狩図嵌装象牙櫛」芝山

【事　業】
　毎年10月第2週には、「櫛まつり」のイベントを開催。

【出版物】
　澤乃井櫛かんざし美術館図録「櫛かんざし」（2003年11月30日刊）

- 所在地　〒198-0064　東京都青梅市柚木町3-764-1
- 設　立　1998年4月
- ＴＥＬ　0428-77-7051
- ＦＡＸ　0428-77-7052
- ＵＲＬ　http://www.sawanoi-sake.com/
- E-mail　tokyo@sawanoi-sake.com
- 交　通　JR青梅線沢井駅下車徒歩10分、圏央道青梅I.Cより車で30分
- 開　館　AM10:00 〜 PM5:00（入館はPM4:30まで）
- 入館料　大人800円（600円），学生600円（500円），小学生400円（300円）
　　　　　※（　）内は団体20名以上
- 休館日　月曜日（祝日の場合は翌日に振替），年末年始
- 施　設　鉄骨コンクリート2階建
- 責任者　館長・小澤徳郎

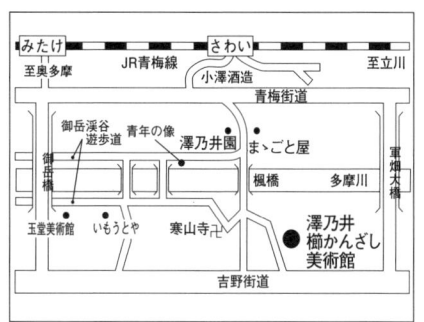

東京都

杉野学園衣裳博物館

1957(昭和32)年開館。学園創立30周年を記念し、日本で初めての衣裳博物館として設立された。

学園の創始者である杉野繁一・芳子夫妻が欧米諸国を訪れた際に収集した服飾資料が所蔵品の主流を成している。

1958(昭和33)年、博物館担当施設指定。

【展示・収蔵】
19世紀後半～20世紀初頭の西洋衣裳、民族衣裳、江戸時代～明治時代の日本衣裳、アイヌ民族衣裳、服飾小物、服飾手芸品等。
収蔵点数…約1400点。

【事　業】
企画展

【出版物】
企画展図録

- 所在地　〒141-8652　東京都品川区上大崎4-6-19
- 設　立　1957年5月
- ＴＥＬ　03-6910-4413

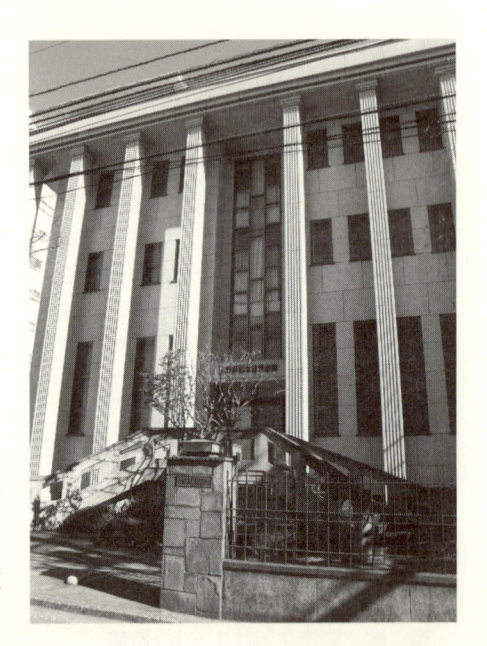

東京都

- TEL　03-3491-8728
- URL　http://www.costumemuseum.jp
- E-mail　museum@sugino.ac.jp
- 交　通　JR山手線・東急目黒線・都営地下鉄三田線・東京メトロ南北線　目黒駅下車徒歩7分
- 開　館　AM10:00～PM4:00
- 入館料　一般300円，高校生250円，小・中学生200円
- 休館日　日曜日，祝日，大学の定める休業日
- 施　設　鉄筋コンクリート造地下1階地上4階建（一部中2階）
- 責任者　館長・中村賢二郎

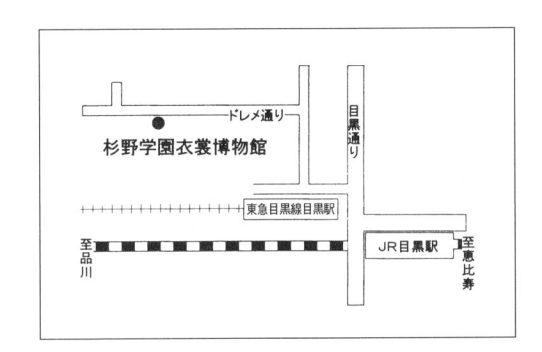

東京都

相 撲 博 物 館

　酒井忠正初代相撲博物館館長が長年にわたって収集した資料を基礎に、国技としての相撲資料の散逸を防ぐため、1954(昭和29)年9月、蔵前国技館の完成と同時に開館した。1985(昭和60)年1月、両国国技館の開館に伴い移転し現在に至っている。

【展示・収蔵】
　展示室が1室のため、常設展示ではなく、年6回の展示替により、さまざまな資料をご覧いただけるよう努めている。
　収蔵資料は相撲に関するもの全般にわたっている。主なものとしては錦絵(約4000点)、番付(約4000点)、化粧廻し(約100点)があり、全体では約3万点の資料がある。

【出版物】
「相撲博物館紀要」(年1回発行)

- 所在地　〒130-0015　東京都墨田区横網1-3-28
- 設　立　1954年9月

東京都

- **TEL** 03-3622-0366
- **URL** http://www.sumo.or.jp/museum/index.html
- **交　通** JR総武線両国駅西口より徒歩1分，都営地下鉄大江戸線両国駅A4出口より徒歩5分
- **開　館** AM10:00 ～ PM4:30（最終入館PM4:00）
- **入館料** 無料（東京場所中は大相撲の観戦券が必要）
- **休館日** 土曜・日曜・祭日（一部開館あり），年末年始
- **施　設** 両国国技館1階に展示室
- **責任者** 館長・納谷幸喜

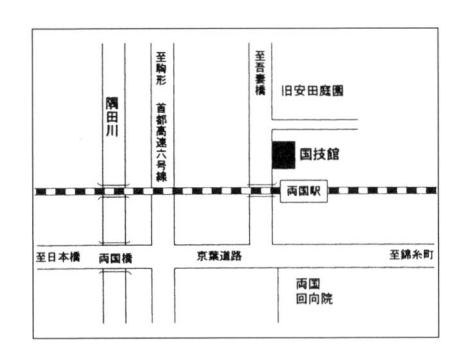

東京都

静嘉堂文庫美術館
(せいかどう)

　静嘉堂は、二子玉川の近く、閑静な住宅街岡本に位置している。正門から木立をぬけて小高い丘に上ると、文庫(大正期の建築)と美術館が円池をめぐって並び、訪れる人を迎えている。静嘉堂は、岩崎彌之助(1851-1908・三菱第2代社長)と小彌太(1879-1945・同第4代社長)の父子2代によって設立され、国宝7点、重要文化財83点(2007年11月現在)を含む凡そ20万冊の古典籍と5000点の東洋古美術品を収蔵している。
　図書を中心とする文庫は1892(明治25)年の創設以来、和漢の古典籍の蒐集に努め、1940(昭和15)年に財団を設立し、保存を主とした専門図書館として活動、1991(平成3)年に創設百周年を迎えた。
　美術館は、1977(昭和52)年6月以降、文庫に展示館を付設して美術品を一般に公開したことに始まる。以来12年に渡って展示活動を行っていたが、1988(昭和63)年4月以降は新館建設のため休館、文庫創設百周年の記念事業として1992(平成4)年4月に現在の美術館がオープンした。彌之助の収集が絵画、彫刻、書跡、漆芸、茶道具、刀剣など広い分野にわたるのに対し、小彌太は特に中国陶磁を系統的に集めている点が特色となっている。
　静嘉堂の名称は中国の古典『詩経』の大雅・既酔編の「籩豆静嘉(へんとうせいか)」の句から採ったもので、彌之助の堂号である。

【展示・収蔵】
　5000点の日本・東洋古美術品のうち、国宝7点、重文83点。主な収蔵品として、曜変天目(南宋時代・国宝)、青磁浮牡丹文太鼓胴水指(南宋～元時代・

重文)、仁清作 色絵吉野山図茶壺(江戸時代・重文)、伝馬遠筆 風雨山水図(南宋時代・国宝)、倭漢朗詠抄 太田切(平安時代・国宝)、俵屋宗達筆 源氏物語関屋澪標図屏風(江戸時代・国宝)など。

【事　業】

毎年2月〜7月、10月〜11月ごろ、4〜5回の館蔵品の企画展示。最近の企画展示例…「荘厳された神仏の姿―仏画・仏像・垂迹画―」(2007年2月10日〜3月18日)、「〈和〉のうるし―蒔絵・螺鈿・漆絵・根来―」(2007年4月7日〜5月27日)、「中国・青磁のきらめき―水色から青、緑色の世界―」(2007年6月16日〜7月29日)、「―書斎の美学―文房具の楽しみ」(2007年10月6日〜12月2日)

【出版物】

展示図録／収蔵品概要／名品図録

- 所在地　〒157-0076　東京都世田谷区岡本2-23-1
- 設　立　1977年6月
- ＴＥＬ　03-3700-0007
- ＦＡＸ　03-3700-2253
- ＵＲＬ　http://www.seikado.or.jp/
- 交　通　東急大井町線・田園都市線二子玉川下車、東急コーチバス二子玉川→静嘉堂文庫下車(成育医療センターあるいは美術館行)徒歩3分
- 開　館　AM10:00〜PM4:30(入館はPM4:00まで)
- 入館料　一般800円、大高生500円(20名以上団体割引)、小中学生100円
- 休館日　開館中の月曜日(ただし休日の場合は開館、翌火曜日が休館)、陳列替期間
- 施　設　鉄筋コンクリート造地下1階・地上1階
- 責任者　静嘉堂文庫美術館長・諸橋晋六

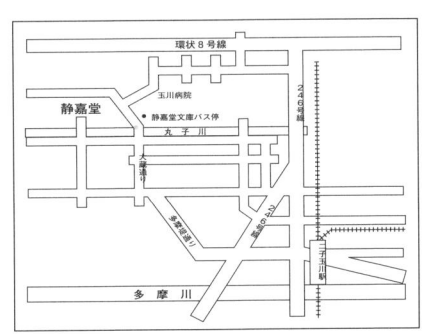

東京都

大名時計博物館

　収蔵の大名時計は、陶芸家故上口愚朗が生涯にわたり収集したものである。この江戸時代の貴重な文化遺産を長く保存するため1951(昭和26)年3月「財団法人上口和時計保存協会」を勝山藩の下屋敷跡に発足。大名時計を多くの人に知ってもらうため1974(昭和49)年4月2代目上口等が「大名時計博物館」を開館、親子2代により設立された博物館である。
　大名時計は、江戸時代に大名お抱えの御時計師達が長い年月をかけて製作し、不定時法を用いた世界に類のない日本独特の時計である。不定時法とは、夜明けから日暮れまでの昼を6等分、日暮れから夜明けまでの夜を6等分した時刻である。夜明けと日暮れは季節によって時間が変わるため、昼と夜の長さも変わり一時(いっとき)の長さも変わる時刻である。これらの江戸時代の時計を展示した、他に例をみない専門の博物館である。

【展示・収蔵】
　大名時計200点、外国製時計47点、明治・大正の日本製時計80点、時計に関する図書156点。大名時計は、櫓時計、掛時計、台時計、枕時計、尺時計、印籠時計、小型時計など江戸初期から末期まで。東京都有形指定文化財88点。櫓時計1点は動体展示(仕組みがわかるよう露出展示している)。

【事　業】
　常設展のみ(特別展、企画展はなし)。

【出版物】
　「大名時計」

東京都

- **所在地** 〒110-0001 東京都台東区谷中2-1-27
- **設　立** 1974年4月
- **ＴＥＬ** 03-3821-6913
- **交　通** 東京メトロ千代田線「根津」駅より徒歩10分，JR「日暮里」駅北口より徒歩15分
- **開　館** AM10:00 〜 PM4:00
- **入館料** 大人300円(250円)，大学・高校生200円(150円)，小・中学生100円(50円) ※(　)内は20名以上の団体料金
- **休館日** 毎週月曜日(但し月曜日が祝日，振替日の場合は翌日)，7月1日〜9月30日，年末年始(12月25日〜1月14日)
- **施　設** 展示室(一部屋のみ)25坪，研究室・収蔵庫(別棟)
- **責任者** 館長・上口翠

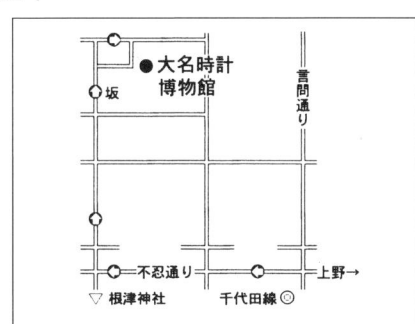

東京都

竹久夢二美術館

晩年の高畠華宵と深い交流を続けた、弁護士でコレクターでもある鹿野琢見により1984(昭和59)年6月、高畠作品を中心とした挿絵の美術館「弥生美術館」がオープン。

「竹久夢二美術館」は、1990(平成2)年11月、夢二の業績の偉大さから、弥生美術館より独立して創設されたものである。竹久夢二の作品を中心に展示。肉筆画、版画、著作、装幀本、スケッチ、書簡等、約3300点収蔵。

【事　業】
年4回、3ヶ月ごとに企画展を開催。

【出版物】
図録「竹久夢二美術館」(改訂版2001.1)

竹久夢二「水竹居」　昭和8年

- 所在地　〒113-0032　東京都文京区弥生2-4-2
- 設　立　1990年11月
- ＴＥＬ　03-5689-0462
- ＦＡＸ　03-3812-0699
- 交　通　東京メトロ千代田線根津駅・南北線東大前駅下車徒歩7分
- 開　館　AM10:00 〜 PM5:00(入館はPM4:30まで)
- 入館料　大人800円、高・大学生700円、小・中学生400円、以下無料(20名以上団体扱い 各100円引き)
- 休館日　月曜日(祝日と重なる場合はその翌日)、年末年始、展示替え期間中

東京都

- **施　設**　鉄筋コンクリート造 建築面積102.47㎡，1階・2階展示室，3階収蔵庫
- **責任者**　館長・鹿野琢見

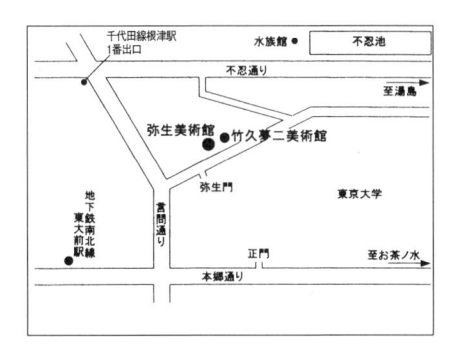

東京都

凧(たこ)の博物館

　子供のころから凧が大好きであったレストラン「たいめいけん」前主人・茂出木心護は、国内及び外国旅行には必ず凧を持参するほど。1965(昭和40)年にパリの空に初めて日本の凧を高々と揚げて、パリッ子を驚かせたエピソードは有名。また、凧揚げを楽しむだけでなく、凧を蒐集することにも熱心でその数約2000点に達した。
　ある日、たまたま通りかかった子供が奴凧をみて、この奴凧を知らなかったことに心から淋しさを感じ、何とかして子供達に日本の凧の良さを知ってもらいたいものと、長年集めた凧を自社「たいめいけん」ビル5階に展示。私設の博物館として開館したものである。現2代目館長もレストラン「たいめいけん」の暖簾をまもると共に、凧にかけても先代におとらず熱心。日本の凧の会の代表として尽力するかたわら、凧の蒐集や凧揚げ、凧を通じての国内外の交流・国際親善に力をそそいでいる。今では世界の博物館として内外に知られたユニークな凧の博物館である。

【展示・収蔵】
　日本各地伝統凧をはじめ創作凧・世界各国の凧のコレクションを常時展示。凧及び各種資料など約4000点を収蔵、代表的な展示としては、日本の代表凧でもある江戸凧や各地の伝統凧、西欧諸国アジアの各種凧、スポーツカイトのルーツでもあるターゲットカイトなど。
　常時300点以上を展示し、凧の浮世絵版画、凧用品用具等もあわせて展示している。

東京都

【事　業】
　館内展示は時々一部を展示替えし、企画展示行事など要望のある場合、貸出し、また、凧つくり教室も日時を打合わせて行い、出張教室にも応じている。

【出版物】
　収蔵凧の中、代表凧の江戸凧のコレクションを「江戸凧大全集」として、また、江戸凧及び浮世絵版画コレクションのポストカードを刊行。

- 所在地　〒103-0027　東京都中央区日本橋1-12-10
- 設　立　1977年11月
- ＴＥＬ　03-3275-2704
- ＦＡＸ　03-3273-0575
- E-mail　Modegi@taimeiken.co.jp
- 交　通　東西線・銀座線・浅草線日本橋駅から徒歩3分
- 開　館　AM11:00～PM5:00
- 入館料　大人200円，小中学生100円
- 休館日　日曜・祝日
- 施　設　鉄筋コンクリート6階建の5階部分
- 責任者　茂出木雅章

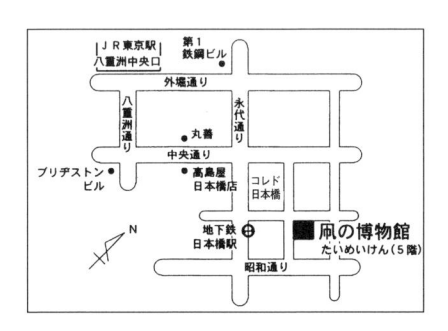

東京都

長泉院附属 現代彫刻美術館

現代彫刻美術館は、宗教法人長泉院の教化事業の一環として企画された。現代の彫刻、なかでも20世紀後半の日本の彫刻家たちが、どのような作品を創造したのか記録すると同時に、少しでも多くの方々が彫刻のすばらしさに触れ、楽しんでいただけるよう、願いをこめて設立されたものである。

1978(昭和53)年5月「野外展示場1・2」を開設。1982(昭和57)年3月には「本館建物」が完成、1987(昭和62)年7月「野外展示場3」、そして2003(平成15)年8月、企画専用の「野外展示場4」を増設し、美術館としての形態を整え、また外部施設としては、長野県東御市と協力し野外展示場を開設。長野県・群馬県で開催した公開制作"野外彫刻シンポジウム"の作品26点を展示している。

現在57作家、収蔵作品252点のうち、170点余りの作品が本館、野外展示場に展示されている。

【展示・収蔵】
朝倉響子、赤荻賢司、阿部昌義、青野正、伊東傀、井上麦、氏家慶二、大須賀力、川崎普照、菊池一雄、菊地伸治、北村治禧、小林泰彦、小林亮介、小林陸一郎、坂井彰夫、佐々木至、佐藤助雄、柴田正徳、下川昭宣、菅原二郎、鈴木徹(武右衛門)、須藤博志、空充秋、髙田大、竹田京一、田中康二郎、田中毅、田中充樹、寺田栄、中井延也、中嶋一雄、中島幹夫、中野滋、西常

東京都

雄、野口溢馬、平井一嘉、平山隆也、舟越保武、舟越桂、細井良雄、細野稔人、細谷進、堀進二、堀口泰造、松田重仁、前田耕成、三木俊治、峯田敏郎、峯田義郎、村井進吾、山口牧生、山田良定、山本明良、山本正道、吉野毅、渡辺隆根　57作家252収蔵

【事業】

「現代彫刻美術館野外彫刻ビエンナーレシンポジウム」を1988年より1995年まで、計4回開催し、ひとつの区切りとした。1997年より当館収蔵作品制作作家による個展形式の展覧会を開催している。また、野外展示場4に於いても野外彫刻選抜6人展を開催し、若い作家の企画展等、幅広い活動を企画している。

- 所在地　〒153-0061　東京都目黒区中目黒4-12-18
- 設　立　1978年5月
- ＴＥＬ　03-3792-5858
- ＦＡＸ　03-5723-6373
- ＵＲＬ　http://www.museum-of-sculpture.org/
- E-mail　mocs@museum-of-sculpture.org
- 交　通　山手線「目黒駅」より東急バス三軒茶屋行「自然園下」下車徒歩3分，東横線「祐天寺駅」より東急バス黒駅行「自然園下」下車徒歩3分
- 開　館　AM10:00〜PM5:00(入館はPM4:30まで)
- 入館料　無料(記名入館)
- 休館日　月曜日、12月20日〜1月14日(冬期休館)
- 施　設　1階展示室122.85㎡, 2階展示室175.5㎡, 野外展示場1159㎡, 附帯施設：彫塑研究所
- 責任者　館長・渡辺泰裕

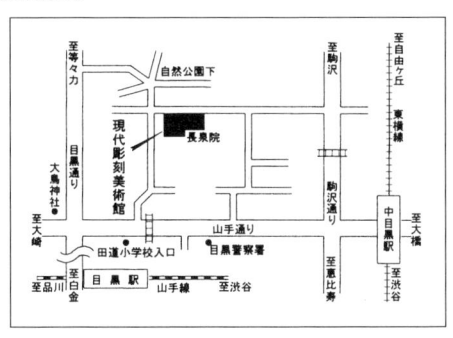

東京都

戸栗美術館

　財団法人戸栗美術館は、創始者戸栗亨が長年にわたり蒐集した陶磁器を中心とする美術品を、永久的に保存し、広く一般に公開することを目的として設立した美術館である。1987(昭和62)年10月2日に財団法人の認可を受け、同年11月21日に、旧鍋島藩屋敷跡にあたる松濤の地に開館した。日本でも数少ない陶磁器専門の美術館として、工芸美術への理解、研究と愛好につながる礎となることを念願とし、作品の展示等の活動を行っている。

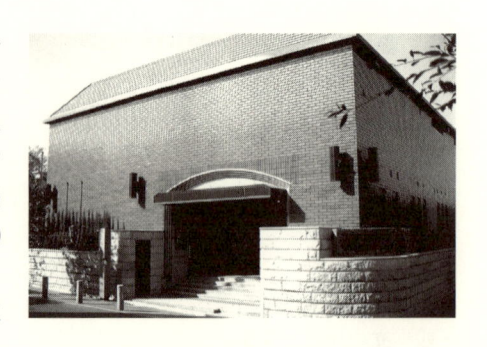

　創始者戸栗亨は1926(大正15)年に現在の山梨県南部町に生まれる。建築業を営む傍ら美術品収集に力を注ぎ、美術館を設立。開館20周年を迎えた2007(平成19)年10月に逝去。

【展示・収蔵】
　当館は、創始者戸栗亨のコレクションを基に開館し、現在7000点を収蔵している。代表的なものとして中国・朝鮮及び日本の伊万里、鍋島などの東洋陶磁器があげられる。
　◇色絵 牡丹文 瓶 伊万里 江戸時代(17世紀後半)
　◇染付 楼閣山水蘆雁文 水指 伊万里 江戸時代(17世紀)
　◇色絵 亀甲椿文 皿 鍋島 江戸時代(17世紀後半)
　◇粉青沙器鉄絵 魚文 俵壺 李朝時代(15～16世紀)
　◇青花 牡丹唐草文 瓶 景徳鎮窯 元時代(14世紀)
　◇釉裏紅 菊唐草文 瓶 景徳鎮窯 元時代末期～明時代初期(14世紀後半)

東京都

【事　業】
年に4回の企画展、美術館会員（アートサークル）向けのギャラリートークなど。

【出版物】
（1）図録「特別展 戸栗コレクション 有田の染付と色絵—伊万里・柿右衛門・鍋島」松濤美術館（1984）／「開館記念名品展」戸栗美術館（1987）／「染付の美」戸栗美術館（1988）／「柿右衛門・酒器」戸栗美術館（1988）／「戸栗美術館名品図録（日本陶磁名品図録・中国陶磁名品図録）」戸栗美術館（1988）／「古伊万里—蔵品選集—」戸栗美術館（1991）／「古伊万里染付にみる唐草文様『唐草—江戸庶民の伊万里焼』」戸栗美術館（1992）／「鍋島—蔵品選集—」戸栗美術館（1993）／「銅紅釉 福田祐太郎の世界」戸栗美術館（1994）／「日韓陶磁文化交流展」（社）韓国動産文化財振興院（1997）
（2）書籍「古磁春秋—戸栗亨のあしあと」戸栗亨著・朝日新聞社（1995）

- **所在地**　〒150-0046　東京都渋谷区松濤1-11-3
- **設　立**　1987年11月
- **ＴＥＬ**　03-3465-0070
- **ＦＡＸ**　03-3467-9813
- **ＵＲＬ**　http://www.toguri-museum.or.jp/
- **E-mail**　web-master@toguri-museum.or.jp
- **交　通**　渋谷駅徒歩10分，京王井の頭線神泉駅より徒歩5分
- **開　館**　AM9:30 ～ PM5:30（入館はPM5:00まで）
- **入館料**　一般1000円（800円），高・大生700円（500円），小・中生400円（200円）
  ※（　）内は団体20名以上
- **休館日**　月曜日（但し月曜日が祝日の場合は開館），年末年始，展示替期間
- **施　設**　SRC地下1階 地上2階建，展示室約408㎡，ミュージアムショップ，ラウンジ有
- **責任者**　理事長・戸栗収務

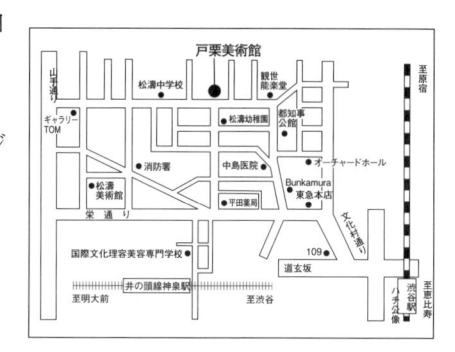

東京都

ニューオータニ美術館

　ニューオータニ美術館は、1991（平成3）年2月、都市ホテル機能と高度情報ビルが融合した21世紀型国際ホテル都市をめざしたインテリジェントビル、ガーデンコートの建設を機会に、文化的機能の充実と社会還元を目的とし、同ビル6階（ロビィ階）に開館した。1964（昭和39）年ホテルニューオータニの創業以来、創業者大谷米太郎（1881-1968）、初代館長大谷米一（1916-1995）の二代にわたる夢であった美術館開設が実現したのである。

ジャン＝フランソワ・ミレー　「田園に沈む夕陽」
1865－67年頃　パステル・紙　48.0 × 60.0 cm

　各地のホテルニューオータニには、優れた絵画作品がその場の雰囲気を一変させるという考えから、初代館長が画家にその場にふさわしい作品の制作を直接依頼し、描かれたものが展示されている。当館の収蔵作品は、これをきっかけに収集した内外の画家たちの作品の他に、フランスおよび日本の近現代作家、創業者大谷米太郎が収集した肉筆浮世絵などである。ホテル事業が単なる宿泊施設にとどまらず、総合文化を提供する一つの街づくりであるという信念が美術館運営の基本になっていると言える。

　当館は、迎賓館を間近に控え、都心の喧騒をよそに広大な日本庭園を背景とした日本有数の美しい環境の中、より豊かなくつろぎと憩いの時をお楽しみいただけるような運営を心がけている。

【展示・収蔵】
　◇フランス近現代絵画
　　ヴラマンク「花束」（1905年）、藤田嗣治「仰臥裸婦」（1924年）、ビュフェ

「カフェの男」(1950年)
◇19世紀末フランス版画
　リヴィエール「エッフェル塔三十六景」(1888-1902年)、オーリオル「ル・ステューディオ」(1898年)
◇肉筆浮世絵(110余点)
　鳥居清長「詠歌弾琴図」、無款「舞踊図」
◇日本画
　川合玉堂「松籟濤聲」、横山大観・菱田春草・下村観山「寿老人・鶴・亀」

【事　業】

企画展(年4回程度)、ギャラリートークなど。

【出版物】

図録「大観・春草展」(1994.4)／「デュフィ展」(1995.4)／「パウル・クレー 喜怒哀楽」(1998.4)／「池大雅 洞庭赤壁図巻」(2004.3)／「大谷コレクション肉筆浮世絵」(2005.7)／「年月の記録 スケッチ帳より 堀文子展」(2007.9)

- 所 在 地　〒102-8578　東京都千代田区紀尾井町4-1ニューオータニガーデンコート6階
- 設　　立　1991年2月
- Ｔ Ｅ Ｌ　03-3221-4111
- Ｆ Ａ Ｘ　03-3221-2988
- Ｕ Ｒ Ｌ　http://www.newotani.co.jp/museum
- E-mail　museum@newotani.co.jp
- 交　　通　東京メトロ赤坂見附駅・永田町駅より徒歩約4分
- 開　　館　AM10:00 〜 PM6:00 (入館はPM5:30まで)
- 入 館 料　一般500円，小中生200円(企画展は別料金)。宿泊客無料，20名以上の団体は各100円引
- 休 館 日　月曜日(祝日の場合は開館し、翌日休館)，展示替期間中
- 施　　設　鉄筋コンクリート30階建の6階部分722㎡、受付にミュージアムショップ
- 責 任 者　館長・大谷和彦

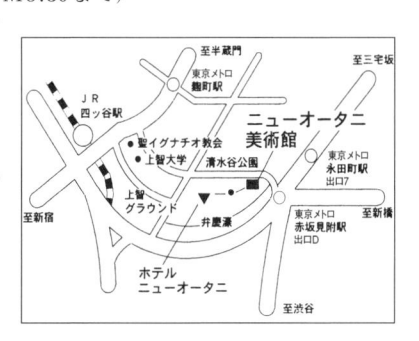

東京都

根津美術館

　当館は、1940(昭和15)年に初代・根津嘉一郎(1860-1940)の遺志によって創立され、翌年開館したものである。収蔵品の基幹は、根津翁の収集になる東洋古美術品で、絵画、書跡、彫刻、陶磁、漆芸、金工、木竹工、染織そして考古と多岐にわたっている。中でも茶の湯の道具と仏教美術は内容の豊かなものとして知られている。

　根津翁が自らを青山と号し、茶の湯にいそしむようになったのは、1909(明治42)年に渡米した頃からのことで、茶事を行うとともにその道具の収集もおこない、伝牧谿筆の「漁村夕照図」など宋元の絵画や墨跡、青磁筍花生や大内筒の名で知られる青磁花生、永正銘のある古芦屋松梅文真形霰釜、松屋肩衝茶入、黄瀬戸宝珠香合、柴田井戸や蓑虫の銘をもつ高麗茶碗など、その優品は枚挙にいとまがない。

　仏教美術では、「金剛界八十一尊大曼荼羅図」や、鎌倉から南北朝、室町時代の中世垂迹画の頂点にある「那智瀧図」などの名品を多く収集。また、中国古代青銅器は茶の湯の道具とは異なった感覚の堂々とした風格をもつ工芸品で、青山翁の美の世界の広さを物語るものといえる。1945(昭和20)年の戦災により展示室や茶室など、その大部分を焼失、1954(昭和29)年に美

国宝「燕子花図」尾形光琳筆　江戸時代　右隻

126　個人コレクション美術館博物館事典

術館本館を再建、1964(昭和39)年には増築がおこなわれた。1990(平成2)年には創立50周年記念事業として新館が開設され、2006(平成8)年より休館し工事を行った本館が2009(平成21)年秋に完了する。

また、美術鑑賞のほかに7000坪に及ぶ自然味深い庭園では、散策を楽しむこともできる。

【展示・収蔵】

当館は、青山翁の収集に加え、いくつかの特色のあるコレクションの寄贈を受けている。

「秋山コレクション」(昭和49年寄贈)…良寛和尚の書と高麗・李朝のやきもの。

「小林コレクション」(昭和55年寄贈)…室町水墨画の根幹をなす作品を系統的に収集。

「福島コレクション」(昭和55年寄贈)…近代の美術工芸品。

「山本コレクション」(平成9年寄贈)…肥前磁器

「植村コレクション」(平成14年寄贈)…古筆と近代絵画

「卯里コレクション」(平成15年寄贈)…中国古代玉器・青銅器・鏡

現在では蔵品は約7000点、そのうち7点が国宝、87点が重要文化財、96点が重要美術品の定を受けている。代表的なものとして、以下の作品があげられる。

◇「鶉図」伝李安忠筆 絹本著色 南宋時代 1幅 縦24.2×横27.6

◇「那智瀧図」絹本著色 鎌倉時代 1幅 縦159.4×横58.9

◇「燕子花図」尾形光琳筆 紙本金地著色 江戸時代 六曲1双 各縦150.9×横338.8

◇「青磁花生 銘 大内筒」南宋時代 1口 高18.4 口径8.2 底径6.5

◇「雨漏堅手茶碗」李朝時代 1口 高8.2 口径15.9 底径5.5

◇「絵志野水指」桃山時代 1口 高18.7 口径19.4 底径18.5

【事　業】

講演会、ギャラリートークなど。

東京都

【出版物】

根津美術館館蔵茶碗百撰(1994)／山本コレクション第2部 柿右衛門から染錦伊万里(2000)／根津美術館開館60周年記念図録蔵品選「書画編」「仏教美術編」「工芸編」「茶の美術編」(2001)／植村和堂収集書画(2003)／宋元の美(2004)／明代絵画と雪舟(2005)／白檮廬コレクション 中国古器愛玩(2004)／国宝 燕子花図屏風(2005)／国宝燕子花図―光琳 元禄の偉才―(2005)

- 所在地　〒107-0062 東京都港区南青山6-5-1
- 設　立　1940年11月
- ＴＥＬ　03-3400-2536
- ＦＡＸ　03-3400-2436
- ＵＲＬ　http://www.nezu-muse.or.jp/
- E-mail　nezu@nezu-muse.or.jp
- 交　通　東京メトロ銀座線・半蔵門線・千代田線の表参道駅下車、A5出口を出て徒歩8分。都バスNo.88 渋谷-東京タワー行、渋谷-東京駅南口行で南青山6丁目下車・徒歩5分
- 開　館　AM10:00～PM5:00(入館はPM4:30まで)
- 入館料　通常展・一般1000円、学生800円(一般800円、学生600円) ※()内は団体20名以上 特別展：別途
- 休館日　月曜日(但し、月曜日が祝休日の場合は翌日)、年末年始、展示替期間
- 施　設　鉄筋コンクリート2階建、展示面積1,294㎡、庭園内に喫茶室、ロビーにミュージアム・ショップ
- 責任者　館長・根津公一

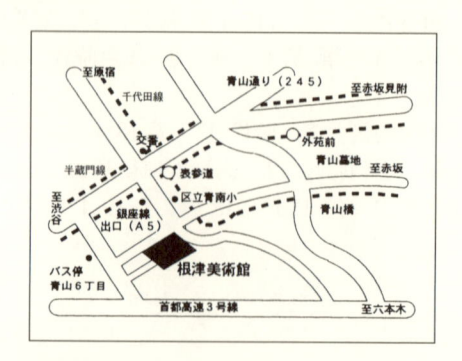

長谷川町子美術館

　「サザエさん」の作者として知られる漫画家長谷川町子（1920-1992）が、姉毬子と共に昭和30年代から始めた美術コレクションを、皆様にも楽しんで頂こうと1985（昭和60）年11月3日に、「姉妹社」（1946（昭和21）年設立）の倉庫跡地に開館。
　長谷川町子は終戦後まもなくから晩年までこの桜新町に暮らし、その漫画の代表作のほとんどはこの地から生まれたものである。当時の名称は「長谷川美術館」であった。当初美術品を観て頂くためにスタートした美術館も、1992（平成4）年5月27日の長谷川町子の死去に伴って名称を「長谷川町子美術館」と変更（同年11月）し、展示内容も漫画原画や愛用品、自作の陶人形や絵画など長谷川町子ゆかりの品も多く加わり、記念館としての役割も担うようになった。

【展示・収蔵】
　収蔵作品は、長谷川町子と姉の毬子が作家名やジャンルにこだわることなく、純粋に好きで購入した作品で、その種類は多岐にわたる。長谷川町子没後は姉の毬子が館長としてその意志を継ぎ、現在も美術品の収集展示を続けている。
　日本画の杉山寧、東山魁夷、横山大観、洋画の岡鹿之助、小磯良平、中川一政、藤田嗣治、シャガール、ピカソ、陶磁器の加藤唐九郎、河井寛次郎、13代酒井田柿右衛門、ガラス工芸のガレ、ドームなどの作品約700点を年4回の収蔵コレクション展で紹介している。
　また長谷川町子資料として、「サザエさん」「いじわるばあさん」「エプロ

東京都

ンおばさん」などの漫画原画約1万点、愛用品、自作の陶人形・絵画などを収蔵・展示するほか、ビデオの上映などを行っている。

【事　業】
収蔵美術コレクション展など。

【出版物】
美術館館報「SAZAE通信」を年5回発行

- 所在地　〒154-0015　東京都世田谷区桜新町1-30-6
- 設　立　1985年11月
- ＴＥＬ　03-3701-8766
- ＦＡＸ　03-3701-3995
- 交　通　東急田園都市線桜新町下車徒歩7分、東急バス桜新町1丁目下車徒歩1分
- 開　館　AM10:00〜PM5:30(入館PM5:00まで)
- 入館料　一般600円、大・高校生500円、中・小生400円(20名以上団体割引1名につき100円引き)
　　　　　65歳以上、障害者手帳をお持ちの方とその介添の方　各100円引
- 休館日　月曜日(祝日の場合その翌日)、年末年始、展示替期間
- 施　設　鉄筋コンクリート2階建　建築面積227.91㎡、延床面積479.44㎡
- 責任者　館長・長谷川毬子

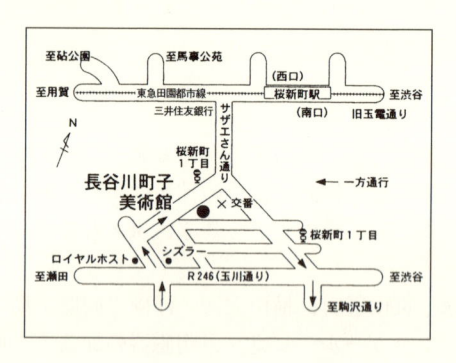

東京都

畠 山 記 念 館

　畠山一清（1881-1971）は能登国主畠山氏の後裔で、株式会社荏原製作所を創設した。そのかたわら、即翁と号して能楽と茶の湯を嗜み、長年にわたり美術品の蒐集に努め、主として茶事の場において所蔵の美術品を披露してきた。戦後、国宝の「林檎花図」（伝趙昌筆）、「煙寺晩鐘図」（伝牧谿筆）をはじめ、大名茶人松平不昧の茶道具や加賀前田家伝来の能装束など、今日の畠山記念館の中核をなす美術品の蒐集がおこなわれ、その文化的価値に鑑み、恒久的な保存を図るとともに、広く一般の研究鑑賞に資するため、私邸「般若苑」の隣に美術館を建設、1964（昭和39）年10月に財団法人畠山記念館が開館した。その7年後、1971（昭和46）年11月17日に即翁は91歳の天寿を全うしたが、愛蔵の美術品を受け継いだ畠山記念館は、現在にいたるまで、茶の湯の美術館として親しまれている。

　創設者の畠山一清自身の発案による本館は、近代建築に和様をとりいれた造りで、2階展示室内に四畳半の茶室「省庵」、茶庭などを設け、茶室にいる雰囲気の中でゆっくりと鑑賞できる構造で、自然光の中で作品とじっくり対峙できる展示法に特色がある。

【展示・収蔵】

　茶道具を中心に、書画、陶磁、漆芸、能装束など、日本、中国、朝鮮の古美術品を展示公開する。

　「離洛帖」藤原佐理筆、「禅機図断簡」因陀羅筆、「煙寺晩鐘図」伝牧谿筆、「蝶螺鈿蒔絵手箱」など国宝6件、「金銀泥四季草花下絵和歌巻」本阿弥光悦書・俵屋宗達下絵、「躑躅図」尾形光琳筆、「赤楽茶碗　銘　雪峯」本阿弥光悦作、

東京都

「井戸茶碗 銘 細川」、「唐物肩衝茶入 銘 油屋」、「伊賀花入 銘 からたち」、「染付龍濤文天球瓶」など重要文化財32件を含む約1300件を収蔵。

【事　業】
春夏秋冬季節の移り変わりに合わせて年4回、館蔵品による企画展を開催。列品解説、講演会、友の会。

【出版物】
「畠山即翁茶会記」（1972年刊）／「茶事」（1983年刊）／「原三渓翁旧蔵の茶道具」（1993年刊）／「上林三入家文書」（1993年刊）／「数寄者 益田鈍翁」（1998年刊）／「與衆愛玩 壱 茶碗」（1999年刊）／「與衆愛玩 弐 花入・水指」（2000年刊）／「與衆愛玩 畠山即翁の蒐集品」（2005年刊）／「與衆愛玩 琳派」（2007年刊）

- 所在地　〒108-0071　東京都港区白金台2-20-12
- 設　立　1964年10月
- ＴＥＬ　03-3447-5787
- ＦＡＸ　03-3447-2665
- ＵＲＬ　http://www.ebara.co.jp/socialactivity/hatakeyama/
- Ｅ-mail　hma@ebara.co.jp
- 交　通　都営浅草線高輪台駅下車A2出口より徒歩5分、東京メトロ・都営三田線白金台駅1番出口より徒歩10分
- 開　館　春季展・夏季展（4月〜9月）AM10:00〜PM5:00（入館はPM4:30まで）、秋季展・冬季展（10月〜3月）AM10:00〜PM4:30（入館はPM4:00まで）
- 入館料　一般500円（400円）、学生350円（300円）※（　）内は20名以上の団体料金
- 休館日　月曜日（祝・休日にあたるときは開館し、翌火曜日休館）、展示替期間、年末年始
- 施　設　本館は鉄筋コンクリート造3階建（延床面積1000㎡）、庭園に茶室3棟がある
- 責任者　館長・畠山向子

東京都

ブリヂストン美術館

　ブリヂストン美術館は、1952（昭和27）年に石橋正二郎（株式会社ブリヂストン創業者）によって設立され、印象派とポスト印象派を中心とする欧米の近現代美術と、明治以降の日本近代美術を収集・展示している。

　九州久留米出身の石橋正二郎は、戦前から同郷生まれの青木繁や、坂本繁二郎、藤島武二などの日本人画家の作品を収集し、戦後には、当時の国内の美術市場に溢れてきた印象派などヨーロッパ近代美術作品にそのコレクションの範囲を広げていった。この頃に収集された作品には、林忠正、松方幸次郎、岸本吉左衛門、細川護立、福島繁太郎など、日本のヨーロッパ美術受容史を彩る人物の旧蔵品を数多く含み、現在約1600点となった美術館コレクションの中核を今も担っている。

　1952年にブリヂストン本社ビルの2階に開設した美術館で石橋正二郎の個人コレクションが公開されるようになった後、1956（昭和31）年には、文化・教育事業を目的とした財団法人石橋財団が設立されて美術館運営を継承することとなった。さらに1961（昭和36）年には、石橋正二郎所蔵の美術品のほとんどが石橋財団へ寄贈されている。

　また、石橋財団は1956（昭和31）年に福岡県久留米市に石橋美術館を設立し、財団コレクションのうち青木、坂本、古賀春江などの九州出身の洋画家の作品を同館に移管して2館体制となり、東京のブリヂストン美術館は欧米の近現代美術を中心とする美術館として活動をしている。

　当館はその後もコレクションの充実とその調査研究を行いながら、欧米と日本の近現代美術の流れを概観し、また比較できる生涯学習機関として、常

東京都

設展示、特別展や土曜講座、ギャラリートークなどによって広く一般に利用いただけるように努めている。

【展示・収蔵】

所蔵する作品は、海外約350点、彫刻約100点、版画751点、その他約200点、合計1550点。印象派、ポスト印象派、フォーヴィスム、エコール・ド・パリなどのヨーロッパ美術と戦後の抽象絵画、ヨーロッパ美術に影響を受けた日本近代の油彩画家たちの作品が中心となっている。代表的なものは以下のものである。

◇コロー《ヴィル・ダヴレー》1835-40年 油彩・カンヴァス
◇マネ《自画像》1878-79年 油彩・カンヴァス
◇シスレー《サン＝マメス六月の朝》1884年 油彩・カンヴァス
◇モネ《睡蓮》1903年 油彩・カンヴァス
◇ルノワール《すわるジョルジェット・シャルパンティエ嬢》1876年 油彩・カンヴァス
◇セザンヌ《サント＝ヴィクトワール山とシャトー・ノワール》1904-06年頃 油彩・カンヴァス
◇ルオー《ピエロ》1925年 油彩・紙
◇マティス《画室の裸婦》1899年 油彩・紙
◇ピカソ《腕を組んですわるサルタンバンク》1923年、油彩・カンヴァス
◇浅井忠《グレーの洗濯場》1901年 油彩・カンヴァス
◇黒田清輝《ブレハの少女》1891年 油彩・カンヴァス
◇藤島武二《黒扇》1908-09年 油彩・カンヴァス
◇国吉康雄《夢》1922年 油彩・カンヴァス
◇岡鹿之助《雪の発電所》1956年 油彩・カンヴァス
◇カンディンスキー《二本の線》1940年 ミクストメディア・カードボード
◇レジェ《抽象的コンポジション》1919年 油彩・カンヴァス
◇ポロック《Number 2, 1951》1951年 油彩・カンヴァス

【事業】

特別展（2〜3年に1回程度）、特集展示（年間3〜4回）、土曜講座（年間約30〜35回）、ギャラリートーク（随時）。

東京都

【出版物】

「館報」1952～/「石橋財団ブリヂストン美術館名作選［西洋編］」1985（第5版・1994）/「石橋財団ブリヂストン美術館名作選［日本編］」1987（第3版1996）/「石橋財団ブリヂストン美術館所蔵 レンブラント作品調査研究報告」1989/「石橋コレクション 西洋編」1997/「石橋コレクション 日本近代洋画」1997/特別展カタログ各種（「モネ展」「白馬会展」など）/特集展示カタログ各種（「パンの版画」「小出楢重の自画像」など）/「コレクター 石橋正二郎」2002/「読むブリヂストン美術館」/「『ザオ・ウーキー展』図録」2004/「石橋財団50周年記念カタログ」2006/「『坂本繁二郎展』図録」2006/「『プリズム＝オーストラリア現代美術展』図録」2006/「『セザンヌ4つの魅力』図録」2007

- 所在地　〒104-0031 東京都中央区京橋1-10-1
- 設　立　1952年1月
- ＴＥＬ　03-5777-8600（ハローダイヤル）
- ＦＡＸ　03-3561-2130
- ＵＲＬ　http://www.bridgestone-museum.gr.jp/
- 交　通　JR東京駅（八重洲中央口）から徒歩5分，東京メトロ京橋駅（明治屋口）／日本橋駅（高島屋口）から徒歩5分
- 開　館　火～土AM10:00～PM8:00 日・祝AM10:00～PM6:00 ※入館は閉館の30分前まで
- 入館料　一般800（600）円，大学・高校生500（400）円，中学・小学生無料 ※（ ）内は15名以上，また特別展期間中は別途入場料を定める
- 休館日　月曜日（但し，祝休日の場合は開館し翌火曜日が休館），年末年始，および展示替え期間
- 施　設　鉄筋コンクリート建，総面積2701㎡，うち展示面積1225㎡（展示壁長313.7m），ホール237㎡，他に収蔵庫・修復室・図書室（一般利用不可）・ミュージアムショップなど
- 責任者　館長・島田紀夫

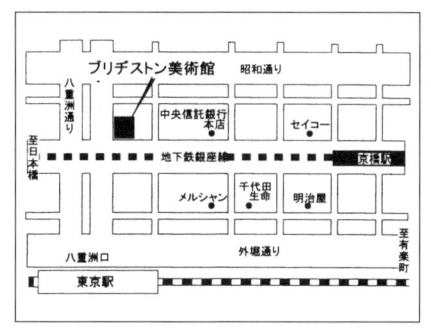

関東

東京都

松岡美術館

創立者松岡清次郎翁は1894(明治27)年東京築地に生まれ、若くして実業界に入り、当時の数寄者に倣い書画骨董に興味を持ち、戦後不動産、冷凍倉庫、ホテル業などの事業に精を出すかたわら、鑑賞陶磁にも目を向けるようになった。1972(昭和47)年海外のオークションを経験してから一層中国陶磁蒐集に弾みがかかり、満80歳を転機として、美術品は私蔵するものではなく、広く一般の美術を愛する人々に公開すべきものであるとの信念のもとに、1975(昭和50)年11月新橋の自社ビル内に美術館を開設。爾来年に数回海外へ蒐集の旅を続け、古代エジプト、ギリシア、ローマの古美術はもとより、ガンダーラ・インド彫刻にまで及び、中国は陶磁のみか明清の絵画にまで蒐集の手を拡げ、更にフランス印象派絵画にも踏み込み、好奇に満ちた収集熱は止まることがなかったが、惜しむらくは1989(平成元)年3月20日満95歳の天寿を全うした。

2000(平成12)年4月、創立者私邸跡地に、独立した新美術館を建設し、移転再開。緑豊かで閑静な住宅街である白金台という立地に恵まれ、落ち着いた雰囲気の中でゆったりと美術鑑賞できる美術館として新たに生まれ変わった。

展示室は1階と2階にあり、松岡の蒐集した多岐にわたるコレクションを分かりやすく分野ごとに展示し、各分野よりテーマを決め定期的に企画展を催している。

【展示・収蔵】

収蔵品は、東洋陶磁、とりわけ洗練された鑑賞陶磁の中国陶磁コレクションは、国内はもとより世界的に知られている。代表的な作品としては「青花

双鳳草虫図八角瓶」(元時代)、「青花龍唐草文天球瓶」など。またガンダーラ・インド彫刻や古代オリエント美術、日本画など東洋古美術を中心に、フランス近代絵画、ヨーロッパ現代彫刻など、収蔵品は多岐にわたる。収蔵点数は約1700点。

　展示室は1階と2階にあり、1F展示室では古代オリエント美術(展示室(1))、ヨーロッパ現代彫刻(展示室(2))、ガンダーラ・インド彫刻(展示室(3))が常設展示となっている。2F展示室では、東洋陶磁(展示室(4))、日本画(展示室(5))、西洋近代絵画(展示室(6))を、定期的に企画展を開催して展示している。

【事　業】
　年3～4回、企画展を開催

【出版物】
　「東洋陶磁名品図録」(1991)/「館蔵 古代東洋彫刻図録」(1994)/「館蔵 フランス近代絵画」(1995)/「松岡美術館名品展ガイドブック」(2000)/「日本画名品選」(2006)/「館蔵 明清絵画図録」(2007)

- 所在地　〒108-0071　東京都港区白金台5-12-6
- 設　立　1975年11月
- ＴＥＬ　03-5449-0251
- ＦＡＸ　03-5449-0252
- ＵＲＬ　http://www.matsuoka-museum.jp/
- 交　通　東京メトロ南北線・都営地下鉄三田線「白金台駅」下車徒歩6分
- 開　館　AM10:00～PM5:00(ただし入館はPM4:30まで)
- 入館料　一般800円(700円)、中高生500円(400円)※( )内は団体20名以上、障害者・65歳以上100円引
- 休館日　月曜日(祝日の場合は翌日)、展示替期間、年末年始
- 施　設　鉄筋コンクリート造、地下1階地上3階建、建築面積930㎡
- 責任者　館長・松岡美重子

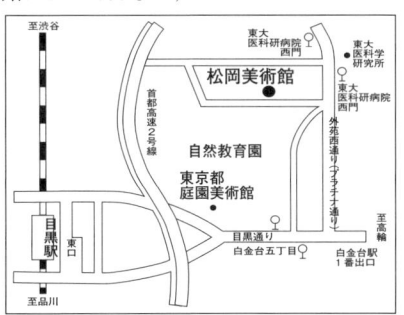

東京都

村内美術館

　村内美術館は、株式会社村内ファニチャーアクセス会長、村内道昌がかつて訪れたパリの小さな美術館を手本とし、小さくても中身の濃い美術館に、また地域社会への貢献のため1982（昭和57）年11月に開館した。1995（平成7）年3月には、新館を開館し、すべてのコレクションとともに移転。新しい館内には、バルビゾン派を中心に、印象派とその周辺の画家たちの作品を常時約140点展示している。

　最初のコレクションは、バルビゾン派のディアズ・ド・ラ・ペニャ作「マルグリット（ひな菊占い）」である。この花占いをする可憐な少女の絵を手に入れたのを機に、村内道昌のバルビゾン派への関心は高まり、研究を重ね、以来ミレー、コロー、クールベなどの19世紀自然派の作品を蒐集していった。その後、ピサロ、ドガ、ルノワールといった印象派やその関連画家の作品をまとめて収蔵し、現在では、村内美術館は国内外から19世紀フランス絵画を常設する美術館として高い評価を得ている。1989（平成元）年5月、博物館相当施設に認可。

【展示・収蔵】
　バルビゾン派…当館にはミレーの初期の代表作、「鏡の前のアントワネット・エベール」（1844-45）や、「ミレー夫人（カトリーヌ・ルメール）」（1844頃）が収蔵されている。その他コローの「ヴィル・ダヴレーのカバスュ邸」「小さな水門のある風景」や、ルソーの「フォンテーヌブローの森（バ・ブレオーの樫の木）」などを展示。また、クールベの「フラジェの樫の木」「波」「ボート遊び」など充実したコレクションもある。

当館の印象派の展示では、マネの最晩年の「芍薬の花束」(1882)、ボナールの「椅子に足を掛ける裸婦」(1917頃)、ルノワールの「若いギタリスト」(1897頃)、「ジャン・ルノワールと一緒のガブリエルと少女」(1895-96頃)などを中心に展示。展示の後半部分には「ブイヤベース」(1932)「モンパルナスのキキ」(1926)などキスリングの作品も展示している。

【事　業】
　講演会、ギャラリートーク、子ども向けイベントなど。

【出版物】
　「バルビゾン派への旅―森のなかの画家たち」／「村内美術館名品選」(2005)

- 所 在 地　〒192-8551　東京都八王子市左入町787
- 設　　立　1982年11月
- Ｔ Ｅ Ｌ　042-691-6301
- Ｆ Ａ Ｘ　042-692-1644
- 交　　通　①中央高速八王子IC(八王子市街方面出口)降りてすぐ国道16号沿い
　　　　　　②送迎バス＝八王子北口東急スクエア前から平日AM10:10から40分間隔で運行，土・日・祝AM10:00から30分間隔で運行
- 開　　館　AM10:30～PM6:00(入館は閉館の30分前まで)
- 入 館 料　一般600円(500円)，高大生400円(300円)，小中生300円(200円)
　　　　　　※(　)内は団体20名以上
- 休 館 日　水曜日，年末年始
- 施　　設　村内ファニチャーアクセス八王子本店3階部分　鉄筋コンクリート造1736㎡(内展示室865㎡)
- 責 任 者　館長・村内道昌

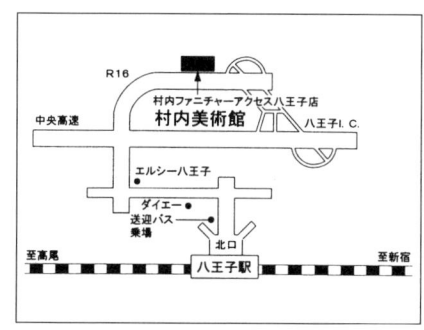

東京都

山種美術館
やまたね

関東

　山種美術館は、山種証券およびヤマタネの創業者・故山﨑種二が蒐集した美術品の寄附により、日本画の一層の向上普及を願って1966(昭和41)年7月、日本橋兜町に「近代・現代日本画専門の美術館」として開館した。
　その後、1976(昭和51)年、二代目理事長・館長の山﨑富治が旧安宅コレクションの速水御舟作品104点を一括して購入する。それまで所蔵していた作品と合わせて118点(うち79点は素描類)となり、国内外で最も優れた御舟コレクションと言われている。
　しかし、30数年を経て設備の老朽化に伴い、1998(平成10)年に東京都千代田区三番町へ仮移転しており、2009年秋には東京都渋谷区広尾に新美術館が完成、オープンする予定となっている。

【展示・収蔵】
　山種美術館の収蔵品は、近代・現代日本画を主として、その数は1800余点に達する。その中心は明治から現在までのいわゆる近・現代の日本画であり、特定の流派や作家に偏ることなく蒐集している。また、油彩画、古画、浮世絵、古筆、工芸品などもあり、コレクションの幅の広さと質の高さには定評がある。

東京都

　椿椿山《久能山真景図》、竹内栖鳳《班猫》、速水御舟《炎舞》《名樹散椿》の4点の重要文化財指定品、岩佐又兵衛《官女観菊図》、酒井抱一《秋草鶉図》等の18点の重要美術品はもとより、118点に及ぶ御舟作品、奥村土牛の《鳴門》《醍醐》をはじめとする院展に出品された代表作群、そして横山大観《作右衛門の家》、上村松園《砧》、小林古径《清姫》、村上華岳《裸婦図》等の傑作など見どころは数多い。

〈主な収蔵作品〉

　速水御舟「名樹散椿」「炎舞」（2点とも　重要文化財）、竹内栖鳳「班猫」（重要文化財）、椿椿山「久能山真景図」（重要文化財）、岩佐勝以（又兵衛）「官女観菊図」（重要美術品）、酒井抱一「秋草鶉図」（重要美術品）、横山大観「心神」、上村松園「砧」「牡丹雪」、鏑木清方「伽羅」、小林古径「清姫」、村上華岳「裸婦図」、奥村土牛「鳴門」「醍醐」、東山魁夷「年暮る」「春静」、杉山寧「響」、横山操「越路十景」、福田平八郎「筍」「彩秋」、川合玉堂「早乙女」「鵜飼」、安田靫彦「平泉の義経」「出陣の舞」、平山郁夫「バビロンの王城」「阿育王石柱」、加山又造「夜桜」「満月光」、片岡珠子「北斎の娘・おゑい」「北斎と馬琴がゆく」、奥田元宋「奥入瀬―春・秋―」、小倉遊亀「涼」「憶昔」、高山辰夫「坐す人」「春を聴く」、上村松篁「白孔雀」「閑鷺」ほか

【事　業】

（1）館蔵品による企画展
　年間6～7のテーマを設け、それにふさわしい作品を選んで展示。

（2）展覧会小冊子・図録の刊行
　展覧会内容に合わせて、論文や資料を編集・執筆した小冊子、図録を刊行。

（3）団体のお客様へのギャラリートークのサービス
　事前にお申し込みをいただいた団体のお客様を対象に、美術館の学芸スタッフによるギャラリートークの実施を行っている。（ただし、学芸員のスケジュールにより、ご要望にお応えできない場合もあり）

（4）ミュージアムショップ
　展覧会図録、絵はがき、グリーティングカード、一筆箋、クリアファイル、額絵、色紙、ポスター、カレンダーなどのオリジナル商品を販売。

東京都

【出版物】
　巨匠の本画と素描（2003.8）／桜さくらサクラ（2004.3 毎年再版）／速水御舟 作品と言葉開館40周年記念（2004.10）／山種美術館の上村松園（2005.10）／山種美術館の竹内栖鳳（2006.9）／千住博「フィラデルフィア 松風荘襖絵を中心に」（2006.12）／山種コレクション名品選（2007.4）／山種美術館所蔵 川合玉堂（小冊子）（2007.10）

- 所在地　〒102-0075　東京都千代田区三番町2 三番町KSビル1階
　　　　　（2009年秋に、東京都渋谷区広尾に新美術館オープンの予定）
- 設　立　1966年7月
- ＴＥＬ　03-3239-5911
- ＦＡＸ　03-3239-5912
- ＵＲＬ　http://www.yamatane-museum.or.jp/
- 交　通　東京メトロ東西線・半蔵門線、都営新宿線それぞれ九段下駅2番出口より徒歩10分、東京メトロ半蔵門線・半蔵門駅5番出口より徒歩10分
　　　　　（新美術館は、JR・東京メトロ日比谷線 恵比寿駅東口より徒歩10分程度の予定）
- 開　館　AM10:00 〜 PM5:00（入館締切PM4:30）
- 入館料　一般800円（600円）、高校・大学生600円（500円）、中学生以下無料
　　　　　※（　）内は20名以上の団体料金、障害者手帳持参者は600円。
　　　　　（新美術館入館料は未定。2009年秋以降はお問い合わせください。）
- 休館日　月曜日（但し月曜日が祝日・振替休日の場合は開館、翌火曜日休館）、年末年始、展示替期間
- 施　設　鉄筋コンクリート10階のうち1階部分（2009年秋開館予定の美術館は地上6階、地下1階建てのうちの1階と地下1階部分の予定）
- 責任者　館長・山﨑妙子

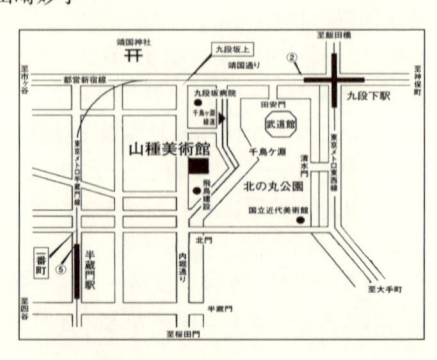

弥生美術館

　弥生美術館は1984(昭和59)年6月1日、竹久夢二美術館は1990(平成2)年11月3日、弁護士鹿野琢見によってそれぞれ創設された。昭和初期、当時一世を風靡した挿絵画家高畠華宵描く一枚の絵「さらば故郷」と9歳の鹿野少年との出会いが、やがて華宵の晩年を看取る結び付きとなり、その作品の多くを収集。またその延長とも認められる加藤まさを、蕗谷虹児ら周辺作家の作品へと収集の範囲を広げる事になった。

　その後、大正ロマンの源流ともいうべき竹久夢二を探り求めることに発展、美術館創設にいたったものである。

　東京都文京区の東京大学弥生門の向かいであるこの地はまた、抒情画家・高畠華宵終焉の地でもある。古きよき明治・大正・昭和の時代を回想し堪能して頂きたい。

【展示・収蔵】

　明治・大正・昭和初期における挿絵を中心に、版画、装幀本、ポスター等、出版印刷された作品資料の収集を行っている。総作品数2万7000点(肉筆5000点、印刷画2万点、装幀本200点、雑誌1800点)。

　収集作家・作品は、高畠華宵・蕗谷虹児・加藤まさを・須藤しげる・中原淳一・小村雪岱・木村荘八ら、大正～昭和にかけて活躍した挿絵画家の肉筆

東京都

作品や装幀本、版画作品などを収蔵。その他、近代の少年少女雑誌、大衆娯楽雑誌、文芸雑誌も多数収蔵している。

〈代表作品〉
- ◇高畠華宵／画「さらば故郷!」(印刷) 1929(昭和4)年
- ◇高畠華宵／画「情炎」(日本画・絹本著色) 1932(昭和7)年
- ◇高畠華宵／画「真澄の空」(便箋原画) 昭和初期

【事　業】
「友の会」活動、「華宵の会」(高畠華宵の誕生日に近い日にゆかりの人々、ファンが集う会など)。

【出版物】
弥生美術館カタログ(1990.11)／「弥生美術館・竹久夢二美術館 友の会会報」(年4回)／各企画展解説書(随時)

- 所在地　〒113-0032 東京都文京区弥生2-4-3
- 設　立　1984年6月
- ＴＥＬ　03-3812-0012
- ＦＡＸ　03-3812-0699
- ＵＲＬ　http://www.yayoi-yumeji-museum.jp/
- 交　通　地下鉄:千代田線根津駅または南北線東大前駅下車いずれも徒歩7分、バス:御茶ノ水・上野駅より「東大構内行」終点下車徒歩1分
- 開　館　AM10:00～PM5:00(入館はPM4:30まで)
- 入館料　一般:800円(700円)、大高生:700円(600円)、中小生:400円(300円)
※(　)内は団体20名以上　※竹久夢二美術館と共通
- 休館日　月曜日(但し月曜日が祝休日の場合は翌日)、年末年始、展示替期間
- 施　設　鉄筋コンクリート3階建、ミュージアムカフェ、ロビーにミュージアムショップ(建延462.24㎡) ※竹久夢二美術館併設
- 責任者　理事長・鹿野琢見

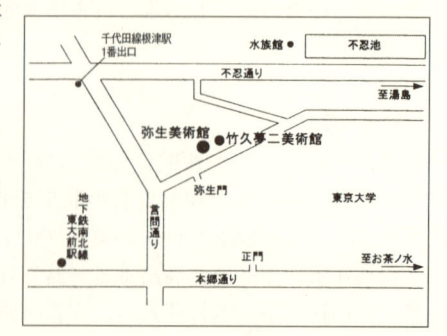

神奈川県

カスヤの森現代美術館

　当館は、1994(平成6)年に現代美術家である若江漢字と妻栄扉(はるこ)によって設立・運営されている。この館の特徴は日本とドイツを中心とした現代美術作品の展示で常設室と企画展示室で構成されている。
　常設の中核となっているのはドイツ人ヨゼフ・ボイス(1921-1986)の作品群である。若江漢字が1982(昭和57)年に文化庁在外研究員として滞独中、ボイスの知己を得て、交流を深め、その作品の意義を広める美術館構想の中で収集したものである。
　他は1986年横浜・大倉山記念館で開催された神奈川「芸術─平和への対話」展に出品されたナム・ジュン・パイクのグランドピアノや日本・ドイツの現代作家の作品がこの展覧会を機に収集され基本コレクションとなっている。また1960年代末より制作した若江自身の作品群も常設展示されている。
　美術館は約2000坪の敷地にあり、周囲を竹林に囲まれその中には約250体の羅漢像が配され、散策路が設けられている。付属の茶室では季節に合わせて観梅茶会、月見茶会も行われる。
　展示室を利用してのミュージアム・コンサートや各種セミナー等も行われて地域の人々のうるおいの場となっている。

【展示・収蔵】
◇ヨーゼフ・ボイスの作品…代表的なものとして、カプリ・バッテリー、エレメント、他多数のマルティプル作品を収蔵(約80点)。
◇ナム・ジュン・パイクのグランドピアノ…1986年横浜・大倉山記念館において開催された神奈川「芸術─平和への対話」展の折りジャズピアニストの山下洋輔とのジョイント・パフォーマンスが行われパイクによって作

神奈川県

品化されたグランドピアノ。
◇ヨルク・インメンドルフの作品…日本国内では紹介される機会の少ない、ドイツを代表する画家ヨルク・インメンドルフの作品を展示。
◇その他の展示・収蔵作品…安斎重男、植松奎二、松澤宥、宮脇愛子、李禹煥、若江漢字など。

【事　業】
年間約5～6回の企画展（内外の作家による）、企画コンサート、茶会、シンポジウム、各種セミナー等。

【出版物】
"imbos"（美術館通信誌）／企画展パンフレット

- 所在地　〒238-0032　神奈川県横須賀市平作7-12-13
- 設　立　1994年4月
- ＴＥＬ　046-852-3030
- ＦＡＸ　046-852-3030
- ＵＲＬ　http://museum-haus-kasuya.com/
- E-mail　info@museum-haus-kasuya.com
- 交　通　JR横須賀線、衣笠駅より徒歩12分。京浜急行汐入駅下車、京急バス衣笠行きにて約15分、金谷バス停下車、徒歩4分
- 開　館　AM10:00 ～ PM6:00（入館は閉館30分前まで）
- 入館料　通常料金500円（入館・見学のみ）※別途ランチセット等あり
- 休館日　月曜・火曜日、年末年始
- 施　設　木造一部鉄筋コンクリート2階建、竹林のなかに野外散策道あり
- 責任者　館長・若江栄扉

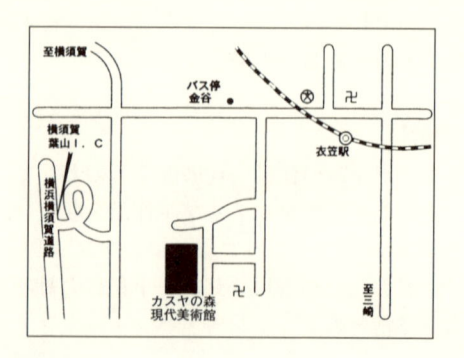

神奈川県

鎌倉大谷記念美術館

　当館は1995(平成7)年に亡くなったホテルニューオータニ前会長、ニューオータニ美術館、前館長の故大谷米一氏を偲び、遺族によって1997(平成9)年5月に開館された。故人が愛してやまなかった邸の趣をそのままに、内容のみ一部改装し邸宅美術館として公開。山を背に海を眼下に臨む当館では、鎌倉の四季折々の自然の中で名画を楽しむことができる。
　収蔵品の根幹をなすのは、米一氏の蒐集による近代フランス絵画を中心にして、創業者の米太郎翁より引き継いだ日本近代絵画の「大谷コレクション」である。
　洋画はデュフィを中心にヴラマンク、エコール・ド・パリの画家たち、モジリアーニ、キスリング、ローランサン、ユトリロ、ドンゲンなど数多くの名品を収蔵している。中でも米一氏のデュフィコレクションは内外に知られており、デュフィの三大テーマである「海、音楽、競馬」の全てを網羅する。
　日本画は横山大観、速水御舟、鏑木清方、上村松園、小林古径、前田青邨など、近代日本画壇の巨匠たちの名品が揃う。

【展示・収蔵】
　近現代フランス絵画、日本近現代絵画からなる「大谷コレクション」を収蔵している。
　　◇近代フランス絵画としてデュフィの三大テーマより「海」をテーマとした「ニース」、「音楽」をテーマにした「黄色いコンソール」、「競馬」をテーマとした「パドック」など、ヴラマンクやエコール・ド・パリの画家、モジリアーニ「ニースの歌姫」、ローランサン「少女と小鳥」、ユトリロ「サンノワ通り」、キスリング「花」などの名品を収蔵。

神奈川県

◇日本近代絵画として、横山大観「曉の山」、速水御舟「唐もろこし」「春の山」、鏑木清方「道成寺」「鷺娘」双幅、上村松園、奥村土牛など。
◇近代日本画として、橋本関雪、竹内栖鳳、川合玉堂、小林古径、前田青邨などの作品を収蔵。
◇現代日本画として加藤栄三、杉山寧、平山郁夫、郷倉和子などの現代日本画を代表とする名品を収蔵。
◇工芸として、ブールデル、エミール・ガレの他、日本工芸も数多く収蔵。

【事　業】
　四季にあわせたテーマ展の他、毎年年1～2回の特別展及びギャラリートークを開催。例として、2005特別展「エコール・ド・パリ」―モンパルナスの青春―、2006特別展「美しき日本の四季」―大観・御舟を中心に―、2007開館10周年記念「ローランサン展」「デュフィ展」「ヴラマンク展」を開催。

【出版物】
　「鎌倉大谷記念美術館名品選」(1997)／「鎌倉大谷記念美術館名品選 改訂版」(2000)　※展示作品目録はすべて展覧会ごとに作成

- 所在地　〒248-0017　神奈川県鎌倉市佐助1-1-20
- 設　立　1997年5月
- ＴＥＬ　0467-22-3801
- ＦＡＸ　0467-24-3985
- ＵＲＬ　http://www.komam.co.jp/
- 交　通　JR横須賀線・江ノ島電鉄鎌倉駅西口より徒歩10分
- 開　館　AM10:00～PM4:00
- 入館料　一般800円，大・高校生600円，小・中学生400円
- 休館日　日・月曜日および展示替え，冬期メンテナンス期間。祝日は開館，ただし月曜日が祝日の場合は開館とし，翌火曜日休館
- 施　設　鉄筋コンクリート2階(地下1階)建494㎡，庭園，エントランスにミュージアム・ショップ
- 責任者　副館長・奈迫昭子

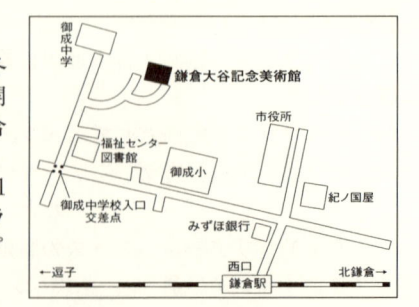

神奈川県

鎌倉古陶美術館

　近年鎌倉における考古学的発見に関心がもたれているがその遺物の多くは陶磁片である。

　中世の「首都」鎌倉には様々な陶磁器が集積した。渥美・常滑・瀬戸等の東海地方の中世窯が中心であるが、魚住・備前・亀山等瀬戸内海沿いの中世窯その他、さらに中国産の白磁・青磁等が大量に流入した。なお全国的にも珍しい陶磁器も発見されている。

　ただ、こうした陶磁器については、一般には意外に知られておらず、茶器として取りあげられた一部のものを除けば、中世陶器の美術的価値が認められたのは近年になってからである。材木座海岸に打ち上げられた中世陶磁片を拾い眺めるうち、その飾らない美に引かれ、ぽつぽつと収集を始めることとなった。

「古瀬戸灰釉巴印花文四耳壺」(鎌倉時代後期)

　1990(平成2)年頃「鎌倉時代のやきもの」を紹介する「鎌倉古陶美術館」の計画を思い立ち、同じ北鎌倉の名刹・円覚寺の傍に、中世陶磁の展示を考え、越前他より古民家を移築する準備を始め、1997(平成9)年11月オープンとなった。

　当館の収集・展示方針は、
1）中世陶器の系統・生産地及びその年代的変遷に着目した収集・展示
　　瓷器系―猿投・渥美・常滑・瀬戸(美濃)・美濃須衛・越前・加賀・丹波・信楽等、須恵器系―東播・珠洲・亀山・備前等、その他―瓦器・土器等、中国陶磁―中世陶器に影響を与えたもの。

神奈川県

   2）中世陶磁の流通・消費に着目した収集・展示
　　（1）初期における経塚関係資料としての収集・展示。また、付随する経筒その他の製品、中国陶磁器の収集・展示。
　　（2）全国の中世陶磁器の流通を概観した上で、特に鎌倉における出土品及び伝世品との関連性・類似性を意識した収集・展示。
とし、中世陶磁器の包括的な生産地・年代別収集展示を主としながら、そこに「鎌倉」という時代性・地域性を意識した要素を多分に織り込んでいくものである。今後は、特別企画展示にも取りくんで行きたいと考えている。

【展示・収蔵】
　鎌倉時代を中心とする中世陶器及びその関連資料約250点。代表的なものとして「渥美蓮弁文壺」(平安時代末)、「古瀬戸灰釉巴印花文四耳壺」(鎌倉時代)、「丹波刻文甕」(南北朝時代)、「珠洲西方寺銘壺」(室町時代)、「普門寺経筒」(平安時代末)、「白磁経筒」(北宋時代)、「青磁観世音菩薩像」(元時代)などがある。

【事　業】
　中世音楽・芸能の鑑賞会

- 所在地　〒247-0062　神奈川県鎌倉市山ノ内392-1
- 設　立　1997年11月
- ＴＥＬ　0467-25-5641
- ＦＡＸ　0467-24-8848
- 交　通　JR横須賀線北鎌倉駅下車徒歩2分(円覚寺傍)
- 開　館　AM10:00 ～ PM5:00（入館はPM4:30まで）
- 入館料　一般500円、中高生300円、小学生200円
- 休館日　月曜日(但し、月曜日が祝休日の場合は翌日)、他夏季・年末年始
- 施　設　木造2階建延べ約500㎡
- 責任者　館長・長谷川正

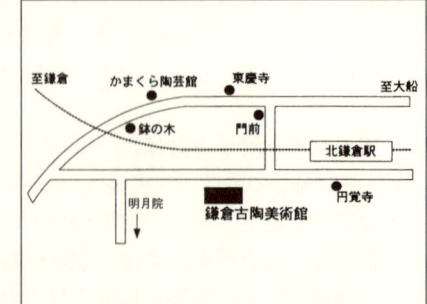

神奈川県

北原コレクション 箱根トイミュージアム

　世界的に有名なティントイコレクター北原照久氏が所有するコレクションである1890年〜1960年代の玩具（国内外）を中心に展示された博物館。箱根という観光地で、主に昔、子供だった人達に懐かしい子供時代を想い出していただき、そして当時世界で1、2位を争う程の技術があった日本のブリキ玩具・セルロイド人形の歴史を知ってもらいたい、更に玩具を通して心を癒してもらえればいいと思いオープンした。
　2007（平成19）年8月より10周年目に突入し、施設を拡張してリニューアルオープンした。常設展示館と企画展示館の二館の施設構成となっている。

【展示・収蔵】

　大きく分けてコレクション1、コレクション2がある。
　コレクション1は主に常設展示品（約3300点）を展示。1階には北原館長のお気に入りコレクションゾーン。現存数が極めて少ない明治時代の玩具からミニカー、モデルカー、HOゲージといった館長の特に思い入れの深いコレクションばかりを展示。2階は一般の人達には特に懐かしい1960年代後半から1970年代前半の玩具が中心で、バッテリー玩具、初期のディズニー人形、ブリキのロボット、バービー人形、リカちゃん人形、鉄人28号、アトム、ゴジラ等のキャラクター系の玩具が展示されている。
　コレクション2は主に企画展示品が中心で、リニューアルオープン第一弾として1950年〜1960年代にアメリカの宝石店で客引き用に活躍した機械じかけの玩具「モーションディスプレイ」展を開催（2008年4月まで）。タイマー

神奈川県

制御により実際に動きが楽しめるようになっている。

【事　業】
一年サイクルでコレクション2にて企画展を開催。

- **所在地**　〒250-0311　神奈川県足柄下郡箱根町湯本740
- **設　立**　1998年6月（開業 同年8月）
- **ＴＥＬ**　0460-86-4700
- **ＦＡＸ**　0460-86-4701
- **ＵＲＬ**　http://www.toymuseum.co.jp
- **E-mail**　hakone@toymuseum.co.jp
- **交　通**　小田急線／箱根登山鉄道箱根湯本駅下車徒歩5分（送迎バス有，無料）
- **開　館**　AM10:00 〜 PM5:00（但し入館受付はPM4:30まで）
- **入館料**　大人（高校生以上）1300円，小人（小・中学生）650円，乳児・幼児は無料
- **休館日**　無休（但し不定期での設備点検等で休館有り）
- **施　設**　鉄筋コンクリート造り2階建て，延べ床面積442㎡
- **責任者**　館長・北原照久

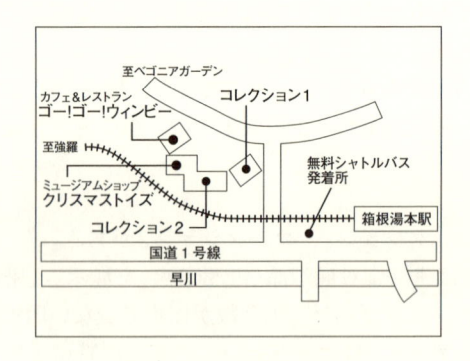

神奈川県

三溪園
(さんけいえん)

　三溪園は1906(明治39)年、実業家で茶人としても知られる原三溪(1868-1939)が私財を投じて造った広さ約17.5ヘクタールの庭園で、京都や鎌倉などから歴史的な建造物が移築され、自然の地形の中に巧みに配置されている。ながらく原家の所有であったが、1953(昭和28)年より財団法人三溪園保勝会(横浜市外郭団体)に移管された。2007(平成19)年、国指定名勝となる。
　三溪記念館はこのような調和のとれた景観を損わないよう配慮された建物で、原三溪自筆の書画をはじめ、ゆかりの日本画家の作品や園内の障壁画を収蔵展示する施設として1989(平成元)年に建設された。

【展示・収蔵】
　広大な園内は内苑と外苑にわかれており、旧燈明寺三重塔(室町時代・重文)、旧天瑞寺寿塔覆堂、月華殿(いずれも桃山時代・重文)、大名別荘建築の臨春閣、聴秋閣、茶席春草廬(いずれも江戸初期・重文)などを配置している。
　記念館は3つの展示室からなっており、三溪自筆の書画、三溪ゆかりの作家作品、園内の重要文化財建造物である臨春閣や月華殿の障壁画、桃山・江戸時代の美術工芸品などを順次展示している。
　収蔵品は、三溪自筆の書画が約200点、下村観山などゆかりの近代作家作品等が約80点、秀吉ゆかりの桃山史料など美術工芸品が約50点、狩野探幽や中島清之などの障壁画が約200面、その他三溪関係の書簡や資料類など。ほかに飛騨の合掌造・旧矢箆原家住宅(重文)内では、飛騨地方の民俗資料約650点を収蔵・展示している。

神奈川県

【事 業】
　正月催事、盆栽展、観梅会、俳句展、観桜の夕べ、さくら草展、さつき展、蛍の夕べ、朝顔展、建物内部の特別公開、早朝観蓮会、観月会、菊花展、フォトコンテストなど多数開催。隔年で特別展開催、三溪園大茶会。

【出版物】
「三溪園写真帳」（和文・英文）（1983.5）／「三溪園写真集」（1993.8）／「三溪園所蔵品目録」（1992.11・1999.7）／「三溪園・戦後あるばむ」（2003.10）／「三溪園100周年」（2006.6）／特別展カタログ「原三溪旧蔵日本美術展」（1989.9）／「御舟・青樹・雞村―原三溪ゆかりの作家たち」（1991.2）／「臨春閣と江戸狩野」（1992.2）／「伝統と現代・中島清之の場合」（1993.2）／「平山郁夫展」（2002.6）／「院展作家の一系譜―三溪園に集った画家たち」（2003.11）／「三溪園をえがく」（2005.8）／「下村観山展―観山と三溪」（2006.6）／公募展「三溪展」カタログ（1994.2）／「三溪日本画賞展」カタログ（1996.2・1998.2・2002.2）

- 所在地　〒231-0824　神奈川県横浜市中区本牧三之谷58-1
- 設　立　1906年
- ＴＥＬ　045-621-0634；045-621-0635
- ＦＡＸ　045-621-6343
- ＵＲＬ　http://www.sankeien.or.jp/
- 交　通　JR京浜東北線根岸駅下車、駅前1番乗り場の市営バス乗車10分・本牧下車徒歩7分。横浜駅東口バスターミナル2番乗り場の8・148系統の市営バス乗車35分・本牧三溪園前下車徒歩3分
- 開　館　AM9:00～PM5:00（入館はPM4:30まで）
- 入館料　大人500円、65歳以上300円、小学生200円、以下無料（20名以上一般2割・学生5割引）
- 休館日　12月29・30・31日
- 施　設　敷地面積17万4777.66㎡、重要文化財建造物10棟、市指定有形文化財2棟ほか、「三溪記念館」：鉄筋コンクリート造（一部鉄骨造）地上1階・一部地階　延床面積1654㎡、展示室436㎡
- 責任者　園長・安田修二

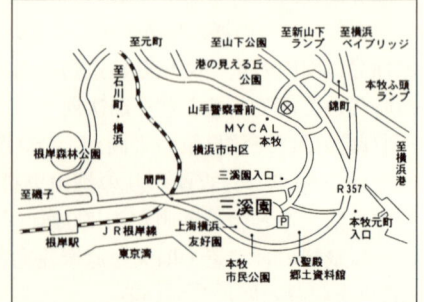

箱根・芦ノ湖 成川美術館

　当館は、館主・成川實収集の現代日本画を、よい環境のもと多くの方々に鑑賞してほしいという願いから設立。1988(昭和63)年4月、芦ノ湖のほとりの高台に開館。

　設計は新国技館を手がけた今里隆氏(施行は竹中工務店)が受けもち、日本画鑑賞にふさわしい、伝統と現代性を加味した和風建築になっており、1988(昭和63)年度、第33回神奈川県下建築コンクール一般建築部門の優秀賞を受賞している。

　館内は、広くゆったりとした5室の展示室があり、落ち着いて鑑賞できるような作品配置がなされている。また、高台のロケーションを生かした展望室からは四季が織りなす芦ノ湖・富士の絵画のような景色を一望できる。1996(平成8)年10月には展望室を増築し、ティーラウンジを開設。景色を眺めながら休息できるようにと椅子の配置を全て芦ノ湖側に向けるなどの工夫をこらしている。1997(平成9)年7月には、美術館入口までの坂に3台のエスカレーターを新設、その内容を充実させ、入館者の便宜をはかっている。

神奈川県

【展示・収蔵】
　当美術館のコレクションは、現代日本画に的を絞った点に特徴がある。また、そのすべてが館主である成川實の眼識によって選ばれ、収集された作品である。展示は、所蔵作品の中から3ヶ月ごとに展示替えし、企画展を行い、その都度見応えのある作品展観を心がけている。山本丘人、杉山寧、高山辰雄、東山魁夷をはじめ、石本正、岡崎忠雄、加山又造、関口雄揮、田淵俊夫、稗田一穂、平山郁夫、福井爽人、堀泰明、牧進、毛利武彦、吉岡堅二、吉田善彦などの大家から中堅作家、新鋭気鋭の作家までと、収蔵作品数は4000点に上り、現代日本画の縮図ともいえる内容の豊かさがある。
　なかでも、コレクションの目玉としてあげられるのは、現代日本画の革新運動の先頭に立った山本丘人の100点に及ぶ作品群である。《星空の牡丹》《煙雨》《地上風韻》《路上の天使》《漂白の風日》など、その内容は、大半が晩期の叙情性豊かで心象風景的な作風のものに集中しているのも特徴である。
　他、代表的な収蔵作品としては、平山郁夫のシルクロードシリーズの傑作「ガンジスの夕」、大輪のボタンと青い目の猫を対比して描いた、加山又造の「猫」、日本の女性美を追求する石本正の「舞妓」、ドイツ・ローテンブルク、聖ゲオルクの泉を描いた東山魁夷の「泉」などがある。

【事　業】
　「(開館20周年特別企画)激変する日本の風景—冬から春」「石踊絋一展—インドの大地を行く」「山本丘人 軸装展」(2007年12月16日〜2008年3月13日)、「(特別展)柳沢正人 刻—時空を超えて—」「爽風・女性画家の優美と香気」「極上の名画たち《夢》所蔵セレクション」(2008年3月14日〜6月12日)、「鬼才・米倉健史のキルト・アート展」「夭逝・石井康治のガラス・アート展」「(特別展)花物語—極上の名画たち」(2008年6月13日〜9月11日)、「(特別展)名匠・牧進『日本美のすべて』」「極上の名画たち《光》所蔵セレクション」(2008年9月12日〜12月11日)

【出版物】
　「箱根・芦ノ湖成川美術館所蔵現代日本画名作集」(1992〜各年)他

神奈川県

- 所在地　〒250-0522　神奈川県足柄下郡箱根町元箱根570
- 設　立　1988年4月
- ＴＥＬ　0460-83-6828
- ＦＡＸ　0460-83-7620
- ＵＲＬ　http://www.narukawamuseum.co.jp/
- E-mail　naru.art-hakone@nifty.com
- 交　通　JR小田原駅または箱根登山鉄道箱根湯本駅よりバス箱根町行き元箱根港下車すぐ
- 開　館　AM9:00～PM5:00
- 入館料　大人1200円，高大生900円，小中生600円
- 休館日　年中無休
- 施　設　総敷地3200坪，鉄筋2階建(550坪)，1階に展望室，展望ティーラウンジ「季節風」，大型バス15台・乗用車70台の無料駐車場
- 責任者　館長・成川實

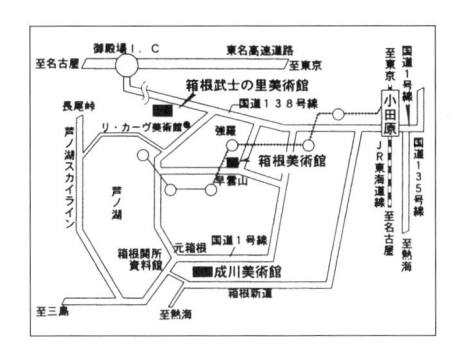

神奈川県

箱根美術館

　当館は1952(昭和27)年の開館で、熱海のMOA美術館は姉妹館として1982(昭和57)年開館。箱根・強羅の国立公園内に位置し、早雲山を背景として、箱根外輪山の明星ヶ嶽などを一望する景勝地に建てられ、苔庭などの日本庭園がある。
　建物すべては、創設者・岡田茂吉(1882-1955)師が第2次大戦後、自らの設計によって建設したもので、貴重な文化財の四散を防ぎ、蒐集した東洋美術の優品を広く一般に公開し、大衆が楽しみながら不知不識のうちに心性を向上し、文化の進展に貢献する事を願いとしたものである。
［日本庭園］
　苔庭(新緑5月上旬～下旬・紅葉11月中旬～下旬)、萩の道(9月中旬)、竹庭など奇岩珍石を組み込んだ自然美と人工美の調和する日本庭園が四季折々に美しい。この苔庭の奥には茶室・真和亭があり、立礼席(イス式)で苔を眺めながらお抹茶(お菓子付630円)が楽しめる。
　山桜、新緑、さつき(6月10日過ぎ)、山百合(7月15日頃)、紅葉の頃が良い。

【展示・収蔵】
　本館展示室は5室。「やきものの美」をテーマに、縄文土器から常滑、瀬戸、備前、越前、信楽、丹波などの中世陶器を中心に、陶磁を約150点展示している。埴輪「天冠をつけた男子」(古墳時代)は重要文化財。

【事　業】
　1)「特別展示」MOA美術館共催、2)ミュージアム・リレー「神奈川県西部地域の自然と文化」(45館園入会)、3)「秋(11月)の神仙郷」案内日。

【出版物】
　1) 瀬戸、2) 越前・珠洲、3) 信楽、4) 丹波

- 所在地　〒250-0408　神奈川県足柄下郡箱根町強羅1300
- 設　立　1952年6月
- ＴＥＬ　0460-82-2623
- ＦＡＸ　0460-82-0124
- 交　通　JR小田原駅より登山鉄道で強羅駅・同駅よりケーブルで公園上駅下車徒歩1分
- 開　館　4月～11月：AM9:30～PM4:30(入館PM4:00迄)，
　　　　　12月～3月：AM9:30～PM4:00(入館PM3:30迄)
- 入館料　大人900円，高大生400円，小中生無料(団体割引は20名以上)
- 休館日　木曜日(祝日は開館)，12月25日～31日(年末)，1月4日～10日(年始)
- 施　設　鉄筋コンクリート3階建，ロビー・休憩所にミュージアム・ショップ(計2ヶ所)，庭園内に茶室「真和亭」(立礼席)
- 責任者　館長・岡田イツキ

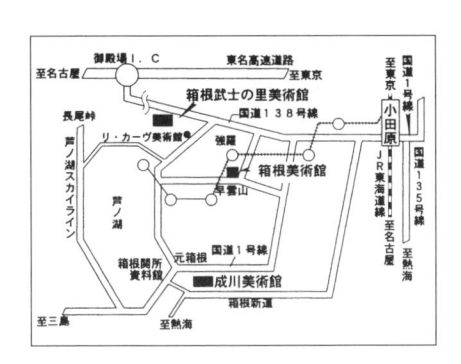

神奈川県

箱根武士(もののふ)の里美術館

　小嶋吉久館長個人によるコレクションからなる。社団法人日本甲冑武具研究会の東京本部会員として活動している。
　機械設計会社を経営のかたわら、30年にわたり蒐集した甲冑、刀剣・浮世絵・蒔絵・茶道具等を一般公開するため、1991(平成3)年6月15日に開館したものである。
　先人達が残してくれた武家文化社会の遺産であり工芸美術品の粋である武具甲冑類を一般公開することにより、武家芸術に対する正しい認識を得るための手助けをする事と、研究・保存するため設立されたものである。

【展示・収蔵】
　甲冑類42点、兜28点、面頬22点、刀・槍28点、火縄銃10点、弓矢33点、その他武具52点。茶道具50点、道具類52点、くし75点、根付47点、軸物23点、浮世絵815点。計1277点。

【事　業】
　(1)神奈川県西部地域ミュージアムズ連絡会会員として研究発表を行事と

して開催。(2)武具甲冑の研究を新聞社に提示。(3)より多くの人たちに甲冑体験をしていただくため、試着コーナーを設置。

【出版物】
「特別展 神奈川県の甲冑名品展近代武士の美」/「浮世絵による日本の合戦絵巻」/展示紹介パンフレットおよびホームページ

- 所在地　〒250-0631　神奈川県足柄下郡箱根町仙石原817-580
- 設　立　1990年6月
- ＴＥＬ　0460-84-8177
- ＦＡＸ　0460-84-4422
- ＵＲＬ　http://www5f.biglobe.ne.jp/~mononofu-no-sato/
- E-mail　mononofu-no-sato@ksj.biglobe.ne.jp
- 交　通　小田原駅よりバス「湖尻・桃源台行」仙石案内所下車徒歩7分、箱根施設めぐりバス「湿生花園前」下車、新宿駅より小田急高速バス「仙石バス停」下車徒歩10分、透明御殿場ICより車で20分
- 開　館　4月～11月 AM9:00～PM5:00、12月～3月 AM9:30～PM4:00
- 入館料　個人:大人800円、中学生600円、小学生400円　団体(20人以上):大人700円、中学生500円、小学生350円、園児無料
- 休館日　4月～11月:無休 12月～3月:祭日開館、木曜休館（天候等により臨時休館あり）
- 施　設　敷地面積619.6㎡武家屋敷風四層2階建、1階展示室150㎡、茶室50㎡、2階展示室165㎡、売店ほか、駐車場(無料)
- 責任者　美術館館長・小嶋吉久

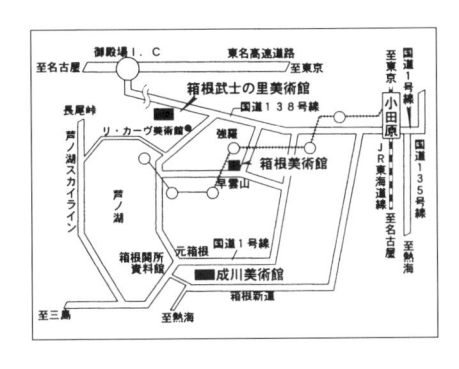

神奈川県

箱根ラリック美術館

　箱根ラリック美術館はアール・ヌーヴォー、アール・デコという美術ムーブメントの両方で活躍したアーティスト、ルネ・ラリックの作品を展示する美術館である。美術館オーナーの簱功泰氏が収集した約1500点の所蔵作品から、選りすぐられた230点を展示、常設展示としては日本最多の約40点の貴重な宝飾作品が含まれている。またガラス作品は、香水瓶や花器が整然と並ぶコーナーを中心に、ラリックが後半生に制作した建築装飾まで、幅広く紹介する。

　簱氏がラリックの作品と出会ったのは昭和40年代のパリ。以来ラリック作品を愛し、収集を続けたが、所蔵品が増えるにつれ、個人美術館設立の夢を抱くようになった。いくつもの試練を乗り越え、コレクションを始めてから約30年後の2005（平成17）年3月19日、念願の美術館のオープンを迎えた。

【展示・収蔵】
主な展示作品
　◇宝飾作品「シルフィード」ブローチ 1897-1899年頃
　◇ガラス作品「三羽のツバメ」香水瓶 1920年
　◇建築装飾「雀」1929年

【事　業】
年1～2回、企画展を開催。

【出版物】
　図録「箱根ラリック美術館 コレクション選」／ブックレット「しあわせの髪飾り―ラリックの櫛、日本の櫛―」／ポストカード・ブックレット「灯るあかり―ラリック、明治・大正の照明―」／ブックレット「舞い踊る文様」／ブックレット「華麗なるカーマスコットの世界」

- 所在地　〒250-0631　神奈川県足柄下郡箱根町仙石原186-1
- 設　立　2005年3月
- Ｔ Ｅ Ｌ　0460-84-2255
- Ｆ Ａ Ｘ　0460-84-2271
- Ｕ Ｒ Ｌ　http://www.lalique-museum.com/
- 交　通　箱根登山鉄道「箱根湯本駅」より箱根登山バス「湖尻・桃源台」行きにて約30分「仙石案内所前」下車すぐ
- 開　館　AM9:00～PM5:00（入館はPM4:30まで）
- 入館料　大人1500円，高校・大学生・シニア（65歳以上）1300円，小・中学生800円
- 休館日　年中無休（展示替のため臨時休館あり）
- 施　設　総敷地面積1万3004.50㎡，美術館棟：地上2階，地下1階（2601.30㎡），ミュージアムゲート（70.78㎡），特別展示：オリエント急行サロンカー，レストラン棟，ショップ棟，庭園
- 責任者　代表・簱功泰

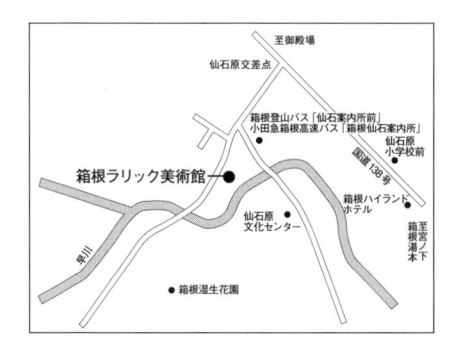

神奈川県

光と緑の美術館

　光と緑の美術館は、相模原市上溝在住の鈴木正彦(相模原土地開発株式会社及びゼストテニスクラブ代表)が、1994(平成6年)11月26日に設立した市内で初めての個人美術館。現館長の亡父鈴木彰一が残した数十点の日本画を基礎として出発し、現在はイタリア現代美術を中心に収蔵・展示している。
　開館して以来今日まで、開館記念特別展「ペリクレ・ファッツィーニ展」(1994.11.27〜1995.1.29)を始めとして、「モディリアーニ—その人生の軌跡」(1996.10.5〜12.25)、「ジャコモ・マンズー 愛と平和展」(1997.11.2〜1998.1.15)、「静かなる時の流れのなかで ジョルジョ・モランディ 花と風景」(1998.12.5〜1999.2.14)、「上田薫展—流れ移ろう瞬間の姿」、「カレル・チャペック写真展—もうひとつの物語り」などの特別展を開催。
　自分なりの価値観を互いに大切にしていき、その感性を育むためにも、芸術や文化に触れ、親しむ機会を多くの方々にご提供したいと願うとともに、それが「光と緑の美術館」の基本理念となっている。
　「太陽の光や自然の緑が人間にとって不可欠なものであるように、芸術作品も私たちにとって無くてはならない身近な存在であることを地域の人々に感じて欲しい」

この考えの基に当美術館はこれまで歩んできた。そして今後は相模原市のみならず、様々な地域の方々にもご来館いただき共感の輪を広げていきたいと願っている。

【展示・収蔵】
〈収蔵作家〉
　マリーノ・マリーニ、ペリクレ・ファッツィーニ、ジョルジョ・モランディ、エミリオ・グレコ、ジャコモ・マンズー、エンツォ・クッキ、アルトゥーロ・マルティーニ
　利根山光人、上田薫、三谷慎、大村俊二

【事　業】
　「ファッツィーニ展」「利根山光人展」「モディリアーニ展」「大村俊二展」「日本の四季展」「ジャコモ・マンズー愛と平和展」「ジョルジョ・モランディ展―花と風景―」「ゴトウ・シュウの平面世界」「スーパーリアリズム絵画　上田薫―流れ移ろう瞬間の姿―」「モディリアーニの素描」「カレル・チャペック写真展―もうひとつの物語り」「上田葉子展〜自然からのメッセージ」「上田薫展Ⅱ―知られざる小作品たち」等。
　他に講演会、ミュージアムコンサート、絵画講座など。

【出版物】
　「ファッツィーニ展」（1994.11.26-95.1.29）／「利根山光人展」（1995.7.30-9.24）／「モディリアーニ展」（1996.10.5-12.25）／「大村俊二展」（1996.4.20-6.20）／「星野敦展」（1997.4.26-6.29）／「日本の四季展」（1997.9.11-10.26）／「ジャコモ・マンズー愛と平和展」（1997.11.2.-98.1.15.）／「ジョルジョ・モランディ展―花と風景―」（1998.12.5-99.2.14）／「ゴトウ・シュウの平面世界」（1999.11.23-00.1.30）／「スーパーリアリズム絵画　上田薫―流れ移ろう瞬間の姿―」（2000.12.3-01.4.1）

- 所在地　〒229-1122　神奈川県相模原市横山3-6-18
- 設　立　1994年11月
- ＴＥＬ　042-757-7151

神奈川県

- FAX　042-757-9491
- URL　http://www.hm-museum.com/
- E-mail　infomation@hm-museum.com
- 交　通　JR相模線上溝駅下車徒歩8分，JR横浜線相模原駅下車6番バス停(相14系統横山団地下車徒歩5分)
- 開　館　AM10:00〜PM6:00
- 入館料　収蔵コレクション展：一般250円，高・大・65歳以上100円，中学生以下無料
  企画展：その都度変更するので展覧会情報でご確認下さい
- 休館日　月曜日(月曜日が祝休日の場合は翌日)，年末年始，展示替期間
- 施　設　鉄筋コンクリート造1階建(一部鉄骨造)，約273㎡
- 責任者　館長・鈴木正彦

神奈川県

ブリキのおもちゃ博物館

　館内では、おもに日本製の玩具約3000点を常設展示、またビデオによってその動きも紹介している。展示のおもちゃは1890年代から1960年代に作られたもので、館長・北原照久が1973年ごろから収集した膨大なコレクションのうちの一部である。
　当初、個人的なコレクションとして集めていたもので、デパートのおもちゃ展などでは、いろいろな年齢の人達になつかしさや新鮮な感動を与えてきた。限界のある自宅などではなく、コレクションをできるだけたくさんの人達に見てもらいたい、そんな思いから、1986年4月、横浜・山手、外国人墓地のすぐそばに博物館をオープンしたものである。古い洋館を改装した博物館と展示されたブリキのおもちゃ達、外国人墓地や古い教会の並ぶ異国情緒あふれる横浜に似合う博物館である。

【展示・収蔵】
　一部ドイツやアメリカ製を展示するが、館内のほとんどは日本製。
　外国製を真似して作った明治時代のものから大正、戦前の昭和、占領下に作られたもの、戦後のものを展示。
　車、汽車、バス、飛行機、船など乗り物や動物のもの、人間もの、ロケット、ロボット、宇宙船、TVなどで人気を博したキャラクターものなどがある。
　中央にはアメリカンダイナーとその駐車場というジオラマがあり、アメ車の展示をしていて、さらにおもちゃの世界に入れる。
　ショップには日本製にこだわったおもちゃもある。

神奈川県

【出版物】

北原照久の著書として「MOTION DISPLAY」中教出版／「1000 TIN TOYS」TASCHEN／「20世紀 我楽多図鑑」パルコ出版／「横浜ゴールドラッシュ」一季出版／「北原照久のおもちゃコレクション」角川書店／「北原照久 僕の夢倉庫」マガジンハウス／「20世紀おもちゃ大博物館」廣済堂出版／「夢はかなう きっとかなう」一季出版／「おまけの博物誌」PHP研究所／「DOGS」新紀元社／「好きなことをずっと仕事でやっていくために知っておきたいこと」シーコーストパブリッシング／「動くロボットを作ろう1～4」理論社／「珠玉の日本語 辞世の句」PHP研究所／「昭和アンソロジー」ネコ・パブリッシング／「笑話(しょうわ)コレクション」アーティストハウス／「ぼくらの昭和キラメキタイム」アーティストハウス／「夢の実現 ツキの10ヵ条」アーティストハウス／「ちょっといい漢字」評言社／「20世紀広告博覧会1～2」グラフィック社

- 所在地　〒231-0862　神奈川県横浜市中区山手町239
- 設　立　1986年4月
- ＴＥＬ　045-621-8710
- ＦＡＸ　045-621-8676
- ＵＲＬ　http://www.toysclub.co.jp/
- 交　通　JR根岸線石川町駅下車南口より徒歩15分，みなとみらい線元町中華街駅下車徒歩8分
- 開　館　平日 AM9:30～PM6:00，土日祝日 AM9:30～PM7:00
- 入館料　大人200円，小人100円(小・中学生)
- 休館日　無休
- 施　設　木造2階建，1階部分約70㎡
- 責任者　館長・北原照久

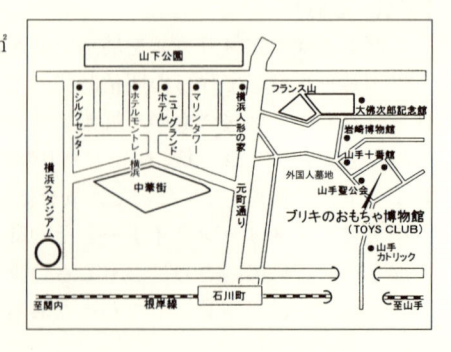

神奈川県

ポーラ美術館

「箱根の自然と美術の共生」というコンセプトのもとに、2002（平成14）年9月に開館。コレクションは、ポーラ・オルビスグループの前オーナー鈴木常司が40年にわたり収集したものであり、西洋絵画・日本の洋画・日本画・東洋陶磁・ガラス工芸・化粧道具など総数は9500点以上に及ぶ。

【展示・収蔵】
　モネ、ルノワールなどフランス印象派やエコール・ド・パリの画家たち、ピカソ、マティスなど20世紀の絵画を中心とした西洋絵画・日本の洋画・日本画・東洋陶磁・化粧道具・ガラス工芸など約9500点を収蔵。
　〈代表作〉
　　　◇ルノワール「レースの帽子の少女」
　　　◇モネ「睡蓮」「睡蓮の池」
　　　◇ピカソ「海辺の母子像」

【事　業】
　年2回の企画展、年10回前後のギャラリートーク、年3回のコンサートなどイベント。

【出版物】
　「ポーラ美術館名作選」（2002）
　企画展図録：「開館記念展 光の中の女たち」（2002）／「画家たちのパリ展」

神奈川県

(2003)／「ベル・エポック展」(2003)／「色彩の瞬き展」(2004)／「子どもの世界展」(2004)／「ポーラ美術館の印象派展」(2005)／「黒田清輝、岸田劉生の時代展」(2005)／「ピカソ 5つのテーマ展」(2006)／「ドガ、ダリ、シャガールのバレエ」(2006)／「ポーラ美術館名作選 エミール・ガレとアール・ヌーヴォーのガラス工芸」(2007)／「モネと画家たちの旅」(2007)

- 所在地　〒256-0631　神奈川県足柄下郡箱根町仙石原小塚山1285
- 設　立　2002年9月
- ＴＥＬ　0460-84-2111
- ＦＡＸ　0460-84-3108
- ＵＲＬ　http://www.polamuseum.or.jp
- E-mail　info@polamuseum.or.jp
- 交　通　箱根登山鉄道「強羅駅」より施設めぐりバスにて13分，ポーラ美術館バス停下車すぐ
- 開　館　AM9:00〜PM5:00(最終入館はPM4:30)
- 入館料　大人1800円，高・大学生1300円，小・中学生700円(土曜日は小中学生無料)
- 休館日　無休(展示替休館あり)
- 施　設　鉄骨造(一部鉄骨鉄筋コンクリート造)，全館免震構造，建築面積3389㎡
- 責任者　館長・植木浩

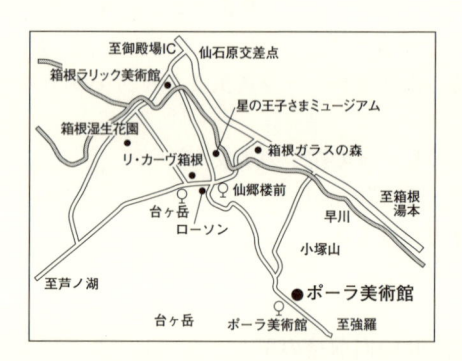

池田記念美術館

　1998（平成10）年に奥只見レクリエーション都市公園（八色の森公園）の中核施設として南魚沼市が建設。財団法人池田記念財団に管理を依託し、池田記念美術館として開館した。
　財団法人池田記念財団はベースボール・マガジン社および恒文社の創設者池田恒雄のコレクションを含む個人財産の寄贈により設立。現在は池田コレクションを展示する常設展のほか、地元南魚沼の芸術家の個展やグループ展を開催。発表の場として活用されている。

【展示・収蔵】
　常設展示室は「スポーツ文化展示室」「小泉八雲（ラフカディオ・ハーン）文学資料室」「日本美術展示室」「海外美術展示室」がある。スポーツに関する資料や芸術作品を多く所蔵する。
　「小泉八雲文学資料室」では小泉家秘蔵の未公開資料1500点を含む展示品を見ることができる。

新潟県

ほかに新潟出身の歌人會津八一の書やラグーザ・お玉の作品も収蔵する。ラグーザ・お玉は明治時代にイタリアへ渡り、彫刻家ヴィンツェンツォ・ラグーザと結婚した。イタリアで画家として活躍し、日本で最初の女性洋画家ともいわれる。日本の美術館で彼女の作品を収蔵している館はめずらしく、貴重なコレクションである。

収蔵品の総数は約3500点。

【事　業】

「魚沼からの発信」と題し、地元作家の展覧会を開催している。

- 所在地　〒949-7302　新潟県南魚沼市浦佐5493-3
- 設　立　1998年10月
- ＴＥＬ　025-780-4080
- ＦＡＸ　025-777-3815
- ＵＲＬ　http://www1.ocn.ne.jp/~ikedaart
- E-mail　ikedaart@lily.ocn.ne.jp
- 交　通　上越新幹線JR浦佐駅東口より徒歩20分, 関越自動車道大和スマートI.C（ETC専用）より車3分
- 開　館　AM9:00～PM5:00(但し入館はPM4:30まで)
- 入館料　大人500円（400円）, 高校生以下無料※（　）内は団体20名以上
- 休館日　毎週水曜日(但し祝日の場合は翌日), 年末年始, 臨時休館あり
- 施　設　鉄筋コンクリート2階建て, 建築面積1759.4㎡, ミュージアムショップ, 喫茶コーナー併設
- 責任者　館長・井口優

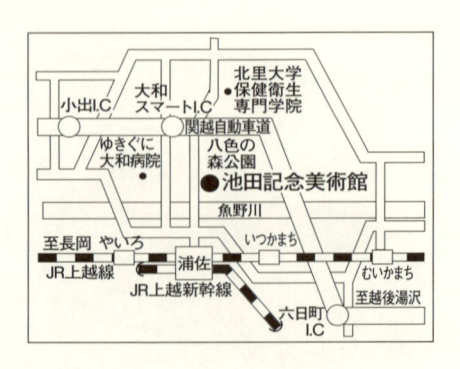

新潟県

木村茶道美術館

　柏崎市北条、木村重義翁の篤志により設立された茶道専門の美術館。市当局の協力のもと市内の名園松雲山荘内に建設され、1984（昭和59）年11月3日開館し一般公開された。

　木村翁が高い識見と生涯の情熱を傾けて蒐集した茶道関係の美術品を季毎に展示している。千利休の提唱した侘（わび）の世界は、日本の美意識の大きな一つの流れとして今日まで脈々と続いてはいるが、実際に自分の目では見る事ができにくい時代となりつつある。当美術館では翁の「道具は使ってこそ生きる」という信念のもと、収蔵品を使って茶席を組み、実際に手にとって鑑賞することができる。そして、翁が日頃お茶の心を説いた「一服のお茶をいただきながら、美の世界を享受する」という言葉を心として、茶道文化の発展に寄与していきたいと考えている。

黒楽茶碗　長次郎焼

【展示・収蔵】

　書・絵等の掛軸130点、茶碗150点、花入、釜、香合、茶入、茶器、皿、鉢等々、全品約1500点を収蔵。展示室2室はそれぞれテーマを決め、年2回ずつ展示替えを行っている。茶室は年6回それぞれの季節にあわせ席組みを行っている。

　　◇雪村、馬遠、周徳の掛軸。
　　◇楽茶碗　初代より当代まで。
　　◇大井戸茶碗、色絵鍋島絵草紙文皿、志野松島文鉢　等。

新潟県

【出版物】
「木村茶道美術館図録」

- 所在地　〒945-0841　新潟県柏崎市緑町3-1
- 設　立　1984年11月
- ＴＥＬ　0257-23-8061
- ＦＡＸ　0257-23-8061
- 交　通　JR信越線柏崎駅下車タクシー7分もしくは徒歩25分
- 開　館　AM10:00～PM4:30
- 入館料　大人：展示室400円，茶室1000円，学生（高校生まで）：展示室200円，茶室700円
- 休館日　月曜日（祝日の場合は翌日）及び12月1日～3月31日（冬期休館）
- 施　設　木造一部鉄筋コンクリート平屋建
- 責任者　理事長・相澤陽一

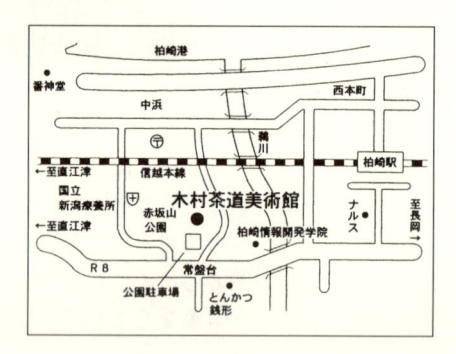

新潟県

郷土玩具館　痴娯の家

　柏崎市市制50周年記念事業として1995(平成7)年4月28日開館。同敷地内の他の2館とともに、風の丘コレクションビレッジを形成。柏崎生まれの故岩下庄司氏が収集した郷土玩具5万点の内よりすぐれたものを展示。明治・大正・昭和時代の民俗資料として、広く一般に公開し、後世に伝え、また調査・研究を行い学術文化の発展向上に寄与することを目的としている。1995(平成7)年4月12日登録認可。

【展示・収蔵】
　土人形・張り子3938、土鈴2114、お面168、こけし776、凧211、絵馬215、船87、南方民俗品90、青い目の人形2、芸能人形24、玩具関係古書200、色紙220、短冊191、土器・石器※不明、ガラス絵13、アイヌ民俗品65

三次赤天神（左）、柏崎黒天神（右）

新潟県

【事　業】
　①常設展、②特別展（年3回）

- 所在地　〒949-3661　新潟県柏崎市青海川181
- 設　立　1995年4月
- ＴＥＬ　0257-22-0777
- ＦＡＸ　0257-22-1211
- 交　通　北陸自動車道米山ICより車で5分，柏崎ICより車で20分，JR柏崎駅下車車で15分，青海川駅より徒歩20分
- 開　館　AM9:30～PM5:30
- 入館料　一般500円，小人300円(団体20名以上，大人450円，小人200円)
- 休館日　水曜日
- 施　設　敷地9764.57㎡，内展示館533.55㎡，鉄筋コンクリート造平屋建一部木造
- 責任者　館長・岩下正雄

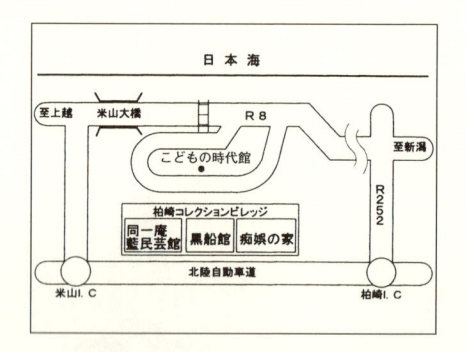

空想ひみつ基地 こどもの時代館

　当館は、1978(昭和53)年に柏崎市により農林漁業資料館として設立されたが、その展示内容を2002(平成14)年4月、大幅に変更し現在に至っている。館内では、業界やマニアの間では知らない人はいない存在の西村祐次氏の膨大なコレクションの中から、約1万点を公開している。

【展示・収蔵】
　1960～70年代のテレビ・映画のキャラクターのオモチャを展示。最近のオモチャ(ポケットモンスター)などもある。藤子不二雄コーナーにはぬいぐるみ・人形・レコード・時計なども。

【事　業】
　春(5月下旬から6月上旬頃)と秋(10月第2週頃)に風の丘祭りを開催

- 所在地　〒949-3661　新潟県柏崎市青海川178
- 設　立　1978年3月
- ＴＥＬ　0257-26-2604
- ＦＡＸ　0257-26-2625
- ＵＲＬ　http://www.zidaikan.com/
- E-mail　info@zidaikan.com
- 交　通　JR柏崎駅より越後柏崎観光バス谷根行「米山大橋北」で下車徒歩5分
- 開　館　3月～6月，9月～11月AM9:00～PM5:00，7月・8月AM9:00～PM6:00，12月～2月AM10:00～PM4:00
- 入館料　大人500円，小中学生300円
- 休館日　毎週木曜日及び12月29日～1月3日
- 施　設　鉄筋コンクリート2階建 750.615㎡
- 責任者　理事長・棚橋二三男

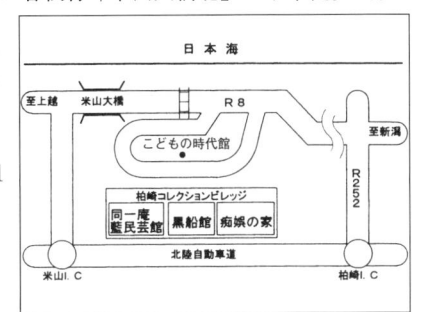

新潟県

黒船館
くろ　ふね　かん

　当館は、1995(平成7)年4月、市制50周年記念事業の一環として、市内青海川の風光明媚な丘の上に柏崎コレクションビレッジの一館として創設された。

　収蔵品は、吉田正太郎(1887-1971)の収集したペリー来航時のかわら版を中心とした幕末・明治の文明開化資料、親交のあった川上澄生の作品、及び実弟吉田小五郎(1902-1983)の収集した明治の石版画などである。

　「黒船館」の名称は、吉田正太郎の書斎号に由来している。

【展示・収蔵】

　①ペリー来航時のかわら版を中心とし、火縄銃、ピストル、和時計などの文明開化資料。②版画家川上澄生の木版画、ガラス絵、泥絵、絵本など。③1877(明治10)年から1892(明治25)年頃までの美人画・風景画などの石版画。

【出版物】
「図説黒船の時代」（小西四郎監修 財団法人黒船館編 河出書房新社 1995.4）／「財団法人黒船館所蔵品」川上澄生（目録 2001.10）

- 所在地　〒949-3661　新潟県柏崎市大字青海川181
- 設　立　1995年4月
- ＴＥＬ　0257-21-1188
- ＦＡＸ　0257-21-1188
- ＵＲＬ　http://lib.city.kashiwazaki.niigata.jp/hidamari/kashiwazaki/facilities/kurofunekan/
- 交　通　JR信越線柏崎駅よりタクシーで約13分，北陸自動車道米山I.Cより約3分
- 開　館　AM9:30 ～ PM5:00（季節により変更あり）
- 入館料　大人500円（団体450円），小中学生300円（団体200円）※団体20名以上
- 休館日　水曜日，年末年始
- 施　設　RC造平屋建525㎡
- 責任者　館長・大竹信雄

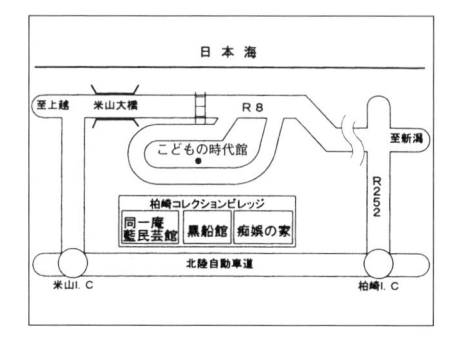

新潟県

駒形十吉記念美術館
(こまがたじゅうきち)

北陸

1994(平成6)年に開館。
　企業家として活躍した故駒形十吉は、一方で美術コレクターとして生涯に約1000点に及ぶ美術品を収集した。
　当館では駒形が人生の後半に収集・愛蔵していた日本画・洋画・陶芸・工芸など明治以降の国内作家の作品約260点を収蔵している。
　施設には鑑賞専用の茶室、ハイビジョンコーナー、図書閲覧スペースを設置。また絵ハガキ、額絵、テレホンカードなどのオリジナルグッズの販売も行なっている。

【展示・収蔵】
　企画常設展を年2回行っている(1回の展示点数は約50点)。
収蔵作品(代表的作品)
　日本画
　　加山又造「しだれ桜」「秋草」(各四曲一隻屏風)「たんぽぽ」
　　平山郁夫「中亜熱閙図」「塵耀のトルキスタン遺跡」(各六曲一隻屏風)
　　村上華岳「秋渓谷之図」「水墨牡丹之図」「寒山松籟図」
　　速水御舟「温泉」「紅梅」「甲貝図」
　陶芸
　　加藤唐九郎「黒織部茶碗 銘がらしや」「志野秋草文壺」
　その他の作家
　　梅原龍三郎、須田國太郎、熊谷守一、松田権六、北大路魯山人など約260点

新潟県

【事業】
　開館記念展（'94.5.12〜'95.4.21）／開館一周年記念展（'95.4.25〜'97.4.27）／加山又造特別展（'97.5.3〜8.31）／三人展―加山又造・加藤重高・松田権六（'97.11.1〜'98.2.11）／加藤唐九郎生誕百年記念展（'98.2.15〜7.26）／加山又造倣北宋展（'98.8.1〜10.31）／駒形十吉生誕百年記念遺作展（前期：'01.4.29〜7.8，後期：7.9〜9.30）／開館十周年記念展―華麗なる美の世界―加山又造屏風絵展Ⅰ・Ⅱ（Ⅰ：'04.4.1〜5.9，Ⅱ：5.15〜6.27）

【出版物】
　駒形十吉（編）「加山又造」「平山郁夫」「村上華岳」「速水御舟」「加藤唐九郎」「須田國太郎・熊谷守一・梅原龍三郎・徳岡神泉」（駒形十吉記念美術館 1994年）／駒形十吉（編）「開館一周年記念展（合冊）」「開館一周年記念展（絵画編）」「開館一周年記念展（工芸編）」（駒形十吉記念美術館 1995年）／駒形十吉（編）「加藤唐九郎―生誕百年記念展」（駒形十吉記念美術館 1998年）

- 所在地　〒940-0033　新潟県長岡市今朝白2-1-4
- 設　立　1994年5月
- ＴＥＬ　0258-35-6111
- ＦＡＸ　0258-35-6110
- 交　通　JR長岡駅東口から徒歩10分，北陸自動車道見附中之島ICから約15分
- 開　館　AM10:00〜PM5:00
- 入館料　一般300円（20名以上で250円），大・高生200円，中・小生100円
- 休館日　月曜日（祝日の場合は翌日休館），冬期休館（12月中旬〜3月中旬），展示替えの期間
- 施　設　鉄筋コンクリート地下1階・地上2階，展示面積415㎡
- 責任者　館長・村山稔

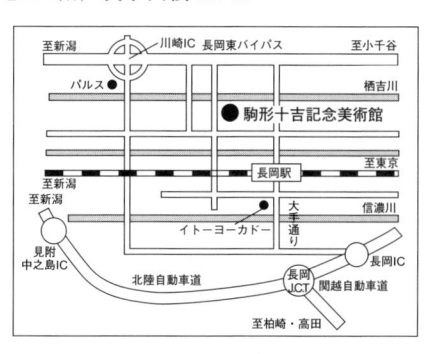

新潟県

敦井美術館
（つるい）

北陸

　当館は1983(昭和58)年5月28日、新潟市の実業家で美術愛好家であった故・敦井栄吉（1888-1984）によって設立され開館した。この年敦井栄吉は事業を創めてから60年を迎えたことを記念し、半世紀余りかけて収集してきた愛蔵美術品1000点と運営基金を一括寄贈して「財団法人敦井コレクション」を設立、所蔵美術品の展示公開のため敦井美術館を開設した。自ら理事長・館長として運営に情熱を傾けていたが、翌年8月急病のため97歳の生涯を閉じた。そして故館長の遺志を継いだ遺族から70点余りの優れた美術品の遺贈を受け、一層充実したコレクションとなった。また、美術館としても開館以来、寄贈コレクションの充実を目的として収集に努め、現在は1300点に及んでいる。

　所蔵美術品は故館長が、自邸に飾り鑑賞するために収集したもので、その収集方針から古美術は少なく、近・現代の日本画と陶芸が中核となり、洋画・彫刻・木漆工芸・彫鋳金や、さらに近世の文人画や書なども含め多岐に亘る。

　1993(平成5)年に開館10周年の記念事業として、美術館の拡張工事を実施し、その休館中に所蔵作品中の名品150点による巡回展「敦井コレクション展」を東京日本橋・髙島屋を皮切りに横浜、名古屋、京都、大阪、広島と主要6都市で開催し、各地の美術愛好者から高い評価を頂いた。

【展示・収蔵】

　当館は展示室が1室のため、年4回の企画展のみを開催し、常設展示はない。企画展は自館収蔵品のみにより展示し、他館よりの借用は一切していない。収蔵品は書画が約400点、陶芸680点、漆芸100点余、その他工芸や彫

刻等が100点余、合計1300点。特筆すべき収蔵品は、近代陶芸の板谷波山の代表作を含む40点、富本憲吉23点、楠部彌式の代表的作品を中心とした50点を初め、20世堆朱楊成の彫漆作品30点などがある。主なものに、池大雅「渭城柳色図」（新潟県指定文化財）、浦上玉堂「春山暁雪図」、青木木米「兎道朝暾図」、田能村竹田「梅花書屋図」、横山大観「黄昏―夏日四題の内」「月天心」「神州第一峰」等12点、菱田春草「雨後」「荒磯」「林和靖」等10点、速水御舟「白日夢」「扶桑花」「秋晴」「コモの街」等7点、村上華岳「山二題」「紅白椿花図」等7点、入江波光「満つる潮」、高村光雲「木彫ちゃぼ」、山崎朝雲「木彫妙韻」「木彫良寛像」、板谷波山「彩磁禽果文花瓶」（重要文化財）「葆光彩磁花卉文壺」「淡紅磁菊香炉」、富本憲吉「白磁大壺」「色絵紫四辨花大飾皿」「色絵四辨花大飾壺」、楠部彌式「彩埏仙果萬歳飾皿」「碧玉釉包花瓶」「彩埏惜春花瓶」、20世堆朱楊成「堆朱文庫・硯箱・文台―野趁之図」「彫漆飾壺・蓬莱山」「彫漆平卓・柳桜」「彫漆亀甲型平卓・春秋紋」「香盆・梅」など。

【出版物】
「現代陶芸3巨匠展図録」（1983）／「敦井美術館名品図録」（1993）

- 所在地　〒950-0087　新潟県新潟市中央区東大通1-2-23北陸ビル
- 設　立　1983年5月
- ＴＥＬ　025-247-3311
- ＦＡＸ　025-247-3340
- ＵＲＬ　http://www.tsurui.co.jp/museum/
- E-mail　turuiart@poppy.ocn.ne.jp
- 交　通　JR新潟駅下車，万代口から徒歩3分
- 開　館　AM10:00 〜 PM5:00
- 入館料　一般500円（400円），大高生300円（250円），中小生200円（150円）※（ ）内は団体20名以上，毎土曜日は中小生無料
- 休館日　日曜，祝日，展示替期間，年末年始
- 施　設　北陸ビル（地下1階・地上9階）の1階一部　使用面積657㎡，うち展示室300㎡
- 責任者　理事長兼館長・敦井榮一

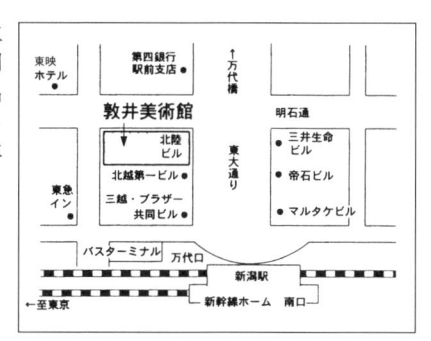

新潟県

同一庵藍民芸館
（どういつあん）

　同一庵藍民芸館は柏崎市制50周年記念事業の一つとして計画され、1995（平成7）年に開館した。所蔵展示品は市の文化財審議会長をしていた故松田政秀が集めたもので、「貴族や富豪の使ったものはたやすく残るが、庶民の使った雑器は今残しておかないと消える。下らなくても美しい雑器は残すべし」と言う持論が基本となった品々が展示されている。
　庶民の使っていたものだけに有名品はない。ただその時代の生活の知恵、庶民の生活の匂いが伝わってくる展示で、「個の美術品」ではなく多数の職人たちの生活感覚・熟練の美意識が全館に満ちている展示である。特異な高い天井建築様式と相まってユトリ感覚を味わえる、昔の人のヌクモリが感じられる展示館である。

【展示・収蔵】
　展示は4つに分けられている。1.木綿の展示（筒描き・型染め・絵絣），2.幻灯絵（自動投影），3.雑器（ベロ藍磁器・香道具・日常雑器等），最後に4として、故松田政秀の長男・現民芸館館長松田秀明収集の中国陶磁・骨董品の展示がある。
　祖母の化粧道具、祖父の汗の匂いがする木綿着、ご飯をよそった椀〜滅び行くものの懐かしさ郷愁がそこはかとなく漂ってくる日常雑器、どれも秩序や系統もない安手の品物だが、十米にも及ぶ大幟の空間を圧する展示、中国硝子彫刻九竜・鑑真和尚の大屏風をはじめヒンズーの神々の木彫、鼻烟壺の可愛らしさ、遊び感覚の生活の知恵など、どこの館にも見られない珍品も多く、日本・中国・印度の国境を越えたヒューマンな民芸の融和がここにある。

(1) 木綿絵展示室〜大幟、布団絵、油単、膳掛け、半纏、馬の首飾り、万祝風呂敷、道中着物、中国ローケツ絵木綿等 約1000点
(2) 幻灯展示室〜昔話の自動投影(プロジェクターによる間欠投影)、幻灯器幻灯板、パネル写真等 約1000点
(3) 生活雑器展示室〜ベロアイ陶磁器、香道具、鼻烟壺、持仏、大硝子絵、大久保焼き、中国泥塑、行灯絵等 約4000点

【事 業】
1.行灯絵展(夏休み中・8月)、2.中国美術工芸探訪の旅(毎年秋実施)、3.柏崎コレクションビレッジ共催「コレクション」「秋のコレビレ祭」(11月)。

【出版物】
「藍・木綿と陶磁展(柏崎市立博物館第七回特別展図録)」1977／「藍染の文様」(絵ハガキ仕立・六枚組)1986

- 所在地　〒949-3661　新潟県柏崎市青海川181
- 設　立　1995年4月
- ＴＥＬ　0257-21-1199
- ＦＡＸ　0257-21-1199
- ＵＲＬ　http://www.h6.dion.ne.jp/~aimingei
　　　　http://www.colle-vill.com(柏崎コレクションビレッジ・ホームページ)
- E-mail　aimingeikan@r8.dion.ne.jp
- 交　通　信越線柏崎駅よりタクシー15分，青海川駅より徒歩20分，高速北陸自動車道米山インター下りて柏崎方面に車で3分
- 開　館　AM9:30〜PM5:00(季節変更あり)
- 入館料　大人500円，小中学生300円
　　　　(団体20人以上大人450円，小中学生200円)
- 休館日　水曜日，年末年始，冬季休業(1月中旬〜2月末)
- 施　設　鉄筋コンクリート一部木造536㎡，展示面積354㎡
- 責任者　館長・松田秀明

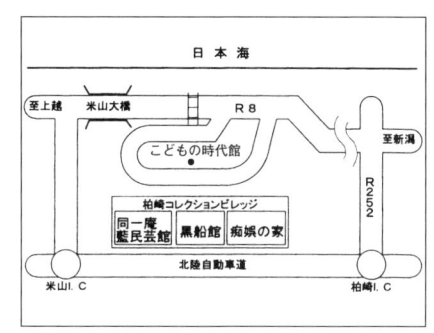

新潟県

新潟市潟東樋口記念美術館
（かたひがし）

　新潟市潟東樋口記念美術館は、旧潟東村出身の樋口顕嗣翁寄贈の絵画・彫塑品・陶芸品・漆芸品・貴金属類を収蔵、展示、公開するため、1970（昭和45）年12月開館したものである。その後も寄贈を受け、収蔵品の増加に伴い、現在の二階建ての美術館を建設、1972（昭和47）年8月に開館した。

　樋口顕嗣翁は1886（明治19）年新潟市（旧潟東村）今井の農家に生まれ、家業をついでいたが、25才の時志を立て妻子を伴って上京、粒々辛苦の末に青果卸売会社を設立、業界に確固たる地歩をもつ成功者となった。

　400点を超える寄贈品は翁の美しい郷土愛によって寄贈を申し出られた長年にわたる秘蔵品で、旧潟東村ではこれを長く後世に伝えようとこの美術館を設立、あわせて樋口翁に対して名誉村民の称号が贈られた。

　同じ敷地内には、歴史民俗資料館が併設されており、鎧潟（昭和30年代干拓）という湖があった頃の鎧潟での生活の様子やその周辺の低湿地での生活の様子など潟東地域の歴史・民俗資料を見学することができる。

北陸

【展示・収蔵】

収蔵総数408点

〔絵画〕額：和田英作「花」、寺内万治郎「裸婦」、中川紀元「岳山」、小絲源太郎「秋」

掛軸：谷文晁「百花の図」、趙子昂(伝)「乗馬図」、杉山寧「立葵」

〔陶芸品〕十二代柿右衛門「牡丹・孔雀画花瓶」、清水六兵衛「花器」、岩田藤七「硝子花器」

〔工芸(銀器)〕李王家美術工場「高麗式相嵌紋白銀花瓶」

【事　業】

企画展は行っていない。年2回(6月と12月)展示替えを行っている。

- 所在地　〒959-0505　新潟県新潟市西蒲区三方92
- 設　立　1970年12月
- ＴＥＬ　0256-86-3444
- 交　通　北陸自動車道・巻潟東ICより車で約8分．JR越後線越後曽根駅下車タクシーで約15分またバスで約25分(潟東出張所前下車すぐ)
- 開　館　AM9:00～PM4:00
- 入館料　大人(高校生以上)500円(20人以上の団体の場合は400円)，小人(中学生以下)300円(20人以上の団体の場合は200円)　※小人は土日祝日は無料
- 休館日　月曜日(祝日の場合は翌火曜日)，祝日の翌日，年末年始(12月28日～1月3日)
- 責任者　新潟市潟東ゆう学館長・長谷川米征

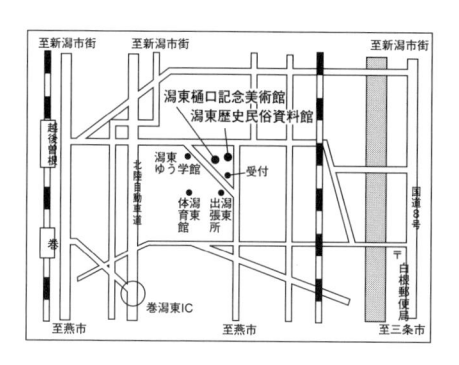

新潟県

ミティラー美術館

北陸

　当館は1982(昭和56)年に濃緑の森にある小学校を美術館として設立された。当時小学校が廃校になり、リゾート施設を作る計画が持ち上がった。このような青写真は東京のビルの一室で描かれるものであること、人は月や太陽と共にあり何でもない自然の中で自分を取り戻すものであり、できるだけ手をつけない自然を残すことに意味があると考えた。この考えに賛同する多くの人の協力を得て小学校の建物は美術館として再生されることになった。
　「ミティラー」美術館設立のきっかけは、故ガンガー・デーヴィーの小さな一枚の絵との出会いによるものであった。ひたすら神に祈り心を純化された中で描かれたガンガー・デーヴィーの素朴な、深いコスモロジーに満ち満ちている絵に心を打たれ、その感動がミティラー美術館設立の原点となった。
　1988(昭和63)年以来当館ではガンガー・デーヴィーをはじめとする描き手たちを招聘し、擬似壁という新たな素材に壁画と同じ手法で作品を制作してもらっている。竹の筆で自然彩色によって描かれた作品群は、壁画のもつ素朴な、静かな量感に現代性を融合させた「祈りのコスモロジー」の漂うものとなっている。世界に散逸していくミティラー画を一同に集めることを目的になされた当館のコレクションは、インド政府よりその質と量において世界に類がないものと高く評価を受けている。
　現在美術館には、約2000点のミティラー画のコレクションの他にテラコッタ、インド先住民族ワルリーの絵画、鋳金の作品ドクラ等を所蔵し、常設展示の他に全国各地で展覧公開している。

【展示・収蔵】
　ミティラー美術館では、ミティラー画2000点の他にインド先住民アート

の作品多数を収蔵している。1989(平成元)年には109点のテラコッタがインド政府より寄贈された。

- ◇ミティラー画…2000点(ミティラー地方の女性によって描かれる民俗画)
- ◇ワルリー画…1000点(ワルリー族によって描かれる絵画)
- ◇テラコッタ…500点(粘土で作られる作品で壺や神々など。ミティラー地方の他にインパールの女性の陶工によって作られる壺など)
- ◇ドクラ…90点(鑞型鋳金の源流といわれる制作方法で、インドで2000年にわたって伝承されてきたもの)
- ◇先住民族アート…300点(サンタルポトア・ゴンド画の他にインド政府より寄贈されたテラコッタ等)

【事　業】
常設展示およびインドのアーティストの制作実演(絵画制作)他、国際交流。

【出版物】
「祈りのコスモロジー」(1991)／「ガンガー・デーヴィー」(1992)／「先住民族ワルリーの絵画」(1997)

- 所在地　〒948-0018　新潟県十日町市大池
- 設　立　1982年5月
- ＴＥＬ　025-752-2396
- ＦＡＸ　025-752-6076
- ＵＲＬ　http://www.mithila-museum.com/
- E-mail　info@mithila-museum.com
- 交　通　JR十日町駅または北々線十日町駅よりタクシーで10分
- 開　館　AM10:00 〜 PM6:00
- 入館料　大人500円，大〜中学生300円(小学生以下無料)
- 休館日　火曜(祭日の場合はその翌日)，年末年始
- 責任者　長谷川時夫

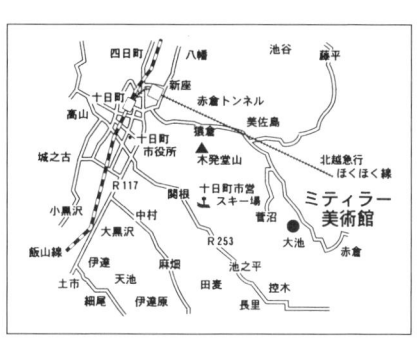

新潟県

ロマンの泉美術館

　「蔵書票（エクスリブリス）」とは欧米で自分の蔵書に貼るために、版画家に依頼して名前を入れ作成した印刷物のことである。最初は貴族が自分の家の紋章を、所有する本に貼ったのが、時代が下がり、絵になっていった。コレクションの柱となっている蔵書票は、アールヌーボー（1880年代〜1910年代）の作品で、西洋蔵書票の黄金時代と言える、花開いた時代の作品である。

　「ロマンの泉美術館」は蔵書票を展示する世界で最初の美術館であるが、蔵書票だけでなく100年前の絵はがき、デパートがくれた景品のカード、童話集の表紙、ファッション画などの伊藤文學氏コレクションを展示している。

　この美術館の特徴として、館内での写真撮影が自由なことが挙げられる。

　またフランス料理が食べられるレストラン、かわいらしくて、気のきいた商品を集めたショップもある。

【展示・収蔵】
　蔵書票、約2万点。

【事　業】
　演奏会

新潟県

【出版物】
「扉を開けたら、ロマンの泉美術館物語」(1994)

- **所在地** 〒959-0321 新潟県西蒲原郡弥彦村上泉込道1025
- **設　立** 1993年11月
- **ＴＥＬ** 0256-94-5100
- **ＦＡＸ** 0256-94-3831
- **E-mail** roman2006izumi@ybb.ne.jp
- **交　通** 新幹線：燕三条駅下車JR弥彦線弥彦駅下車徒歩30分(車5分), 車：北陸自動車道三条燕インター下車20分
- **開　館** AM10:00～PM6:00
- **入館料** 大人500円, 小・中学生300円
- **休館日** 水曜日
- **施　設** 木造一部鉄骨造2階建700㎡
- **責任者** 株式会社ヨネカ代表取締役社長・山田勝

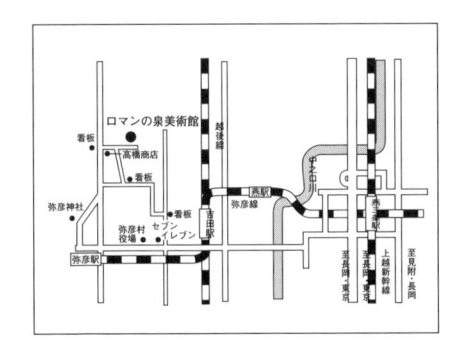

北陸

富山県

百河豚美術館
（いっぷく）

　百河豚美術館は、地方の芸術振興と文化意識の向上を願う、地元出身の実業家青柳政二が長年にわたり収集した、日本・東洋の美術工芸品と私財の寄付により1983（昭和58）年8月8日に開館した北陸でも数少ない、本格的な古美術専門美術館である。

　百河豚という珍しい館名の由来は、青柳が関西で河豚料理事業を営んでいた事と、自らの体重がふぐ百匹分はあったところから付けた号「百河豚」をそのまま、館名としたもので、これには人生働くばかりでなく、時にはいっぷく（一服）も必要で、すばらしい美術品をゆったりとした環境で鑑賞して欲しいという意味も含んでいる。

　施設は、周囲の美しい田園や北アルプスと調和するように設計され、鮮やかな色の鯉が泳ぐ、人工池に建つ独創的なピラミッド形の本館、正倉院のたたずまいを感じさせる別館、端正な和風建築の茶室、四季折々美しく咲き誇る草花や果物が実る回遊式日本庭園、また庭園より湧き出る銘水を使用した喫茶室などもあり、どの施設も観覧者が憩いの一時を過ごせるように工夫されている。

富山県

　展示は所蔵品を中心として、年3回程度テーマにそって開催されており、これまでに「野々村仁清名品展」「掛軸と茶道具」「名所江戸百景浮世絵展」などが開催されている。

【展示・収蔵】
　当館の収蔵品は青柳（百河豚翁）の収集した日本と東洋の古美術品の寄付によるもので、その種類は、彫刻、工芸（陶磁器　漆工　金工　木工）絵画（浮世絵　水墨画　彩色画　仏画）書など広範にわたり、奈良時代から近代にいたる、それぞれの歴史と文化を代表する約600点の作品が、系統的に所蔵されている。
　なお、江戸時代初期の陶工で、京焼を完成した野々村仁清の作品は、コレクションの中心を形成しており、その質、量において他では見ることのできない貴重なものとなっている。主な作品は以下である。
　◇「胎蔵界曼陀羅」平安時代
　◇「古銅観音菩薩立像」奈良時代
　◇「虎尊形割符」明時代
　◇「花見文様手焙」江戸時代　尾形光琳作
　◇「南無天満大自在天神」桃山時代　後陽成天皇宸翰
　◇「士庶花下遊楽図屏風」江戸時代
　◇「色絵孔雀置物」江戸時代　野々村仁清作

【事　業】
　当館の収蔵品による年3回～4回程度のテーマにそった企画展を開催。
　平成18年度「館蔵名品展（前期、中期、後期）」「野々村仁清名品展（前期、中期、後期）」

【出版物】
「野々村仁清　第3集」（1986）／「野々村仁清　東海道五三次名所絵皿」（1987）／「百河豚美術館名品図録」（1993）

- 所在地　〒939-0723　富山県下新川郡朝日町不動堂6
- 設　立　1983年2月
- ＴＥＬ　0765-83-0100

富山県

- ＦＡＸ　0765-83-1500
- ＵＲＬ　http://ippuku.info/
- 交　通　JR北陸線泊駅・入善駅より車で10分，魚津駅より車で30分，北陸自動車道朝日インターより5分
- 開　館　AM9:00～PM5:00（入館はPM4:00まで）
- 入館料　一般700円（500円），大学高校500円（350円），中学小学生300円（200円）
　　　　　※（　）は団体20名以上，学校休業日の土曜日は中学小学生無料
- 休館日　月曜日（但し，月曜日が祝休日の場合は翌日），年末年始，展示替期間
- 施　設　鉄筋コンクリート2階建（本館），鉄骨平屋建2棟（別館）木造茶室，日本庭園，ミュージアムショップ，喫茶室，駐車場
- 責任者　館長・岸岡幸雄

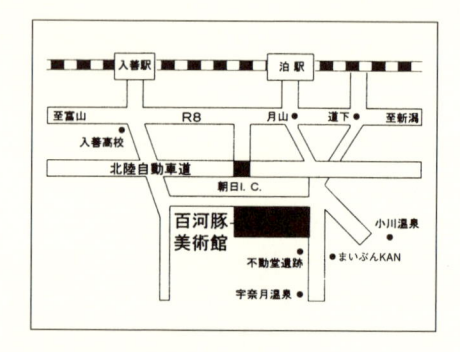

富山県

富山市佐藤記念美術館

　富山市佐藤記念美術館は、富山県砺波市出身の実業家であり茶人でもあった、故佐藤助九郎氏（1896-1979）が中心となり、1961（昭和36）年9月に財団法人佐藤美術館として開館した。その後、1963（昭和38年）には財団法人富山美術館と改称。1991（平成3）〜1993（平成5）年に、開館30周年を記念して増築工事を行い、1998（平成10）年4月には財団法人富山佐藤美術館と改称した。館内には展示室の他、佐藤家より「助庵」「柳汀庵」の2席の茶室と、総桧造りの書院座敷が移築された。

　2002（平成14）年4月に、建物と所蔵作品などの全てを富山市に寄贈し、現在は佐藤記念美術館として、郷土博物館と2館一体運営を行っている。

　佐藤助九郎は、富山県砺波市の佐藤家12代目として生まれ、1918（大正7）年早稲田大学を卒業後、家業の土木・建築業を継ぎ、実業家としての才能とらつ腕ぶりを発揮、1939（昭和14）年からは貴族院議員をつとめ、戦後も地方政財界の要として活躍した。半面、風流を解し、茶湯をたしなみ、裏千家14世淡々斎からは「宗越」の茶名をうけ、また斯界の大御所として知られた松永耳庵翁を師とあおぎ、「助庵」の号を頂戴している。漢詩・俳句・書画も善くし、晩年には富山市郊外呉羽山麓に「呉山窯」をおこして、自らやきものを追求、茶湯とともに歩んだ。

【展示・収蔵】

　3度にわたり佐藤家より寄贈を受けた千余点の作品が館蔵品の中心となっている。これらは、東洋の古美術が中心で、絵画・墨蹟・陶磁器など多岐にわたっている。

　◇代表的作品

富山県

「松林富士図 与謝蕪村筆」、「豊臣秀吉消息 徳川家康宛」、「青磁袴腰香炉」

【事　業】
特別展(年1回程度)、平常展(年5回程度)

【出版物】
特別展図録／茶室「助庵」

北陸

- 所在地　〒930-0081 富山県富山市本丸1-33
- 設　立　1957年12月「財団法人佐藤美術館」を設立
　　　　　2002年4月 財団を解散し富山市に寄附、「富山市佐藤記念美術館」として再出発
- ＴＥＬ　076-432-9031
- ＦＡＸ　076-432-9080
- ＵＲＬ　URL http://www.city.toyama.toyama.jp/shisetu/bunka/html/index.html(郷土博物館と共用)
- 交　通　JR富山駅より徒歩約10分，北陸自動車道富山I.C.より車で約15分※専用駐車場なし，最寄の駐車場(有料)は城址公園地下駐車場
- 開　館　AM9:00～PM5:00(入館はPM4:30まで)
- 入館料　一般210円(170円)，小・中学生110円(80円)，特別展会期中は別料金
- 休館日　年末年始(12月28日～1月4日)，展示替日，館内整備日
- 施　設　RC構造地上2階建，1階：展示室・講堂・茶室「助庵」・ロビー，2階：展示室・広間・茶室「柳汀庵」
- 責任者　館長・野入潤

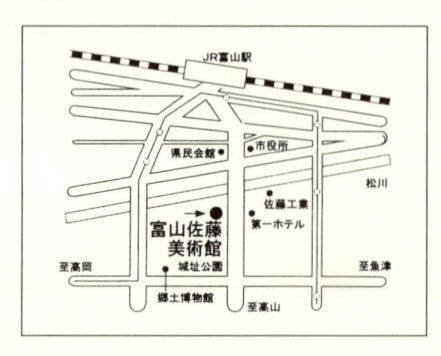

196　個人コレクション美術館博物館事典

富山県

西田美術館

　当館は、1993(平成5)年に、富士化学工業株式会社社長西田安正によって創立され、同年9月に開館したものである。収蔵品の基幹となっているのは、創立者の収集の中国・ガンダーラ・エジプト・ギリシャ・ペルシャ等、シルクロード関係の陶磁器、ロシア正教のイコン、前田常作のマンダラ、ハンガリー・チェコ等の東欧絵画等多岐にわたっている。中でもシルクロード関係の陶磁器は、創立者の40年の執念のコレクションと言ってよいであろう。

　北アルプスの霊峰剱岳を間近に仰ぎ、古来、宗教的香りの高いこの上市町に、仏教圏、キリスト教圏、イスラム教圏等、世界三大宗教圏にわたるインターナショナルな当美術館の存在は、非常に珍しいと言える。当美術館のテーマを「自然と宗教と芸術の一大調和」とうたう所以でもある。

　特に陶磁器関係では、中国の「三彩騎馬胡人俑」、後漢の「緑釉楼閣」、宋代の「砧青磁双魚文皿」、ガンダーラの「仏座像」、エジプト4000年前の貴族の「彫像」、ペルシャの「青釉黒彩幾何文壺」等の優品は枚挙にいとまがない。18C〜19Cのロシアイコンは、常設展としては、国内でも例が少なく、多くの関心を呼んでいる。また郷土の生んだ大マンダラ作家、前田常作のアクリル、版画、スケッチ等150点は貴重な存在。全国的に見て、とかく欧米

北陸

富山県

中心のコレクションが多い中で、ハンガリー・チェコ等の東欧絵画140点のコレクションは貴重なものと言える。

【展示・収蔵】

〈常設展〉
（1）シルクロードの遺産　（2）神秘の輝きイコン　（3）マンダラの大宇宙　（4）ハンガリー ガランボシュの世界

〈その他の収蔵作品〉
県内外の作家による日本画・洋画・版画・陶磁器などを、年数回の館蔵品展においてご覧いただける。

【事　業】

「越中の魂 剱・立山展」（2005年）、「箱根・芦ノ湖成川美術館所蔵作品展 現代日本画の華」（2006年）、「春の苑女性20人展」（2007年）、「ロシアイコンと20世紀の作家たち」（2007年）、「ARTBOX152」（2007年）

【出版物】

西田美術館図録「自然と宗教と芸術の一大調和」（1993）／「古川通泰展図録」（1994）／「ハンガリー絵画展図録」（1995）／「山元桜月展図録」（1996）／「般若一郎展図録」（1997）／「前田常作展図録」（1998）／「幽玄自然のこころ 大島秀信展」（2005）／「箱根・芦ノ湖成川美術館所蔵作品展 現代日本画の華」（2006）／「ロシアイコンと20世紀の作家たち」（2007）

- 所在地　〒930-0397 富山県中新川郡上市町郷柿沢1
- 設　立　1993年9月
- ＴＥＬ　076-472-4352
- ＦＡＸ　076-472-5559
- ＵＲＬ　http://www.nishida-museum.com/
- 交　通　JR富山駅乗り換え富山地鉄上市駅下車約2キロ、北陸自動車道立山IC出口左折約6キロ、北陸自動車道滑川IC出口右折約4キロ
- 開　館　AM9:30～PM4:30（入館はPM4:00まで）
- 入館料　常設展・館蔵品展：一般500円（400円）、大学生300円（200円）、高校生以下無料
企画展：一般700円（500円）、大学生400円（300円）、高校生以下無料

富山県

　　　　※各種福祉関係手帳をお持ちの方割引あり
　　　　※（　）内は15人以上団体割引
・休館日　月曜日・火曜日（企画展開催中は月曜日のみ休館）　※休館日が祝日の時は、その翌日が休館．展示替え等の場合は臨時休館
・施　設　建物延床面積797㎡，常設展示室（4室）545㎡
・責任者　館長・西田安正

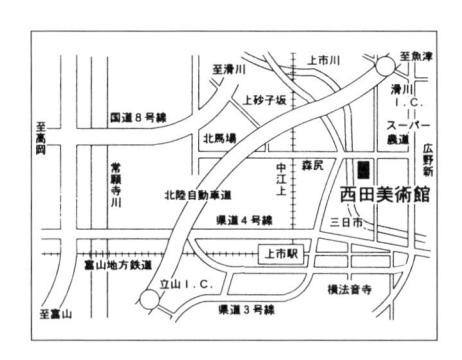

石川県

小松市立本陣記念美術館

　1988(昭和63)年に、小松市では、本市出身の銀行家本陣甚一氏より、約40年に渡ってコレクションした美術品137点の寄贈を受けた。これを収蔵・展示する施設として、1990(平成2)年10月に当館はオープンした。1998(平成10)年には工芸品を中心とした2度目の寄贈を受け、総数200点の本陣コレクションを収めることとなった。
　設計は、黒川紀章氏によるもので、「江戸時代の蔵」をモチーフにし、円筒形に楔が刺さったようなユニークな建物となっている。
　コレクションの内容は、日本画57点、洋画17点、陶磁98点、漆工15点などがある。特に日本画と古九谷のコレクションは、本陣氏個人の審美眼を色濃く伝えている。
　また、美術館の建つ芦城(ろじょう)公園は、博物館・市民ギャラリー・図書館・お茶室などもあり、市民の憩いの場として親しまれている。車椅子で利用できるトイレやエレベーターも完備している。

石川県

【展示・収蔵】

　季節毎にテーマを決め、所蔵品約30点を展示している。また、年1～2回の所蔵品以外の特別展を実施している。

　コレクションの中心は日本画で、本陣氏と個人的な交流がある東山魁夷氏の作品や、その交流を伝える手紙なども収蔵している。また、古九谷や、人間国宝の作品など工芸品も多い。

　代表的な作品として、「紅白梅」前田青邨（日本画）、「森の道」東山魁夷（日本画）、「薔薇図」梅原龍三郎（洋画）、「古九谷 色絵鳳凰宝盡図大鉢」（陶磁）、「砂張三象花生」魚住為楽（金工）などがあげられる。

【事　業】

　コンサートなど。

【出版物】

　本陣記念美術館所蔵品図録（1990）／特別展図録

- 所在地　〒923-0903　石川県小松市丸の内公園町19
- 設　立　1990年10月
- ＴＥＬ　0761-22-3384
- ＦＡＸ　0761-22-3384
- ＵＲＬ　http://www.tvk.ne.jp/~kcm/nonframe/honjin/index.html
- 交　通　北陸線JR小松駅下車徒歩約15分．駅より寺井方面ゆきバスに乗り「市役所前」下車徒歩1分
- 開　館　AM9:00～PM5:00（入館はPM4:30まで）
- 入館料　個人300円（250円）※（　）は20人以上の団体　高校生以下と65歳以上は無料
- 休館日　月曜日，祝日の翌日，年末年始，展示替え期間
- 施　設　鉄筋コンクリート造地上2階，建築面積348.18㎡，延床面積614.99㎡
- 責任者　館長・山本宗則

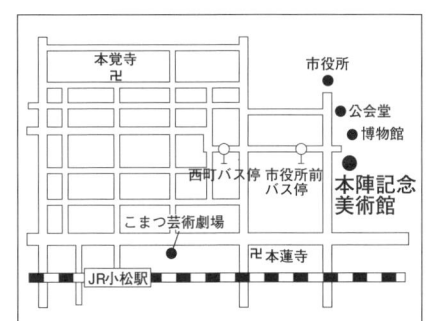

山梨県

清里北澤美術館

　清里北澤美術館は、八ヶ岳山麓標高1300ｍの落葉松の森に囲まれたリゾートゾーンにある。
　株式会社キッツの創業者である故北澤利男が長年にわたって収集した美術コレクションを一般に公開し、地域文化の向上に寄与するために設立した財団法人により運営されている。1989（平成元）年4月開館。建物は切妻の三角屋根を鉛板で葺き、外壁をグレーメタリックのタイル貼りで仕上げている。入口を入ると大きな空間が広がり、ロビー壁にはフランス・アール・ヌーヴォー期のステンドグラス「孔雀とユリの木」（ジャック・グリュヴェール作）がある。中央の階段を半階上ると展示室、半階下ると展示室という構造で、階段室の天井にはエミール・ガレのシャンデリアが飾られている。
　展示室は前室にデプレ作のパート・ド・ヴェール「波」（高さ112ｃｍ）を展示し、内部は全体をグレーの色調で統一、三角柱型ケースを並べ、ガラス作品を周囲から眺められるよう配慮している。常時200点前後の作品を展示している。

【展示・収蔵】
　展示内容はガラス工芸のみの常設展示とし、諏訪の北澤美術館とは内容にニュアンスの違いを設けている。
　エミール・ガレの作品を主体とする諏訪の北澤美術館にたいして、当館ではガレのライバルであったドームの作品と、パート・ド・ヴェールという特殊技法による作品を中心に展示している。
　ドームでは代表作の「ななかまど」「ピュトン」をはじめ、粉末ガラスを練り上げて焼成するパート・ド・ヴェールでは、ワルター、デコルシュモン「い

ちょう文耳付杯」、ダムーズ「花文花器」、アルジイ＝ルソー、デプレの作品などがあり、アール・ヌーヴォー時代のガラス工芸の多彩な世界を堪能できる内容となっている。

【事　業】
不定期に特別企画展を開催。

【出版物】
「ガレとアール・ヌーヴォーのガラス工芸　第1～4集」/「心象風景への旅（現代日本画カタログ）」/「エミール・ガレ　北澤美術館所蔵作品集」/「ドーム　北澤美術館所蔵作品集」/「ガイドブック　北澤美術館」（北澤美術館編）/「アール・ヌーヴォーのガラス—北澤美術館コレクション」（光村推古書院）/北澤美術館概要

- 所在地　〒407-0301　山梨県北杜市高根町清里3545-1
- 設　立　1989年4月
- ＴＥＬ　0551-48-5000
- ＦＡＸ　0551-48-4004
- ＵＲＬ　http://kitazawamuseum.kitz.co.jp
- Ｅ-mail　kitabi_kiyo@ybb.ne.jp
- 交　通　JR小海線清里駅下車徒歩10分，中央自動車道長坂ICより清里高原道路利用20分
- 開　館　（4月～10月）AM9:00～PM6:00，（11月～3月）AM9:00～PM5:00（入館は30分前まで）
- 入館料　大人1000円（団体8名以上900円），中学生以下無料
- 休館日　年中無休
- 施　設　鉄筋コンクリート地下1階・地上2階，ロビーにミュージアムショップ
- 責任者　理事長・清水雄輔

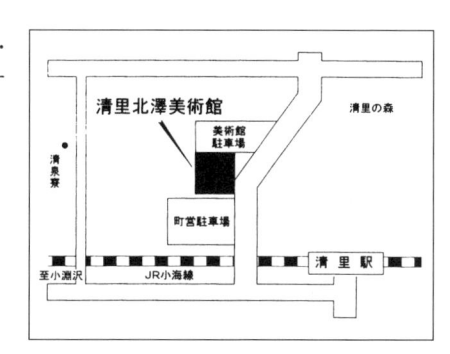

山梨県

清里現代美術館

　1990（平成2）年9月、八ヶ岳南麓の自然豊かな清里に、まだ国内では数少ない現代美術のみを展示する美術館として開館した。

　近年、現代美術のみを展示する美術館も増加傾向にあるが、その中でも本館は、コレクションの内容、その活動において異彩を放って現在に至っている。それは、この美術館のコレクション収集から建築、そして展示に関わる空間構成まで、一個人のコンセプトで成立させたことが最大の理由と思われる。また美術館が現在、館長をはじめ兄弟4人の協力で全てが運営されていることは意外と知られていない。内容と運営の様子から公的な機関によるものと思われる人が少なくない。

　コレクション作品は全て戦後の現代美術を対象にしている。戦後最大の芸術家と言われるドイツのヨーゼフ・ボイス、現代美術の始まりデュシャン、20世紀最大の前衛音楽家ジョン・ケージ、60年代ニューヨークに起り、やがて世界規模で前衛芸術活動を展開したフルクサス、オーストリアの巨匠アーノルフ・ライナーや菅木志雄・川俣正・松沢宥等の作品群が本館コレクションの核として収集されている。いずれも現代美術において重要であるが、他の美術館では全く見る機会も知る機会もない作品群である。また、10年以上に渡って館内では、展示に関連する「音の常設展示」活動をつづけている。

　本館の規模は決して大きくないが、膨大な資料群やアートポスター、アーティストブックコレクションなど目に見えない部分でまた、館内の作品の独特の展示方法が美術館としての厚みを作り上げているといえる。作品に合わせ建物を作り展示室が設けられていることが大きな特徴である。作品と空間の調和、緊張感がまし、格調高い展示の美しさを実現している。

【展示・収蔵】

　ヨーゼフ・ボイス、アーヌルフ・ライナー、フルクサス、そしてコンテンポラリーアート作品を含め400点以上のコレクションとなる。代表的作品としてヨーゼフ・ボイス「ケルティック」（1971）、「レオナルド"マドリッド手稿"（12枚のグラノリトグラフ）のためのドローイング」（1975）、アーヌルフ・ライナー「セルフ・パフォーマンス」（1969-74）、「ハイネ」（1978）、「キリスト」（1980）、ヴォルフ・フォステル「デ・コラージュ」（1962-69）、ジョン・ケージ「マルセルについて何も語りたくない」（1969）、マルセル・デュシャン「彼女の独身者によって裸にされた花嫁さえも（エッチング）」（1967）、ベルント・ベッヒャー「産業建造物」（1968）など。

【出版物】

　カタログ：「ジョン・ケージ メモリアル展」（1992）／「フルクサス」（1993）／「ジョン・ケージ 一日2時間の音楽展」（1994・夏）／「アーヌルフ・ライナー」（1994）／「抵抗の音楽展」（1995）／「Addenda」（1996）／「現代アーティストブックの世界展」（1999）

- 所在地　〒407-0301　山梨県北杜市高根町清里3545-3519
- 設　立　1990年9月
- ＴＥＬ　0551-48-3903
- ＦＡＸ　0551-48-3903
- E-mail　shin1145@po.jah.ne.jp
- 交　通　JR小海線・清里駅下車 徒歩10分，中央自動車道・須玉ICより約20分
- 開　館　（4月～11月）AM9:00～PM6:00，（12月～3月）AM10:00～PM5:00
- 入館料　一般800円,中学生以下400円
- 休館日　3月～12月無休，1・2月は土・日・祝日のみ開館
- 施　設　木造2階建，建築面積321㎡
- 責任者　館長・伊藤修吾

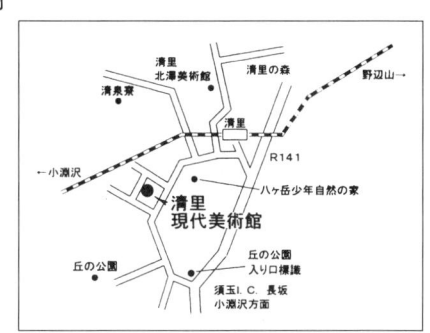

山梨県

美枝きもの資料館

　世界に誇る民族衣裳である着物を永久に保存し、芸術や文化の向上に役立たせるため、上田美枝女史が研究収集した着物及びその附属品708点を提供。
　当館は、上田美枝女史考案のきもの・小物を始め、縄文時代から1978年までのきものと附属品、はきもの、帯じめ、羽織紐・風俗博多人形その他いくつかの特色のある寄贈を受けている。

【展示・収蔵】
　御皇室御使用の品28点、黒江戸褄・帯・子供のきもの袴7点、帯どめ金具・小物・地方の野良着とその附属品52点など現在では700点以上の蔵品である。

【出版物】
「美枝きもの資料館図録Ⅰ（1983）・Ⅱ（1991）・Ⅲ（1992）」

- 所在地　〒409-3117　山梨県南巨摩郡身延町三沢116
- 設　立　1978年12月

山梨県

- **ＴＥＬ**　0556-37-0003
- **交　通**　甲府駅から身延線久那土駅下車徒歩15分
- **開　館**　AM10:00 ～ PM4:00
- **入館料**　一般800円，団体割引700円，65歳以上500円
- **休館日**　月曜日，9月11日～30日，12月21日～3月9日
- **施　設**　鉄筋コンクリート2階建
- **責任者**　館長・上田裕子

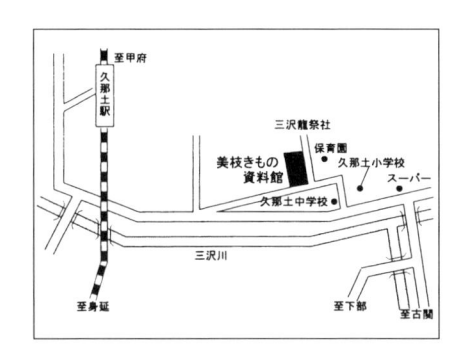

中部・東海

長野県

安曇野ジャンセン美術館

「安曇野ジャンセン美術館」では、ピカソ後のフランス画壇を担うジャン・ジャンセン（1920～）の作品を中心にコレクションしており、世界でも初の"ジャンセン美術館"として注目をあつめている。生命のはかなさと美しさ、人間のおろかさを哀しく描く画家ジャンセンは、時代の優れた証人でもある。

同敷地内にあるギャラリーでは安曇野を描く郷土の作家作品の他、ペイネやローランサンなど世界の作家の作品も展示している。また、ギャラリーとして一般の方にも利用して頂いている。

ジャンセン「マーガレット」

【展示・収蔵】
◇闘牛シリーズ
　　ジャンセンの鋭敏な美意識は見せかけの美しさを突き抜け、存在そのものに迫るその目には勝ち誇った騎士の姿ではなく、力なく巨体を横たえた牛が写っている。闘牛士が光りならば死にゆく牛は翳。闘牛シーンの裏側にある人間行為のおろかさを、彼は距離をもって皮肉さえ交えながら描き出している。
◇ベニスシリーズ
　　このシリーズは彼が46才から47才にかけて描いた作品。作品の根底に流れるテーマは、常に自分が見たものを描き、真実の在処を追求するとい

うこと、ただ一つである。ベニスを描くことによってジャンセンは絵画の時空を無限にした。

◇踊り子シリーズ

　ジャンセン絵画にある奥深いドラマ性。それは画家が真実に迫るが故に現れる赤裸々な人間像である。この踊り子シリーズにはジャンセンの美の世界が遺憾なく表現されている。ジャンセンの踊り子はどれも舞台の上で観客の拍手を浴びてはいない。汗の匂いのする稽古場の床に足を投げ出し首をうなだれ、しばしの休息にひたる踊り子たちである。

◇マスカラード(仮面舞踏会)

　黒を基調としたマスカラードシリーズはジャンセンがこだわり続けてきた「光と翳」の逆転を思わせるあからさまな死が描かれている。そこには現代社会の道徳の崩壊、グロテスクさがあふれ、恐怖感を共有させようとする迫力で見る者に迫ってくる。同時に彼の哀しい愛情があることにも気付かされる。

【事　業】

企画展、特別展、0号展(公募)、サマースクール事業、他芸術との連携、学校との連携、夜間開館、近隣施設との連携など。

【出版物】

「日本版カタログ」(1996)／「作品集Ⅰ　風景と静物」(1999)／「作品集Ⅱ　花と踊り子」(1999)／「作品集Ⅲ　デッサン」(2000)／「作品集Ⅳ　デッサン」(2000)／「作品集Ⅴ　デッサン」(2000)

- 所在地　〒399-8301　長野県安曇野市穂高有明4018-6
- 設　立　1993年4月
- ＴＥＬ　0263-83-6584
- ＦＡＸ　0263-83-6738
- ＵＲＬ　http://www.musee-de-jansem.jp/
- E-mail　L.info@musee-de-jansem.jp
- 交　通　《自動車》中央高速→豊科ICより15分　《JR利用》大糸線「穂高駅」下車　駅からは約4km
- 開　館　AM9:30〜PM4:30(季節により変動)

長野県

- **入館料** 大人850円，小人（小・中学生）500円　※15名以上は団体割引料金有
- **休館日** 火曜日（GW，8月，祝日は無休）及び冬期の一部（要問合わせ）
- **施　設** 設計：塚原和嘉穂，施工：鹿島建設
- **責任者** 館主・塚原章夫

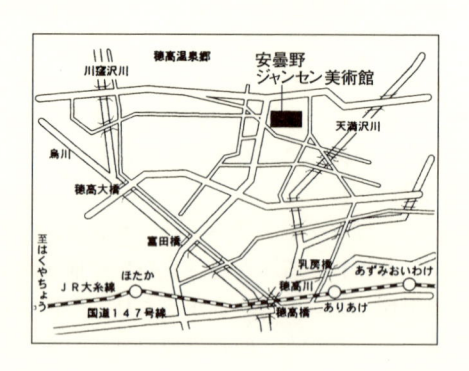

有明美術館

　穂高町有明の別荘地にたたずむ美術館、木造2階建ての洋館は降幡廣信氏の設計であり、さりげない外観でもある。

　臼井吉見「安曇野」の戯曲化を思いたち、訪ねたこの地の自然環境に魅せられた松村英のコレクションで、個人美術館の典型である。

　東洋陶磁器約100点をコアにした収蔵品は、生涯をかけて丹念に吟味した銘品ぞろいで、中国六朝時代から朝鮮高麗時代、わが国桃山期から現代へとつなぐ。他に、丸木位里・俊夫妻の共同製作による「水俣の図」、戦争中薬殺された上野の動物達への限りない鎮魂の意味をこめてつくられた香月泰男の動物達のエッチング、北村西望の長崎平和祈念像、浜田知明の彫刻「初年兵哀歌」、ドイツの生んだ版画家ケーテ・コルヴィッツのリトグラフなど、現代との接点を明確に意図している。

　「美術品は個人の所有にとどまったまま埋没されるべきでない。千数百年を、民衆の手にふれいつくしまれ、破損なく存在してきたものである。すぐれた自然環境のなかで、美術に親しみながら、ものを大切にする精神をわかちあいたい。そして人間の存在を大きく破滅の方向に立ちむかわせている現代について考えてみる」という説明文に、観光地にある数多の美術館にすくない理念が凝縮されている。

長野県

2階の附属図書室で美術専門書を開いたり、1階のカフェテラスでゆっくり休むのを楽しみに足を運ぶ愛好者も多い。

【展示・収蔵】

当館の所蔵作品数はおおよそ次のとおり。

絵画15点、版画70点、彫刻6点、陶磁器100点、美術書と関連する書物約2000冊(図書目録に記載)。代表的なものとして、次の作品がある。

赤絵水指(明)、光琳 扇面、鉄砂草文茶碗(李朝)、李鱓(中国・清)、大鉢・小皿・火入(尾形乾山)、茶碗(藤原啓・山本陶秀)、柿香合(荒川豊蔵)、「ヴィクトル・ユゴー像」(ロダン)、「Conversation」(ボナノッテ)、「水俣の図」(丸木位里・俊共同製作)

〈リトグラフ〉…安井曾太郎、ケーテ・コルヴィッツ

〈エッチング〉…香月泰男、浜田知明

【事　業】

特別企画展、小コンサートなど。

- 所在地　〒399-8301　長野県安曇野市穂高有明7402-5
- 設　立　1981年9月
- ＴＥＬ　0263-83-3701
- ＵＲＬ　http://w2.avis.ne.jp/~y-kenji/
- ＵＲＬ　y-kenji@mx2.avis.ne.jp
- 交　通　JR大糸線安曇追分駅下車徒歩40分、有明駅下車タクシー10分、中央高速道・豊科ICを出て約20分
- 開　館　AM9:00 〜 PM5:00
　　　　　(3月と11月はAM10:00〜PM4:00)
- 入館料　一般700円(600円)、
　　　　　小・中学生400円
　　　　　※(　)内は団体20名以上
- 休館日　火曜と水曜(8月は無休)、12月1日〜2月末日
- 施　設　木造2階建396㎡、1階にカフェテラス、2階に図書室
- 責任者　館長・松村英

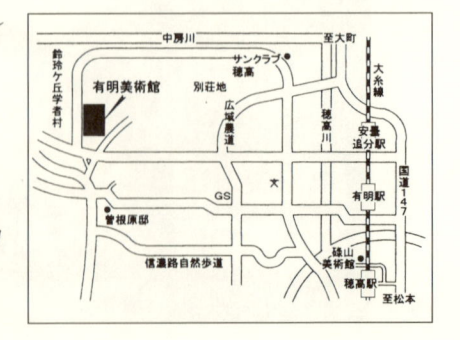

長野県

大熊美術館

　デンマークが発祥のクリスマスプレートは、世界初の1895年から年号を刻み、慈愛に満ちた絵柄で今日まで戦争、不況等苛酷な時代も途絶えることなく製作され続けている。年々の重みを包み込むクリスマスプレートに魅せられ収集を重ね、初年度から今日に至る収蔵を展示すべく、1993(平成5)年12月3日に開館する。
　ロイヤルコペンハーゲン窯磁器の収集・展示は、デンマーク王室開窯当初の逸品から色彩、気品、繊細さを持った世界一美しいテーブルウェア"フローラ・ダニカ"、ジャポニスム期へとおよぶ。
　"フローラ・ダニカ"の原画、緻密な手彩色の銅版画、植物図鑑の絵図ボタニカルアートや東山魁夷画伯の心のふるさと「古き町にて、北欧紀行」(リトグラフ)と、磁器のみならず収蔵は多岐にわたる。幾世紀をも生きぬいた作品群に包まれて心の安らぐ空間であることを願っている。
　併設の喫茶室「café 安曇野文庫」では、ロイヤルコペンハーゲンのテーブルウェアで、デンマークチーズを使用した絶品の自家製チーズケーキを。至福のひとときをくつろいで過ごしていただける。

長野県

【展示・収蔵】
　総展示数約500点。
　〔クリスマスプレート〕
　　◇ビング＆グレンダール窯　世界で初めて制作された1895年より2008年まで一堂に展示。
　　◇ロイヤルコペンハーゲン窯　初年度1908年より2008年まで一堂に展示。
　〔ロイヤルコペンハーゲン窯 1775年開窯当初の作品から代表として〕
　　◇「舞踏会の手帖」1785年作 縦9.5cm 横5.5cm 厚0.7cm
　　◇「ニンフ＆ファウヌス」1909年作 高さ27cm 幅22cm
　　◇「北極」1919-1922年作 幅40cm
　〔1761年より100年以上の年月をかけ完成された植物図鑑「フローラ・ダニカ」31点 銅版 手彩色 ボタニカルアート〕

- 所在地　〒399-8301　長野県安曇野市穂高有明7403-10
- 設　立　1993年12月
- ＴＥＬ　0263-83-6993
- ＦＡＸ　0263-83-6798
- ＦＡＸ　http://www11.plala.or.jp/okuma-dk/
- 交　通　大糸線穂高駅より車で10分、長野道豊科ICより車で20分
- 開　館　AM9:00～PM5:00
- 入館料　大人800円（700円）、小・中学生500円 ※（　）内は大人のみ団体20名以上
- 休館日　火・水曜日
- 施　設　木造平屋建151.8㎡、敷地内に喫茶室「café安曇野文庫」49.5㎡
- 責任者　館長・大熊智恵子

軽井沢絵本の森美術館

　小館は、百有余年前に宣教師によって開かれた高原リゾート「軽井沢」において、"欧米絵本の世界と軽井沢のイメージは同化するもの"と考え、絵本文化を通して美や芸術を再確認し、次世代に伝える活動を行う絵本専門美術館である。

　開発のテーマは「自然との対話」。森は豊かな恵みを与える一方、神秘性や恐怖にも満ちている。そのような森からは様々な物語が生まれ、伝承や新たな創作物語になり、文学や絵本などのツールを通して、私達は自然を身近なものにできる。このような人間の内在する本能に近い感覚を環境の中で満たしながら、さらに、芸術に触れ新たな鋭気を養う。そんな環境整備に努めている。

　収集のテーマは「欧米絵本のあゆみ」で、"子どものための最初の本"と言われている「世界図絵」から現在出版されている絵本までの初版本や、近・現代活躍するイラストレーターたちの絵本原画を幅広く収蔵している。その作品自体の芸術性もさることながら、描かれた背景や歴史認識をも、絵本を通し探ろうとするものである。

　開館以来、グリムやアンデルセン童話、マザーグース、イギリスや東欧、アメリカの絵本展、キャラクターや作家の個展まで年3回程企画展を開催し、

長野県

様々な視点で絵本の世界を紹介している。

1990(平成2)年7月に開館(当時は案内所と第1展示館)し、1992(平成4)年には図書館、ミュージアム・ショップ(洋書、和書)、ティールームを別館として独立。1996(平成8)年には様々な企画展への対応と増加するコレクションの整理のため、第2展示館を開設した。

これにより第1展示館は主に常設館として「欧米絵本のあゆみ」を、第2展示館では様々な企画展示を行えるようになった。

2001(平成13)年に「木葉井悦子」作品のほとんど(1550点あまり)が遺族により寄贈され、2006(平成18)年7月には吉田新一文庫を開設し、絵本研究の拠点が加わった。

1998(平成10)年4月には、旧東ドイツ・エルツ地方の伝統的木工工芸おもちゃを展示する「エルツおもちゃ博物館・軽井沢」を開館。複合的な文化ゾーン(ムーゼの森)を形成している。

【展示・収蔵】

国際アンデルセン賞やケイト・グリーナウェイ賞などの受賞作品や受賞作家のイラストレーション、近・現代活躍するイラストレーターの絵本原画、古典的絵本から現代絵本までの初版本などを体系的に整理している。他に木葉井悦子コレクション、吉田新一コレクションなど、コレクション点数はおよそ6500点収蔵している。

◇絵 本
「世界図絵(コメニウス1777年版)」「不思議の国のアリス(キャロル／テニエル1866年版)」「窓の下で(グリーナウェイ1878年初版)」「グリム童話集(グリム／ラッカム1900年初版)」など。

◇絵本原画
「ルビンおじさんの冒険(W・H・ロビンソン)」「草原の小人(クライドルフ)」「わらべ唄の絵本(ブルック)」「マザーグース(ラッカム)」「影ぼっこ(M・ブラウン)」「パパの大飛行(アリス／マーティン・プロベンセン)」「ひとまねこざる(H.A.レイ)」「ぼんさいじいさま(木葉井悦子)」など。

【事　業】

年3回程の企画展開催、学芸員によるギャラリートーク、ワークショップ、

絵本の「かたり」など。

【出版物】
　展覧会図録「マザーグース絵本の魅力」/「H.C.アンデルセン童話」/「BIB（ブラチスラヴァ国際絵本原画ビエンナーレ）'95」
　通信「Forest Message」（年2回）、現在開催中の出品目録。

- **所在地**　〒389-0111　長野県北佐久郡軽井沢町風越公園182
- **設　立**　1990年7月
- **ＴＥＬ**　0267-48-3340
- **ＦＡＸ**　0267-48-2006
- **ＵＲＬ**　http://www.museen.org/ehon/
- **E-mail**　ehon@museen.org
- **交　通**　長野(北陸)新幹線、しなの鉄道「軽井沢駅」下車、車10分。上信越自動車道「碓氷・軽井沢IC」から車15分
- **開　館**　AM9:30～PM5:00(夏季 AM9:30～PM5:30,冬季 AM10:00～PM4:00)（最終入館は閉館の30分前）
- **入館料**　大人800円(秋・冬展は700円)、中・高生500円、小学生400円(団体15名以上、障害者などの割引あり)
- **休館日**　火曜日(祝日にあたる場合には翌日)、12月・1月は火～木曜日、1月1日、冬季休館(1月中旬～2月末日)、展示入れ替え(夏季、GW無休)
- **施　設**　1万5000㎡の森に2つの展示館(第1・第2)、図書館(1800冊)、吉田新一文庫、ミュージアム・ショップ、ティールーム「緑蔭茶論」が点在
- **責任者**　館長・土屋芳春

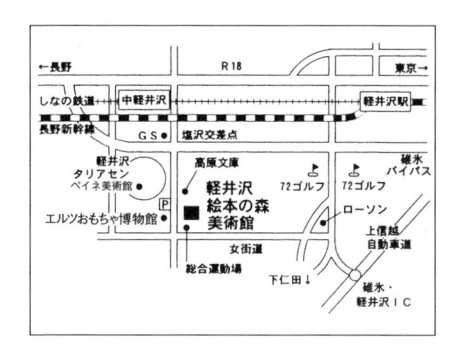

長野県

北澤美術館 本館

　諏訪湖畔に建つ北澤美術館本館は、1983(昭和58)年5月に開館した切妻の三角屋根にクリーム色のタイル外壁が山荘風の建物である。
　創設者である北澤利男元館長は、1951年株式会社キッツ(旧北沢バルブ)を創業、経営が軌道に乗った後に日本画(新作)を収集。一方でアール・ヌーヴォーのガラス工芸収集にも力を入れ、現在この分野では世界有数のガラスコレクションを作り上げた。
　展示室は1階と2階に分かれており、エントランスホールに面したブロンズの扉の向こうに、オレンジ色の光を放つエミール・ガレの代表作「ひとよ茸ランプ」(高さ83cm)があり、そこから壁沿いに設けられた展示ケースを一巡してガラス工芸を見ることになる。照明を落とした中に、作品だけがスポットライトに浮び上る展示手法をとっている。ガレの作品を中心として常時40点前後が展示されている。
　2階は明るく開放的な空間に現代日本画が並べられている。常時30点が展示され、季節に合わせて一部展示替がある。
　そのほか、1階に図書コーナーがあり、ガラス工芸と日本画に関する内外の文献がそろえてあり、自由な利用が可能である。中2階にある喫茶室からは諏訪湖が一望できる。

【展示・収蔵】
　ガラス工芸作品として、エミール・ガレ(1846-1904)の作品を主体にしてフランス・アール・ヌーヴォー期のガラス工芸品700点を収蔵。当館ではガ

レの展覧会出品作を重点的に収集している。1889年パリ万国博覧会でグランプリを受賞した際の制作である「蜉蝣に蝉文花瓶」、1900年パリ万国博覧会に出品された「蘭文花器」「おだまき文台付花瓶」「菫」などを始め、「ひとよ茸ランプ」「フランスの薔薇文花瓶」「芙蓉形ランプ」など、ガレの芸術を語るうえで欠かすことのできない主要作品を多数収蔵している。ドームの作品としては、「冬の罌粟(けし)文花器」「蜘蛛に刺草(いらくさ)文花器」などがある。

　日本画コレクションには今日の代表的な日本画家の作品が含まれている。全て1960年以降の作品で、新作も多数加わっている。当館のコレクションは、日本画の歴史を示すというよりむしろ、日本画の現状を見せるという性格が濃いといえる。東山魁夷の代表作「緑のハイデンベルグ」「曙」のほか、杉山寧「淅(きく)」、奥田元宋「霧雨の湖」、高山辰雄「静日」、小倉遊亀、上村松篁などの作品200点が収蔵されている。

【事　業】
不定期に特別企画展の開催。

【出版物】
本館、新館、清里3館共通「ガレとアール・ヌーヴォーのガラス工芸 第1～4集」/「心象風景への旅(現代日本画カタログ)」/「エミール・ガレ 北澤美術館所蔵作品集」/「ドーム 北澤美術館所蔵作品集」/「ガイドブック 北澤美術館」(北澤美術館編)/「アール・ヌーヴォーのガラス─北澤美術館コレクション」(光村推古書院)/北澤美術館概要

- 所在地　〒392-0027　長野県諏訪市湖岸通り1-13-28
- 設　立　1983年5月
- ＴＥＬ　0266-58-6000
- ＦＡＸ　0266-58-6008
- ＵＲＬ　http://kitazawamuseum.kitz.co.jp/
- E-mail　kitabi@po24.lcv.ne.jp
- 交　通　JR中央本線上諏訪駅下車徒歩15分、中央自動車道諏訪ICより車で10分
- 開　館　AM9:00～PM6:00(11～3月PM5:00まで) ※入館は30分前まで

長野県

- **入館料**　大人1000円，中学生以下無料，団体(8名以上)900円
- **休館日**　年中無休
- **施　設**　鉄筋コンクリート2階建，中2階に喫茶室，ミュージアムショップ
　　　　　姉妹館 北澤美術館新館，清里北澤美術館
- **責任者**　館長・清水雄輔

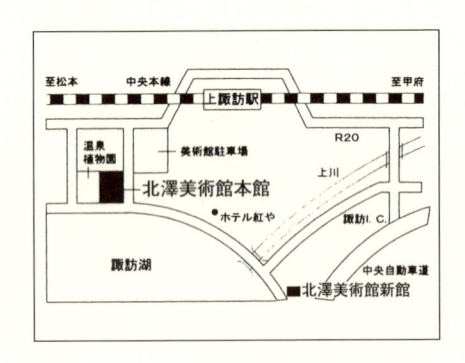

長野県

北野美術館

　北野吉登・次登の親子二代にわたる長年のコレクションを地域文化の向上に資するため、故・河北倫明氏の指導のもとに開館。県内の私立美術館としては最初の開館となった。近年、善光寺表参道沿いに分館を設け、いっそう地域における文化発信の拠点としての運営をめざしている。

【展示・収蔵】
　主に近代以降の国内外の絵画作品及び彫刻・工芸品など600点あまりを所蔵している。
　絵画では、ルノワール、ユトリロ、シャガール、ピカソ、ビュッフェ等の著名な海外作家の作品をはじめ、国内作家では洋画の岡鹿之助、岸田劉生、木村荘八、中川一政、前田寛二等、日本画では横山大観、下村観山、上村松園ほか大家の作品を収蔵している。これらを四季に合わせたテーマで年4回の展示替えをおこなっている。
　重森三玲作庭の枯山水庭園も観る人を楽しませている。

上村松園「風」

【事　業】
　分館・北野カルチュラルセンター（長野市西後町1603）にて、企画展、貸しギャラリー、コンサート、ミュージアムカルチャー教室等を開催。

- 所在地　〒381-0101　長野県長野市若穂綿内7963-2
- 設　立　1967年11月（開館1968年3月）
- ＴＥＬ　026-282-3450

長野県

- ・FAX　026-282-4757
- ・URL　http://www.kitano-museum.or.jp
- ・E-mail　museum@kitano.co.jp
- ・交　通　長野新幹線長野駅乗り換え→長野電鉄須坂駅乗り換え→若穂駅下車徒歩10分，長野駅東口より車で20分，須坂・長野東I.Cから車で8分
- ・開　館　AM9:00～PM5:00(12月～2月はAM9:30～PM4:30)
- ・入館料　大人800円，学生500円，小・中学生300円 ※団体20名以上ほか各割引あり
- ・休館日　月曜日(祝日の場合はその翌日)，年末年始
- ・施　設　鉄筋コンクリート2階建(吉村順三事務所設計)，枯山水庭園(重森三玲作)，敷地内にレストランあり(別棟)
- ・責任者　理事長 館長・北野次登

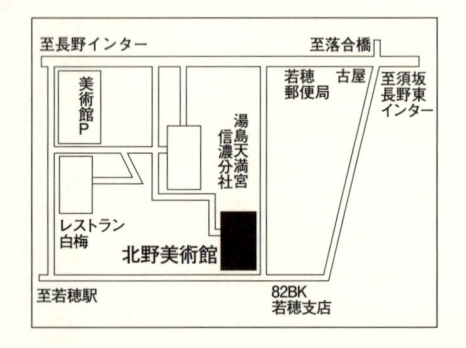

京都造形芸術大学附属 康耀堂(こうようどう)美術館

　東京に本社のある佐鳥電機株式会社前会長の故佐鳥康郎が同社の株式上場で得たキャピタルゲインを社会に還元するとともに、30年に亘って自ら蒐集してきた日本画・洋画の作品を一般に公開するために私財を投下して設立した個人美術館であったが、開設4年目にして病に倒れ72歳の若さで他界したあと、存続を願った遺族の計らいで京都造形芸術大学に寄贈され今日に至っている。同大学の附属美術館に改められたが「康耀堂美術館」の名称はそのまま残され、一般公開を続けながら大学の教育施設として学生や研究者の学修の場として活用されている。

【展示・収蔵】
　前館長佐鳥康郎が蒐集した日本画・洋画約300点が佐鳥康郎コレクションとして収蔵されている。主だった作家は、日本画では横山大観、下村観山、前田青邨、川端龍子、奥村土牛、小倉遊亀、高山辰雄、鈴木竹柏、田渕俊夫、中島千波ほか、現在活躍中の若手作家等計50人ほどの作家の作品180点、洋画では宮本三郎、山口薫、田村一男、須田寿、須田剋太、島田章三・鮎子など計20人ほどの作品120点が所蔵されている。展示は冬季休館の12月から3月を除いて毎年春、夏、秋の3回展示替えが行なわれ、季節に応じた作品の鑑賞ができる。

【事　業】
　年1回企画展を開催。

長野県

【出版物】
「康耀堂美術館精華作品図録」(2004年刊)

- 所在地　〒391-0213　長野県茅野市豊平4734-215
- 設　立　2001年7月
- ＴＥＬ　0266-71-6811
- ＦＡＸ　0266-71-6812
- ＵＲＬ　http://www.koyodo-museum.com/
- E-mail　info@koyodo-museum.com
- 交　通　JR中央本線「茅野駅」下車、バス奥蓼科線尖石縄文考古館前下車1分、
　　　　　タクシー20分、中央自動車道諏訪ICより25分、諏訪南ICより20分
- 開　館　AM10:00 〜 PM5:00
- 入館料　一般300円、小・中学生は無料
- 休館日　月曜日、冬季休館12月1日〜4月19日
- 施　設　敷地面積約2万㎡、建物 鉄筋コンクリート平屋建1400㎡、喫茶室併設
- 責任者　館長・千住博

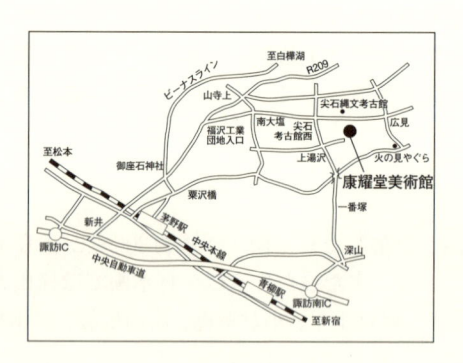

長野県

小池千枝コレクション 世界の民俗人形博物館

　当館は、須坂市出身でファッション界のゴッドマザーともいわれ、高田賢三、コシノジュンコ等の多くの優れたデザイナーを育て、文化服装学院の前学院長として活躍されている小池千枝氏が、世界各地を旅行中に収集された世界5大陸、80数カ国におよび民俗人形約1500体をご寄贈いただいたことから設置され、1997(平成9)年9月に開館したものである。
　建物は、寄贈者のご提案により、世界各国の学生から募集するアイディアコンペを市が行い、入賞した田中大輔氏の「丘の上の家」を基本に設計されたもので、外観は、大屋根に展望室を組み合わせた形態で、内部は全館スロープを介して各展示室の空間が自然に連続したものとなっている。
　当館に隣接する須坂市版画美術館、須坂市歴史的建物園を含め「須坂アートパーク」を形成している。

【展示・収蔵】
　当館は、世界5大陸、98ヶ国の民俗人形およそ3000体を所蔵、公開して

長野県

いる。
　展示室Ａ‥‥5大陸ごとに民俗人形を展示し各地の文化や歴史、生活、ファッションを紹介。
　展示室Ｂ‥‥現代ファッションにも通じる民俗衣装の色彩やスタイルを中心に紹介。
　展示室Ｃ‥‥企画展示
　展示ホール‥‥企画展示

【事　業】
　企画展(年4回)。

- 所 在 地　　〒382-0031　長野県須坂市大字野辺1367-1(須坂アートパーク内)
- 設　　立　　1997年9月
- ＴＥＬ　　026-245-2340
- ＦＡＸ　　026-245-2341
- ＵＲＬ　　http://www.city.suzaka.nagano.jp/bunka/doll.htm
- E-mail　　s-doll@stvnet.home.ne.jp
- 交　　通　　上信越自動車道須坂・長野東ICから車で5km(8分)、JR「長野駅」から長野電鉄特急15分「須坂駅」下車、タクシーで7～8分
- 開　　館　　AM9:00～PM5:00(1月、2月要問合せ。時間変更有)
- 入館料　　一般300円(240円)、小・中学生100円(80円)　※( )内は団体20名以上
- 休館日　　水曜日(祝日の場合は開館)、年末年始(12月29日～1月3日)
- 施　　設　　鉄筋コンクリート構造2階建950.34㎡、全館スロープを介して各展示室が連続、大パノラマ展望室(休憩スペース)有
- 責任者　　館長・永井由枝

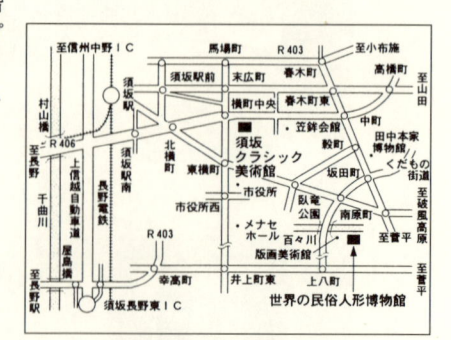

長野県

佐久市立近代美術館

「佐久市立近代美術館」は、1977(昭和52)年佐久市に寄贈された「油井一二コレクション」をもとに、佐久にゆかりの多くの人々の郷土愛に満ちた熱意と協力により、1983(昭和58)年5月に開館した。

「油井一二コレクション」とは、佐久市出身の故油井一二(いちじ)氏が50年余にわたり収集・収蔵してきた近・現代の美術作品で、日本画を中心に洋画・彫刻・工芸・書の各分野にわたっている。平山郁夫の1959(昭和34)年の作品「仏教伝来」など、比較的初期の作品が見られることもこのコレクションの特徴である。その後も多くの作家・所蔵家による作品の寄贈により、現在では総計2500点超、約1000人以上の作家の作品を有している。

1990(平成2)年の増・改築工事により、より充実した展示が出来るようになった。その際、1階ロビー正面に池田満寿夫による「佐久讃歌」と題した陶壁画を設置、来館者の目を引いている。

【展示・収蔵】

館内は3階建てで各フロアに2室ずつ展示室を持ち、年間6回程度の企画

長野県

展及び特別展を開催、常時100～130点程度の作品が展示されている。1階にある特別展示室では故吉沢三朗氏によって収集・保存されてきた明～清時代にかけての中国陶磁器40点余を展示している。

〈主な収蔵品〉「仏教伝来」平山郁夫(1959)、「林亭の朝」横山大観(1930)、「山雲湧く」東山魁夷(1974)、「待つ宵」中村貞以(1930)、「浅間山」田崎廣助(1977)、「七面鳥」川崎小虎(1938)、「紅浅間」小山敬三(1980)、「西洋婦人」小磯良平(1972)、「唐詩選」高山辰雄(1968)、「良寛とざくろ」平櫛田中(1972)、「猫」北村西望(1926)、「さく」田辺光彰、「佐久讃歌」池田満寿夫(1990)、「草白釉釉描加彩翡翠図六角大筥」藤本能道(1987)、「不愧于天」上條信山(1978)。

【事　業】
　館蔵品による企画展、特別展、公募展「佐久平の美術展」、講演会、ギャラリートーク、佐久市児童生徒写生大会および美術展の開催など。

【出版物】
〈収蔵品図録〉
「佐久市立近代美術館・目録」(1983)／「佐久市立近代美術館・目録Ⅱ」(1990)／「中国陶磁図録」(1992)／「佐久市立近代美術館 収蔵書作品集」(1998)

〈特別展図録〉
「宮坂勝とその周辺 図録」(1994)／「水野富美夫展図録」(1998)／「加藤陽回顧展図録」(1999)／「岡村政子と佐久をめぐる女性画家たち展図録」(2000)／「荻須高徳展図録」(2001)／「鈴木公人日本画展図録」(2001)／「佐久平の美術展市長賞等受賞作品展図録」(2002)／「荻原孝一展図録」(2002)／「20周年記念佐久市立近代美術館所蔵作品選図録」(2003)／「日本洋画史上に輝く巨匠展図録」(2003)／「信濃の国から生まれた日本画壇 図録」(2003)／「高見澤柳佳展図録」(2004)／「わが市の美術家展図録」(2005)／「柳沢正人展図録」(2005)／「有島生馬と一水会 図録」(2006)／「はばたく日本画 図録」(2006)／「大工原武司展図録」(2006)／「吉野純回顧展図録」(2007)

長野県

- **所在地** 〒385-0011 長野県佐久市猿久保35-5(駒場公園内)
- **設　立** 1983年5月
- **ＴＥＬ** 0267-67-1055
- **ＦＡＸ** 0267-67-1068
- **ＵＲＬ** http://www.city.saku.nagano.jp
- **E-mail** s-kinbi@city.saku.nagano.jp
- **交　通** 上信越自動車道佐久ICより国道141号線で5km(車で15分)，新幹線佐久平駅からタクシーで10分，JR小海線北中込駅より徒歩15分
- **開　館** AM9:30～PM5:00
- **入館料** 一般500円，高大生400円，小中生250円　※20名以上団体割引有
　　　　※特別展料金はその都度定める
- **休館日** 月曜日，祝日の翌日，年末年始，展示替期間
- **施　設** 鉄筋コンクリート3階建
- **責任者** 館長

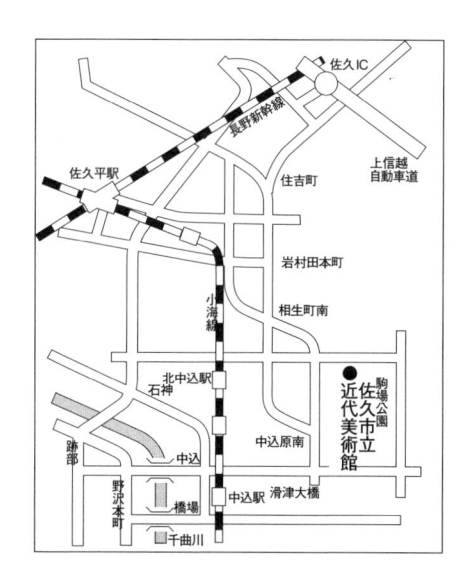

長野県

サンリツ服部美術館

　財団法人サンリツ服部美術館は、諏訪市のサンリツ企画株式会社（現株式会社サンリツ）が所有する美術品と、セイコーインスツル株式会社・セイコーエプソン株式会社元社長、故服部一郎氏が妻と娘に遺した美術品を散逸させることなく、広く公開することを目的として発足したものである。諏訪湖畔に立つ建物は、建築家内井昭蔵氏の設計によるもので、「水辺より湧き上がる雲」をイメージしている。美しい眺望とともに、当館所蔵の美術作品をご鑑賞いただき、精神的豊かさを実感していただければ幸いである。

【展示・収蔵】
　日本・東洋の古代から近代に至る絵画・書蹟・工芸に、西洋近現代絵画を加えた600点余を収蔵している。
（1）工芸品
　　本阿弥光悦が嫁にゆく娘に与えたと伝えられる「白楽茶碗（銘・不二山）」（国宝）や、大名物「唐物茄子茶入（銘・紹鷗茄子）」（重要美術品）のほか、古九谷大絵皿、優美な蒔絵などが所蔵されている。
（2）絵画
　　佐竹本三十六歌仙絵断簡「大中臣能宣像」（重要文化財）、弘安本北野天

神縁起絵巻断簡「尊意参内図」(重要文化財)などの鎌倉時代の大和絵、俵屋宗達にはじまる江戸時代の琳派の秀作、また、日観筆「葡萄図」(重要文化財)ほかの中国宋元画や室町水墨画などがある。

(3) 書蹟

光明皇后発願の一切経のひとつ「五月一日経」をはじめ、伝藤原行成筆「大字和漢朗詠集切」(重要美術品)および、伝藤原公任筆「堺色紙」(重要美術品)などの古筆切、また来朝して建長寺に入った南宋の禅僧兀庵普寧や、臨済宗大徳寺派の祖、宗峰妙超の墨蹟(ともに重要文化財)を含んでいる。

(4) 近代西洋絵画

ルノワール「女の肖像」、シャガール、テレスコビッチなどがある。

◇展示室1…服部一郎記念室では、近現代西洋絵画を展示し、「服部一郎コレクション」として順次紹介。

◇展示室2…日本東洋の古美術品を展示し、年数回の展示替を行う。

- 所在地 〒392-0027 長野県諏訪市湖岸通り2-1-1
- 設 立 1995年6月
- ＴＥＬ 0266-57-3311
- ＦＡＸ 0266-53-4358
- ＵＲＬ http://shinshu-online.ne.jp/museum/sanritsu/
- 交 通 JR中央本線—上諏訪駅より徒歩で15分(1.3km)、中央自動車道—諏訪インターより車で15分(7.5km)、岡谷インターより車で20分(9.0km)
- 開 館 AM9:00～PM5:00
- 入館料 大人800円(700円)、小・中学生400円(350円) ※( )内は団体20名以上
- 休館日 月曜日(但し祝休日の場合は開館)、年末年始、展示替・館内整理期間
- 施 設 2階：展示室1(服部一郎記念室)、展示室2、喫茶室カフェ・パリエ、1階：ミュージアムショップ
- 責任者 理事長兼館長・服部孝子

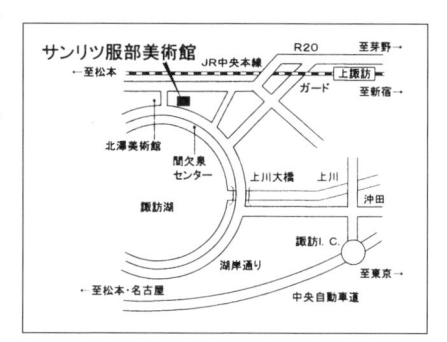

長野県

信州高遠美術館
（たかとお）

「…私の作品とそして生涯かけて集め、こよなく愛したコレクションのすべてを高遠町に譲ります。高遠町の皆々様私の愛した作品をくれぐれもよろしく…」と意識も半ば朦朧としながらも最後の力を振り絞って愛用のスケッチブックに書き残して息絶えた男がいた。その人は伊那市高遠町出身の画家・画商原田政雄（1908-1988）である。

生涯を独身で通し、コレクションに命を懸けた原田の思いと芸術家を輩出した土地柄を背景に信州高遠美術館は、1992（平成4）年10月1日に開館した。伊那市は、古くから芸術文化の伝統を受け継ぎ、幕末から明治にかけ多くの芸術家を輩出した。その中から、中村不折、池上秀畝、小坂芝田、江崎孝坪など郷土ゆかりの作家も展示する美術館である。

原田は、ほとんど付合いのあった作家から作品を購入していた。従って原田のコレクションは、単なる収集の域を越えて画家同志という厳しいフィルターを通して残された作品群と言えよう。作品は自ずと原田の生き抜いた近現代のものが中心で、点数は約700点を数える。作品点数が一番多いのが、木内克、次に福沢一郎、深澤史郎と続く。以下作品の多い順にならべると、ゲルト・クナッパー、土方久功、張替正次、熊谷守一、小泉清、林武、平櫛田中、斎藤清、中川一政、野間仁根、山本豊市、児島善三郎、蛭田一郎、前

中部・東海

田青邨、辻晉堂、川島理一郎、マイヨールとなる。

 2階には、ハイビジョン・ギャラリーが備えられ、細密画像により国内の様々な美術品の鑑賞が手軽にできるようになっている。また美術史家谷信一の研究資料も学芸資料室で閲覧できる。

 美術館は、その設計、施工、運営について1998（平成10）年の第6回公共建築賞優秀賞に選ばれており、円弧を描く屏風仕立てのガラス越しにみえる四季折々の高遠の自然の中で、ゆっくりと作品を鑑賞できるように工夫されている。

【展示・収蔵】

 原田コレクションの点数は約700点である。代表的な作品としては、以下の作品があげられる。

 ◇木内克…立体（テラコッタ）「自刻像（生活）」「猫（松号）」「手をつく裸婦」、立体（ブロンズ）「アマゾーヌ」「牧神の午後A」「象徴」、平面（油彩）「街裏」「風景」（いずれも滞欧作）

 ◇福沢一郎…平面（アクリル）「天使」「散歩する女」「女と悪魔」

 ◇熊谷守一…平面（油彩）「はだか」「松並木」

 ◇小泉清…平面（油彩・水彩）「灯台（犬吠）」「裸婦」「自画像」

 ◇平櫛田中…立体（木彫）「尋牛」「転生」「花下供手」（いずれも試作）

 ◇深澤史郎…平面（シルクスクリーン）「ミラーA」「Time—A」

 ◇土方久功…立体（ブロンズ）「蕃首」「猫犬」「トルソ」

 ◇張替正次…平面（油彩・シルクスクリーン）「野辺山5月」「雨上り」「黒いマスク」

 ◇ゲルト・クナッパー…立体（陶器）「灰釉青海波削文変形花瓶」「灰釉波文花瓶」

 以上の原田コレクションの他に、郷土ゆかりの中村不折、池上秀畝、小坂芝田、江崎孝坪、平山郁夫等の作品も所蔵している。

 ◇中村不折…油彩「卞和璞を抱いて泣く」「妙義山」「囲碁の図」

 ◇池上秀畝…絹本着色「鶴松図屏風」「牡丹孔雀図」「決闘」「古城驟雨」

 ◇江崎孝坪…絹本着色「瓶花」「埴輪」「うさぎと朝顔」

 ◇小坂芝田…絹本墨画「竹林七賢人」

 ◇平山郁夫…絹本着色「朦朧たる太湖」

長野県

◇中村琢二…油彩「信州の人」「夏の少女」「高遠の坂」
◇平松譲…油彩「島の五月」「姉妹」「笛」「待春」
◇田中春弥…油彩「信州木崎湖湖畔」「梅の春」「在」
◇川上一巳…油彩「悦子」「夏の女」「初秋の女」
◇辻村八五郎…油彩「流れの中に」「碧眼南蛮絵」「嫁ぐ日近く」

【事　業】
講演会、アートスクール、ミュージアムコンサートなど。

【出版物】
「信州高遠美術館所蔵品目録」（1996）／「山田かまち展図録」（1994）／「平山郁夫展―人類文明の発祥地メソポタミアを行く図録」（1993）／「中村研一・琢二兄弟展図録」（1997）／「張替正次展図録」（2002）／「平松譲展図録」（2005）

- 所在地　〒396-0213　長野県伊那市高遠町高遠城址公園南隣
- 設　立　1992年10月
- ＴＥＬ　0265-94-3666
- ＦＡＸ　0265-94-3936
- ＵＲＬ　http://www.inacity.jp/（伊那市の公式サイト）
- E-mail　t-bjk@inacity.jp
- 交　通　JR飯田線伊那市駅下車、JRバスにて高遠まで所要時間20分。高遠駅より徒歩15分（高遠駅よりタクシーにて5分）
- 開　館　AM9:00～PM5:00（入館はPM4:30まで）
- 入館料　一般500円（400円）、子供（中学生まで）150円（100円）※（　）内は団体30名以上
- 休館日　火曜日と祝祭日の翌日、12月28日～1月3日
- 施　設　鉄筋コンクリート2階建1393.25㎡、1階に喫茶室、2階にハイビジョンギャラリー
- 責任者　館長・竹内徹

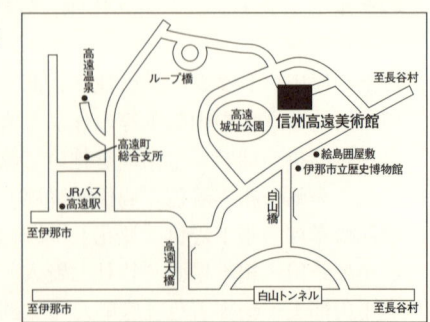

長野県

須坂クラシック美術館

　明治から昭和にかけて製糸の町として栄えた須坂。蔵の町並みが残る旧市街の谷街道沿いに建つ元・牧新七家（まきしんしち）家は、須坂市有形文化財に指定されている。
　1995（平成7）年8月、岡信孝コレクション・須坂クラシック美術館として開館した。
　開館当初から数次にわたり横浜市在住の日本画家・岡信孝氏から、"庶民のよろこびと悲しみに包まれた品によって、あたらしき美の発見のあること"との願いのこもった古民芸コレクション約2000点の寄贈を受け、展示している。
　この屋敷は明治初期に牧新七によって建てられた。牧家は江戸時代から須坂藩御用達の呉服商で、明治に仲間とともに須坂銀行を創設。山一製糸を興し、製糸業の発展とともに事業を広げ殖産興業や地方自治にも大きな功績を残した。1907（明治40）年に山一製糸の工場が火事で焼失。大正に入って屋敷は越寿三郎が譲り受け、息子栄蔵の住居とした。寿三郎は製糸業はもとより、銀行、電気事業などで活躍し須坂の製糸王とうたわれた。1933（昭和8）年には酒造業本藤家が譲り受けた。本藤恒松は政治を志し、県会議員、衆議院議員をつとめて、酒造業界にも貢献した。
　いわばこの屋敷は、明治・大正・昭和の三時代にわたり政・財界から多くの人が訪れた須坂の歴史を秘めたサロンといえる。

【展示・収蔵】
　大正〜昭和初期の着物やガラス、李朝の民画・工芸品、琉球漆器、染型など2000点を収蔵し、紹介している。

中部・東海

個人コレクション美術館博物館事典　235

長野県

【事　業】
（平成19年度事業例）「思い出を纏った人形たち」（3月3日～4月4日）／リレーコンサート／「銘仙着物展」（4月6日～5月30日）／古布を使った小物作り教室（4月14日）／春の大虫干し会（5月5日）／「浴衣型紙と浴衣」（6月1日～8月22日）／七夕祭り（6月19日）／浴衣の着付け教室（7月22日）／ビーズ教室（8月4日）／「大正浪漫のおしゃれ」（8月24日～11月14日）／秋の大虫干し会（10月7日）／お月見コンサート（9月25日）／着物日和（11月3日）／「古民具を生かしたインテリアコーディネート」（11月16日～12月5日）／「筒描」（12月7日～2月6日）／ものづくり（1月）／「須坂の雛祭り」（2月9日～4月9日）／リレーコンサート（3月）

【出版物】
「華やかな美―大正の着物モード」（1996）／「収蔵品資料～李朝編―岡信孝コレクション―李朝の美」

- 所在地　〒382-0087　長野県須坂市大字須坂371-6
- 設　立　1995年8月
- ＴＥＬ　026-246-6474
- ＦＡＸ　026-246-6474
- ＵＲＬ　http://www.city.suzaka.nagano.jp/bunka/classic.htm
- E-mail　s-classic@stvnet.home.ne.jp
- 交　通　須坂・長野東ICより5km（車で約10分），JR長野駅より長野電鉄特急15分「須坂駅」下車徒歩約5分
- 開　館　（3月～12月）AM9:00～PM5:00，（1月～2月）AM9:30～PM4:30
- 入館料　一般300円，小中学生100円（20名以上の団体は2割引）
- 休館日　木曜日（祝日の場合は開館），12月29日～1月3日
- 施　設　敷地面積1031.56㎡，延床面積597.87㎡　土蔵展示室，主屋展示室，上店展示室
- 責任者　館長・丸山尊

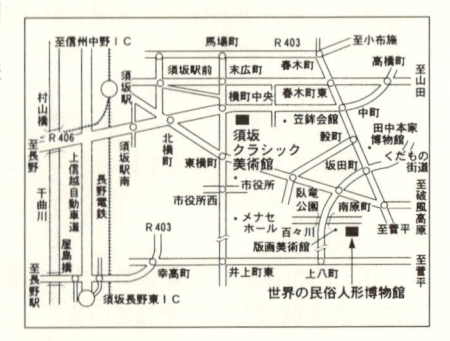

東御市梅野記念絵画館・ふれあい館

　1998(平成10)年4月、梅野隆のプライベートコレクション430点を寄贈し北御牧村立梅野記念絵画館・ふれあい館開館。
　2004(平成16)年4月、北御牧村、東部町合併により東御市発足。東御市梅野記念絵画館・ふれあい館と改称。

【展示・収蔵】
　青木繁・約70点、菅野圭介・約40点をはじめとする梅野コレクション。

【事　業】
　企画展：優れた画業を残したにも関わらず忘却された作家や、コレクターに注目されている現存作家など。
　東御市梅野記念絵画館・ふれあい館は、現館長の梅野隆がサラリーマン時代に収集した近代日本洋画の埋没作家と、その父である梅野満雄が収集した青木繁作品による梅野コレクションが中核をなしている。この梅野コレクションによる常設展示の他、国内の優れた作家を中心に企画展を開催している。また併設のふれあい館においては、東御市をはじめ東信地区の地元作家の企画展も開催している。

長野県

　「市民に愛される美術館となろう」、「市民の誇りとなる美術館となろう」、「小さくとも光り輝く美術館の星となろう」の3つの理念のもと、前述の企画展に加え、教育普及活動、社会教育活動においても積極的かつ多彩に主催事業を展開している。
　教育普及事業：スケッチ大会、アートチャレンジ教室、対話型鑑賞教育
　社会普及事業：ロビーコンサート、ギャラリートーク、各種教室など

【出版物】
「東御市梅野記念絵画館収蔵図録」（1998年刊）／友の会会報（藝林月報 年12回、アートだより 年4回）／展覧会図録

- 所在地　〒389-0406　長野県東御市八重原935-1 芸術むら公園
- ＴＥＬ　0268-61-6161
- ＦＡＸ　0268-61-6162
- ＵＲＬ　http://www.umenokinen.com/
- E-mail　umenokinen@ueda.ne.jp
- 交　通　上信越道東部湯の丸インターより15分、中央自動車道岡谷インターより142号線 新和田トンネル経由1時間20分、長野新幹線上田より しなの鉄道に乗換 滋野駅下車タクシー 20分
- 開　館　AM9:30～PM5:00（入館はPM4:30まで）
- 入館料　一般（高校生以上）800円
- 休館日　毎週月曜（祝日の場合 翌火曜）、祝日の翌日、展示替え期間、年末年始
- 施　設　大展示室、小展示室、多目的展示室、ロビー、休憩室、駐車場（大型可）、喫茶、ショップ
- 責任者　館長・梅野隆

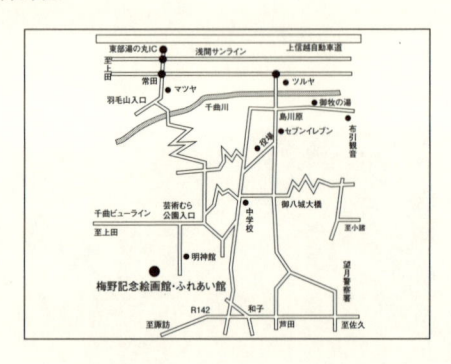

日本浮世絵博物館

　財団法人日本浮世絵博物館は、酒井コレクションを母体とする浮世絵の総合博物館として、1982(昭和57)年春、長野県松本市に建設された。
　酒井コレクションは、その数は言うまでもなく、古美術としての保存の良さに定評があり、世界でたった一枚という稀品も数多く含んでいる。その収集は6代目の平助義明(1776-1842)に始まる。寛政年間(1790年代)に干支倉と称する12の蔵をもつほどの豪商であり、また絵画を愛する文化人でもあった平助義明のもとには、江戸から北斎や広重など浮世絵師や文人墨客が訪れていた。このような縁から、浮世絵の収集をはじめ、7代理兵衛義好(1810-1869)、8代藤兵衛と収集がつづいた。理兵衛のとき、佐久間象山が酒井家の書斎を「好古堂」と命名している。
　明治のはじめ、8代藤兵衛は東京・神田淡路町に酒井好古堂を創立、浮世絵の鑑定、研究にはげみ、多くの浮世絵研究家を育てている。9代目庄吉は、学術誌「浮世絵」を創刊、1920(大正9)年の休刊まで55冊に達した。10代目藤吉と弟貞助・泉三郎の代には、海外流出の逸品を買い戻すなど、その収集は10万点にも及ぶものとなった。
　このように酒井コレクションは、当初より博物館建設のために、酒井家を中心とした専門家などが学問的に選んだもので、初期の浮世絵から現代の創作版画まで、浮世絵のすべてを集大成している。現在も国内外の優秀な作品を買い集めており、"生きたコレクション"と言える。1982(昭和57)年の博物館設立時には、「酒井コレクション」名義を削除して「日本浮世絵博物館」として発足した。これは一世代の個人コレクションではなく、数世代に及ぶコレクションだからである。

【展示・収蔵】
　酒井コレクションは、松本出身の酒井家が5代にわたって収集したもので、10万点に及ぶ浮世絵、肉筆掛軸、屏障画、古書籍、現代版画等の収集品からなる。酒井コレクションの展示会は国内はもちろん、ヨーロッパ、アメリ

長野県

カ、中近東、台湾と、世界各地で催され各国の専門家、学者はじめ、愛好家からも絶大な称賛を博している。

【事　業】
　2007(平成19)年春〜夏、開館25周年記念の「超名品浮世絵」展を開催。11月〜12月、中国北京・中華世紀壇にて海外浮世絵展(61回目)を開催した。

【出版物】
　◇浮世絵…手摺り木版(原寸大・約100種)／カラー・シート(原寸大・言人ほか数種)／カラー・シート(原寸大・約100種)
　◇浮世絵複製図録(図版多数)(好古堂)
　◇図録…浮世絵日記／清親　東京名所／歌麿(資料・年表・索引)／北斎(資料・年表・索引)／広重(資料・年表・索引)／英山(資料・年表・索引)／浮世絵学(酒井家詳伝・著者編年書目)／浮世絵学(英文・BIBLIOGRAPHY)
　他に絵はがき、ポスターなど。

- 所在地　〒390-0852　長野県松本市島立小柴2206-1
- 設　立　1982年
- ＴＥＬ　0263-47-4440
- ＦＡＸ　0263-48-0208
- ＵＲＬ　http://www.ukiyo-e.co.jp/jum-j/
- 交　通　長野自動車道・松本IC下車1分，JR松本駅より車で7分
- 開　館　AM10:00〜PM5:00
- 入館料　大人1050円，小人530円
　　　　　団体(20名以上)大人950円，小人470円
- 休館日　月曜日
- 責任者　理事長・酒井信夫

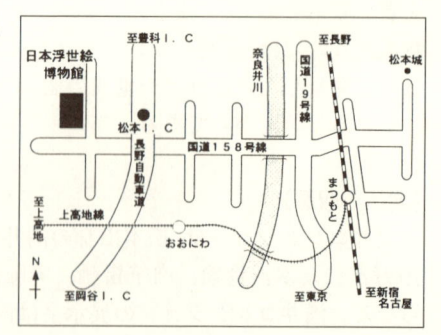

日本のあかり博物館

　1980(昭和55)年に、国の重要有形民俗文化財に指定された「金箱正美灯火具コレクション」を展示収蔵する博物館として、1982(昭和57)年6月に開館。展示室は明治末期建造の米蔵2棟と1927(昭和2)年建造の木造倉庫1棟を改装している。1985(昭和60)年には新館を増設。

　1987(昭和62)年に、財団法人日本のあかり博物館が設立。1991(平成3)年には、管理棟を改築し、ミュージアムショップを開設、利用者にも好評をいただいている。

　1999(平成11)年の新館展示室の増床にあわせて展示室をリニューアル。オリジナルビデオによる解説が常時行われている。

【展示・収蔵】
　日本におけるあかりの移り変わりとくらしの知恵や工夫をわかりやすく常時1000点余を展示。国の重要有形民俗文化財指定「信濃及び周辺地域の灯火用具」963点(関係資料含む)。指定外収蔵品1400余点。

長野県

【事　業】
　夏休み火おこし体験会、あかりの日特別行事、あかり体験教室、企画展など。
　特別事業：開館10周年記念講演会（1990年）講師　石井幹子氏、文化財指定20周年行事（2000年）、文部科学省委嘱事業　親しむ博物館づくり「A・KA・RI新発見」（2001年度）
　学習支援（教育普及）活動：ワークシートの制作、授業（社会科、総合学習）・遠足など学校対応、出張講座、学校の先生たちからの相談対応

【出版物】
重要有形民俗文化財灯火具図録「あかり」（1997）／博物館ノート（年3回 No.1～No.50）／館報（年4回 No.1～No.33）

- 所在地　〒381-0201　長野県上高井郡小布施町973
- 設　立　1982年6月
- ＴＥＬ　026-247-5669
- ＦＡＸ　026-247-5669
- ＵＲＬ　http://www.nihonnoakari.or.jp
- 交　通　長野電鉄小布施駅下車徒歩8分
- 開　館　AM9:00～PM5:00（11月21日～3月20日はAM9:30～PM4:30）
- 入館料　大人500円，高・大学生400円，小・中学生250円
- 休館日　水曜日（ただし5，8，10，11月は無休），年末年始
- 施　設　蔵造展示室3棟，2階建管理棟1棟（含ミュージアムショップ）
- 責任者　理事長・竹村猛志

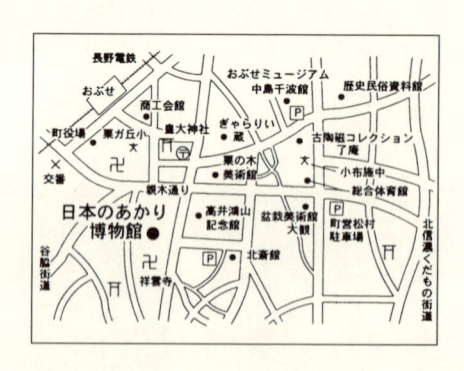

長野県

白馬三枝美術館
（さえぐさ）

　当館は1993（平成5）年に開館した。白馬安曇野をテーマに同一主題の作品を収蔵している。1962（昭和37）年頃より収集を始め現在に至っている。冬期オリンピック会場ともなった、この白馬のジャンプ台近くに美術館がある。その素晴らしい大自然にかこまれた白馬。この地を愛し、山々の美しさに魅了された画家達が数多く存在する。この方々の作品を何とか地元に残したいと、つよい思いで美術館の建設を決意した。現在、油彩、水彩を常設で100点を展示しており、年何回か展示替えをしている。また1人の作家による企画展なども予定している。

　日本洋画壇を支え、築きあげてきた芸術院会員の画家から現在活躍中の画家まで数多くの方々に協力頂き、内容も年を重ねるごとに充実。また画家自身も館を訪れ鑑賞されたり、貴重なご助言などをいただいている。この交流が当館の源でもあり、今後の発展と充実につながっているといえる。

　展示室の窓から望む白馬三山の眺めもすばらしく、700坪の庭には白馬の山野草が300種以上植えられ、訪れる人々の心を和ませている。隣接してミュージアムショップと喫茶室があり、ショップはイギリスのアンティーク

中部・東海

長野県

を中心に、手作りの小物やガラス器、陶器などを販売している。15年前にオープンしたブラックハウスがそのままミュージアムショップになっている。

【展示・収蔵】
　収蔵作家は、高田誠、中村善策、田村一男、広瀬功、三浦俊輔、田中春弥、中川力、足立真一朗、田坂乾、不破章、関四郎五朗、富岡惣一朗、樽見盛衛、寺島龍一、西田亨、西沢今朝夷、柳沢健はじめ80名におよんでいる。収蔵品は800点以上。
〈代表的作品〉
　「アルプスの五月」(高田誠)／「初夏の高原」(足立真一郎)／「雪山を見る峠」(田中春弥)／「安曇野田園風景」(山下大五郎)／「滝谷ドーム北壁」(足立源一郎)　など。

【事　業】
　年1、2回の企画展。

- 所在地　〒399-9301　長野県北安曇郡白馬村大字北城2935
- 設　立　1993年7月
- ＴＥＬ　0261-72-4685，72-2563
- ＦＡＸ　0261-72-4685
- ＵＲＬ　http://www.nagano-happo.org/museums/saegusam.html
- 交　通　大糸線白馬駅下車徒歩20分または車で5分
- 開　館　11月〜3月 AM9:30〜PM5:00，4月〜10月 AM8:30〜PM6:30
- 入館料　大人700円，小人400円，団体20名以上100円引き
- 休館日　無休(展示替えの場合休館あり)
- 施　設　木造2階建120坪，隣接してイギリスのアンティークショップ，サンルーム喫茶室
- 責任者　館長・三枝久則

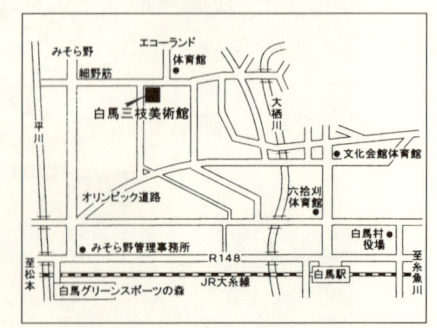

長野県

ペイネ美術館

　南軽井沢に位置する塩沢湖を中心としたレジャー施設「軽井沢タリアセン」の経営に携わっている館長(藤巻進)は、以前からレイモン、ペイネのファンであり、又、個人での作品収集も行っていたため、園内に美術館を設置し、来園者への公開を企画。知人の画廊経営者やペイネの知人とも協力し、美術館を1986(昭和61)年7月、開館させる。ペイネ本人の作品提供やアドバイスを得、「愛と平和のこころ」をテーマに「ペイネの恋人たち」を描き続けた画家の美術館は、ファンを中心に多くの来館者を迎える。
　軽井沢の土地から、世界に向けペイネが描く愛と平和へのメッセージを贈る美術館である。
　また、現在美術館として利用している建物は、アントニン・レーモンド設計による「夏の家」で、1933(昭和8)年のものを移築、再生して利用しているものである。

【展示・収蔵】
　フランスの画家レイモン・ペイネの原画、版画、ポスター作品を展示。他画集、ペイネデザインによる陶器、画材など。計200点余の中から、企画内容にあわせて60点余をセレクトし、展示。年4回程度の企画展を行う。

中部・東海

個人コレクション美術館博物館事典　*245*

長野県

　代表的作品として「世界の愛と平和」（水彩）、「窓辺の恋人たち」（水彩）、「星狩り」（水彩）などがある。

【事　業】

「レイモン・ペイネ追悼展」（1999）、「ペイネ美術館開館20周年記念展」（2006）、「ペイネ生誕100年記念展」（2008）

- 所在地　〒389-0111　長野県北佐久郡軽井沢町塩沢湖217
- 設　立　1986年7月
- ＴＥＬ　0267-46-6161
- ＦＡＸ　0267-45-3663
- ＵＲＬ　http://www.karuizawataliesin.com/
- E-mail　taliesin@karuizawataliesin.com
- 交　通　JR・しなの鉄道「軽井沢駅」またはしなの鉄道「中軽井沢駅」下車、車で10分、上信越自動車道「碓氷・軽井沢IC」から15分
- 開　館　AM9:00～PM5:00
- 入館料　大人900円、小・中学生500円（20名以上1割引）
- 休館日　（3～11月）無休、（12～2月）火・水・木曜日、2月中休館
- 施　設　木造一部2階建（スロープあり）
- 責任者　館長・藤巻進

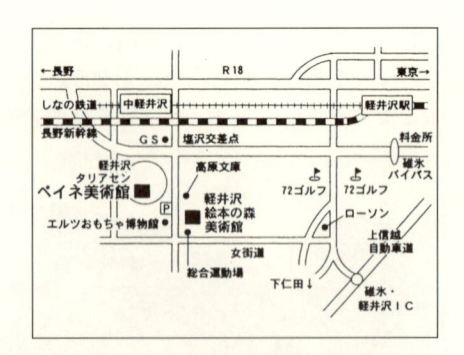

長野県

松本民芸館

　松本の民芸研究家故・丸山太郎は柳宗悦の求められた「民芸の道」を歩む中、柳先生の考えを皆に知ってもらうための民芸館建設を強く願っていた。柳の「松本の民芸館はなまこ壁の土蔵造りが良いだろう」の助言を受け、1962（昭和37）年独力で松本民芸館を建設し11月3日開館した。その後1965（昭和40）年には二号館も完成させた。

　1983（昭和58）年には松本市に民芸館の土地・建物・収蔵品の全てを寄付した。同年4月1日松本民芸館は市の管理となり、1992（平成4）年には組織改正により松本市立博物館付属施設となった。平成14〜15年にかけて改修工事を行い、2003（平成15）年4月25日リニューアルオープンし、現在全国の民芸ファンに親しまれている。

【展示・収蔵】

　創設者・丸山太郎が独力で収蒐した、国の内外の民芸品6800点が収蔵されている。

　その内訳は次のとおりである。やきもの・陶磁器（約1600点），染織物（約500点），木漆器（約1300点），金工・石工（約500点），硝子（約350点），絵画・彫刻（約150点），その他（約2600点）。

中部・東海

長野県

〈特に人気のある展示品として〉
- ◇李朝の家具・陶磁器
- ◇鎌倉・桃山・江戸時代の瀬戸・伊万里の陶磁器
- ◇菱刺し・こぎん刺し・各地の仕事着など。刺し子は全国から注目されている。
- ◇松本の手まり・押絵雛・三春の張子など全国の玩具

【事　業】
　年3～4回企画展を開催。また講演会(年2～3回)、体験講座(年4～5回)を行っている。

【出版物】
　「図録 美しいものが美しい 松本民芸館」(1999年3月刊)／「民芸ルネッサンス―信州の民芸を担った人々―」(2004年5月刊)

- ・所在地　〒390-0221 長野県松本市里山辺1313-1
- ・設　立　1962年11月
- ・ＴＥＬ　0263-33-1569
- ・ＦＡＸ　0263-33-1569
- ・E-mail　mingeikan@po.mcci.or.jp
- ・交　通　松本バスターミナルから美ケ原温泉行バス「下金井民芸館口」下車徒歩2分
- ・開　館　AM9:00～PM5:00(入館はPM4:30まで)
- ・入館料　大人300円(団体20人以上200円)，小中学生・70歳以上・松本市民無料
- ・休館日　月曜日(休日の場合はその翌日)，12月29日～1月3日
- ・施　設　木造土蔵づくり2階建，建築面積421㎡
- ・責任者　館長・望月正勝

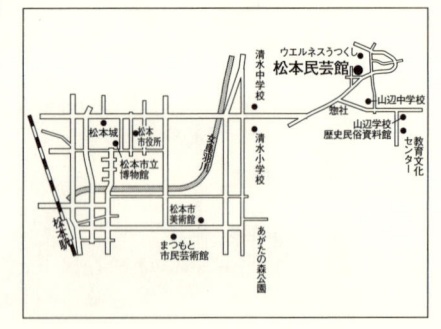

長野県

マリー・ローランサン美術館

　館長高野将弘の多年にわたるコレクションをもとに、1983（昭和58）年、画家の生誕100年を記念して開館した。以来、世界で唯一のローランサンの専門美術館としてその作品の収集や研究、画業の紹介に努めている。

　また、地域の文化向上および観光の振興に寄与し、あわせて日仏交流の一翼を担うことも重要な使命と考えている。

　マリー・ローランサン（1883-1956）は、20世紀前半にパリを中心に活躍したフランスの女性画家で、淡く繊細な色彩で優雅な女性像を描き、広く人気を博した。油彩画だけでなく、水彩画や版画も多く制作し様々な書籍に挿絵を提供することも多かった。また、舞台美術などの応用芸術にも進出している。

【展示・収蔵】

　当館の展示は、画家の生涯をたどりながら画風の変遷を実感することができる「常設展示」と、あるテーマについて理解を深める「企画展示」とで構成することが多い。いずれも代表作がそろったコレクションからの出品となるため見応えがある。通常は全館で総数100点程度を展示している。

　展示替えは年に春と秋の2回程度で、コレクションからの展示のほか、他所からローランサンあるいはローランサン以外の作家の作品を借りて特別展を開催することもある。

〔収蔵作品〕（2007年10月31日現在）

　油彩画：94点、水彩・素描画67点など、版画や書籍、写真、資料等で構

長野県

成されるコレクションの総数は、500点余に上る。

〔代表作品〕
「狩りをするディアナ」(1908頃)油彩・板 ※G.アポリネール旧蔵、「家具付の貸家」(1912)油彩・画布、「鏡をもつ裸婦」(1916)油彩・画布、「お城の生活」(1925)油彩・画布、「接吻」(1927頃)油彩・画布 ※サマセット・モーム旧蔵、「椿姫」(1936)水彩・鉛筆・紙 ※挿絵本のための原画。12点の連作揃、第一次大戦前の初期版画群。

【事 業】
常設展(年2回の展示替)、企画展示(年2回)、作品解説(ギャラリー・トーク。月2日間程度。団体の場合は事前に受け付けられる場合もあり)、公開講座(不定期)。

【出版物】
「マリー・ローランサン油彩作品総目録Ⅰ・Ⅱ」/「マリー・ローランサン美術館所蔵品図録」他。

- 所在地　〒391-0395 長野県茅野市北山蓼科高原4035
- 設　立　1983年7月
- ＴＥＬ　0266-67-2626(代)
- ＵＲＬ　http://greencab.co.jp/laurencin
- 交　通　JR中央線茅野駅よりバス「蓼科温泉・ピラタスロープウェイ」行きに乗り「アートランドマリー・ローランサン美術館前」下車, 中央自動車道諏訪ICより20分(17km)
- 開　館　AM9:00～PM7:00(1月～3月はPM5:00まで)
- 入館料　大人1000円(800円)、子供(中学生まで)500円(300円)、共通大人1500円(1200円)、共通子供800円 ※( )内は20名以上の団体料金 共通券は併設の彫刻公園にも入場可
- 休館日　無休(臨時休館有り)
- 責任者　館長・高野将弘

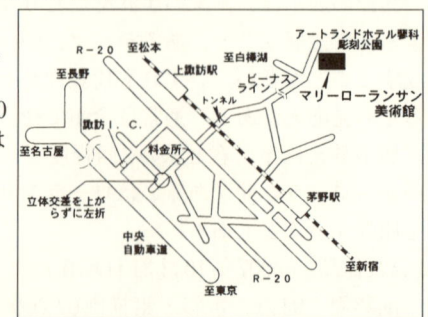

ラフォーレ白馬美術館

　当館は、マルク・シャガールの版画作品を主に展示する私立の美術館である。「北アルプス 澄んだ空気 愛と夢を生涯おいつづけ 悠久の人間愛を・・・永遠の生命の継承を今に花をさかせる マルク・シャガール 感動の出会いを美しい村 白馬で。」をテーマに、自由で親しまれ愛される美術館となるよう、また、たんなる作品の展示館ではなく、現代美術の巨匠の、人となり、作品との出会いの場としてゆければと1986(昭和61)年7月に石塚要・妙子夫妻が、個人で蒐集した作品をもとに開館。1994(平成6)年4月に銅版画館兼音楽堂を増設した。

　館内は、映像展示室、銅版画館(音楽堂)、本館展示室、ミュージアムショップがつながっている。映像展示室では、「シャガール　愛と追憶の神話」の題名で、マルチ・オートスライドによって、彼の深い人間愛と美の世界がどうして生まれたか、生涯を振り返りながらたどっている。シャガールの作品をモチーフで大別すると「故郷」「恋人たち」そして戦後の「至上の愛」ともいうべきものにわけられる。しかし、これらの要素は、一つの作品の中に小さな断片となってちりばめられているので、このようなさまざまなイメージの夢幻性がシャガール絵画の大きな特徴となっている。これを容易にご理解いただくため約23分の映像にして常時上映している。

長野県

　銅版画館には、「聖書」「ラ・フォンテーヌ、寓話」「ニコルス・ゴゴリー、死せる魂」等、銅版画による彼の代表傑作集を順次に展示し、コーナーには、ガレーやドーム工房、ラリックのガラス工芸品を展示。本館展示室には主に、カラー・リトグラフ（石版画）を展示し。併せて、繁原修丸氏の陶芸品を展示している。

【展示・収蔵】
　収蔵作品はシャガール版画作品 480点。常時展示作品は、約120〜150点ほどで、年間に数点の入替えがある。

〈主な所蔵作品〉
　銅板画「聖書」、石版画「オデッセイアー」「オペラ座」など

- 所在地　〒399-9301　長野県北安曇郡白馬村北城みそらの別荘地内
- 設　立　1986年7月
- ＴＥＬ　0261-72-6084
- ＦＡＸ　0261-72-8399
- 交　通　豊科I.C.より約45Km（約1時間）、長野I.C.より約50Km（約1時間）、糸魚川I.C.より約48Km（約1時間）
- 開　館　AM9:00〜PM6:00，冬季（11月5日〜3月25日）AM9:00〜PM5:00（入館は閉館40分前まで）
- 入館料　大人700円（600円）、小中生400円（300円）※（ ）内は団体20名以上
- 休館日　水曜日（祝祭日の場合は翌日休館）、ゴールデンウィーク・夏休み・年末年始は無休
- 責任者　館長・石塚要

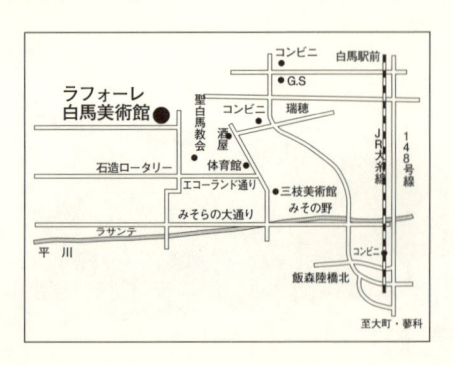

岐阜県

名和(なわ)昆虫博物館

　財団法人名和昆虫研究所は1896(明治29)年に故・名和靖が独力をもって岐阜市京町に創立、1904(明治37)年、岐阜公園に移転拡張し、今日に至る。靖は、昆虫の形態・生態を研究し、害虫防除・益虫の保護法を研究して、昆虫学の発展ならびに農業作物の増殖をはかり、国家経済に寄与することを目指した。それら研究に用いた資料のコレクションを礎として博物館が設立された。

　名和昆虫博物館は風光明媚な岐阜・金華山の麓、岐阜公園の中に位置し、1919(大正8)年10月26日に開館して以来80余年間、昆虫学普及のためその役割を果たしてきた。標本を収容してある建物は昆虫博物館と、記念昆虫館の2棟である(記念昆虫館の内部は一般公開していない)。

　昆虫博物館は、1918(大正7)年9月に起工、翌1919(大正8)年10月に開館。この建物は名和靖の志を理解した県人林武平氏の寄付により建てられ、設計者は当時ヨーロッパから帰朝した新進建築家の武田五一氏。外観はギリシャ神殿風切妻の白レンガ造り。文化庁の登録有形文化財岐阜県第一号、および岐阜市都市景観重要建築物に指定されている。この建物の2階を支える3本の巨大丸柱は、奈良唐招提寺金堂・講堂の解体修理時、白蟻被害木(約1200年前の桧材)を取り替えた際にその材をもらって再利用したもので、初代館長靖の白蟻研究の一環として、白蟻被害の古材利用を兼ねた利用法であった。

　記念昆虫館は博物館の北側に位置する建物で1906(明治39)年12月22日着工、翌1907(明治40)年6月16日竣工。設計は博物館と同様武田五一氏で、赤い切妻屋根に小窓を配した木造・赤レンガ建ての欧風建物。岐阜市の文化財に指定されている。現在は収蔵庫として使用しており、当館に所蔵する昆

岐阜県

虫標本は実に1万2千種30万頭に達する。
　現在は5代目の名和哲夫が館長を務めており、代々一族の者が館長を歴任するというスタイルもユニークなものであると言えよう。

【展示・収蔵】
〈一階展示室〉
　「カブト・クワガタコーナー」…東南アジアや南アメリカなど世界中から集めたカブトムシ・クワガタムシの標本を多数展示。中には10cmを超える巨大クワガタムシもいる。
　「麗しのチョウたち」…身近なチョウから山や高原に棲むチョウまで中部地方で見られるチョウたちのコーナー。生態写真や棲んでいる環境の写真も展示してあり、標本と相まって非常にカラフルで綺麗な展示になっている。
　「ギフチョウ物語」…ギフチョウ、ヒメギフチョウと世界のその仲間たちの標本展示をはじめとして、ギフチョウの一生や生態、生息環境の写真もふんだんに使い、ギフチョウの全てが分かるコーナー。
　その他に、「蜻蛉目（トンボの仲間）」「直翅目（バッタの仲間）」などのように、昆虫の分類ごとに展示した「身近な昆虫」コーナー、セミやタマムシなど世界の珍奇な昆虫を集めた「世界の奇虫」コーナーなどがある。展示物を使った簡単なクイズも出来るようになっている。
〈二階展示室〉
　世界各国の代表的なもの、珍しいもの等々、様々な昆虫標本をクイズ形式で展示。特大標本箱を使って、「クワガタムシは何種？」「毒のないチョウを探せ！」など、全14問のクイズで、抽選で景品が当たる。特に子どもたちには大変好評である。
※なお一階受付・売店では、来館者からの昆虫に関する質問・相談に専門職員が随時対応している。また、昆虫採集・標本作製用具や当館オリジナルグッズなどの来館記念品の販売も行っている。

【事　業】
　標本の作り方などを学ぶ昆虫教室や、野外観察会を不定期で開催。講師派遣（有料）、移動博物館（展示会の開催・有料）の相談も承っている。

岐阜県

【出版物】
「ギフチョウ 生態写真集Ⅰ」(1988年刊)／「雑木林の鼓動 ギフチョウ vol.1」(2000年刊)／「緑輝く瞬間」(2001年刊)／「楽しい虫さがし体験」(DVD-ROM，2007年刊)

- 所在地　〒500-8003　岐阜県岐阜市大宮町2-18(岐阜公園内)
- 設　立　1919年10月
- ＴＥＬ　058-263-0038
- ＦＡＸ　058-264-0394
- ＵＲＬ　http://www.win-server.jp/nawakon/
- 交　通　JR岐阜駅・名鉄岐阜駅よりバス(長良方面行)15分、岐阜公園・歴史博物館前下車徒歩2分
- 開　館　AM10:00 〜 PM5:00(夏休み期間　AM9:00 〜 PM6:00)
- 入館料　大人(高校生以上)500円、小人(4才〜中学生)400円　※団体(20名以上)2割引
- 休館日　12月28日〜1月3日
- 施　設　ギリシャ神殿風切妻の白レンガ造り(武田五一設計)、2階建、延床面積約320㎡
- 責任者　館長・名和哲夫

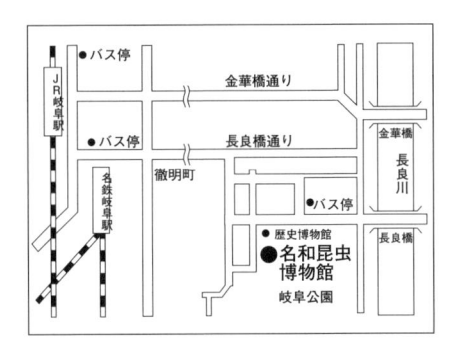

中部・東海

岐阜県

日本土鈴館
（どれい）

　名古屋で生まれ育った館長遠山一男が、この奥美濃白鳥の地に移り住んだのは、小学校5年生の春であった。当時遊んだおもちゃといえば、木や、竹、紙、ワラなどで出来た素朴なものばかりであったが、そこには作り手の手の温もりがあった。氏にとっておもちゃは宝物であり、また日暮れまで遊んだ幼少の日々を思い出させるものでもあった。氏が子供相手に玩具店を経営、郷土玩具、土鈴の収集に熱中するようになったのも、少年時代の楽しかった思い出が、心の底にあったからだという。

　長年の夢であった日本土鈴館は1986（昭和61）年10月北海道から沖縄迄全国各地の土鈴を、日本の中心、奥美濃の地に集めてオープン。1988（昭和63）年7月ぬくもり通り、やすらぎ館を完成、全国郷土玩具2万5000点を展示、1992（平成4）年ふるさと館（現在全国で作られている土鈴と伝統玩具を即売するふれあいの里）、1995（平成7）年8月子供の頃遊んだ懐かしい「むかし遊びの子供の国」と、中国、タイ、インドネシア、ミャンマー、ブータン、シルクロードなどアジア、太平洋を旅して集めたおもちゃや楽器、風俗人形、民族衣裳を展示した「アジア民芸館」をオープンした。

　現在5館合わせて6万点余りを常時展示しており、また干支展、ひな展、天神展、河童展、招猫展等、特別展も開催している。

　2000（平成12）年8月、土人形、郷土玩具の干支、ひな、天神、招猫、ダルマ等企画展示品の収蔵庫200㎡増設。入れ替え展示が可能となった。2007（平成19）年、創立20周年記念として、館内に大型テレビを設置しIT化設営した。

岐阜県

【展示・収蔵】
　当館は館長が五十年余をかけて収集したものを展示している。特にその名の通り、日本全国各地の土鈴が1万6000点、これらは寺社授与鈴、土鈴作者による創作土鈴であり、地域別に展示。また、戦災をまぬがれた昭和初期の土鈴3500点は貴重である。それに付随して、当時の社会情勢を反映した絵ハガキ、マッチ箱、包装紙等の展示もあり、自由に見られるようになっている。
　他に「郷土玩具」と言われているおもちゃ、昔は節句人形として人々の間で飾られたり贈られた土人形、こけしが2万5000点、世界各地（日本・中国・東南アジア）の凧、人々の生活の中に息づく玩具・民芸品、館長が幼少より集めたメンコ・コマを始めとした懐かしいおもちゃも展示されている。
　当館はまた日本各地にある河童連邦共和国の一つであり「奥長良河童連邦共和国」と称し、様々な河童の玩具が来館者の目を楽しませている。
　第一次土鈴ブームといわれた大正、昭和初期の戦前土鈴3500点は、他で見ることができないため、全国の愛鈴家から注目を浴び、貴重な幻の土鈴として日本土鈴館のみならず、日本の宝として注目されている。

【出版物】
　日本の土鈴1万6000点をデジタルカメラで撮影。産地、作者、年代別に記録・公開している。
　引き続き全国郷土玩具、土人形を分類、撮影記録調査中で、2008（平成20）年に完成、DVD収録予定。

- 所在地　〒501-5124　岐阜県郡上市白鳥町大島1555
- 設　立　1986年10月
- ＴＥＬ　0575-82-5090
- ＦＡＸ　0575-82-6506
- ＵＲＬ　http://www.nihondorei.com/
- E-mail　tooyama@lilac.ocn.ne.jp
- 交　通　長良川鉄道…「大島駅」下車徒歩15分。岐阜乗合バス…新岐阜発群上白鳥行「大島中」下車すぐ。自動車利用…東海北陸自動車道「白鳥I.C」より5分．国道156号線沿 群上八幡より20分。
- 開　館　AM9:00～PM5:00
- 入館料　個人：大人500円，小人(小・中学生)300円 団体(20人以上)：大人400円，小人(小・中学生)240円

中部・東海

個人コレクション美術館博物館事典　257

岐阜県

- **休館日** 12月31日, 1月1日
- **施　設** 鉄骨木造(平屋造り)日本土鈴館500㎡, やすらぎ館500㎡, ぬくもり通り(廊下)200㎡, アジア民芸館350㎡, ふるさと館350㎡, 収蔵庫200㎡
- **責任者** 館長・遠山一男

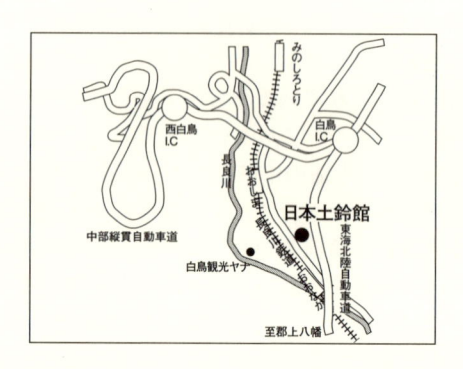

岐阜県

飛騨高山美術館

　飛騨高山美術館は、株式会社紀文の代表取締役、向井鉄也が「美はトータルなものである」というコンセプトに基づいて設立した私立美術館である。1997(平成9)年4月28日に開館、高山市内を一望できる小高い丘の上に位置している。コレクション内容は、アール・ヌーヴォーやアール・デコといった世紀末芸術のガラス工芸、家具や照明器具等の装飾美術である。これまで重要とされながら、国内では体系的に収集されてこなかったこの分野における総合美術館を目指している。

【展示・収蔵】
「アール・ヌーヴォーとアール・デコのガラスコレクション」
　ガラス500年の歴史の中で、最もガラス工芸が花開いた1890年代から1930年代までの作品。アール・ヌーヴォー様式のガラス芸術は、フランスのエミール・ガレ、ドーム兄弟、アメリカのC.ティファニーなどに代表される。植物を取り入れた曲線的な造形が特徴で、新しい技術、新しい表現による、ガラス芸術の粋ともいえる作品群を網羅したコレクションとなっている。アール・デコ様式は、1925年のパリ産業芸術博覧会を皮切りにパリを中心として開花した。有機的なアール・ヌーヴォーに対して、

岐阜県

直線や幾何学模様を繰り返すモダンなデザインが特徴である。この時代を代表するルネ・ラリック最盛期の作品「シャンゼリゼ・ショッピング・アーケードの噴水」をはじめ、世界的なスタディー・コレクションであるモーリス・マリノなどを中心にしている。

「装飾美術コレクション」

　アール・ヌーヴォーに象徴される世紀末芸術は、建築、インテリア、絵画、工芸品などすべての分野にわたる芸術運動である。そして有機的で曲線的なスタイルをもって、ヨーロッパの各地で、それぞれに異なる前衛的なデザインを生み出した。

　当館ではこの時代の中心的ともいえる3つの芸術活動に注目している。ガレやマジョレルに代表されるフランスのナンシー派、建築家C.R.マッキントッシュに代表されるグラスゴー派、オーストリアのウィーン分離派、これらの作家たちの家具やインテリアのコレクションをもって、19世紀末から20世紀にかけてのヨーロッパの芸術運動を展観することができる。

【事　業】

　2001（平成13）年より高山駅と飛騨高山美術館を結ぶ送迎バスとして、約40年前にロンドンで作られた、2階建ロンドンバスを導入した。また2003（平成15）年より、美術館の洗練された空間をよりお客様に利用していただきたいという想いから、ミュージアムウエディングもスタートさせ、人気を博している。

【出版物】

　ガイドブック「チャールズ・レニー・マッキントッシュ展」（1998年4／5（日）～6／7（日）まで開催。飛騨高山美術館およびグラスゴー美術大学コレクションより、出展作品50点の写真と解説）／「オディロン・ルドン展」（1997年7／12（土）～8／20（水）まで開催。第15回岐阜県移動美術館「オディロン・ルドン展」。岐阜県美術館所蔵の52作品と解説）／「飛騨高山美術館ガイドブック」（主要な収蔵作品の写真と解説）

- 所在地　〒506-0055　岐阜県高山市上岡本町1-124-1
- 設　立　1997年4月

岐阜県

- **ＴＥＬ**　0577-35-3535
- **ＦＡＸ**　0577-35-3536
- **ＵＲＬ**　http://www.htm-museum.co.jp/
- **交　通**　《JR》東京・大阪方面から新幹線で名古屋下車，高山本線・特急ワイドビューひだ号，《バス》新宿→高山(京王バス・濃飛バス)，松本→高山(松本電鉄バス・濃飛バス)，《車》関東方面／中央自動車道・松本IC→国道158号線→安房トンネル→高山，関西方面／名神高速道路・一宮IC→中部縦貫道・高山IC→高山
- **開　館**　美術館AM9:00～PM5:00(入館PM4:30まで)／ショップ・カフェ AM9:00～PM5:30
- **入館料**　一般1300円(1100円)，大学・高校生1000円(800円)　※( )内は団体割引20名以上
- **休館日**　1～3月は不定休
- **施　設**　鉄筋コンクリート地上2階・地下1階，ミュージアムショップ「ザ・ミュージアム・ストア」，カフェ＆レストラン「ザ・マッキントッシュ・ティールーム」，ハイビジョンシアター，ライブラリー
- **責任者**　館長・向井鉄也

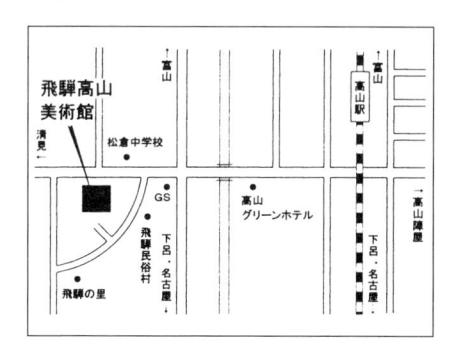

静岡県

池田20世紀美術館

　当館は、1975(昭和50)年にニチレキ株式会社(旧日瀝化学工業株式会社)の創立者・池田英一(1911-1982)によって創立されたわが国初の本格的現代美術館である。

　建物は彫刻家・井上武吉(1930-1997)の設計で、建物外壁は日本ではじめてのステンレススチール張り。ガラスを多用し、入口から出口まで有機的に連なるユニークな空間造形となっており、作品鑑賞に適した美術館である。

　20世紀に制作された絵画・彫刻で「人間」をテーマとする作品を中心に約1300点収蔵。ルノワールをはじめ、ピカソ、ミロ、ダリ、シャガール、マティス、ウォーホルなど20世紀美術の巨匠たちの大作・秀作を約80点常設展示。その他、現代日本美術の第一線で活躍する作家の個展と所蔵作品展を3ヶ月ごとに企画展示している。

【展示・収蔵】
　20世紀に制作された絵画として、ボナール「洪水の後」油彩 250×450、マティス「ミモザ」コラージュ 148×96.5、ピカソ「近衛兵と鳩」油彩 195×130、「サルタンバンク・シリーズ」14点 銅版画、レジェ「女と静物」油彩 73×92、シャガール「パレード」グワシュ 75×56、ミロ「海の前の人」油彩 63×51、ダリ「ヴィーナスと水兵」油彩 215×147.5、「キリン」グワシュ 130×51×6点、ベーコン「椅子から立上る男」油彩 198×147、ウォーホル「マリリン・モンロー」シルクスクリーン 91.5×91.5×10点、難波田龍起「ファンタジー青」油彩 150号、福沢一郎「悪魔の矢」油彩 150号×2枚、田中保「夢をみる裸婦」油彩 98×73などがある。

【事　業】
企画展（個展・所蔵展）、夏休み子供模写大会

【出版物】
企画展図録、カレンダー

- 所在地　〒414-0052　静岡県伊東市十足614
- 設　立　1975年5月
- Ｔ Ｅ Ｌ　0557-45-2211
- Ｆ Ａ Ｘ　0557-45-2212
- Ｕ Ｒ Ｌ　http://www.nichireki.co.jp/ikeda/
- 交　通　JR伊東駅よりバス6番のりば発「一碧湖経由シャボテン公園」行，池田美術館下車
- 開　館　AM10:00～PM5:00
- 入館料　一般900円，高校生700円，小・中学生500円
- 休館日　水曜日（祝日，7・8月，年末年始は開館）
- 施　設　ミュージアムショップ，画廊・喫茶室「レジェ」
- 責任者　館長代行・川添英樹

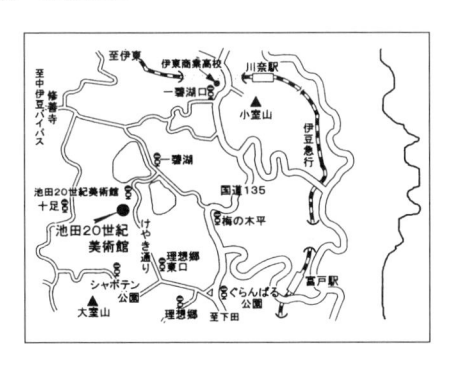

静岡県

伊豆ガラスと工芸美術館

　当館は、1993(平成5)年5月1日、第1回伊豆高原アートフェスティバルの開催と同時に、伊豆大室高原・文化の里「伊豆ガラスと工芸美術館」として開館。

　美術館の母体である伊豆総合産業株式会社(代表・片山劼)は、人間の精神的回復を促す理想の「理想都(リゾート)郷」作りを目指し、1957(昭和32)年より伊豆大室高原温泉別荘地約300万平方メートル地域の道路、上水道、保養所、別荘等の保守管理を行ってきたが、そうした中、居住芸術家、保養所、別荘等の方々の「自然を感じながら文化を楽しめる施設を」との要望に応え、美術館を設立。

エミール・ガレ「鯉魚文花瓶」(ガラス)
1878年頃

　館長片山劼が40年近くにわたり収集してきたコレクションを展示。主な収蔵品は、19世紀末から20世紀初頭にかけて欧米で一世を風靡したアール・ヌーヴォー、アール・デコのガラス美術品。その他同時代の絵画、ブロンズ像、家具、時計、宝飾、服飾品の数々とそれらに影響を与えた浮世絵等の日本美術などである。

【展示・収蔵】
〈常設展〉19世紀末から20世紀初頭にかけて、欧米で流行したアール・ヌーヴォー、アール・デコ様式のガラス美術品。
〈企画展〉アール・ヌーヴォー、アール・デコ様式の美術品の他、内外の工芸品を年2回、企画展示。
〈蔵品数〉約1400点。

〈主なコレクション（ガラス）〉
　◇「春のクロッカス」エミール・ガレ作 1897年
　◇「百合文扁壺」ドーム兄弟 1895年 H31.0cm
　◇「花のいざない〜女神フローラ〜」L・C・ティファニー 1900〜1910
　　年 H191.0cm W124.5cm
　◇「火の鳥」ルネ・ラリック 1922年 H43.0cm
　◇置時計「トカゲ」アマルリック・ワルター 1910〜1920年 H16.2cm

【事　業】
常設展の他、年2度の企画展。

【出版物】
図録「ART DECO 〜アール・デコ時代の装飾芸術〜」(1995)

- 所 在 地　〒413-0235　静岡県伊東市大室高原11-300
- 設　　立　1993年5月
- ＴＥＬ　　0557-51-7222
- ＦＡＸ　　0557-51-7223
- ＵＲＬ　　http://izuglass.co.jp/
- E-mail　info@izuglass.co.jp
- 交　　通　JR伊東駅よりぐらんぱる公園経由シャボテン公園行(東海バス)30分、伊豆急行伊豆高原駅よりシャボテン公園行(東海バス)15分「理想郷」下車すぐ
- 開　　館　AM9:00〜PM5:00(入館はPM4:40まで)
- 入館料　　一般850円(750円)、60歳以上700円(600円)、小中高生450円(350円)
　　　　　　※(　)内は団体8名以上の割引料金
- 休館日　　年中無休
- 施　　設　木造2階建913㎡、敷地1827㎡、喫茶室「美遊ガーデン」、ミュージアムショップ、制作体験工房
- 責任者　　館長・片山劼

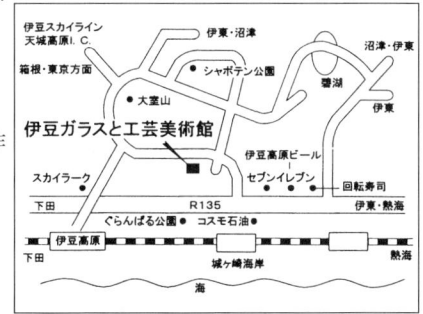

静岡県

伊豆テディベア・ミュージアム

　当館は、テディベア（熊のぬいぐるみ）の歴史とこころ暖まる文化を紹介することを目的として、1995（平成7）年4月20日に開館した。コレクションは現館長である関口芳弘が収集した、世界各国のぬいぐるみ作家の手になるテディベアと、今世紀初めから中頃までに制作され現存数が少なくなったアンティークベアである。関口は、祖父が興した人形・ぬいぐるみ製造業の家の三男として生まれ、自身もぬいぐるみ製造を手掛けてきた。この間、各国のぬいぐるみ関係者と交遊を結び、そこでぬいぐるみの原点であるテディベアの魅力を知るに至った。以来、収集したテディベアが1000体を超えたのを機に、テディベア文化を広く知らしめる場としてミュージアムの開設に踏み切ったものである。

　テディベアは約1世紀に及ぶ歴史を持つ、ぬいぐるみの本流である。初めて誕生したのは1903年。その名は、第26代米国大統領セオドア・ルーズベルト（愛称テディ）が熊狩りにおいて、捕獲された小熊を逃がしてやったことに由来する。欧米では、生まれてきた子供に肉親がプレゼントする習慣が定着している。また、近年はテディベアを手作りする作家の活動も活発化し、世界中でフェアが開催されるようになった。当館は特に、この作家の手になるテディベア（アーティストベア）をテーマとした、世界で最初のミュージアムである。（1997年に姉妹館、那須テディベア・ミュージアムを開設）

【展示・収蔵】
　当館のテディベア・コレクション数はテディベア…1000体、テディベ

由来の品…300点となっている。

　「テディガール」…ドイツのシュタイフ社が1904年に製造したベアの中の1体。先駆的なテディベアコレクターとして知られる、英国陸軍大佐ボブ・ヘンダーソンが幼少より所有し、ノルマンディー上陸作戦にも同行させたことで知られる。世界で最も有名なベアである。

【事　業】
（1）年間を通じて数回の季節色豊かな企画展示を行っている。
（2）テディベアファンを中心に、ミュージアムの友の会組織「テディベア・ネットワーク」を運営。入会金1000円、年会費2000円。伊豆と那須、2つのテディベア・ミュージアムの年間無料パスを兼ねるメンバーズカードと入会記念品の他、年4回の会報誌を提供。

【出版物】
　会報誌「テディベア・ネットワーク」（1996年10月～）

- 所在地　〒413-0232　静岡県伊東市八幡野1064-2
- 設　立　1995年4月
- ＴＥＬ　0557-54-5001
- ＦＡＸ　0557-54-5005
- ＵＲＬ　http://www.teddynet.co.jp/
- E-mail　teddynet@teddynet.co.jp
- 交　通　伊豆急線伊豆高原駅高原口より徒歩9分
- 開　館　AM9:30～PM5:00（入館はPM4:30まで）
- 入館料　大人1000円、中高生800円、小学生600円（幼児・70歳以上無料）
- 休館日　2，3，6，12月第2火曜日（6月は第2水曜日も休館）
　　　　※祝・祭日開館／年末年始・GW開館／8月無休
- 施　設　木造2階建（展示棟）120坪、鉄筋コンクリート2階建
- 責任者　館長・関口芳弘

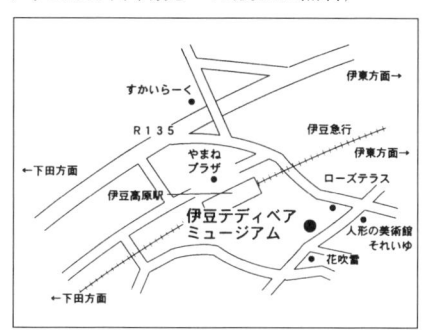

静岡県

上原近代美術館

　財団法人上原近代美術館は、大正製薬株式会社会長・上原昭二氏が長年にわたって収集、愛蔵した美術品の寄贈のもと、氏の私財によって2000(平成12)年3月15日に開館した。
　日本画の鑑賞と収集を好んだ両親の影響を受け、上原氏も若い頃から美術鑑賞を趣味とし、特に西洋近代美術の収集にあたった。その作品の一点一点に上原氏独特の感性と深い愛情を感じることができる。個人のコレクションがもとであるため、多くが小品ではあるが、西洋近代美術の一側面を知ることのできる注目すべきコレクションとなっている。セザンヌ、ルノワール、マティス、ピカソなどの西洋近代絵画のほか、梅原龍三郎、安井曽太郎、須田国太郎、川合玉堂、伊東深水など日本の絵画、またマンズー、マリーニなどの彫刻と多彩なコレクションのなかから、季節ごとにテーマを変えて展覧会を行なっている。
　また、作品の公開・展示だけでなく、専門家を招いての講演会や講習会、学校と連携した教育普及活動など、幅広い文化活動を行なっている。

【展示・収蔵】
　3部屋からなる展示室にて、収蔵作品を中心に企画展や常設展など年4回の展覧会を行なっている。収蔵作品は主に西洋近代絵画、日本画、日本近代

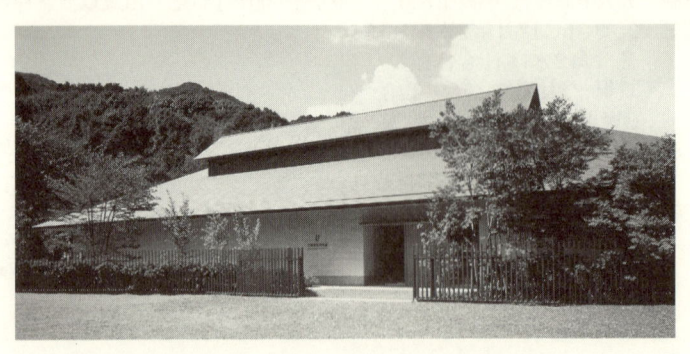

洋画、彫刻で構成され、約200点を収蔵している。
〈主な収蔵作家〉
◇西洋近代絵画：アルブレヒト・デューラー、カミーユ・コロー、ポール・セザンヌ、アルフレッド・シスレー、オディロン・ルドン、クロード・モネ、オーギュスト・ルノワール、ピエール・ボナール、アンリ・マティス、ジョルジュ・ルオー、アルベール・マルケ、モーリス・ド・ヴラマンク、アンドレ・ドラン、パブロ・ピカソ、ジョルジュ・ブラック、モーリス・ユトリロ、マルク・シャガール、ベルナール・カトラン
◇日本近代洋画：藤島武二、梅原龍三郎、安井曽太郎、須田国太郎、岸田劉生、中川一政、岡鹿之助、萩須高徳、鳥海青児、岡田謙三、小磯良平、香月泰男
◇日本画：横山大観、川合玉堂、松林桂月、鏑木清方、野田九浦、小林古径、前田青邨、川端龍子、堅山南風、奥村土牛、中村岳陵、堂本印象、郷倉千靱、山口蓬春、小倉遊亀、伊東深水、児玉希望、森白甫、山口華楊、吉岡堅二、東山魁夷、杉山寧、奥田元宋、髙山辰雄、村松乙彦、濱田台兒、大山忠作
◇彫刻：マリノ・マリーニ、ジャーコモ・マンズー、リン・チャドウィック、山本正道

【事　業】
年4回の展覧会のほか、年1回専門家を招いて講演会を開催している。

【出版物】
◇収蔵品カタログ：「上原近代美術館コレクション・西洋編」（2005年刊）／「上原近代美術館コレクション・日本近代洋画編」（2005年刊）／「上原近代美術館コレクション・日本画編」（2005年刊）
◇展覧会小冊子・カタログ：「紙に描かれた作品展」（2000年刊）／「須田国太郎展」（2002年刊）／「FEMME―描かれた女性たち展」（2002年刊）／「彫刻をたのしむ」（2006年刊）／「コレクターのまなざし―モネ《雪中の家とコルサース山》を囲んで」（2006年刊）／「アンドレ・ドランの軌跡―マティス、マルケ、ヴラマンクらとともに―」（2007年刊）
◇「上原近代美術館だより」（年4回発行）

静岡県

- 所在地　〒413-0715　静岡県下田市宇土金341
- 設　立　1998年10月
- ＴＥＬ　0558-28-1228
- ＦＡＸ　0558-28-1227
- ＵＲＬ　http://www.uehara-museum.or.jp
- E-mail　uehara-m@i-younet.ne.jp
- 交　通　伊豆急下田駅より松崎・堂ケ島方面行バス相玉下車徒歩15分，東名高速道路沼津I.Cより下田方面へ車で1時間40分
- 開　館　AM9:00 〜 PM5:00（入館はPM4:30まで）
- 入館料　大人800円，小人400円 ※団体20名以上10％割引
- 休館日　無休（ただし展示替のため臨時休館あり）
- 施　設　鉄筋コンクリート（地上1階，地下2階）
- 責任者　館長・大平吉子

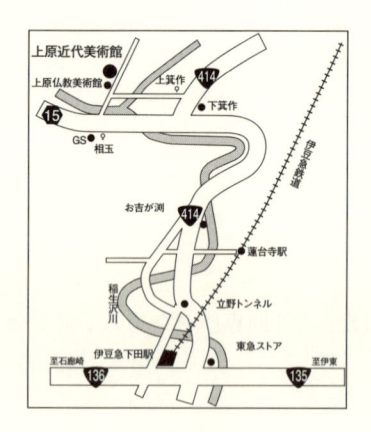

静岡県

MOA美術館
（エムオーエー）

　当美術館の創設者岡田茂吉師（1882-1955）は「優れた芸術は人々の魂を浄化し、霊性を高め幸福に誘う」、「優れた美術品は私すべきでなく、広く一般大衆に公開すべき」との信念のもと、心血を注いで美術品の蒐集につとめ、戦後間もない1952（昭和27）年財団法人東明美術保存会（現在は財団法人エム・オー・エー美術・文化財団と改称）を創設し、箱根町強羅に箱根美術館を開館した。

　師は「熱海にも世界的な美術館を建設し、日本の優れた伝統文化を世界の人々に紹介したい」という願いから、1957（昭和32）年、熱海市に熱海美術館を開館、そして、時至り、1982（昭和57）年1月11日、師の生誕百年を記念する事業として、新たに美術館を開設、名称も師の名を冠してMOA美術館と改め、幅広い文化活動をめざす財団法人エム・オー・エー美術・文化財団の中心拠点として今日に至っている。

【展示・収蔵】

　尾形光琳筆「紅白梅図屏風」、野々村仁清作「色絵藤花文茶壺」、手鑑「翰墨城」の国宝3点をはじめ、重要文化財65点を含む約3500点で構成。

　その内容は、東洋美術を中心に絵画・書跡・工芸等各分野にわたり、近年

静岡県

蒐集の西洋絵画及び、彫刻等も含まれている。特に各分野の美術史を語る上で欠くことの出来ない鑑賞価値の高い作品が多く、美術的にも研究的にも大きな魅力と価値のある所蔵品となっている。

◇絵 画

樹下美人図(唐時代・重文)、寒江独釣図 伝馬麟筆(宋〜元時代・重文)、過去現在絵因果経断簡(奈良時代・重文)、平兼盛像 佐竹本三十六歌仙切(鎌倉時代・重文)、源重之像 上畳本三十六歌仙切(鎌倉時代・重文)、洋人奏楽図屏風(桃山時代・重文)、浄瑠璃物語絵巻 伝岩砂又兵衛筆(江戸時代・重文)、紅白梅図屏風 尾形光琳筆(江戸時代・国宝)、レンブラント「帽子を被った自画像」、クロード・モネ「睡蓮」。

◇書 跡

無準師範墨跡「帰雲」二大字(南宋時代・重文)、楚石梵琦墨跡「送別偈」(元時代・重文)、手鑑翰墨城(奈良時代〜室町時代・国宝)、継色紙 伝小野道風筆(平安時代・重文)、仮名消息 藤原俊成筆(鎌倉時代・重文)。

◇彫 刻

銅造観音菩薩立像(隋時代・重文)、木造聖観音立像(奈良時代・重文)、木造阿弥陀如来及両脇侍坐像(平安時代・重文)、木造北方天眷属像(鎌倉時代・重文)、木造聖徳太子立像(鎌倉時代・重美)、木造阿弥陀如来立像(鎌倉時代・重美)、ヘンリー・ムア「王と王妃」。

◇工 芸

黒釉金彩瑞花文碗 定窯(北宋時代・重文)、青磁大壺 郊壇窯(南宋時代)、山水人物蒔絵手箱(南北朝時代・重文)、樵夫蒔絵硯箱 伝本阿弥光悦作(江戸時代・重文)、色絵藤花文茶壺 野々村仁清作(江戸時代・国宝)、色絵桃花文皿 鍋島(江戸時代・重文)。

【事 業】

(1)「定期演能会」、「夏休み能楽サークル」(能楽師によるわかりやすい学習の後、本格的な能舞台で実演を観賞)、MOA美術館「特別芸術公演」、「MOA美術館コンサート」(気軽な雰囲気で音楽の空気を楽しむことのできる「フロアーコンサート」、能舞台という独特な音楽空間を楽しむ「能楽堂コンサート」などを開催)。

(2)「MOA岡田茂吉賞」(創立者岡田茂吉の志に鑑み、日本画及び日本工芸

静岡県

における画期的な業績を示した作家を顕彰、日本美術界の発展に寄与することを目的として設立)。

　当館主催による全国各地で開催される児童作品展の実施、年間を通じての各企画展、特別展の開催、友の会活動など。

- 所在地　〒413-8511　静岡県熱海市桃山町26-2
- 設　立　1982年1月
- ＴＥＬ　0557-84-2511
- ＦＡＸ　0557-84-2570
- ＵＲＬ　http://www.moaart.or.jp/
- 交　通　JR東海道線熱海駅下車 バスのりば4番MOA美術館行き8分
- 開　館　AM9:30～PM4:30(入館はPM4:00まで)
- 入館料　大人1600円, 高大生800円, 中学生以下無料 ※団体は20名以上
- 休館日　木曜日(祝日は開館), 年末年始
- 施　設　鉄骨鉄筋コンクリート造地上3階・地下1階建
- 責任者　館長・岡田イツキ

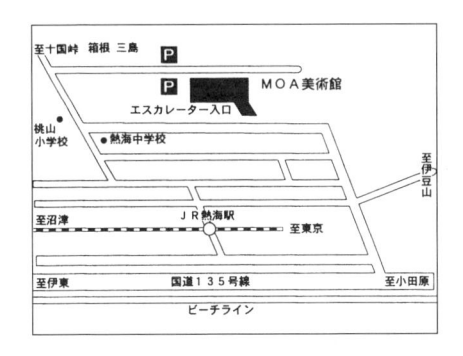

静岡県

佐野美術館

　佐野隆一翁が長年にわたって収集した東洋古美術品を喜寿を迎えた記念に公開するため、郷里三島市の父母の隠居地に隣接して美術館を建設、1966(昭和41)年2月財団法人を設立した。同年5月に建設が竣工、11月に開館した。また、7月22日に登録博物館として認可された。

　翁は1889(明治22)年8月1日、三島市久保町(現・中央町)に生れた。1925(大正14)年36歳で合資会社鉄興社を創立、1928(昭和3)年株式会社に改組し取締役社長となる。一方、化学工業の先覚者として、近代日本の発展に多くの貢献をし、1965(昭和40)年勲二等瑞宝章を授章。

　氏のコレクションの特色はその多彩さにある。日本刀・青銅器・古鏡・金銅仏・陶磁器・能面などから、小さいものでは、ぐい呑・矢立・印籠・たばこ入・髪かざりにいたるまで、東洋の工芸を中心に幅広く収集。それらは自らの研究のためであったが、美術館に収められた現在、多くのものを比較し研究しようとする人にとって極めて有益なコレクションとなっている。

　また「隆泉苑」は故佐野隆一翁が父母の隠居地として、昭和初期に築造した回遊式庭園で、総面積約7000㎡である。敷地内には湧水が四季変らずに池を満たし、春のしだれ桜、初夏のつつじ、秋の紅葉と四季折々の姿を楽しむことができる。

静岡県

【展示・収蔵】
　館蔵品の展示は年に数回行う。収蔵品は巾広い分野にわたる東洋の古美術品が、それぞれ系統だてて収蔵されている。日本刀は特に名品が多く、その他青銅器・陶磁器・金銅仏・古鏡・能面・日本画・古写経・装身具などがある。
　絵画、陶磁器、書跡、刀剣、彫刻、青銅器・古鏡、その他金工品などあわせて約3000点。
　上記の内、国宝は薙刀（1点）。重要文化財は彫刻（1点）、刀剣（8点）計9点。重要美術品は彫刻（1点）、絵画（2点）、書跡（1点）、写経（6点）、青銅器（1点）、刀剣（30点）計41点。

【事　業】
　企画展示が中心で、年間約8〜9回開催する。これらは三島市、三島市教育委員会とも共催する。各展覧会には、ギャラリートーク、講演会、ワークショップなどを開催。教育普及活動として、小中学生対象の体験講座「さのび子どもくらぶ」を行っている。

【出版物】
　〔図録〕「日本刀 観賞のしおり 佐野美術館蔵品シリーズ」（1996）/「能面・狂言面 観賞のしおり 佐野美術館蔵品シリーズ2」（1997）/「武士の意匠 透かし鐔 古墳時代から江戸時代まで」（1999）/「生誕100年記念 異材の「日本画家」中島清之―伝統と現代を問い続けて―」（1999）/「人間国宝 野口園生の人形」（1999）/「山本コレクション受贈記念 美濃のやきもの―黄瀬戸・瀬戸黒・志野・織部の系譜」（1999）/「日本刀―京の名匠―来派の隆盛にみる」（1999）/「仏像 鑑賞のしおり 佐野美術館蔵品シリーズ3」（2000）/「近代日本画の巨匠 竹内栖鳳―生きものたちへのまなざし」（2000）/「金子コレクション 寄木細工―海を渡った静岡の木工芸」（2000）/「川合玉堂―四季を詠う」（2001）/「金子みすゞ・山頭火の詩を描く 小野田雪堂の世界」（2001）/「東海道四〇〇年祭 みしま―三嶋暦から三島茶碗へ」（2001）/「東海道四〇〇年祭 画狂人北斎」（2001）/「正宗―日本刀の天才とその系譜」（2002）/「没後40年記念 墨彩の詩人 近藤浩一路」（2002）/「反りのルーツを探る 草創期の日本刀」（2003）/「四季を創る 北大路魯山人」（2003）/「大須賀喬・選父子展 金・銀・銅をデザインする」（2004）/「金箔のあやなす彩りとロマ

静岡県

ン 人間国宝 江里佐代子・截金の世界」(2005)／「没後20年 堀柳女 人形に心あり」(2005)／「千年の伝統をつむぐ西陣の織物 山口伊太郎・山口安次郎の世界」(2005)／「戦国武将のよそおい─異形兜から祐乗目貫まで」(2006)／「生誕120周年 近代陶芸の巨匠 富本憲吉」(2006)／「日本刀の華 江戸の名工 虎徹と清麿」(2006)／「情熱の色 梅原龍三郎」(2006)／「日本刀の匠たち 私の最高傑作」(2007)／「琳派─京へのあこがれ 細見美術館コレクションによる」(2007)／「華やかな日本刀 備前─文字」(2007)

〔その他刊行物〕「隆泉」

- 所在地　〒411-0838 静岡県三島市中田町1-43
- 設　立　1966年2月
- ＴＥＬ　055-975-7278
- ＦＡＸ　055-973-1790
- ＵＲＬ　http://www.sanobi.or.jp/
- E-mail　info@sanobi.or.jp
- 交　通　JR三島駅(南口)より鉄道伊豆箱根鉄道三島田町駅下車西へ徒歩5分，車…南へ1.3キロ左側，バス沼津登山東海バス4番ポールより乗車「佐野美術館」下車
- 開　館　AM10:00～PM5:00(入館はPM4:30まで)
- 入館料　展覧会により異なる(15名以上の団体は2割引，土曜日は小中学生無料)
- 休館日　木曜日，展示替え日，年末年始
- 施　設　設計：大熊喜英 鉄筋コンクリート2階建，敷坪450㎡ 日本庭園「隆泉苑」(約7000㎡)
- 責任者　館長・渡邉妙子

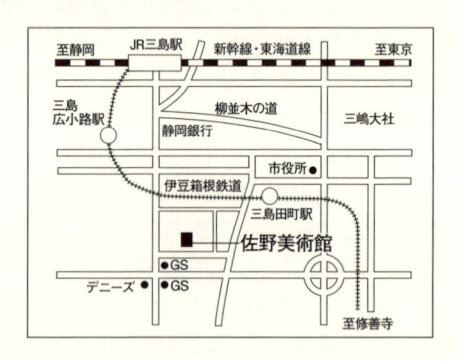

静岡県

平野美術館

　1989(平成元)年に開館。山林・製材業のかたわら書画をたしなみ晩年は美術品の収集につとめた故・平野素芸(そうん)と故・平野憲の父子二代のコレクションをもとに約3000点の作品を収蔵。コレクションは仏教美術、南画、浮世絵版画、さらには日本美術院の作家を中心とした日本画や、現代アートにいたるまで幅広いジャンルにわたっている。

　年数回企画展を開催し、地元出身の画家の企画展をはじめ地域に根ざした美術館、街に開かれた美術館をモットーに活動を続けている。

【展示・収蔵】
〈代表作品〉
　重要文化財「紫地段花菱円文散草花文様縫箔小袖」桃山時代～江戸時代初期
　重要美術品「二河白道図」鎌倉時代後期
　重要美術品 渡辺崋山「猛虎図」1838(天保9)年
　重要美術品 椿椿山「渡辺崋山像稿」江戸時代後期
　横山大観「怒涛」1899(昭和32)年頃/「皓月」1905(明治38)年頃
　竹内栖鳳「宇佐支」1927(昭和2)年頃/「夏景富嶽」昭和前期
　伊藤深水「傘美人」1949(昭和24)年頃/「蛍狩」1941(昭和16)年
　梅原龍三郎「石龍」1963(昭和38)年
　吉原治良「無題'69」1969(昭和44)年
　高村光太郎「みちのく(十和田湖裸婦像中型試作)」1953(昭和28)年

【事　業】
　年5回程度の企画展を開催。地元の作家の作品も多く取り上げている。そ

静岡県

の他、講演会やギャラリートーク、ワークショップなども開催。

【出版物】

「平野素芸・憲 父子画集選」(1995年)／「栗原幸彦 自撰展」(1997年)／「木津文哉の世界展」(1997年)／「山内和則展」(1998年)／「山内和則 小説『月光の東』装画原画集」(1998年)／「八木幾朗の仕事1972-1998」(1999年)／「畠中光享の美意識 近作仏伝絵画とインド美術コレクション」(2000年)／「第3回 東京日本画新鋭選抜展」(2001年)／「佐々木信平展」(2001年)／「野島青茲展」(2001年)　浜松市美術館共著／「長岡宏展―変革する探究心―」(2002年)／「石踊達哉展―伝統の秘める前衛―」(2002年)／「金・銀・銅をデザインする 大須賀喬・選父子展」(2004年)／「田宮話子」(2006年)

- 所在地　〒430-0942　静岡県浜松市中区元浜町166
- 設　立　1989年5月
- ＴＥＬ　053-474-0811
- ＦＡＸ　053-412-1808
- ＵＲＬ　http://www.hirano-museum.jp/
- E-mail　info@hirano-museum.jp
- 交　通　バス利用→JR東海道線・浜松駅よりJR浜松駅北口を出て、遠州鉄道バス乗り場(12番乗り場)から内野台行に乗車、「元浜町」下車すぐ(乗車時間約8分)、車利用→東名浜松IC、または浜松西ICから約30分　二俣街道沿い カーナビポイント「静岡銀行 山下支店」、タクシー利用→浜松駅より約5分
- 開　館　AM10:00～PM5:00(入館はPM4:30まで)
- 入館料　一般500円(400円)、中高生300円(240円)、小学生200円(160円)
　※(　)内は20名以上の団体料金(2割引)　※土日は小中学生無料　※特別展・企画展開催中は別料金
- 休館日　月曜日(祝日の場合は開館し、翌日休館)、展示替期間、年末年始など
- 施　設　鉄骨鉄筋コンクリート2階　建築面積約490㎡(事務所を含む)
- 責任者　理事長・平野まさ子

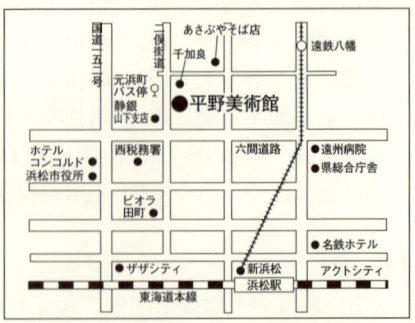

静岡県

ベルナール・ビュフェ美術館

　ビュフェ美術館は、1973（昭和48）年11月25日、銀行家・岡野喜一郎によりフランスのただ一人の画家のための、そして現在も制作活動を続けている画家ベルナール・ビュフェの作品のみを収蔵する美術館として設立された。

　岡野がビュフェの作品と出会ったのは第二次大戦後まだ日本が荒廃の極にあった頃のことであり、ビュフェの作品は岡野にとって、戦後の世界の姿をその『悲惨主義』によって、感動的なまでに具現しているように思われたのである。そして岡野は、一人の天才画家を20世紀の時代の証人として残すため、いつの日かビュフェの作品を展示する美術館を設立したいと考えた。岡野は銀行を経営する傍ら、アフリカ協会、イタリア協会の会長もつとめ、国際交流の強力な推進者でもあった。

　岡野は、彼の故郷に美術館を建設することを決心し、この地に文化の花開くことを願い、建築家の菊竹清訓に岡野の心にイメージした美術館の設計を託し、自然と共存する美術館が誕生した。ビュフェの黒い線を連想させる中央部分の三角形の建物のデザインには、ビュフェのサインが描かれ、建築物と展示される作品の間に調和が保たれている。この本館に続き、1988（昭和63）年にはパリのオルセー美術館にインスピレーションをえた自然光で作品を演出する新館を増設、1996（平成8）年には版画館が開館した。また、版画館の1階にはビュフェこども美術館を併設し、ハンズオン展示やワークショップ等、教育普及活動を展開している。

　ビュフェ美術館は、一人の画家の充実したコレクションを通してフランスの芸術をより深く知る事ができる日本で最も貴重な美術館のひとつである。

静岡県

【展示・収蔵】
　当美術館のコレクションは、約400点の油彩とその他版画等1400点以上に及び、その質・量とも世界一のビュフェコレクションとして知られている。版画館ではビュフェの銅版画、リトグラフ、水彩画、デッサン、画家の本やポスターなどを展示、ビュフェの多彩な才能を知る上で貴重な役割を担っている。

【事　業】
　特別展、巡回展、講演会、絵画展(児童画コンクール)、ミュージアムコンサートなど。

【出版物】
　図録「油彩」「版画第1～5集」「ダンテ地獄篇」「バトーシリーズ」「イタリアの想い出」「ロシアシリーズ」「プロバンス地方の散歩」/講演会録/演説集/解説書その他

- 所在地　〒411-0931　静岡県駿東郡長泉町スルガ平
- 設　立　1973年11月
- ＴＥＬ　0559-86-1300
- ＦＡＸ　0559-87-5511
- 交　通　JR三島駅より無料バス有り(時刻等は美術館までお問い合わせ下さい)
- 開　館　4月～8月…AM10:00～PM6:00、11月～1月…AM10:00～PM4:30、9・10月、2・3月…AM10:00～PM5:00
- 入館料　大人1000円(900円)、高・大学生500円(400円)、小・中学生無料
　　　　　※(　)内は20名以上の団体料金
- 休館日　水曜日(水曜日が祝祭日の場合は翌日)、年末年始
- 施　設　鉄筋コンクリート2階建　4293.46㎡、ミュージアムショップ、オーガニックビュフェ、野外ステージ
- 責任者　館長・岡野喜平太

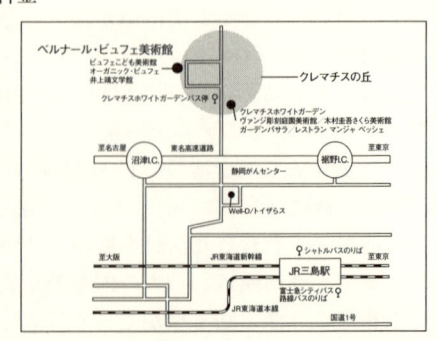

愛知県

かみや美術館

　財団法人かみや美術館は、弁護士神谷幸之の所蔵作品をもって構成されている。氏は或ることから、小島善三郎の椿を描いた6号の絵を入手、以来油彩にとりつかれたようにして、帰途は名古屋にある日動画廊に立ち寄り絵に親しんだ。社会情勢の変化にともない、絵画の価格も驚くばかりの変動をとげている。一例をあげるならば、近年熊谷守一の評価は高くまたその値段も高騰しているが、氏が熊谷守一の「最上川上流」「農馬」を購入した当時、1枚40万円程という比較的安価で手に入れることができたという。これら作品と比較して氏のコレクションする北上民次の絵は価格零に等しい状態であり、初めて購入した北上民次の絵「陶工たち」50号が50万円という具合であった。
　この作品は、当時三越で毎年開催されていた国際形象展に林武とならべられていた作品だが、林が号10万の相場であったのに較べ、北上民次はなじめない画風であったものの号1万円は破格の安さであった。収集を続けるうちに次第に北上民次と親しくなり、民次の絵の思想の深さにほれ込み、いいと思った絵は次々と買い入れていった。その上民次自身が余技と言い他へは売ることのなかった水墨画100点が手元に残った。
　1973(昭和48)年、半田市出身の童話作家・新美南吉の養家を修復保存し一般公開した。1984(昭和59)年4月「かみや美術館」を設立し、「南吉の家」は分館となっている。

【展示・収蔵】
　当館は常設展と企画展の2つの展示を通し当館所蔵作品を紹介している。

愛知県

①常設展…油彩で、大正・昭和に活躍した作家、特に村山槐多 風景松・長谷川利行 陸橋みち・万鉄五郎 風景・古賀春江 風景等を中心に林武・熊谷守一・梅原龍三郎・須田国太郎・海老原喜之助・小島善三郎等を展示。
②企画展…北川民次油彩20点、ガラス絵5点、水墨画100点、版画30点を逐次。飯野農夫他木版画40点、浜田知明24点、大津絵、外国作家の版画等を企画展として展示。

【事　業】
館主催の企画展

【出版物】
「かみや美術館作品カタログ」（1984）／「絵との出会い」神谷幸之著（1979・初版）／「童女（北川民次水墨画集）」（1980）／「まほうのつぼ（北川民次作絵本）」（1996）

- 所在地　〒475-0017　愛知県半田市有脇町10-8-9
- 設　立　1984年4月
- ＴＥＬ　0569-29-2626
- ＵＲＬ　http://www.kamiya-muse.or.jp/
- 交　通　車：知多半島道路阿久比インターを出て東へ10分，バス：緑ヶ丘行知多バス・春日山美術公園前30分
- 開　館　AM10:00～PM4:00
- 入館料　大人500円，小人300円
- 休館日　火・木曜日，展示替期間（年3回）
- 施　設　本館・美術館，分館・南吉の家（半田市平和町7-60）
- 責任者　理事長・神谷博

桑山美術館

　当館は、名古屋で綿織物の製造・販売を営んでいた桑山清一(1902-1989)が、文化の向上と発展に寄与する事を目的として、永年にわたり収集した美術品や工芸品の寄贈をもとに、自宅の庭園の一部に美術館を建設し、1981(昭和56)年4月に開館した。

　名古屋市東部の閑静な住宅地に位置する当館の屋上からは、遠く鈴鹿の山脈等を望む事ができ、四季折々の変化に富んだ彩りをみせる庭園内には茶席「青山」、本館2階には茶室「望浪閣」、別館1階には多目的ホール、2階には立礼席が設けられ、広く一般にご利用いただいている。

【展示・収蔵】
　近代の日本画や鎌倉時代から現代に至るまでの茶道具を中心とする所蔵品は、各々のテーマ毎に年3回の展示替えによって公開している。
　春季(4月上旬～7月上旬)は、近代の日本画を中心とした絵画の企画展を行う。代表作として速水御舟が16歳の時に展覧会へ初出品して入選した「小春」をはじめ、横山大観「霊峰春色」、川合玉堂「嶋之春」のほか上村松園、鏑木清方など近代日本画を代表する画家の作品が挙げられる。

愛知県

秋季(9月上旬～12月上旬)は、さまざまな視点で茶道具の魅力を紹介する企画展を開催。代表作として、竹一重切花入(利休在判)、祥瑞橋杭香合、金海州浜茶碗などのほか、荒川豊蔵や加藤唐九郎などの現代陶芸も含まれる。

新春展(1月上旬～2月上旬)は、絵画、茶道具の区別をつけず、幅広いテーマを設定した企画展を行う。

【事　業】

青山茶会：年1回、美術講座：年1回、茶道講座：年1回、ギャラリートーク：絵画展示期間3回、茶道教室：週1回。

【出版物】

図録：「桑山美術館所蔵品選」／館内報「もっと知りたい」：展示毎発行

- 所在地　〒466-0828　愛知県名古屋市昭和区山中町2-12
- 設　立　1981年4月
- ＴＥＬ　052-763-5188
- ＦＡＸ　052-763-5278
- ＵＲＬ　http://www.kuwayama-museum.jp/
- E-mail　kuwayama-museum@helen.ocn.ne.jp
- 交　通　地下鉄鶴舞線「川名駅」下車2番出口を出て東へ徒歩8分、市バス「山中」下車 東へ徒歩3分
- 開　館　AM10:00～PM4:00
- 入館料　一般500円(400円)、学生(中・高・大)300円(200円) ※(　)内は団体20名以上の割引
- 休館日　月曜日、祝日の翌日、月曜日が祝日の場合その翌日、展示入替期間
- 施　設　鉄筋コンクリート造2階建、本館2階に茶室「望浪閣」、庭園内に茶席「青山」、別館1階に多目的ホール、2階に立礼席
- 責任者　館長・桑山信子

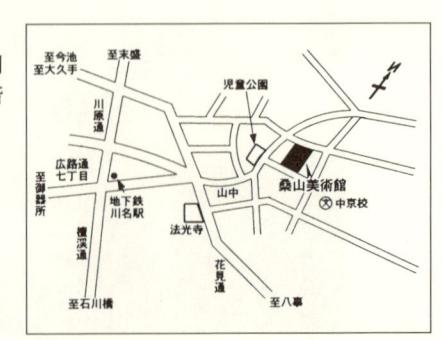

愛知県

昭 和 美 術 館

　財団法人後藤報恩会昭和美術館は、1938(昭和13)年12月に財団を設立し、1978(昭和53)年に開館された。当館は、故初代後藤幸三(1881-1977)が永年にわたり収集した美術工芸品や業務関係史料の一括保存、及び公開を図っている。

　生前後藤幸三が住居としていた名古屋市の東部、昭和区汐見町の一角に、7269㎡の敷地を有して美術館は佇んでいる。ここは都市の閑静な高級住宅地で、周辺の環境に調和するよう考えて設計されている。正面入口には、風除けと空調の関係から二重扉を設け、展示室に直接の影響が出ないように配慮されている一方、入館者のくつろげるよう、受付、ロビー、及び2階への階段付近は、天井の高い吹抜けとなっている。また、床に敷きつめられたじゅうたんなどは、利用者の疲労、転倒や騒音防止を考慮するといった様にさまざまな工夫がなされている。

　茶の湯関係の美術館として発展向上をめざしている当館は、茶道具中心の収蔵品が80パーセントをしめる。なかでも敷地内の茶庭が見事である。庭園は池を中心に自然木をいかした素朴な趣で、茶の湯にふさわしい条件をととのえている。

　その中には、南山寿荘の茶室、捻駕籠(ねじかご)の席(尾張藩家老渡辺半蔵規綱の下屋敷より移築・県指定文化財)、有合庵など大小さまざまな茶席

愛知県

を有し、茶の美術館の特色を強めている。これらの利用者も多く、地域文化向上の核として、重要な役割を果している。

【展示・収蔵】
　館蔵品は約1300点余で、なかでも茶道具が約8割を占めている。特色として、古筆の数は多くはないが系統的に充実した内容となっている。
　そのうち「二十巻本類聚歌合」(宇多院歌合・院北面和歌合)、「熊野懐紙」などが重要文化財に指定されている。そのほかにも「紀州本万葉集」(鎌倉・室町時代)、「戊辰切」、「広沢切」、「亀山切」、「小倉色紙」なども蔵している。

【事　業】
　(1)講演会(茶道文化に関する)年1回　(2)講座(古筆講座・毎年度4～5回シリーズで開催)平安時代～鎌倉時代の名蹟かな中心に行う　(3)茶会の開催(昭和茶会)毎年各流派担当3月～4月

【出版物】
　南山寿荘(冊子)／館蔵品絵はがき

- 所在地　〒466-0837　愛知県名古屋市昭和区汐見町4-1
- 設　立　1978年5月(開館)
- ＴＥＬ　052-832-5851
- ＦＡＸ　052-832-5851
- ＵＲＬ　http://www.spice.or.jp/~yama3/showamu.html
- 交　通　市バス金山総合駅発(金山12)妙見町行上山町下車北へ5分、地下鉄鶴舞線杁中(いりなか)駅下車南西へ15分
- 開　館　AM10:00～PM4:00
- 入館料　一般600円、学生500円(大学生)※団体割引無し
- 休館日　月曜日及祝日の翌日、夏期間(7月中旬～9月中旬)
- 施　設　鉄筋コンクリート2階建(展示室)、茶庭茶席(県重文)
- 責任者　副館長・服部昭義

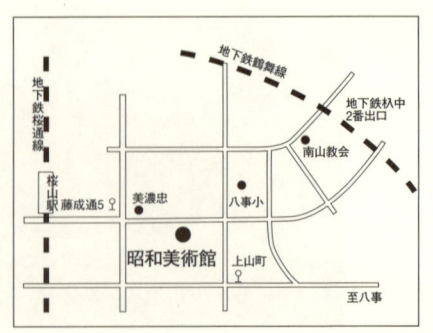

愛知県

メナード美術館

　当館は日本メナード化粧品株式会社の創業者野々川大介夫妻が中心となって20数年にわたり収集した美術品をもとに、1987(昭和62)年10月開館した。

　夫妻は、1959(昭和34)年化粧品会社を創業し、以来「美しさにまごころこめて」の企業理念のもと、常に女性の美に貢献するとともに、化粧品のみにとどまらず生活・健康・レジャー・文化などあらゆる分野の事業に取り組み、今日まで様々な「美」を提案し続けてきた。

　夫妻の提案する「内面からの美」の追求とは、精神的ゆとり、充足感であり、それは芸術における美の追求と相通じるものがあると考え、次第に美術品への見識を高め、国内外の優れた美術品を収集するようになった。

　これら収蔵作品を様々な角度から楽しめるよう、四季、風景、人物、色彩などのテーマのもと所蔵企画展をほぼ2ヶ月単位で行ない、また2年に一度借用作品を加えた特別企画展なども行なっている。

　人々の心にやすらぎと潤いを与えられる美術館であることはもちろんのこと、より多くの方が美術に接し、美術に親しむ環境を提供していくことが我々の役目であると考えている。

中部・東海

愛知県

【展示・収蔵】
　コレクションは、西洋絵画・日本洋画・日本画・彫刻等800余点、工芸・古美術等500余点、合わせて1300余点にのぼる。
　西洋絵画は、マネに始まり、スーラ、ゴッホ、或は象徴主義を展開したモロー、ルドン、20世紀初頭のフォーヴィスムやキュビスムを担ったマティスやピカソ、ブラック、レジェ、抽象主義の先駆者カンディンスキー、クレーなど近代美術の流れを代表する作家たちの作品を主軸としている。さらに、モランディやニコルソン、ド・スタールなど現代美術への橋渡しを担った作家たちの佳品をも見ることができる。
　日本洋画は、藤島武二以降、安井曽太郎、梅原龍三郎を中心に、熊谷守一、中村彝、小出楢重、国吉康雄、岸田劉生、前田寛治、佐伯祐三、小磯良平、山口薫など明治・大正・昭和から平成にいたる作家たちの作品が充実している。
　日本画も日本洋画と同様、近・現代が主体となっており、俵屋宗達、尾形光琳など江戸時代の絵画も含まれている。特に尾形光琳の《三十六歌仙図》（重要美術品）は、ユニークさにおいて光琳を代表する作品といえる。
　近代絵画では横山大観をはじめ、小林古径、安田靫彦、前田青邨、奥村土牛など日本美術院を代表する画家の作品、速水御舟、村上華岳ら画家の作品、あるいは福田平八郎のような特徴ある作風を示した画家の作品など充実した所蔵内容となっている。現代の日本画壇を代表する作家では東山魁夷、高山辰雄、加山又造、平山郁夫、田渕俊夫などがあげられる。

【事　業】
　講演会、ギャラリートーク、子供講座、コンサートお茶会など。

【出版物】
　「メナード美術館所蔵名作選集」（1997）／「メナード美術館所蔵名作選 近代ヨーロッパ絵画」（1992）／「メナード美術館所蔵名作選 日本画」（1992）／「メナード美術館所蔵名作選 日本洋画」（1993）／〔特別展図録〕大沼映夫／吉田善彦／島田章三／田渕俊夫／速水御舟・岸田劉生／安井曽太郎・梅原龍三郎／「メナード美術館名作選集2〔1997-2007〕」（2007）／「東山魁夷展」（2005）／「国画会の画家たち」（2006）

愛知県

- 所在地　〒485-0041　愛知県小牧市小牧5-250
- 設　立　1987年10月
- ＴＥＬ　0568-75-5787
- ＦＡＸ　0568-77-0626
- ＵＲＬ　http://www.menard.co.jp/museum/
- E-mail　museum@menard.co.jp
- 交　通
  - 名鉄バスセンター（名鉄メンズ館4階）より都市間高速バス小牧・桃花台行（栄バスターミナル・オアシス21経由）「小牧市民病院北」下車
  - 名古屋駅より名鉄犬山線「岩倉駅」下車バス乗りかえ、名鉄バス小牧駅行「メナード美術館前（小牧市民病院前経由）」または「小牧市民病院北（市役所前経由）」下車
  - 名古屋市営地下鉄名城線「平安通駅」乗りかえ、地下鉄上飯田線（名鉄小牧線に直通乗り入れ）より名鉄小牧線「小牧駅」下車、西口より徒歩15分
  - 東名・名神高速道路「小牧I.C」名古屋方面出口より、および名古屋高速11号小牧線「小牧南出口」より国道41号線に入り、「弥生町」交差点を東へ1km
- 開　館　AM10:00〜PM5:00（入館はPM4:30まで）
- 入館料　一般700円（600円）、高大生500円（400円）、小中生300円（250円）
　　　　　※（　）内は団体20名以上の団体料金および前売料金
　　　　　※障害者手帳をお持ちの方および同行者1名は無料
- 休館日　月曜日（祝日の場合は開館）、展示替等による臨時休館、年末〜1月1日
　　　　　※2008年5月7日から2009年3月頃（予定）まで、改修工事等のため休館
- 施　設　鉄筋コンクリート平屋建1307㎡（外壁に御影石を積み上げ、内壁は大理石使用）、休憩室・ミュージアムショップなど
- 責任者　館長・相羽規充

中部・東海

個人コレクション美術館博物館事典

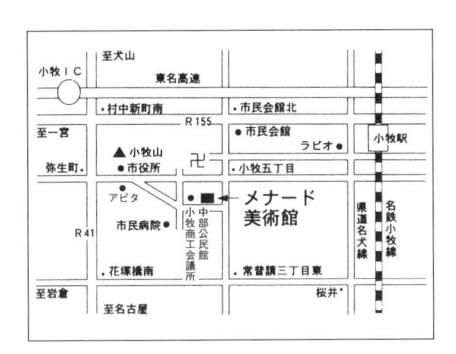

愛知県

ヨコタ博物館

　1977(昭和52)年ヨコタ南方民族美術館として設立。1987(昭和62)年ヨコタ博物館開館。1991(平成3)年、ヨコタ南方民族美術館をヨコタ博物館に統合し、現在に至っている。初代館長であった故横田正臣のコレクションを、息子である現館長が展示・運営している私設博物館である。
　収蔵品は考古、歴史、民族、宗教、美術と多岐に及び、特にタイ東北部ラオスの国境近くのバンチェン遺跡からの出土品は貴重な資料である。

彩色蝙蝠文土器バンチェン（紀元前2世紀）

　(1)バンチェン出土資料…黒色土器、灰色土器、彩文土器、土偶、動物形土偶、たゝき、土弾、ローラー、紡垂車、土鈴、土製印章、土製坩堝、土製杓子、青銅器(鳥頭柄杓子、人骨がついた腕輪、七鈴腕輪、大型小型鈴、ソケット式爷、耳飾り、つり針)、石器(石爷、鋳型、装飾品、たゝき、管玉)、骨器、牙の装身具、硝子(管棒、ソロバン玉形、勾玉形、ビーズ玉)、貝の装身具、鉄製槍、鉄製鎌など。
　(2)バンチェン以外の先史土器…コラート、ロップリーなどからの出土品。
　(3)カンボジア、タイの古陶磁…東南アジア最古の釉薬陶磁といわれているクメール陶クレン白濁釉陶磁を始め、8世紀から15世紀に至るスコタイ陶、サワンカロク、サンカンペン、カロン、パーン、アユタヤなどの陶磁。
　(4)キンマ(蒟醤)に関する資料…キンマ文化圏は台湾からアフリカの東海岸に至る地域。キンマとは嗜好品であり、儀式にもつかわれた。
　他に高地民族衣裳、モン族、ラフ族、イコー族、ヤオ族、カレン族、カヤン族の衣裳及び関係資料(古文書、木彫、絵画など)などがある。

愛知県

【展示・収蔵】
　当館は故横田正臣が三十余年にわたり、東南アジアを中心に考古、民族、工芸品など先史時代から現在に至る資料を蒐集、総数1万点余の中から部門別に、3つの展示室内に展示している。また年5〜6回の調査・蒐集の旅をし、現在も数十から数百点の資料が加えられている。

◇タイ東北バンチェン遺跡の出土品(土器、土偶、石器、青銅器、骨器、鉄器、ガラスなど、あらゆる出土品)、クメール(8〜12世紀)、タイ(13〜16世紀)、バンチェン以外の先史時代の土器。
◇衣裳…中国雲南からインドシナ半島の山岳に居住する少数民族衣裳及び民族資料、タイ族、ラオ族、クメール族の織布など。
◇彫刻…ニューギニアセピツ川流域に居住するパプア族の原始彫刻、ネパール、チベット、スリーランカ、ケニアなどの面。
◇漆…タイ、ミャンマーの漆芸品。
◇曼陀羅(チベット、ネパール)…法具、塼仏、青銅仏、木彫仏。

【出版物】
「タイ、カンボジア陶磁」(1987.3)／友の会だより(不定期)

- 所在地　〒441-1413　愛知県新城市作手白鳥北の入15-1
- 設　立　1978年3月
- ＴＥＬ　0536-37-2613
- ＦＡＸ　0536-37-2613
- ＵＲＬ　http://www.yokota-museum.jp/
- E-mail　aichi@yokota-museum.jp
- 交　通　JR飯田線新城駅下車、栄町バス停から作手高里行バスに乗り川合下車徒歩10分
- 開　館　AM10:00〜PM4:30
- 入館料　一般600円、小中学生400円(20名以上は一般500円、小中学生350円)
- 休館日　火曜日(祝日の場合開館)、年末年始
- 施　設　鉄骨平屋建894㎡
- 責任者　館長・横田毅

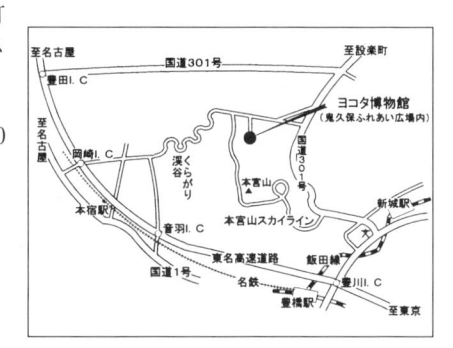

個人コレクション美術館博物館事典

三重県

伊賀信楽古陶館
しがらき

　1978(昭和53)年2月オープン。1階は伊賀陶芸会会員の作品を展示販売。2階は上野出身の耳鼻咽喉科医、奥知(旧姓城戸)勇氏が集めた伊賀・信楽の古陶34点の奥知コレクションが展示されている。コレクションは江戸初期の名工、新兵衛の「伊賀耳付筒花入」、新二郎の「伊賀新二郎茶入」など伊賀焼が8点、「信楽宝珠香合」「信楽印花壺」など信楽焼が26点、時代は室町から江戸までいずれも枯淡な味わいを競っていて市指定文化財となっている。
　奥知氏は1905(明治38)年に生まれ京都府立医科大を卒業した医学博士。大阪のあと上野で開業。1976(昭和51)年、71歳で他界した。古陶館の建物は、名古屋市で建築事務所を開いていた兄の城戸武雄氏が建設して上野市に寄贈したものである。さらに名古屋工大教授だった弟の城戸久氏が陶芸に関する図書を贈った。いまでは伊賀、信楽陶芸研究に欠かせない資料館になっている。

信楽徳利（桃山時代）

【展示・収蔵】
◇奥知コレクション
　1.信楽檜垣文壺(室町時代)、2.信楽檜垣文壺(室町時代)、3.信楽壺(室町時代)、4.信楽壺(室町時代)、5.信楽壺(室町時代)、6.信楽印花壺(桃山時

三重県

代)、7.信楽蹲(室町時代)、8.信楽檜垣文蹲(室町時代)、9.信楽檜垣文蹲(室町時代)、10.信楽蹲(室町時代)、11.信楽蹲(室町時代)、12.信楽蹲(室町時代)、13.信楽蹲(室町時代)、14.信楽四方向付(江戸時代)、15.信楽手鉢(江戸時代)、16.信楽徳利(桃山時代)、17.伊賀沓鉢(江戸時代)、18.伊賀新二郎茶入(江戸時代)、19.新兵衛伊賀耳付筒花入(江戸初期)、20.信楽茶碗(江戸時代)、21.伊賀茶碗 銘 后名月(江戸時代)、22.信楽鳥香合(江戸時代)、23.信楽宝珠香合(江戸時代)、24.伊賀火入(江戸初期)、25.信楽蓋置(江戸時代)、26.信楽建水(江戸初期)、27.空中信楽水指(江戸時代)、28.信楽手桶水指(江戸初期)、29.信楽丸水指(江戸初期)、30.伊賀埴田文水指(江戸初期)、31.信楽鬼桶水指(桃山時代)、32.伊賀臙当掛花入 銘 岩雫(江戸初期)、33.信楽三角花入(桃山時代)、34.伊賀四方花入(江戸初期)、35.信楽旅枕花入(桃山時代)。

【出版物】
　「古陶図録」／絵はがき

- **所在地**　〒518-0873　三重県伊賀市上野丸ノ内57-12
- **設　立**　1978年2月
- **ＴＥＬ**　0595-24-0271
- **ＦＡＸ**　0595-24-0271
- **交　通**　伊賀鉄道上野市駅より徒歩2分
- **開　館**　AM9:00〜PM5:00
- **入館料**　大人200円，小人100円(30名以上の団体は半額)
- **休館日**　12月29日〜1月1日
- **施　設**　鉄筋コンクリート2階建211.25㎡
- **責任者**　館長・中川清子

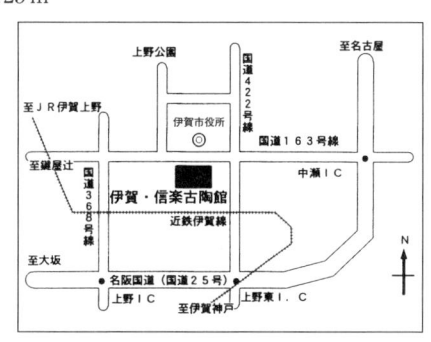

三重県

秤乃館
（はかりのやかた）

　「秤乃館」は、朝明川（あさけ川）中流の右岸に位置する保々地区中野町の南の丘陵地に、1991（平成3）年5月オープンした。
　1969（昭和44）年頃から会社員のかたわら全国をくまなく回って秤を蒐集し続けてきた秤屋健蔵（本名・小林健蔵）の30年以上に渡る執念で建設に至った館である。蔵造り風の建物の中に秤、はかり、ハカリが所狭しと並んで出迎えてくれる。来館者への説明も作務衣を着たユニークな館長自ら行っている。大人は昔を懐かしみ、子どもは自由研究にと楽しく学べる、はかりの資料館である。
　「秤乃館」の正面を飾る看板は、杉本健吉画伯によって書かれたもので、秤をイメージしたユニークな看板である。
　館内は江戸時代の両替商の舞台から、大正時代に製作された1200kgまではかれる牛馬掛秤や、繭の雌雄秤、1gの100万分の1まではかれる秤など様々な秤を展示、その1つ1つが人々の暮らしとともに生きてきた歴史的背景を雄弁に物語ってくれている。

【展示・収蔵】
　収蔵1万点より1000点を年に1〜2回入れ替えて展示。収蔵品は、秤6000

点、枡1000点、物指1000点、温度計、文献他2000点からなり、室町時代から現代までの秤の歴史を一目で見ることができる。

収蔵品で代表的なものとしては、大正時代に製造され、牛や馬の体重をはかるため用いられた「牛馬掛秤」（最大1200kgまではかることができる）、江戸時代紀州藩で大砲の弾をはかるために用いた日本最大級の「桿秤（さおばかり）」、江戸時代中期両替商で使用した「針口天秤」（ケヤキ材）、昭和初期のまゆの雌雄選別秤、明治初期の西洋形桿秤（折りたたみ式）、大正初期の魚をはかった「けんち枡」（水をぬく穴がある）、京枡、江戸枡、紀州藩枡、甲州枡、飛騨高山藩弥惣枡、津藩藤堂枡などがある。

中国度量衡歴史展示コーナーでは、中国度量衡研究の第一人者・丘光明氏（きゅうこうめい）（元国家技術監督局勤務）寄贈の「商鞅銅方升（しょうおうどうほうます）」「始建国銅卡尺（しけんこくどうかしゃく・史上初のはさみ尺）」「始皇詔銅権（しこうしょうどうけん）」（いずれも中国国宝の複製）など70点を展示している。

【事　業】
企画展示：（1）毎年夏休み（7月21日〜8月31日まで）体験コーナー実施、
　　　　　（2）毎年11月1日の計量記念日から1ヶ月間は特別展開催。

- 所在地　〒512-1304　三重県四日市市中野町1163
- 設　立　1991年5月
- ＴＥＬ　059-339-0936
- ＦＡＸ　059-339-0936
- ＵＲＬ　http://www.ask.or.jp/~kenhaku/
- 交　通　JR：近鉄名古屋駅から富田駅で三岐鉄道に乗り換え保々駅下車徒歩15分．自動車：東名阪自動車道四日市東ICでおり10分
- 開　館　AM9:30〜PM5:00
- 入館料　高校生以上100円
- 休館日　月曜日、年末・年始
- 施　設　木造2階建（蔵造り）195㎡、和室休憩室あり
- 責任者　館長・秤屋健蔵

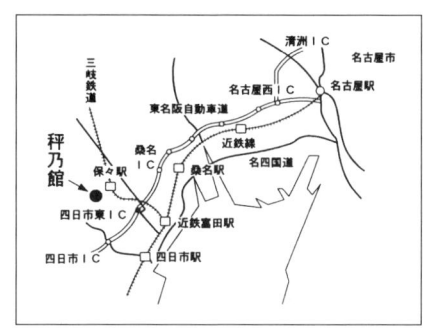

三重県

マコンデ美術館

　当館は、館長・水野恒男が1971(昭和46)年に名古屋の民芸品店でのマコンデ彫刻との出会いをきっかけに収集をはじめ、数年後にはタンザニアに自ら出かけ、収集活動も盛んとなった。マコンデ彫刻の他、ティンガティンガと呼ばれる絵や、アフリカの仮面、神像、楽器、生活用具などの民俗資料も収集、コレクションに加えた。

　1984(昭和59)年にマコンデ彫刻を中心に展示する美術館を開設し、1991(平成3)年には美術館を移転し開館、現在にいたっている。

　マコンデ彫刻は、東アフリカ、タンザニアのマコンデ高原地帯に住んでいたマコンデ族の彫る彫刻である。最初の父が黒檀を彫って最初の母を作ったという伝説があり彫刻が盛んになったといわれる。黒檀の木は力と聖なる意味があり、その硬さから彫刻するにはかなりの抵抗感があり容易ではない。その硬い黒檀の枝や根の自然な形から創造力豊かに生活風景をテーマにした作品から、神話をテーマにした抽象的な作品まで幅広く彫刻されている。これらの作品を順次入れ替えながら展示している。

【展示・収蔵】
　当館は、館長水野恒男のコレクションを展示している。
　マコンデ彫刻2000点、ティンガティンガのオリジナル8点、ティンガティ

三重県

ンガ派の作品200点、赤道アフリカの仮面60点、楽器・生活用具など民俗資料200点、特別展示、パプアニューギニアの仮面、神像50点。

【事　業】
　年に3回企画展を開催。

- 所在地　〒519-0601　三重県伊勢市二見町松下1799
- 設　立　1991年9月
- ＴＥＬ　0596-42-1192
- ＦＡＸ　0596-42-1055
- ＵＲＬ　http://www2.ocn.ne.jp/~makonde/
- E-mail　makonde@smile.ocn.ne.jp
- 交　通　JR近鉄鳥羽駅から二見行バス8分「池の浦」下車徒歩3分，
　　　　　伊勢インターから伊勢・二見・鳥羽ライン鳥羽JCTから2分
- 開　館　AM9:00 ～ PM5:00
- 入館料　一般1000円(800円)，高校生800円(600円)，小中学生600円(400円)
　　　　　※( )内団体20名以上
- 休館日　火曜日(祝日の場合は翌日に振替)，6月・12月第2月曜日～金曜日
- 施　設　鉄骨2階建・地下1階，ミュージアムショップ
- 責任者　館長・水野恒男

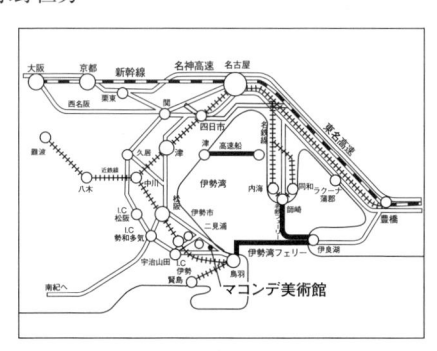

滋賀県

木下美術館

「木下美術館」は、湖国出身の事業家で、丸玉の創立者である木下彌三郎が蒐集した美術コレクションを元に、湖国への文化的貢献を目的に設立、1977(昭和52)年1月20日に開館した。

2008(平成20)年5月、大津市比叡平に新築移設が決定している。

【展示・収蔵】
◇彫刻
　ブールデル自刻像など。
◇近代日本画
　竹内栖鳳、橋本関雪、横山大観、東郷青児、堂本印象、西山翠嶂、西村五雲ほか。
◇近代日本洋画
　浅井忠、岡田三郎助、田辺至、木下孝則ほか。

浅井忠「弓を引く武士」
キャンパス額装60号
1904(明治37)年

【事　業】
　常設展…館蔵品を展示、特別展…地元美術家の新作展の企画、あるいは地元美術家への館施設の無料開放など、湖国の文化活動を支援。

- 所在地　〒520-0016 滋賀県大津市比叡平2-28-21(2008年5月より)
- 設　立　1977年1月
- 交　通　京阪バス比叡平二丁目下車すぐ
- 責任者　館長・木下公一

滋賀県

日登美美術館
（ひとみ）

　大阪のファッションメーカー日登美株式会社社長・圖師禮三夫妻が長年にわたり収集した美術品を展示公開するため、1992(平成4)年5月故郷永源寺町に美術館を建設し私設美術館として開館。

　5年を経過した1997(平成9)年4月に財団法人を設立、夫妻が所有する美術館や美術品の寄付を受けて再出発する。

　同年12月日本では数少ないバーナード・リーチ専門館として登録美術館となる。

巡礼者文皿

【展示・収蔵】
　収蔵品約1100点，内リーチ関連350点，民芸作家100点，浮世絵40点，中国古陶磁240点，他370点。

【事　業】
　年3回、館主催の企画展を開催。

- 所在地　〒527-0231　滋賀県東近江市山上町2068-2
- 設　立　1997年4月
- ＴＥＬ　0748-27-1707
- ＦＡＸ　0748-27-1950
- ＵＲＬ　http://www.nigoriwine.jp/
- E-mail　kishimoto@nigoriwine.jp
- 交　通　JR近江八幡駅より近江鉄道八日市駅下車し、近江バス永源寺行に乗り

滋賀県

　　　　　庄村口下車徒歩1分，名神高速八日市インターより近江バス永源寺行，
　　　　　庄村口下車（インターより約8km）
- 開　館　AM10:00〜PM5:00
- 入館料　一般500円（中学生以下 大人同伴の場合無料）
- 休館日　無休（但し12月29日から1月7日まで休館）
- 施　設　鉄筋コンクリート2階（地下1階）延571㎡
- 責任者　館長・岸本邦臣

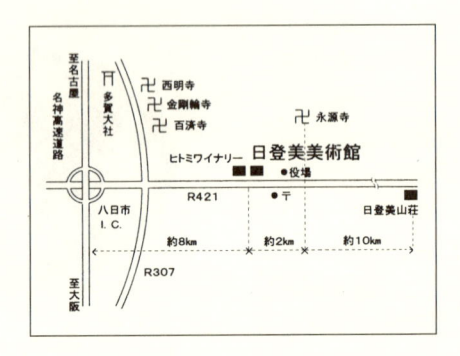

京都府

想い出博物館

　日本は世界一のおもちゃ生産国であった。世界中のそして日本中の子供の楽しい夢をあたえた日本製のオモチャと人形を一堂に集め、
　（1）時代ごとのオモチャ・人形の変化そして各時代の子供の世相を知る
　（2）大人になっての子供の頃の想い出
　（3）児童文化のひとつとしての遺産管理
を目的として「想い出博物館」を設立した。

【展示・収蔵】
　嵯峨野の散策路に相撲取りのような大きなキューピーが突然現れる。それが想い出博物館の入口である。
　懐かしい音楽が流れる館内の1階には、江戸から現代にかけてのオモチャ約3000点が展示されている。江戸の童が遊んだ画面がクルクル回るからくりのかけ画オモチャ、文明開化の明治には時代を象徴する機関車や自動車が、大正には現代のキャラクターの元祖・正チャンやのんきな父さんが愛嬌をふりまいている。

京都府

　昭和の初め、日本中のオモチャ工場でつくられていた世界の人気者キューピー人形、戦雲たちこめる昭和中期には肉弾三勇士の人形が、さらにはルーズベルトの撃滅ゲームが、そして一変して戦後すぐには、なんと「ルーズベルトは平和神」という平和カルタが出現している。1959(昭和34)年になると皇太子・美智子妃のご成婚記念着せかえ、1964(昭和39)年には夢の超特急新幹線のブリキのオモチャ…等、まさにオモチャは時代を映す鏡であることがつぶさに感じとられる。ノスタルジックでドラマチック。楽しさがいっぱい詰まった博物館である。

【事　業】
　日本キューピークラブ本部を設置。日本キューピークラブ主催によるキューピーフェスティバルを開催。また「Japan Kewpie Club News」を年2回発行。

- 所在地　〒616-8425　京都府京都市右京区嵯峨二尊院門前往生院町6-5
- 設　立　1988年10月
- ＴＥＬ　075-862-0124
- ＦＡＸ　075-862-0125
- 交　通　京都駅市バス28、四条大宮91嵯峨釈迦堂前下車山向いて歩5分、JR嵯峨嵐山駅歩15分
- 開　館　AM10:00〜PM4:45
- 入館料　大人200円、学生(高・中)150円、小学生100円
- 休館日　平日(土・日・祝日のみ開館)
- 施　設　2階建
- 責任者　館長・北川和夫

何必館・京都現代美術館

京都祇園、四条通りの北側に、1981年(昭和56)年開館。何必館(かひつかん)とは、造語であるが「何ぞ必ずしも」の意。"人間は定説に縛られる。定説に縛られて自由を失ってしまう。そういった定説を、何ぞ必ずしも、と疑う自由な精神を持ち続けたい"という願いを込め、設立者である梶川芳友(現館長)が命名した。

美術館正面玄関には「より美なるものを求めて」とラテン語で刻まれている。何必館の精神を象徴する言葉である。

設立に至るきっかけは、1963(昭和38)年にさかのぼる。当時、京都で開催されていた「村上華岳展」で梶川芳友は"太子樹下禅那図"に出会う。菩提樹の下で坐禅修業をする若き日の釈迦を描いた作品である。その絵を見た瞬間、身震いするほどの衝撃的な感動を受け、その後、華岳に憑かれ作品を探し求める。そして18年の後、集めた作品を、ふさわしい空間に安住させたい、との思いから自ら設計を始め、8年の歳月をかけて"何必館(かひつかん)"設立が実現に至る。

展示室は、単に作品を展示するのではなく作品本来のよさを最大限に引き出せるよう、あらゆる点で細心の注意を払っている。特に2階の村上華岳作品室、3階の山口薫作品室、地階の北大路魯山人作品室は、各々の作家の世界を十分に堪能することができる。さらに5階には、自然光を取り入れた"光庭"と、茶室を設け、鑑賞するだけではなく、何かを感じとっていただける美術館を目指し、じっくりと作品と対峙できる空間を心がけている。

京都府

【展示・収蔵】
　主に近代・現代の絵画作品を展示している。2Fは純和風の空間で日本画の「村上華岳作品室」となっており常に華岳の作品10点余りを展示している。3Fは洋画家「山口薫作品室」である。大きなサイズの作品も贅沢な空間の中に展示され、山口薫の詩情あふれる世界を堪能できる。5Fは光庭と呼ばれる坪庭や茶室、床の間には書が掛けられゆったりとくつろげる空間となっている。地階は「北大路魯山人作品室」となっている。

【事　業】
　美術館全館を使って、年に約2〜3回特別企画展を実施。絵画・陶芸・写真・染織作品などジャンルを問わず長い間温めてきた企画の特別展である。

【出版物】
「何必館」/「村上華岳」/「山口薫」/「入江波光」/「小野竹喬」/「PAUL KLEE」/「ロベール・ドアノー写真集」/「志村ふくみ 光の受苦」/「田原桂一写真集」/「中野弘彦—山頭火と芭蕉」/「AKIRA ARITA」/「雅美生活 北大路魯山人」/「アンリ・カルティエ・ブレッソン写真集」/「麻田鷹司画文集」他（いずれも何必出版）

- 所在地　〒605-0073 京都府京都市東山区祇園町北側271
- 設　立　1981年11月
- ＴＥＬ　075-525-1311
- ＦＡＸ　075-525-0611
- 交　通　京阪四条駅より徒歩3分，市バス「祇園」下車徒歩2分，阪急河原町駅より徒歩6分
- 開　館　AM10:00〜PM5:30（入館締切PM5:00）
- 入館料　一般1000円，学生800円（小学生以下無料）20名以上100円引き
- 休館日　月曜日，年末年始，企画展準備期間
- 施　設　鉄筋コンクリート地下1階〜5階建
- 責任者　館長・梶川芳友

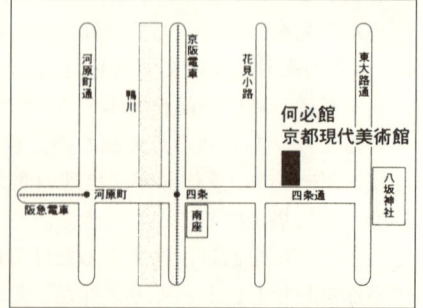

京都府

北村美術館

　当館は、創設者北村謹次郎（1904-1991）によって、美術館の運営と茶道文化の学問的研究を事業に加え、茶道文化の発展に寄与することを目的として、1975（昭和50）年財団法人北村文華財団が設立され、1977（昭和52）年に北村美術館を開館した。

　所蔵品のすべては生涯を茶の湯に捧げた故北村謹次郎自身の収集した茶道美術品で、その展示は四季折々に催する茶会を想定し、茶会の雰囲気を味わうことのできる趣向となっている。

　また当館の建つ一帯の土地は、江戸時代前期、女帝明正上皇が離宮を営まれた鴨川沿いの一角を占める景勝の地である。隣接する四君子苑からは、8月16日夜の送火で名高い「大文字」を正面に眺めることができる。50点を超える石造美術品が配置されており、そのなかには重要文化財33点を含む名品があり、美と歴史的由緒に恵まれた環境のなかで心ゆくまで茶道美術品の鑑賞ができるのも当館の特色である。

【展示・収蔵】
　中心は茶道美術品で、その内容は絵画・書蹟・彫刻・木工・陶磁・金工・漆工・染織・人形等多技にわたっている。そのなかには重要文化財14点・重要美術品9点など美術的にも歴史的にも価値の高い優品が数多く含まれている。

京都府

◇代表的な作品

佐竹本三十六歌仙絵・蕪村鳶鴉図・大字朗詠切・熊野懐紙・後深草天皇消息・螺鈿経箱・夕顔蒔絵硯箱・中尊寺経・宝塔経切・広沢切・金銅火舎華瓶等密教法具・高砂手花生・漆漆絵瓶子・伝護良親王消息・東大寺伝来黒漆胡胴・石山切・本阿弥切・藤原家隆消息・東大寺伝来練行衆盤・高麗古雲鶴疋田筒茶碗・織部松皮菱手鉢・仁清鱗波文茶碗・古天命砕銭釜等がある。日本はもとより中国・朝鮮・東南アジア・ヨーロッパなど世界各地の美術品が含まれている。

【事　業】

春秋二期・茶道具取り合せ展を開催

【出版物】

「京・四季の茶事」(1990)

- 所在地　〒602-0841　京都府京都市上京区河原町今出川南一筋目東入
- 設　立　1977年10月
- ＴＥＬ　075-256-0637
- ＦＡＸ　075-256-2478
- 交　通　市バス利用─京都駅・四条河原町から4・14・特17・205系統、河原町今出川バス停下車徒歩2分、京阪電車出町柳駅より徒歩7分
- 開　館　AM10:00〜PM4:00
- 入館料　一般600円、学生400円
- 休館日　月曜日と祝日の翌日
- 施　設　鉄筋コンクリート3階建442㎡
- 責任者　館長・木下收

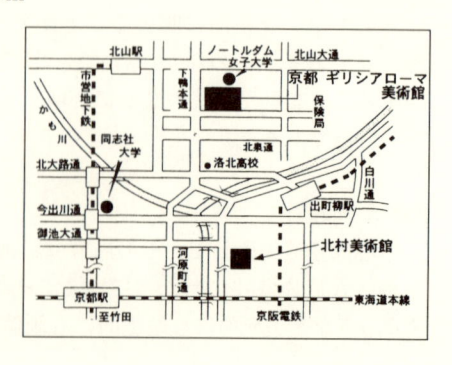

京都嵐山オルゴール博物館

　館長・山田晴美は幼い頃よりオルゴールに魅せられ、若くしてアンティークオルゴールの収集をはじめた。そして、そのすばらしさ、文化的な価値をより多くの人に知ってもらえるように、1994(平成6)年に京都の景勝地嵐山に「京都嵐山オルゴール博物館」を開館した。のちに、「ギド＆ジャクリーヌ リュージュコレクション」という世界的に有名なオルゴールコレクションを継承する。上海にも2005(平成17)年に姉妹館をオープンさせ、当館のコレクションは現在、京都と上海の2館にて紹介されている。

世界最古のオルゴール
アントア・ファーブル作　1716年（スイス）

【展示・収蔵】
　「世界最古のオルゴール」を含む、オルゴールの初期から最盛期にかけてのコレクションを約2000点所蔵。そのうちの約100点を常時展示し、オルゴールの文化と歴史が俯瞰できるようになっている。
　また、1時間に1度(スタート時間は不定期)、30分程のオルゴールの解説と演奏、西洋のからくり人形の実演がおこなわれ、オルゴールがつくり上げた文化のすばらしさを実際に体感してもらえる。

- **所在地**　〒616-8375　京都府京都市右京区嵯峨天竜寺立石町1-38
- **設　立**　1994年4月
- **ＴＥＬ**　075-865-1020
- **ＦＡＸ**　075-865-1022

京都府

- 交　通　JR嵯峨嵐山駅下車徒歩8分，京福嵐山駅下車徒歩5分
- 開　館　AM10:00 〜 PM6:00
- 入館料　大人1000円(900円)，小学生600円(540円)，小学生未満無料
  ※(　)内は団体20名以上
- 休館日　火曜日(祝日の場合は営業)
- 施　設　鉄筋コンクリート2階建，建築面積634㎡，オルゴールショップ・レストラン併設
- 責任者　館長・山田晴美

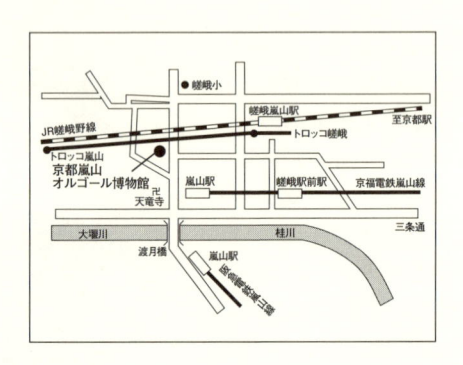

京都府

京都ギリシアローマ美術館

　当館は、古代ギリシアローマに魅られた蜷川明、妻岸子の四十有余年に渉るコレクションである。広く一般に公開すると共に末永く保存するため自宅を改装して創設した。

　京都ギリシアローマ美術館には「ギリシアのオリジナルの彫刻」数点があり、リシュツホスの原型を伝えるローマ時代の大理石トルソをはじめ大理石彫刻、石棺彫刻、テラコッタ塑像など数十点を展示している。

　またギリシアのアルカイック、クラシック、ヘレニズム各年代にわたる壺絵のコレクション約百点を展示、美術史の流れを見ることができる。古代ギリシアに学んだエトルリア、南イタリア、ローマの民族色豊かな奉納品、装身具、生活用品、コインなども展示している。

　京都ギリシアローマ美術館所蔵品のすべては、ヨーロッパ考古学の第一人者ドイツ・ヴルツブルグ大学教授が、鑑定と解説をされている。

【展示・収蔵】
〈おもな収蔵品〉
　　◇アナトリア（小アジア）金石併用期土器（初期の土器）B.C.5500年〜5000年頃 H20cm
　　◇ミケーネ期埋葬用ラルナックスミノアの象徴獣角と斧、切妻屋根 B.C.1400年頃

京都府

◇ギリシアアッティカ式黒絵ヒュドリア B.C.520年頃 H45.7cm アンティメネスの画家作
◇ギリシアアッティカ赤絵式キュリックス B.C.510年頃 H10.7cm エウエルギデスの画家作
◇ギリシアレキトス型大理石墓碑 B.C.380年頃 H57cm
◇大理石彫像ヘラクレス ローマ時代 H116cm

【事　業】
年3回一般講演会(有料)、ミュージアムコンサート(有料)、8月・大文字送り火観賞会(有料)など。

【出版物】
「ギリシアローマ美術」(京都ギリシアローマ美術館図録・1997)

- 所在地　〒606-0831 京都府京都市左京区下鴨北園町1-72
- 設　立　1987年
- ＴＥＬ　075-791-3561
- 交　通　地下鉄烏丸線北山駅1番出口より北山通りを東へ280m、下鴨本通りを南へ400m、市バス・京都バス―北園町バス停下車徒歩約2分
- 開　館　AM10:00～PM5:00
- 入館料　一般1000円、中高生600円、小学生300円
- 休館日　月曜日(祝日の場合は翌日休館)(冬期1月・2月休館)
- 施　設　鉄筋コンクリート4階建面積約950㎡、4階に茶室2、ロビーにミュージアムショップ
- 責任者　館主・蜷川明(創設者)

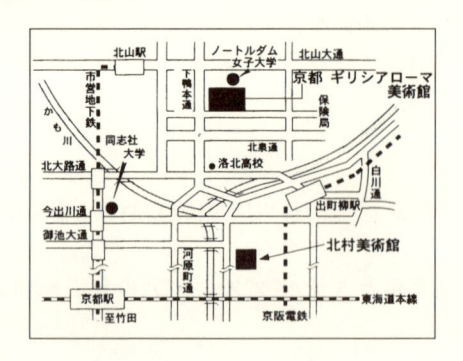

高麗美術館
こうらい

　高麗美術館は、京都に住む在日朝鮮人1世の故・鄭詔文（チョン・ジョムン）氏から、約1700点の収集品ならびに展示施設などの寄贈を受け、1988年10月25日に開館した。当館は日本で唯一の、朝鮮半島の美術工芸品を専門に収蔵・展示する施設である。

　収蔵されるものは、高麗・朝鮮（王朝）時代の陶磁器が中心であり、そのほかに絵画や金工品、木工品、家具など、多岐にわたっている。考古物も含め、幅広い美術工芸品を展示することで、朝鮮の生活用具や生活様式などが、ひと目でうかがい知ることができる。

　また、開館の翌年、1989年11月には「高麗美術館研究所」が付設された。研究所では、日本と朝鮮をとり巻く歴史や文化、美術についての研究が行われ、研究講座や研究紀要の発行などの活動も執り行われている。

【展示・収蔵】
　高麗・朝鮮（王朝）時代を中心とする陶磁器や家具、木工品、小金銅仏、仏像、石像、屛風、金工品、絵画など、幅広いジャンルのものを収蔵・展示す

京都府

る。収蔵品は約1700点。

〈主な収蔵品〉
- ◇「青磁象嵌牡丹文扁壺」13世紀 高28.0cm
- ◇「華角三層欌」朝鮮王朝時代 36.0×77.0×123.0cm
- ◇「龍虎図」李禎筆 朝鮮王朝時代 各116.0×75.5cm
- ◇「青花松鹿文壺」18世紀 高42.0cm

【事　業】
　（1）春と秋の企画展ほか、コレクション名品展2回、（2）年4回「高麗美術館」館報発行、（3）研究講座、特別講演会など。

【出版物】
　高麗美術館蔵品図録（2003）／開館3周年記念図録「李朝染付」（1991）／高麗美術館研究所「研究紀要」／館報「高麗美術館」／「蘇る朝鮮文化〜高麗美術館と鄭詔文の人生〜」／「朝鮮通信使〜善隣と友好のみのり〜」ほか

- ・所在地　〒603-8108　京都府京都市北区紫竹上岸町15
- ・設　立　1988年10月
- ・ＴＥＬ　075-491-1192
- ・ＦＡＸ　075-495-3718
- ・ＵＲＬ　http://www.koryomuseum.or.jp/
- ・E-mail　home@koryomuseum.or.jp
- ・交　通　JR京都駅→地下鉄北大路駅→市バス37もしくは京都駅から市バス快速9→「加茂川中学前」下車徒歩1分
- ・開　館　AM10:00〜PM5:00（入館はPM4:30まで）
- ・入館料　一般500円、大高生400円、中小生300円（20名以上の団体は2割引）
- ・休館日　月曜日（但し月曜日が祝休日の場合は翌日休館）、年末年始、展示替え期間
- ・施　設　鉄筋コンクリート地上2階・地下1階建458㎡、図書コーナーあり
- ・責任者　館長・上田正昭

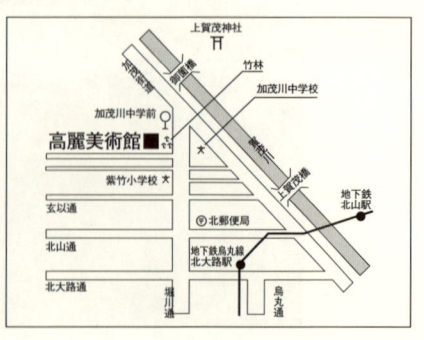

京都府

田村資料館

　美しく装うことは、いつの世にも変わらぬ女性の願いであり、太古の昔からさまざまな装身具が生み出されてきた。ことに高度な文化の発達をみた江戸時代には、日本人の繊細な技巧を極め、贅を尽くした、世界にも類のない華麗な装身具が多く造られている。
　本館は、蒔絵や鼈甲・螺鈿・玉類など多彩な装飾をほどこした櫛・簪(かんざし)・金・銀・珊瑚のびらびら簪、それらを納めた櫛箱の他、鏡台やお白粉箱、お歯黒用の鉄漿(おはぐろ)箱、角盥(つのだらい)、貝合せなどの遊戯具など、美麗な大名家の婚礼道具類の数々、あでやかな繡をあしらう小袖の数々まで、いにしえの女人を彩った装身具を集めて一堂に展観している。

【展示・収蔵】
　当館は春、秋、そのつどテーマを決め展示会を開催。江戸の着物、明治の女性、引札(商品の宣伝が書かれた広告)、藍染、子供の着物など、春、秋のテーマにより展示替えを行っている。
　女性に関する頭の先から足の先まで、日本女性風俗をテーマとして収集を

京都府

行っている。

【事　業】
　展覧会例「日本女性風俗三百年」（1998年10月3日より）。他に講演会など。

【出版物】
　「化粧道具と髪飾り」（1982）／「明治の引札」（1989）／「若草頌子供衣裳」（1993）／「田村コレクション引札」（1996・京都書院）／「田村コレクション櫛、かんざし」（1997・京都書院）／「田村コレクション　女の装い三百年―江戸・明治・大正・昭和―」（1998・紫紅社）

- 所在地　〒610-0255　京都府綴喜郡宇治田原町郷之口宇治山13
- 設　立　1989年10月
- ＴＥＬ　0774-88-3855
- ＦＡＸ　0774-88-4598
- 交　通　「京阪宇治駅」より宇治田原方面行京阪交通バスにて「下町」下車、京阪「京阪宇治駅」・JR「宇治駅」よりタクシーにて10分
- 開　館　春4月初旬～5月末、秋10月初旬～11月末のみ開館。AM10:00～PM4:30（入館PM4:00まで）
- 入館料　一般500円、学生400円（団体は20名以上）
- 休館日　火曜日、夏・冬期（要連絡）
- 施　設　黒板と白壁作り民芸館、喫茶室
- 責任者　田村龍行

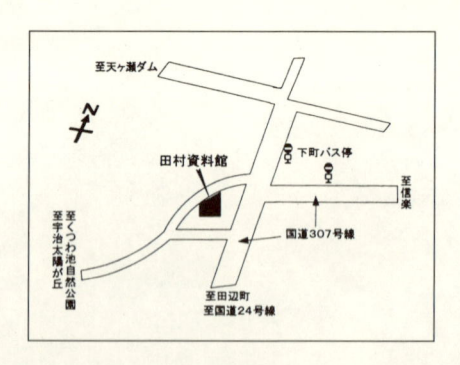

京都府

野村美術館

　2代目野村徳七（号得庵）が、明治・大正・昭和にわたって蒐集した美術工芸品等は、一代の数奇者だった財閥のオーナーが茶の精神を基本にすえて収集した文化財といわれている。
　これらを単に私蔵することなく一般に公開し、広くわが国文化の向上発展に寄与すべく、財団法人野村文華財団を設立し、博物館法に則る美術館として設置されたものである。

雪村筆「風涛図」　重要文化財

　運営に当たり、より一層充実し機能する美術館として広く現代との接点を求め新しい文化の創造への一助とすべく、これらの文化活動を通じ、得庵の遺徳を永く後世につたえるよう願っている。
　東山の山すそに広がる南禅寺畔は、古くから別荘が立ち並び風雅な趣きが漂う落ち着いた静かなところであり、当館は北の山門を出たところ、野村家別邸、碧雲荘外の一角に位置している。地上2階、地下1階の建物は、数奇屋風の外観とし、1階には主展示室と立礼茶席・広間茶室・事務室、地階にはホール兼用の展示室、2階は収蔵庫・学芸員室・書庫などがある。

【展示・収蔵】

　主な収蔵品は、「雪村風涛図」、「佐竹本三十六歌仙切」、「大燈国師墨蹟」、「寸松庵色紙」、「千鳥蒔絵面筥」など重要文化財7点、重要美術品9点のほか、茶碗・香合・水指・茶杓・釜など茶道具を中心に、絵画・書跡・能面・能装束など約1500点が収蔵されている。

京都府

【事　業】
　講演会（年6回、会員制）、輪読会（年10回、会員制）

【出版物】
　「野村美術館名品図録　正」（1984）／「野村美術館名品図録　続」（1993）／研究紀要（年刊）（1992〜）

- 所在地　〒606-8434　京都府京都市右京区南禅寺下河原町61
- 設　立　1983年9月
- ＴＥＬ　075-751-0374
- ＦＡＸ　075-751-0586
- ＵＲＬ　http://www.nomura-museum.or.jp/
- E-mail　nomurams@mx1.alpha-web.ne.jp
- 交　通　市バス5系統「南禅寺永観堂道」下車，地下鉄東西線「蹴上」下車
- 開　館　AM10:00 〜 PM4:30（入館はPM4:00まで）
- 入館料　大人700円，大高生300円，中小生200円，70歳以上500円
- 休館日　開館期間中の月曜日（祝日の場合は翌日），夏期・冬期
- 施　設　鉄筋コンクリート2階建，立礼茶席
- 責任者　館長・野村明賢

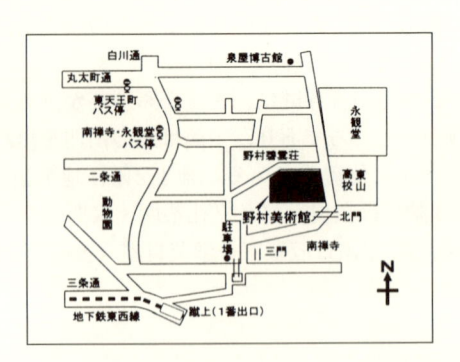

京都府

博物館・さがの人形の家

　財団法人イケマン人形文化保存財団理事長・池田萬助の郷土人形蒐集の第一歩は1965(昭和40)年1月2日、和歌山県熊野本宮にての授与品「蘇民将来」であった。たった1個の蘇民将来との出会いをきっかけに、民俗学を学び、民具研究に興味を覚え、人形の変遷の足跡を通して、交通と物流の歴史、その歴史的背景と技術移転の姿などを研究。郷土人形の他、日本の古人形と呼ばれている御所人形・加茂人形・嵯峨人形・衣裳人形と楽しい動きのからくり人形等と共に、それらに関係のある毬・羽古板・凧などを蒐集。現在20万点余を有する。これらの資料を有意義に活用し、社会に貢献すべく、イケマン民玩研究所を設立し、さらに展示・保存・研究するべく博物館さがの人形の家として1988(昭和63)年10月8日に再オープンした。そして1989(平成元)年3月に財団法人イケマン人形文化保存財団が登録博物館となる。

　博物館さがの人形の家は、京都の名勝地嵯峨野にあり、湿度60％と土人形に関しては展示・保存に最適地である。京都はまた、工芸文化発祥の地であり、伏見人形の生産地でもある。この嵯峨野で時空を超えてあざやかな感動と心のやすらぎを求めていただきたいと思って博物館活動を行っている。

【展示・収蔵】
　展示は特別展を年2回、その他、併設展を年2回開催。そのときのトピックス、季節などにより展示。
　特に1～3月の雛人形展は圧巻。京都国立博物館、京都文化博物館、宝鏡寺、博物館さがの人形の家の4館で「今日のひなめぐり」を毎年行っている。
　◇源氏物語かるた

京都府

　　◇天正かるた（完全品）
　　◇左義長（羽古板）

【事　業】
　①青少年育成のため「青少年デー」を設け、青少年を対象に無料開館
　②"つくってみよう！"と題しハンズオン学習を実施
　③「府民デー」京都府民と近郊の人たちに無料開放
　④学芸員実習を年1回7日間行っている
　⑤嵯峨小学校と共催、嵯峨面づくりと展示

【出版物】
　年1回「博物館さがの人形の家 紀要」刊行／特別展示のパンフレット／「土人形は語る～こどもの世界」「江戸の古人形～日本の心をうつす」「京の座敷からくり～さがの人形の家蔵品より」（以上DVD）／「日本の御人形」「上方の人形たち」（淡交社刊）

- 所在地　〒616-8434　京都府京都市右京区嵯峨鳥居本佛餉田町12
- 設　立　1988年10月
- ＴＥＬ　075-882-1421
- ＦＡＸ　075-882-1321
- 交　通　JR嵯峨嵐山下車徒歩15分，京福嵐山下車徒歩15分
- 開　館　AM9:30～PM5:00
- 入館料　大人1000円，中高生500円，修学旅行400円，小学生200円　※団体割引あり
- 休館日　火曜日（祭日は開館），夏期休館5月10日～9月20日（但し5・9月は土・日・祝オープン），冬期休館12月16日～2月20日，1月2・3日はオープン
- 施　設　鉄筋コンクリート2階建
- 責任者　理事長・池田萬助

京都府

藤井斉成会 有鄰館
（ふじいさいせいかい ゆうりんかん）

　京都・東山連峰にほど近い清らかな疏水に面した有鄰館は、1926（大正15）年に、滋賀県五個荘出身の藤井善助翁によって設立された。翁は近江商人の血をひき16歳で上海の後の東亜同文書院大学に学び、33歳では数十社の経営、35歳で衆議院議員となり、この時出会った犬養毅翁の薫陶が中国文化への認識を深めさせ、古印などの収集をはじめることとなった。有鄰館という名前は論語の「徳は孤ならず必ず鄰有り」と中国との善隣と友交を願い名付けられた。

万暦赤絵薫炉

　「美術は一国文明の象徴にして文化の尺度たり。古来、東洋文物の世界に貢献するところ極めて深く、わが国文化の開発は、往昔中国に負うところ更に深し。しかるに近時、東洋文化の誇りとすべき宝器名品海外に流出し、欧米に去るを防がんと欲し、自ら微力を顧みずこれを蒐集す。しかるに美術の人心に及ぼす影響大なるを考え、蒐集家の深蔵の慣習を改め、一般に公開して人心を美化し、美術の学術研究に資する。」という設立者の精神は今日まで脈々と流れ、1926（大正15）年以来の定日一般公開をつづけている。

　殷代より清代に至る約4000年間に生み出された芸術性の高い中国文化の結晶である、青銅器、仏像彫刻、陶磁器、塼石、玉器、印璽、書蹟、絵画、漆器、文房具などは、私達との血のつながりを肌で感じさせる。また、文字の発達、変遷を甲骨文や青銅器の銘文にはじまり、多くの資料を通じて学ぶことが出来るのも有鄰館の特長である。「精神的に豊かな社会づくり」はビ

京都府

ジョンであり、人間性の維持と復活という永遠のテーマに対し、鑑賞者が何らかのヒントを見出していただけると共に、やすらぎのひとときを与えられる美術館でありたいと考えている。

【展示・収蔵】

「東魏 天平2年 弥勒三尊仏立像」(重文)、「北斉 河清3年 三尊菩薩立像」(重文)、「隋 開皇4年 金剛力士像」(重文)、「三世紀末〜四世紀 古式金銅菩薩立像」(重文)、「南宋 張即之 李伯嘉墓誌」(重文)、「金 王庭筠 幽竹枯槎図」(重文)、「北宋 許道寧 秋山蕭寺図」(重文)、「南宋 馬和之 毛詩大雅湯之什図」(重文)、「朝鮮通信使関係資料」(重文)、「唐 春秋経伝集解」(国宝)(書画はこの中から5月と11月のみ展示、金銅仏は随時、朝鮮通信使関係資料は通常展示なし)。

【事 業】

春秋の5月と11月に指定文化財書画特別展示。音楽と美術鑑賞の催しや講演会の開催。カルチャー、書道会、大学博物館実習、京博連(京都市内博物館施設連絡協議会)公開講座等の臨時開館。

【出版物】

「有鄰館精華」／「有鄰大観」(1929刊行他)／第1、第2、宇.宙.玄.黄.篤敬三宝7冊／瓦当・銅鏡・塼石拓本各種／古銅印印影／カラーパンフレット・絵葉書各種

- 所在地　〒606-8344 京都府京都市左京区岡崎円勝寺町44
- 設　立　1926年10月
- ＴＥＬ　075-761-0638
- ＦＡＸ　075-771-0005
- ＵＲＬ　http://www.yurinkan-museum.jp/
- 交　通　地下鉄東西線東山下車徒歩8分．市バス美術館前又は東山仁王門下車徒歩4分
- 開　館　毎月第1・第3日曜日PM12:00〜PM3:30(一般公開日)(但し書面申込みによる臨時開館あり)
- 入館料　本館：大人1000円，高校生以下800円
第2館：大人400円，高校生以下400円
本館・第2館ともに同伴の6歳以下は無料

京都府

- 休館日　1・8月
- 施　設　鉄筋コンクリート3階建 延1264㎡，第2館延482㎡
- 責任者　理事長兼館長・藤井善嗣

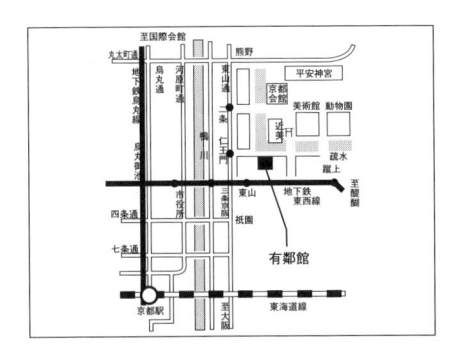

近畿

京都府

ブリキのおもちゃと人形博物館

　館長である高山豊治氏が長年収集してきたおもちゃをもとに、1988(昭和63)年3月私設博物館としてオープン。
　「子どものころのおもちゃとのかかわりを大切にする事は、子どものころの美しい心を取り戻すことにも通じる」という高山氏は、41歳のころからブリキのおもちゃを収集。車への興味から当初ブリキのベンツを集めていたが、おもちゃに触れるうちに興味が拡がり、すべてのおもちゃを収集するようになった。現在ではその総数1万5000点にのぼる。

【展示・収蔵】
　同館のコレクションは1万5000点。そのうち3000点を常設展示し毎月300点を入れ替えて来館者を楽しませている。

1950年代のピエロのドラマー

　1940〜1970年代にかけて東京や大阪で製造されていたものが大半を占め、すべて新品同様で動くものばかりである。鉄腕アトムや、鉄人28号、月光仮面、ウルトラマン、バービー人形など、現代の子供よりも実際に持って遊んでいたかもしれない大人たちには懐かしく、心惹かれる所蔵品の豊富さである。別展示されているのは「ミスターアトミック」と「マグネット新鉄人28号」で、フランスのルーブル

美術館にも同品が展示されている。「ブリキのおもちゃ」に限りない愛着を持ち続ける館長が、それぞれの玩具の由来や特徴を分かりやすく解説してくれる。また特別常設展「京都観光今昔展」では、京都の舞妓さん、ギオン祭物、大原女、御所人形、雛人形そして郷土色豊かな玩具を取り揃え、京都の文化伝承の縁に触れることができる。

　今後は後世に伝える博物館として、展示、月替特別展（内容は電話で問い合わせ）、販売貸出はもちろん、経営指導、セミナー、講演、論文小説のサポート、学芸員資格取得研修（いずれも有料）、団塊の世代の人たちに現役時代の実績を博物館経営に生かす指導も行っていく。

【事　業】
　2008年特別展「ミスロングヘヤーの世界」（1月）、「フランス人形勢揃い」（2月）、「歩行人形ABC」（3月）、「ビニール人形大中小」（4月）、「陶器ハニワ人形」（5月）、「アンティックドール」（6月）、「ねむり人形はいはい人形」（7月）、「バービー人形オンパレード」（8月）、「スター人形登場」（9月）、「セルロイド人形の不思議」（10月）、「首振り人形キスドール」（11月）、「サンタクロースが来た」（12月）

【出版物】
　「ブリキのおもちゃ博物館(全3巻)」（第1巻：メルセデスベンツコレクション、第2巻：アメリカンオートモービル、第3巻：ヨーロピアンオートモービル）／「ノスタルジックティントイズ(全3巻)」（第1巻：コマーシャルカー、第2巻：キャラクタートーイ、第3巻：汽車・船・飛行機）／「アーツコレクション①②③(全3巻)」（京都書院出版）

- 所在地　〒600-8498　京都府京都市下京区四条堀川東入（高山ビル3F）
- 設　立　1988年3月
- ＴＥＬ　075-223-2146
- ＦＡＸ　075-223-2147
- ＵＲＬ　http://www.mediawars.ne.jp/homepage/tintoy/add.htm
- 交　通　阪急大宮駅東へ3分，地下鉄四条駅西へ7分，京阪四条駅から市バス四条堀川前，JR京都駅からタクシー10分
- 開　館　AM10:00～PM6:00

京都府

- **入館料** 園児100円, 小学生300円, 中学生以上500円, 団体10名以上1人50円引, 優待カードの人50円引
- **休館日** 日曜日, 祭日, 年末年始
- **施　設** 京都観光今昔展常設(有料), 博物館経営指導(無料), 人形玩具供養会館併設(有料), 学芸員資格取得研修(有料)
- **責任者** 館長・高山豊治

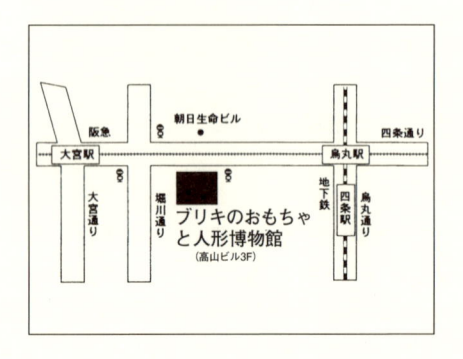

大阪府

和泉市久保惣記念美術館

　和泉市久保惣記念美術館は、和泉市で明治以来、綿織物業を営んできた久保惣株式会社の代表者、3代久保惣太郎氏(1926-1984)と同家の人々が、地元への記念として美術品、敷地、建物、基金が和泉市に寄贈され、1982(昭和57)年10月に開館した。国宝、重要文化財を含む約500点の寄贈作品は、第1次久保惣コレクションとして美術館収蔵品の核となっている。

　1984(昭和59)年、3代惣太郎氏の遺志を継いだ兄弟の宗一、恒彦両氏は財団法人久保惣記念文化財団を設立、研究・文化活動への援助、美術館で活用するための東洋美術作品の収集を進めた。財団は2007(平成19)年に美術館をサポートするという目的を達したとして発展的解散に至り、収集作品約600点は和泉市に寄贈された。一方で、久保惣株式会社による作品の収集も進められ、同社の寄贈品、寄託品、久保惣記念文化財団の寄贈品、久保家からの寄贈品などとあわせ、第2次久保惣コレクションとして美術館で収蔵・展示されている。第2次久保惣コレクションは、青銅器、銀器、陶磁器、漆器、玉器などの中国工芸を中心とするコレクションで、そのほか日本の陶磁器、矢立、西洋近代絵画なども含まれている。また、中国美術の蒐集家、江口治郎氏のコレクション約600点が久保惣株式会社により購入され、第3次久保

大阪府

惣コレクション(江口治郎コレクション)として美術館に収蔵されている。

2000(平成12)年には、林宗毅氏より中国近代絵画400点余(定静堂コレクション)が、2001(平成13)年には、江川淑夫氏より中国の帯鉤のコレクション(江川コレクション)が寄贈された。2004(平成16)年には、第4次久保惣コレクション(久保恒彦父子コレクション)として、久保恒彦氏、行央氏、尚平氏より1500点余の浮世絵版画が寄贈された。現在、美術館の所蔵品、寄託品を合わせた収蔵作品数は約5800点に至っている。

1997(平成9)年には第2次、第3次久保惣コレクションを陳列することを意図した新館が久保惣株式会社によって建設され、建物、土地、運営基金ともに和泉市に寄贈された。本館、新館ともに、白壁と大和瓦の数寄屋風建築で、周囲の景観に調和した設計がなされている。本館の庭園には、1937(昭和12)年に表千家の不審庵と残月亭を写して久保家により建てられた惣庵と聴泉亭があり、2006(平成18)年には登録有形文化財に選ばれている。館内には、久保惣記念文化財団から和泉市に寄贈された、音楽ホール、市民ギャラリー、創作教室の施設があり、美術館や和泉市の文化活動の場としての役割も果たしている。

【展示・収蔵】
〈展示内容〉

年間、特別展1回、特別陳列1回、常設展4回を開催している。特別展は、東洋美術に関するテーマを企画し国内から作品を集め開催している。国宝、重要文化財などの美術館を代表する作品は、特別陳列として年1回まとめて公開し、その他の収蔵品は常設展においてテーマごとに公開している。これらの展示は本館で行い、新館では年間を通じて、中国の青銅器、陶磁器等の工芸の陳列を行っている。なお、新館では収蔵品の西洋近代美術の公開も行っている。

〈収蔵品〉
◇第1次久保惣コレクション

中国、日本の書跡、絵画、金属器、漆器、陶磁器など496点の作品があり、国宝2点、重要文化財28点を含む。

主な作品:「歌仙歌合」(平安時代)、「青磁鳳凰耳花生・銘万声」(南宋時代)[以上国宝]、「伊勢物語絵巻」(鎌倉時代)、「駒競行幸絵巻」(鎌倉時

代)、「貫之集断簡(石山切)」(平安時代)、宮本武蔵筆「枯木鳴鵙図」(江戸時代)、「黄瀬戸立鼓花生・銘旅枕」(桃山時代) [以上重要文化財]

◇第2次久保惣コレクション
中国の玉石器、青銅器、銀器、陶磁器、漆器、日本の陶芸器、矢立、鉄砲など約1900点のコレクション。モネ、ルノワール、ロダンなどの西洋近代美術も含まれている。このコレクションは久保惣記念文化財団、久保家からの寄贈、久保惣株式会社の寄託・寄贈等によって形作られた。

◇第3次久保惣コレクション(江口治郎コレクション)
江口治郎氏(1910-1998)が蒐集した中国古代の玉器、青銅器、瓦当、西アジアの古代青銅器等、558点のコレクション。煎茶器70点を含む。

◇第4次久保惣コレクション(久保恒彦父子コレクション)
葛飾北斎「神奈川沖浪裏(富嶽三十六景)」、歌川広重「東海道五十三次(保永堂版)、歌川豊国ほか「東海道名所風景」など風景画を主とした浮世絵版画1556点のコレクション。喜多川歌麿、鳥居清長、東洲斎写楽などの人物画も含む。

◇定静堂コレクション
林宗毅氏(1923-2006)が蒐集した、中国18～20世紀の画家260名余の作品を主とする411点のコレクション。斉白石、張大千、呉昌碩など近代画家の絵画のほか、明清の書画も含まれている。

◇江川コレクション
江川淑夫氏が蒐集した中国の帯鉤のコレクション。戦国時代から漢時代を中心とする187点の帯鉤に加え、動物文様が施された車馬具、装飾具などの中国古代の青銅器約75点からなる。

【事業】
特別展等の展覧会、図録等の出版、ミュージアムコンサートの開催、市民創作教室・市民ギャラリーの運営

【出版物】
〈主な出版物〉「増訂 蔵品選集」(1990)/「増訂 蔵品選集 解説英訳(図版なし)」(1995)/「蔵鏡拓影」(1984)/「蔵鏡図録」(1985)/「伊勢物語研究」(1986)/「源氏物語手鑑研究」(1992)/「駒競行幸絵巻研究」(2001)/「第三

大阪府

次久保惣コレクション 江口治郎コレクション」(図版編2001，解説編2004)／「定静堂蒐集 近代百年中国絵画」(2000)／「定静堂蒐集 明清書画」(2001)／「江川コレクション 帯鉤と中国古代青銅器」(2001)／「久保恒彦父子コレクション 浮世絵版画」(2004)／〈特別展図録〉「お伽草紙絵」(1987)／「扇絵」(1990)／「宮本武蔵 筆の技」(1997)／「行事絵」(2002)／「伊勢物語 雅と恋のかたち」(2007)／「中国古式金銅仏と中央・東南アジアの金銅仏」(1988)／「六朝時代の金銅仏」(1991)／「千声・万声と龍泉窯の青磁」(1996)／「中国の響銅」(1999)／「灯火器」(2003)／「アニマルランド」(2005)／紀要1～13／美術館の名品1「伊勢物語絵巻 描かれた伊勢物語」(ビデオ)／美術館の名品2「駒競行幸絵巻 栄華の残映」(ビデオ)

- 所在地　〒594-1156 大阪府和泉市内田町3-6-12
- 設　立　1982年10月
- ＴＥＬ　0725-54-0001
- ＦＡＸ　0725-54-1885
- ＵＲＬ　http://www.ikm-art.jp/
- 交　通　〈泉北高速鉄道〉和泉中央駅下車，南海バス③①乗り場より、③「美術館前」行「松尾寺」行、①「春木川」行「若樫」行乗車〈JR阪和線〉和泉府中駅下車，徒歩5分の南海バス「和泉府中車庫前」より「春木川」行「若樫」行乗車、〈南海本線〉泉大津駅下車，南海バス②乗り場より「春木川」行「若樫」行乗車、いずれも「美術館前」にて下車〈阪和自動車道〉岸和田・泉インターより3分
- 開　館　AM10:00～PM5:00(入館はPM4:30まで)
- 入館料　常設展：一般500円，高大生300円、中学生以下無料(特別展、特別陳列は別料金)
- 休館日　月曜日(祝日の場合は開館，翌日休館)、陳列替期間，年末年始
- 施　設　本館：敷地面積2906㎡，建築面積1268㎡，鉄筋コンクリート造り・地上1階一部地上2階建(日本瓦葺)、新館：敷地面積4434㎡，建築面積1529㎡，鉄筋コンクリート造り(日本瓦葺)
- 責任者　館長・河田昌之

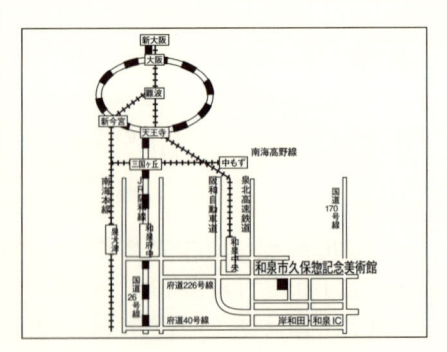

大阪府

逸翁美術館
（いつおう）

　当館は、小林一三翁（1873-1957）の雅号「逸翁」を冠して館名とし、旧邸「雅俗山荘（がぞくさんそう）」をそのまま展示の場として、1957（昭和32）年10月に開館した。収蔵する美術品と共に1936（昭和11）年に建てられた旧邸の佇まいもまた、翁を偲ぶ最もよき記念物と言える。

　翁は1873（明治6）年山梨県韮崎市に生まれ、明治・大正・昭和の実業界で活躍し、阪急電鉄をはじめ、阪急百貨店、東宝などの阪急東宝グループを起こし、太平洋戦争直前の難局に商工大臣を、戦後の混乱期に国務大臣復興院総裁を歴任した。

　しかし、それらの業績と共に、翁の人となりを語るものに、宝塚歌劇の創設と、演劇・映画における芸術活動、「小林一三全集」7巻におよぶ著述、さらに茶道における大乗茶道の提唱と実践がある。

　逸翁のコレクションは、20歳代から一部の収集が始まっているが、茶の道に入るや、天性の審美眼はいよいよ磨かれ、厳しい研究家の態度で一品一品に対し、いつしか収集も数千点に達した。

　翁は、日本的な美術鑑賞の場である茶会においてこれらを披露する一方、文化の向上に資する一般公開を計画していたが、実現を前に他界、その遺志をついで当美術館は設立されたものである。

【展示・収蔵】
　年4回（早春展、春季展、夏季展、秋季展）展覧会を開催。館蔵の美術工芸品約5000点は、古筆、古経、絵巻、中近世の絵画（特に蕪村、呉春、円山四条派のコレクション）国内はもちろん、中国・朝鮮・オリエント・西洋を含

近畿

個人コレクション美術館博物館事典　329

大阪府

む陶磁器、日本・中国の漆芸品に及び、茶人逸翁の美術への想いと茶道への深い理解を語るものである。書画約1600点、陶磁器約2500点他。

重要文化財15点「奥の細道画巻」(与謝蕪村筆 江戸時代)、「佐竹本三十六歌仙切 藤原高光」(鎌倉時代)、「豊臣秀吉像画稿」(狩野光信筆 桃山時代)、「白梅図屏風」六曲一双(呉春筆 江戸時代)他、重要美術品19点。

【事　業】
年4回の特別展、および展示期間中に1度ないし2度の講演会、毎年1月25日の逸翁の命日に懸釜を行っている。

【出版物】
逸翁美術館名品図録「逸翁清賞」(1992)／「数寄者の愛した更紗―その色とかたち」(1995)／開館45周年記念「名品図録」(2002)／「没後220年 蕪村」(2003)

- 所在地　〒563-0053　大阪府池田市建石町7-17
- 設　立　1957年10月
- ＴＥＬ　072-751-3865
- ＦＡＸ　072-751-2427
- 交　通　阪急宝塚線池田駅下車 徒歩山手へ15分
- 開　館　AM10:00～PM5:00(入館はPM4:30まで)
- 入館料　一般700円、大・高生500円、中・小生200円、20人以上団体割引550円
- 休館日　毎週月曜日(月曜日が祝日の場合は開館、翌火曜休館)、展示替期間、年末年始
- 施　設　本館(鉄筋コンクリート2階建)、別館、ミュージアムショップ、茶室3棟
- 責任者　理事長・小林公平

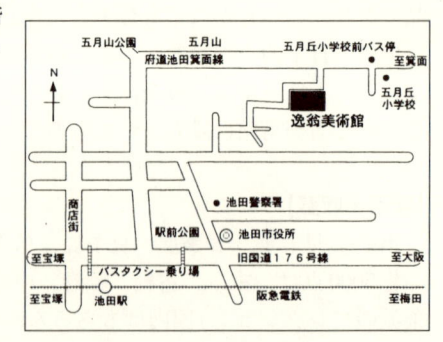

大阪府

藤田美術館

　財団法人藤田美術館は、大阪の旧男爵・藤田傳三郎と、その嗣子平太郎・次男徳次郎の3人によって収集された、東洋古美術を中心としたコレクションを公開する目的で、1951(昭和26)年3月に設立、1954(昭和29)年5月に開館した。

　藤田傳三郎(号・香雪)は、山口・萩から早くに大阪へ出て、実業家として明治の経済界で活躍した。その没後は嗣子平太郎(号・江雪)が跡を継ぎ数々の事業を成功させた。父子共に茶道・古美術に対する造詣が深く、当時の価値観や社会制度の変化から、理解や関心の薄くなった美術品が海外へ流出するのを憂い、それら美術品の保護のため尽力した。

　こうして集められた収蔵品は、国宝9点・重要文化財50点を含む5000点を数え、その分野は絵画・書跡・陶磁器・彫刻・漆工・金工・染織・考古資料など多岐にわたり、その時代も古代〜明治・大正と広く跨っている。

　当美術館は1945(昭和20)年の空襲によって焼失した藤田家本邸跡で、そのとき幸いにも類焼を免れた美術品収蔵庫を展示室として利用している。例年、春季(3月中旬〜6月上旬)と秋季(9月中旬〜12月上旬)に開館し、それぞれ館蔵品による企画展を行っている。

【展示・収蔵】
　茶道具の名品を多く収蔵していることで知られている。日本、東洋の古美術を中心に約5000点を収蔵。内、国宝9点、重要文化財50点、重要美術品2点である。
〈代表的な作品〉
　　◇曜変天目茶碗 南宋時代 高6.8cm 口径12.3cm(国宝)

個人コレクション美術館博物館事典　331

大阪府

◇柴門新月図 紙本墨画 室町時代 縦129cm×横43cm（国宝）
◇紫式部日記絵詞 紙本著色 鎌倉時代 縦21cm×全長448.8cm（国宝）
◇仏功徳蒔絵経箱 平安時代 縦23.7cm 横32.7cm 高16.7cm（国宝）

【事　業】
館主催の講演会他

- 所在地　〒534-0026　大阪府大阪市都島区網島町10-32
- 設　立　1951年3月
- ＴＥＬ　06-351-0582
- ＦＡＸ　06-351-0583
- 交　通　JR東西線大阪城北詰駅下車3番出口より徒歩2分，京阪京橋駅（片町口）下車徒歩約10分，地下鉄長堀鶴見緑地線京橋又は大阪ビジネスパーク下車徒歩10分
- 開　館　AM10:00〜PM4:30（入館はPM4:00まで）
- 入館料　大人800円，大高生500円，中・小生300円（団体は20名以上各50円引）
- 休館日　月曜日（月曜休日の場合は翌日），6月上旬〜9月中旬，12月上旬〜3月中旬
- 施　設　土蔵を改装した展示室，茶室など
- 責任者　館長・藤田周子

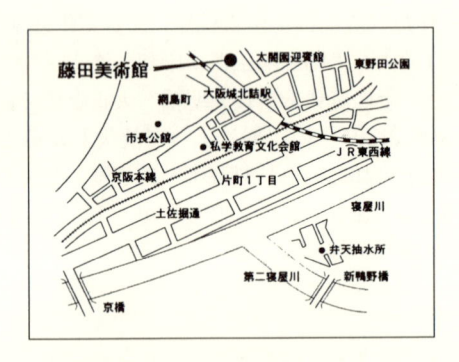

大阪府

湯木美術館
ゆき

　当館は、日本料理「吉兆」の創業者・湯木貞一(1901-1997)の50余年にわたるコレクションを収蔵している。1987(昭和62)年11月に開館。

　初代館長でもあった湯木は、料理屋の一人息子で、料理修業中の青年期に松平不昧公の「茶会記」を読み、茶懐石の四季の彩りに心

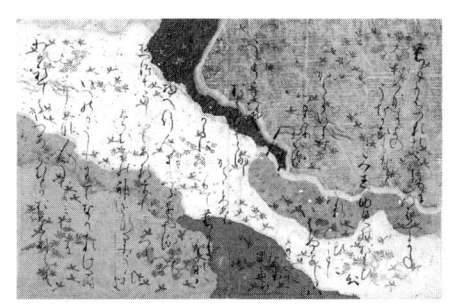

石山切（伊勢集）　重要文化財

を打たれ、料理に生涯をかける決意を固めたという。1930(昭和5)年、29歳で「吉兆」を開店。10人も入れば満員になる小さな店であったが、一隅には茶釜を据えた。1937(昭和12)年に表千家即中斎宗匠に入門。「お茶を料理の横糸あるいは縦糸に置いて、お茶の真髄を究めたい」との考えのもとに、日本料理の研鑽を積み、茶の湯に心を傾け、その一方で茶道具などの美術品の収集にも心を注いできた。そして、料理界で初めての文化功労者の顕彰を受けている。

　最後の数寄者ともいわれた湯木のコレクションは、鑑賞のためだけでなく、四季折々の茶事・茶会に用いるために収集されたものである。湯木の独自の感性と美意識に叶ったものばかりで、コレクションには自らなる個性が感じられる。

　美術館は、戦後の出発点である平野町店の跡地にある。賑やかなビジネス街の一角ながら、展示室は聚楽壁の和風造りで、静かで落ち着いた雰囲気が漂う。町中のオアシスともいえる閑雅な空間である。

【展示・収蔵】

　春季と秋季に企画展を開催。収蔵品は、茶の湯の道具、懐石料理の器、日本の古美術品などで、重要文化財11点、重要美術品3点を含む。代表的なも

個人コレクション美術館博物館事典　333

大阪府

のとしては、石山切(伊勢集)〈平安時代〉、高野切(巻九巻頭)〈平安時代〉、春日宮曼荼羅図〈1300年・鎌倉時代〉、唐物茄子茶入 銘紹鴎茄子〈南宋時代〉、志野茶碗 銘広沢〈桃山時代〉、織部四方手鉢〈桃山時代〉などがある(いずれも重要文化財)。

【事　業】

春と秋(3月中旬〜6月上旬,9月中旬〜12月上旬)の年2回企画展を開催。講演会や友の会活動も行っている。

【出版物】

「湯木美術館蔵品選集」(2007)／「―開館十周年記念―茶碗名品選」(1997)／展覧会図録①「―開館五周年記念―名椀展」(1992)／展覧会図録②「―平成六年秋季展―水指と建水」(1994)／展覧会図録③「茶器の愉しみ―茶入・棗・替茶器―」(1999)／展覧会図録④「茶の湯の焼物―中国・朝鮮」(2002)／展覧会図録⑤「茶の湯の焼物―日本」(2003)／展覧会図録⑥「茶の湯の焼物―京焼」(2004)／「松花堂弁当ものがたり」(2007)／「吉兆 湯木貞一のゆめ」湯木美術館編(朝日新聞社発行)

- 所在地　〒541-0046　大阪府大阪市中央区平野町3-3-9
- 設　立　1987年10月
- ＴＥＬ　06-6203-0188
- ＦＡＸ　06-6203-1080
- ＵＲＬ　http://www.yuki-museum.or.jp/
- 交　通　地下鉄御堂筋線「淀屋橋駅」11番出口南へ徒歩5分
- 開　館　AM10:00〜PM4:30(入館はPM4:00まで)　※第一金曜日はPM7:00まで(入館はPM6:30まで)
- 入館料　一般600円、大学生400円,高校生300円(20名以上の団体割引100円引)
- 休館日　月曜日(但し祝日の場合は開館、翌火曜日休館)
- 施　設　鉄骨鉄筋コンクリート造8階建の1〜3階部分591㎡,2階に展示室,1階に茶寮「正月屋」
- 責任者　理事長・湯木敏夫

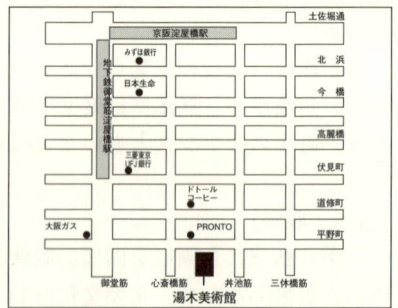

頴川美術館
（えがわ）

　当財団は、江戸時代より廻船業、山林業を営み、長崎・上方文化の発展に寄与した大阪の商家頴川家の四代故徳助氏が収集した古美術品に土地・建物基本金の寄付を受け、財団設立を申請、1971（昭和46）年12月24日に認可された文部科学省所管の美術館である。
　1973（昭和48）年11月1日開館。1974（昭和49）年7月12日博物館登録。
　1998（平成10）年5月26日、文部省より『私立博物館における青少年に対する学習機会の充実に関する基準を満たしている』との認定を受け、小中学生にも社会教育の場を提供している。
　コレクションの永久保存と公開活用を基本とし、更に普及活動にも力を注ぎ、地域の文化活動の拠点としての役割を担っている。

【展示・収蔵】
　日本・中国の古美術品を収蔵し、なかでも絵画が大半をしめる。室町水墨画や近世絵画（南画・写生画）の名作、茶道具の名品、中国陶磁の逸品、書跡

兵庫県

を所蔵する。

重文「阿弥陀曼荼羅図」、重文「三保松原図」、重文「山王霊験記」、「羅漢図」伝牧谿筆、「高士観画図」馬遠筆、「寒山図」可翁筆、「洞庭秋月図」海北友松筆、「春化花鳥図」土佐光起筆、「果物籠図」柳沢淇園筆、「考槃嘯林図」池大雅筆、「鯉鮒図」円山応挙筆、重美「月夜山水図」長沢芦雪筆、「柳桃黄鳥図」山本梅逸筆、「春渓高隠図」渡辺崋山筆、重文「赤楽茶碗 銘 無一物」長次郎作、重美「肩衝茶入 銘 勢高」、重美「芦屋松林図釜」、「黒楽茶碗 銘 水翁」本阿弥光悦作、「色絵寿老人置物」仁阿弥道八作、重美「胭脂紅龍文瓶」、「宝相華円文経箱」、「墨跡 淋汗」無準師範筆 など

【事　業】

1. 展観

春秋を主に企画展・特別展を開催。

2. 文化講座

(1)会員の募集:講座の年間計画を発表し会員を募る。(2)例会:月1回日曜日(年12回)。(3)内容:生涯講座を目的とし、美術・工芸・民族・経済をも含む文化史、また伝統芸能等広範囲な企画をたて、講師を招聘。(4)見学旅行:(年2回)史蹟見学、歴史探訪、美術館・窯元・茶席めぐり等。(5)茶会:随時(煎・抹)。(6)古典芸能鑑賞会。

3. 実技講座(1、2とも月2回)

(1)茶道研究:煎・抹・席花の実技・作法指導及び道具鑑賞、古典研究。
(2)日本画研究:日本画の伝統的基礎技法の指導、館蔵絵画模写。

4. 友の会

(1)入会:年度ごとに会員を募る。(2)特典:年間入館無料、展覧会及び館行事・古典芸能鑑賞会案内送付、講演会、見学会への優先参加。

5. 美術・文化講演会及び列品解説

展観中に随時、あるいは学生・団体入場者の希望により解説。

6. 図書閲覧

美術図書・学術専門書・各種辞典類をロビーに常置、入館者の閲覧に供している。

7. アート・インフォメーション

(1)隣接美術館・博物館の案内、情報の提供、ポスター掲示。(2)出品目録・

図録作成、関連年表、用語解説の掲示。

【出版物】
館蔵百選(1983)／館蔵優品集(一)(1993)／館蔵優品集(二)(1993)

- 所在地　〒662-0813　兵庫県西宮市上甲東園1-10-40
- 設　立　1971年12月
- ＴＥＬ　0798-51-3915
- ＦＡＸ　0798-51-3915
- ＵＲＬ　http://www.egawa-mus.or.jp/
- E-mail　egawa-mus@bca.bai.ne.jp
- 交　通　阪急神戸線「西宮北口」駅のりかえ阪急今津線「甲東園」駅下車西200m
- 開　館　AM10:00～PM4:00
- 入館料　大人600円，大学生400円，70歳以上300円，小・中・高生無料(20名以上2割引)
- 休館日　開催中の月曜日・祝日の翌日
- 施　設　本館美術館，別館グリーンホール
- 責任者　理事長・林屋晴三

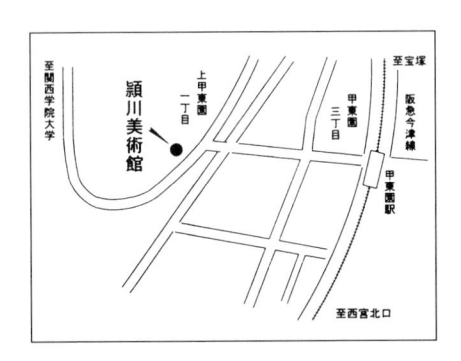

兵庫県

エンバ中国近代美術館

　1980(昭和55)年9月開館。当美術館は日中間の不幸な関係を含んだ歴史の空白部分ともいえる時代を捉え、従来、あまり人の目にふれられていない作品を見て頂くため、わが国の芸術振興及び日中友好を念願して開館したものである。

【展示・収蔵】
　主なものは清朝末期以降現在に至るまでの景徳鎮を中心とした中国諸窯の陶磁器、清時代の蘇州製民間刺繍、斉白石・呉作人等の20世紀の中国絵画等数百点を含め総数1万点の中国美術品を収蔵。

【事　業】
　　館主催 年二回の企画展
　　年一回 夏休み子供陶芸教室
　　エンバ美術館陶芸教室―奥池クラブ通年開講

兵庫県

- 所在地　〒659-0003　兵庫県芦屋市奥池町12-1
- 設　立　1980年9月
- ＴＥＬ　0797-38-0021
- ＦＡＸ　0797-32-2797
- ＵＲＬ　http://www6.ocn.ne.jp/~emba/
- E-mail　emba-museum@coda.ocn.ne.jp
- 交　通　阪神・JR芦屋駅，阪急・芦屋川駅下車，阪急バス「奥池」にて下車すぐ
- 開　館　AM10:00～PM4:00
- 入館料　大人500円，大・高校生300円，中・小学生100円，65歳以上400円
　　　　　※団体20名以上20％ off
- 休館日　火曜日（1～3月・8月は金・土・日のみ開館），年末年始
- 施　設　鉄筋コンクリート2階・地下2階建1131㎡
- 責任者　理事長・植野哲一

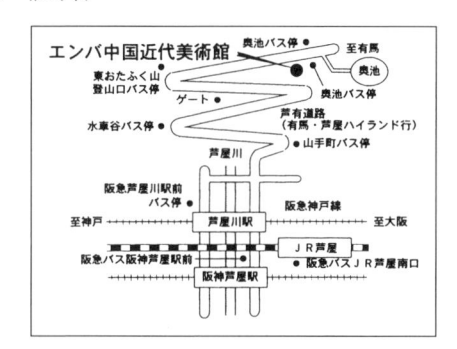

兵庫県

柿衞文庫
(かきもり)

　京・大阪に近く、酒どころとして経済的にも文化的にも水準の高い町であった江戸時代の伊丹では、俳壇も栄え、文人墨客の往来も頻繁であった。そうしたなかで蓄積された文化遺産に、岡田柿衞翁(本名・岡田利兵衞)による新たな系統的収集を加えて成立したのが柿衞文庫である。

　1982(昭和57)年、翁の遺志により財団法人化され、1984(昭和59)年6月に建物が竣工、11月に開館した。柿衞(かきもり)という名は、美酒にひかれて伊丹を訪れた頼山陽が愛した柿を衞(まも)るというところからつけられたものである。

【展示・収蔵】

　当文庫の収蔵品は、軸物や短冊など真蹟類約3500点、俳書を中心とする書籍約6500点にのぼり、東大図書館の「洒竹・竹冷文庫」や天理大学図書館の「綿屋文庫」と並ぶ日本三大俳諧コレクションと称されている。山崎宗鑑に始まる中世の俳諧連歌から、近代の子規・碧梧桐、現代の桂信子に至るまでの作品を擁し、500年にわたる日本の俳文学の流れをたどることができる。また頼山陽をはじめ、伊丹を訪れた文人墨客の名品多数も収蔵する。

(1) 芭蕉以前

　　宗鑑筆「風寒し」自画賛、宗因賛西鶴画花見西行偃息図、西鶴自画賛十二ヵ月帖。

(2) 伊丹俳諧

　　宗旦編『三人蛸』、鬼貫筆「によつほりと」句一行物、鬼貫筆「おもしろさ」句短冊、鬼貫著『独ごと』、百丸著『有岡逸士伝』。

(3)芭蕉・蕪村・一茶など
　　柿衞本素龍筆『奥のほそ道』、芭蕉筆旅路の画巻、芭蕉筆「ふる池や」句短冊、芭蕉筆「荒海や」句懐紙、芭蕉筆許六宛書簡、許六筆芭蕉行脚像、嵐雪筆菊自画賛、去来著『去来抄』、蕪村筆俳仙群会図。
(4)近代の俳人たち
　　子規ら運座、漱石筆「蚊はしらや」句色紙、碧梧桐筆「行水を」句一行物。
(5)桂信子筆「ゆるやかに」句色紙、稲畑汀子筆「目に慣れし」句短冊など。
(6)その他文人墨客
　　頼山陽筆送母西下詩、藤本鉄石筆秋景山水など。

付属施設
〔図書室〕柿衞翁旧蔵の図書を中心に、国文学や美術関係の辞書・参考書・研究書を収蔵、室内での閲覧・研究に供す。
〔閲覧室〕俳書類をマイクロフィルム化、備えつけのリーダープリンターで閲覧・コピーが可能（コピーは有料）。また、特に必要と認められる場合に限り、原本の閲覧（有料）を、当文庫職員立ち会いの上、閲覧室内でおこなうことができる。

【事　業】
　特別展、企画展、「柿衞忌」（6月・柿衞賞受賞者による講演会）、「全国花の俳句大会・伊丹」（9月）、「鬼貫忌」（9月・鬼貫賞入賞俳句表彰式）、かきもり文化カレッジ、俳諧文学関係資料の収集・調査・研究など。

【出版物】
　〔絵はがき〕…（秀品集）（花の歳時記）（西鶴短冊）（西鶴十二ヶ月帳）（第六集）、〔柿衞清賞〕Ⅱ（芭蕉とその周辺）／Ⅲ（蕪村とその周辺）／Ⅳ（近代俳句百年の歩み）／Ⅴ（鬼貫と元禄の上方文化）／特別号（俳諧名品展）、〔調査図録〕「巣兆」「俳趣・画趣」「俳諧一枚摺」「絵俳書」「西鶴」、〔拾葉〕（第1集・第2集）、〔短冊〕柿衞筆「霧が峰」句／芭蕉筆「ふる池や」句／鬼貫筆「おもしろさ」句、〔百人一句かるた〕豪華版／普及版／特製一筆箋／英文解説、「京名所双六刷物 月渓」／「柿衞本おくの細道」／「SCHERTSEND GESCHETST Haiku-schilderingen」／「近世における伊丹文学の展開」／「柿衞文庫目録 書冊編」／「柿衞翁随筆集」／「夏ごろも（柿衞翁とのおくの細道紀行）」／「芭蕉図

兵庫県

録」/「芭蕉〔山吹〕軸」/〔芭蕉絵はがき〕Ⅰ・Ⅱ・Ⅲ/「遊俳の風雅」/「立圃から芭蕉」/「鬼貫と春卜」/「蕪村の時代」/「ホトトギス百年」/「一茶の時代」/「岡田利兵衞著作集」Ⅰ(芭蕉の書と画)・Ⅱ(蕪村と俳画)・Ⅲ(西鶴・近松・伊丹)/「没後220年蕪村展」/「芭蕉に帰れ 蕪村と暁台」/「もろはくの俳諧」/「戦時下の俳句と絵手紙」/「宗因から芭蕉へ」/「雲英文庫展」/「柿衞文庫名品展」/「なにわの俳諧展」/「女性俳句の世界展」

- **所在地** 〒664-0895 兵庫県伊丹市宮ノ前2-5-20
- **設　立** 1984年11月(開館)
- **ＴＥＬ** 072-782-0244
- **ＦＡＸ** 072-781-9090
- **ＵＲＬ** http://www.kakimori.jp/
- **交　通** 阪急伊丹駅下車東へ徒歩9分，JR伊丹駅下車西へ徒歩7分，阪急バス尼崎池田線伊丹本町下車北へ2分
- **開　館** AM10:00～PM6:00(入館はPM5:30まで)
- **入館料** 小企画展：一般200円，大学・高校生100円(20名以上団体2割引) 特別展・企画展は別料金
- **休館日** 月曜日(祝日のときはその翌日)，年末年始(12月29日～1月3日)
- **施　設** 設計：坂倉建築研究所大阪事務所，施工：株式会社竹中工務店，鉄筋コンクリート造3階建，敷地面積851.0㎡，延床面積1172.2㎡

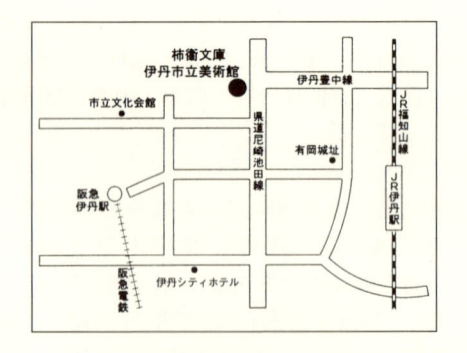

黒川古文化研究所

　黒川古文化研究所は、「東洋の古文化を調査研究して、その正確な知識を広く世に普及して、社会文化の発展に寄与すること」を目的に、1950（昭和25）年に設立された財団法人の研究所である。大阪で証券業を営んでいた黒川家が三代にわたって集めた東洋・日本の古美術、考古資料、約8500件を収蔵している。当初は芦屋市打出春日町にあったが、1974（昭和49）年11月、西宮市苦楽園三番町に移転し現在に至っている。研究所では収蔵品の整理保存、調査研究に努めるとともに、その成果を講演、刊行物や展示によって広く公表している。1年に2回、春と秋に行われる展観は、現在の研究水準や日頃の調査研究の成果を反映したものである。六甲山麓の閑静な丘陵地に建つ研究所の二階ロビーからは摂河泉の平野と大阪湾を一望のもとにおさめることができる。

【展示・収蔵】

　中国の文化財は、玉器、青銅器、鏡鑑、鈴鐸類、陶磁器、文房具、古瓦などの各種工芸、明清の書画、歴代王朝の貨幣など多岐にわたる。特に鏡鑑は戦国から宋までの約90面が収蔵され、コレクションの柱の一つとなっている。さらに絵画では伝董源筆「寒林重汀図」が南宋派の祖董源の作風を伝える現存最優の作品として名高い。

　日本の文化財は、勾玉、鏡、鈴や古瓦などの考古資料、平安時代から江戸時代の和鏡がある。また、短刀伏見貞宗をはじめとする日本刀と鍔・刀装具のコレクションは質量ともに屈指のものといわれている。貨幣も皇朝銭や江戸時代の金銀貨など日本の貨幣の大半が揃っており、藩札・蔵米切手ととも

兵庫県

に経済史の貴重な資料となっている。その他、奈良・平安時代の古経、上代裂、近世絵画や慈雲尊者の遺墨がある。
　国宝2件、重要文化財16件(162点)、重要美術品62件(78点)を数える。

【事　業】
　春季展観(4月中旬～5月中旬)、秋季展観(10月中旬～11月中旬)、夏季講座(7月末に西宮市教育委員会との共催で、市内の会場を借りて講演会を開催)。

【出版物】
　紀要「古文化研究」(年1回発行)／所蔵品選集「中国の絵画」、「日本の絵画」、「日本・中国の書」、「青銅の鏡—中国—」、「青銅の鏡—日本—」の5冊を刊行／「黒川古文化研究所名品選」／図録「黒川古文化研究所名品展—大阪商人黒川家三代の美術コレクション—」

- 所在地　〒662-0081　兵庫県西宮市苦楽園三番町14-50
- 設　立　1950年10月
- ＴＥＬ　0798-71-1205
- ＦＡＸ　0798-73-4099
- ＵＲＬ　http://www.kurokawa-institute.or.jp/
- E-mail　kenkyusho@kurokawa-institute.or.jp
- 交　通　阪急夙川駅・阪神西宮駅より阪急・阪神バス甲山行き柏堂町(かやんど)下車西へ約800m　苦楽園中学の山手，阪急夙川駅よりタクシー約10分，JR芦屋駅北口よりタクシー約15分
- 開　館　AM10:00～PM4:00(但し入館はPM3:30まで)
- 入館料　一般500(400)円，高大生300(240)円，中学生以下無料　※(　)内は20名以上の団体割引料金
- 休館日　月曜日(祝日・休日の場合は翌日)，但し開館は春季(4月中旬～5月中旬)・秋季(10月中旬～11月中旬)のみ
- 施　設　鉄筋コンクリート2階建，建築面積1168.50㎡
- 責任者　理事長・木村陽一

辰馬考古資料館

　当館は辰馬悦蔵翁(1892-1980)が1976(昭和51)年に設立した博物館である。翁は銘酒白鷹醸造元(北)辰馬家に生まれ、三代悦蔵として家業をつぎ、若くして考古学を志し、京都帝国大学で研鑽をかさね、とくに銅鐸と玉類の研究にとりくみ、その学の進歩の一端をになった。一方、翁は世の考古資料の散逸を憂い、その保全のため私財を投じて自ら保護の任にあたった。

　その収集資料は翁の識見にもとづくものとして学術的価値は極めてたかく、その資料による研究は考古学の進展に大きく寄与してきた。

　翁のもとには、また祖父悦叟翁(1835-1920)以来の富岡鉄斎作品が多く継承収蔵されていた。これらは鉄斎と悦叟の親交にもとづくもので、その畢生の大作「安倍仲麻呂明州望月図・円通大師呉門隠栖図」の屏風一双は、鉄斎が1914年悦叟翁をたずね、その逗留中に製作したもので、今は重要文化財に指定されている。

　収蔵資料は考古遺物と鉄斎作品の2つから成る。考古遺物は、縄文時代から歴史時代のものにわたり、なかでも銅鐸のコレクションは質量ともに日本屈指である。この他、縄文土器、土偶、銅鏡に優品が多い。鉄斎作品は、さきの屏風をはじめ、掛軸、画帖、巻子、扇子など多岐にわたり、名品も多く

兵庫県

有する。

【展示・収蔵】
　常設展は行っていない。考古資料313件(内、重要文化財21点)、鉄斎作品101件(内、重要文化財1点)など。

【事　業】
　講演会(1回)、史跡見学会(1回)

【出版物】
　「辰馬考古資料館考古資料図録」(1988)／「辰馬考古資料館考古学研究紀要1」(1979)／「辰馬考古資料館考古学研究紀要 2」(1991)／「銅鐸」(1978)／「山田博雄収集資料目録」(1987)／「富岡鉄斎」(1981)／「辰馬考古資料館考古学研究紀要3」(1999)／「辰馬考古資料館考古学研究紀要4」(2001)／「辰馬考古資料館考古学研究紀要5」(2003)／「酒庫器物控」(2005)／各展覧会図録および展覧の栞など

- 所在地　〒662-0962　兵庫県西宮市松下町2-28
- 設　立　1976年7月
- ＴＥＬ　0798-34-0130
- ＦＡＸ　0798-34-0130
- ＵＲＬ　http://www.hakutaka.jp/tatsuuma/index.html
- 交　通　阪神香枦園駅下車北へ徒歩2分、JRさくら夙川駅下車徒歩7分、阪急夙川駅下車南へ徒歩10分
- 開　館　AM10:00 〜 PM4:30(入館はPM4:00まで)
- 入館料　一般200円、学生100円
- 休館日　月曜日(月曜が休日のときは翌日)※開館は春・夏・秋の3期間のみ
- 施　設　本館鉄筋コンクリート平屋建275㎡、収蔵庫鉄筋コンクリート2階建148㎡
- 責任者　館長・金関恕

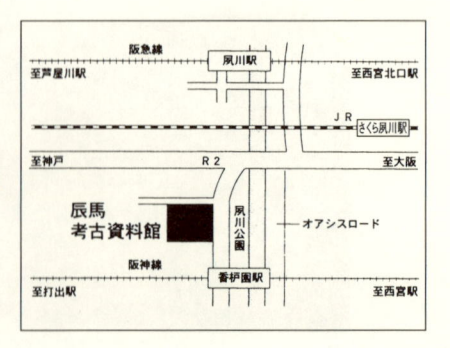

丹波古陶館

1969(昭和44)年に設立。妻入商家が江戸時代そのままの姿で立ち並ぶ、丹波篠山の一角にある。丹波焼の創世期から江戸時代末期に造られた代表的な品々を分類展示し、そのうち312点は「古丹波コレクション」として兵庫県文化財に指定されている。

「古丹波コレクション」は初代館長・中西幸一と二代館長・中西通が約80年にわたり蒐集してきたものである。

【事業】

年2回、春と秋に企画展を開催。春秋藝術文化雑誌「紫明」を発刊。

【出版物】

「古丹波」／「古丹波名品集」／写真集「丹波の古陶」

- **所在地** 〒669-2325 兵庫県篠山市河原町185
- **設立** 1969年5月
- **TEL** 079-552-2524
- **FAX** 079-552-5718
- **URL** http://www.tanbakotoukan.jp/

兵庫県

- **E-mail** tannaka@hk.sun-ip.or.jp
- 交　通　JR福知山線篠山口駅下車　神姫バス篠山営業所行き本篠山バス停より徒歩3分，舞鶴若狭自動車道丹南篠山口I.Cより10分
- 開　館　AM9:00～PM5:00(但し入館はPM4:45まで)
- 入館料　大人700円(630円)，大高生500円(450円)，小中生300円(270円)
　　　　　※(　)内は団体20名以上，能楽資料館(東隣)との共通券
- 休館日　月曜日(但し祝日・振替休日の場合はその翌日)，夏期休館(8月第4月曜日～金曜日)，年末年始休館(12月25日～1月2日)
- 責任者　館長・中西薫

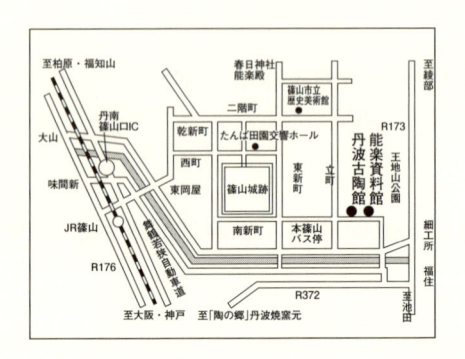

兵庫県

丹波市立植野記念美術館

　丹波市出身の実業家・植野藤次郎氏により1994(平成6)年11月設立、氷上町(現・丹波市)に寄贈されたものである。収蔵美術品は氏個人のコレクションおよび篤志家の方々の寄付より成っている。

　清流加古川畔に臨んで建築されたこの美術館は"建物自体も美術品でなければならない"という考え方から、丹波の森の中核美術館にふさわしく、地域の景観に溶け込むように設計されている。建築様式としては、古代ギリシャ神殿のイオニア式をベースに、一部ルネッサンス方式が採り入れられている。玄関ポーチに立つ石柱は、高さ9.5m、重さ12トン、直径70センチあり、その柱頭に渦巻の石彫が施され、天極左旋、地極右旋の神紋を現わしている。継ぎ目のないこの石柱6本と、総花崗岩積みの外壁が、他ではあまり見ることのできない特色となっている。

【展示・収蔵】

　館の収蔵品は、パプア・ニューギニアの民芸品300余点、中国絵画及び中国景徳鎮の磁器が主なものである。特に、パプア・ニューギニアの土器は、現代の縄文土器とも呼ばれる程で、技法的にも美術的にも高度なものであり、これだけまとまった点数を所蔵する例は、全国的にも信楽「陶芸の森」にあるのみであり、そのユニークさにおいて当館の誇りとするものである。これらは植野氏がスポンサーとなって組織したエンバ・パプア・ニューギニア探検隊が、1978(昭和53)年現地踏破探索した際に持ち帰ったものである。

　中国絵画は世界的大家の呉作人をはじめ、現代有名作家37名が1970年代に製作した作品310幅が主体となっている。また、磁器は現在の中国景徳鎮

兵庫県

を代表する高名若しくは中堅作家20名のバラエティに富んだ作品が揃っており、これらは景徳鎮の高い技術水準と美的感覚を表現している。
　また、コンテンポラリィ・アートは新進作家の登竜門として17年間継続したエンバ賞美術コンクールにおけるエンバ中国近代美術館買上賞が主だったものであり、初期の作品では今日、一流作家に成長しておられる方々の作品ばかりである。絵画40余点より成り立っている。

【事　業】
　各企画展に添った講演会、解説会、ワークショップなど。

【出版物】
　企画展図録「田能村直入展」(2007)／「陳允陸展」(2006)／「駒井哲朗・丹阿弥丹波子師弟展」(2006)／「常岡文亀・幹彦親子展」(2005)

- 所在地　〒669-3603　兵庫県丹波市氷上町西中615-4
- 設　立　1994年11月
- ＴＥＬ　0795-82-5945
- ＦＡＸ　0795-82-5935
- ＵＲＬ　http://edu.city.tamba.hyogo.jp/ueno/index.html
- 交　通　【大阪方面より】JR福知山線石生駅または柏原駅下車，神姫バス(佐治行きまたは大名草行き京橋停留所下車すぐ)またはタクシー，【山陽方面より】JR山陽線～加古川線～福知山線以下同上，【車】大阪方面より中国自動車道～舞鶴自動車道(春日IC)～北近畿豊岡自動車道氷上IC経由し氷上の信号を左折，山陽方面より播但道～中国自動車道(滝野IC)～R175経由
- 開　館　AM10:00～PM5:00(入館はPM4:30まで)
- 入館料　常設展大人300円，大学・高校生200円，中学・小学生100円(企画展・特別展の場合は内容により異なる)
- 休館日　月曜日(但し月曜日が祝休日の場合は翌日)，年末年始，展示替期間
- 施　設　鉄筋コンクリート石造り4階建，延べ1827㎡，ロビーにミュージアムショップ
- 責任者　館長・藤原正彦

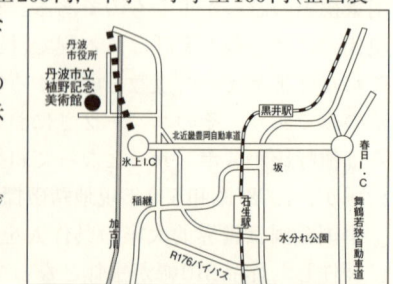

兵庫県

滴翠美術館
（てきすい）

　滴翠美術館は、山口吉郎兵衛の収集した古美術品等の遺品をチカ未亡人より寄贈を受けて、1964(昭和39)年6月に創設された財団法人山口文化会館の美術部門である。山口吉郎兵衛が頭取として主宰していた山口銀行の合併（鴻池、三十四の両銀行と併せて三和銀行となる—昭和8年）により、財界を離れた後は、国焼陶磁器、人形、かるた及び羽子板等の研究収集に没頭、趣味の世界に余生を送る。夫人が氏の遺志を嗣いで故人の建てた住宅を美術館に改装して、初代の館長となる。また館蔵品にちなんで1968(昭和43)年10月には陶芸教室（滴翠窯）を開講する。

【展示・収蔵】
　1500点以上に及ぶ山口吉郎兵衛のコレクションの中から、国焼陶磁器を中心に、茶道具、人形、かるた、羽子板を併せて展示。
〈おもな館蔵品〉
　◇仁清作　色絵菊水図水指
　◇長次郎作　赤楽茶碗　銘勾当
　◇天正かるた

【事　業】
　春季・秋季の年二回、企画展を開催。

近畿

兵庫県

陶芸教室会員作品展を秋に開催。
その他、主催講演会、講習会を開催。

【出版物】
「左義長羽子板」／「日本のかるた」
手刷りいろはかるた、絵はがき各種、テレホンカード等

- 所在地　〒659-0082　兵庫県芦屋市山芦屋町13-3
- 設　立　1964年6月
- ＴＥＬ　0797-22-2228
- ＦＡＸ　0797-22-2228
- ＵＲＬ　http://tekisui-museum.biz-web.jp/
- 交　通　阪急神戸線芦屋川駅下車北西へ徒歩8分，JR芦屋駅下車徒歩15分
- 開　館　AM10:00〜PM4:00（ただし入館はPM3:00まで）
- 入館料　大人600円（480円），高校・大学生400円（300円），小・中学生200円（160円）※（　）内は団体20名以上
- 休館日　月曜日，夏季・冬季
- 施　設　鉄筋コンクリート3階建約2266㎡，陶芸教室併設
- 責任者　理事長・山口吉子

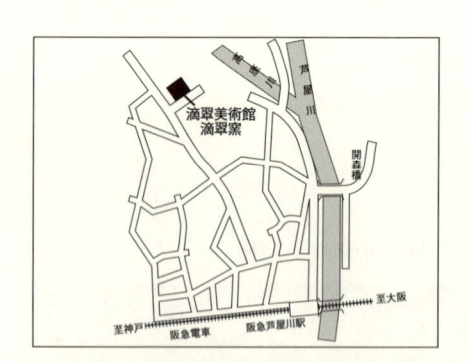

兵庫県

鉄斎美術館

　晩年の鉄斎と親交があり、鉄斎作品に流れる厚い宗教心と、豊かな芸術的香気に深い感動を覚え、その作品収集と研究に半生をささげた清荒神清澄寺先々代法主・坂本光浄和上の理想とその遺志を継承して、半世紀に亙って蒐集されてきた画聖『富岡鉄斎』(1836-1924)の作品を広く公開展示するため、1975(昭和50)年4月、清荒神清澄寺の境内に設立された。

　なお、入館料の全額は宝塚市立中央図書館内に「聖光文庫」を設け、美術図書購入基金として宝塚市に寄付している。

【展示・収蔵】
◇絵画
　掛軸：約450点「烟霞幽情図」29歳・「前後赤壁遊図」60歳代・「武陵桃源図」77歳・「東坡帰院図」82歳・「竹窓聴雨図」80歳代・「寿老人図」89歳・「瀛州僊境図」89歳等。屏風、衝立：約10点「富士山図」63歳・「椿石霊鳥図」72歳等。額装：30点「聚沙為塔図」82歳・「富而不驕図」89歳等。その他、扇面、巻子、画帖等約80点。
◇書
　「多少蔵書」30歳代・「丈夫心事二行書」85歳・「前赤壁賦書」89歳等。掛

富士山図（左隻）

兵庫県

軸、額装、折本等約70点。

◇粉 本

先人の構図、筆法、彩色等を学びとることを目的として模写したもの。古くは藤原隆信、土佐光茂、江戸時代では渡辺華山、谷文晁などの他、中国人画家の作品を模写したものが残されている。掛軸等約350点。

◇器 玩

陶器や、木製・竹製の器物に鉄斎が絵付けしたもので、鉄斎手造りの作品も多い。作者としては清水六兵衛、三浦竹泉、諏訪蘇山、中島菊斎などの当時著名な人物が多い。茶道具類等約120点。

◇書 簡

清澄寺光浄和上との晩年の交際を物語るものを中心に大田垣蓮月尼、中島菊斎宛の書簡など約40点。

【事 業】

定期休館日を除き年4回～5回、企画展、特別展を開催。その他ロビーでは開館中、ビデオ「鉄斎の画」を放映。

【出版物】

特別展図録等多数(但し非売品)

「富岡鉄斎名作百撰―清荒神コレクション―」鉄斎美術館編集・株式会社便利堂発行

富士山図 (右隻)

兵庫県

- **所在地**　〒665-0837　兵庫県宝塚市米谷字清シ1清荒神清澄寺山内
- **設　立**　1975年4月
- **ＴＥＬ**　0797-84-9600
- **ＦＡＸ**　0797-84-6699
- **ＵＲＬ**　http://www.kiyoshikojin.or.jp/
- **E-mail**　tesaimus@skyblue.ocn.ne.jp
- **交　通**　阪急電鉄宝塚線清荒神駅下車徒歩約20分，JR福知山線（宝塚線）宝塚駅下車，タクシー約10分
- **開　館**　AM10:00～PM4:30（但し入館受付はPM4:00まで）
- **入館料**　大人300円，高・大学生200円，小・中学生100円，老人・身障者半額
- **休館日**　月曜日（月曜日が祝日の場合翌火曜日），その他展示替えのため臨時に休館することあり
- **施　設**　鉄骨・鉄筋コンクリート造 高床式平屋建，展示室床面積 235.9㎡
- **責任者**　館長・村越英明

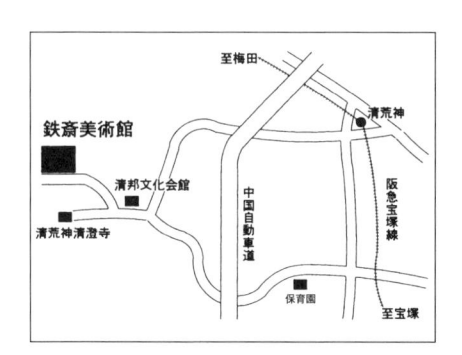

兵庫県

西宮市大谷記念美術館

　実業家大谷竹次郎氏（元昭和電極社長、1971年没、現社名株式会社エスイーシー・カーボン）は、永年にわたり近代絵画を中心とする美術品の収集を行っていたが、1971（昭和46）年8月31日、これら数百点にのぼる美術品と宅地・邸宅などを、美術館設立を条件として西宮市に寄贈された。
　市ではこの篤志を生かすために、1972（昭和47）年3月13日「西宮市大谷記念美術館設立準備委員会」を組織、11月3日文化の日を期して開館した。
　館蔵品の展示のほか、年間数回の特別企画展を開催。また、絵画実技講座、ミュージアムコンサートなどを開催し、多彩な活動をすすめてきたが、より近代的な美術館機能の整備のため1989（平成元）年5月3日に増改築に着工、1991（平成3）年1月15日にリニューアルオープンした。
　現在は、近代美術や地元作家、現代の美術の動向を紹介する展覧会などを開催。作品収集やワークショップなどにもつとめ、閑静な住宅地にある、水と緑の美しい庭園のある美術館として、多くの来館者に親しまれている。

【展示・収蔵】
　常設展示室では、春〜秋には油彩画、冬には日本画を約20点展示している。常設展は年3〜4回展示替を行う。収蔵作品は、油彩画、日本画、版画、立体、

デザインなど約1000点。代表的な作品は下記の通りである。

上村松園「蛍」、菱田春草「秋林遊鹿」、横山大観「若葉」、ギュスターヴ・クールベ「眠る草刈り女」、ジョルジュ・ルオー「サーカスの少女」、マリー・ローランサン「青衣の美少女」、梅原龍三郎「霧島」、小出楢重「帽子のある静物」、小磯良平「ギターを弾く男」。

【事　業】

講演会、ギャラリートーク、ミュージアムコンサート、ワークショップ、実技講座（油彩画・水彩画・木版画）など。

【出版物】

企画展の各図録／開館30周年記念所蔵品目録（2003）／年報／西宮市大谷記念美術館Newsなど。

- **所在地**　〒662-0952　兵庫県西宮市中浜町4-38
- **設　立**　1972年11月
- **ＴＥＬ**　0798-33-0164
- **ＦＡＸ**　0798-33-1699
- **ＵＲＬ**　http://www9.ocn.ne.jp/~otanimus/
- **E-mail**　nmc00402@nishi.or.jp
- **交　通**　阪神香櫨園駅下車南西6分，JRさくら夙川駅下車南西15分，阪急夙川駅下車南西18分
- **開　館**　AM10:00 ～ PM5:00（入館はPM4:30まで）
- **入館料**　常設展のみ開催の場合　一般200円，学生100円（企画展開催時はその都度定める）
- **休館日**　水曜日（祝休日の場合は翌日），年末年始
- **施　設**　企画展示室（3室），常設展示室（1室），和室，アトリエ，講堂，喫茶室，日本庭園など
- **責任者**　館長・山田知

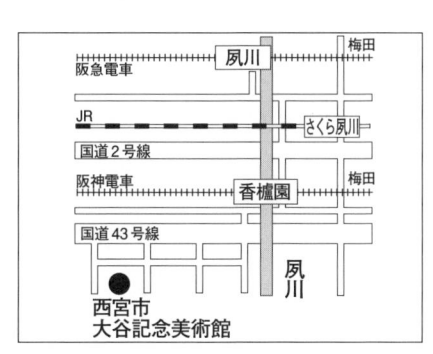

兵庫県

日本玩具博物館

　当館は緑豊かな田園地帯にあり、白壁土蔵造りの6棟の建物からなる。展示ケースの延長は約160m。民芸風の館内には、日本の郷土玩具、駄菓子屋の玩具、海外150カ国の玩具と人形など総数8万点を超える資料を収蔵、常設展のほか、1号館と6号館で季節ごとに特別展を開催している。

　当館の歩みは、現館長の井上重義がサラリーマン時代、1963(昭和38)年に郷土玩具の本と出会い、以来、失われゆく子どもの文化財である郷土玩具を後世に遺したいと収集をはじめた。5000点に達した1974(昭和49)年に、自宅の一室(46㎡)に展示室をオープン。その後も資料の充実と施設の拡充につとめ、現在、施設は6棟700㎡。規模や内容から世界的に高い評価を受けるまでになり、これまで国内外から招聘され展覧会を行っている。1990(平成2)年2月に個人立博物館では全国で4例目の博物館相当施設に指定。1998(平成10)年7月には「サントリー地域文化賞」、2007(平成19)年11月には「地域文化功労者文部科学大臣表彰」を受賞した。個人立博物館の成功例として知名度も高い。

　館の評価が高まるにつれて、貴重な資料の寄贈も増え、これまでに尾崎清

次、橋本武、渡辺孝義、若林守男、長尾善三、能勢泰明コレクションを受け入れている。

【展示・収蔵】
　現在、コレクションは、日本のものが約5万点、海外は150カ国より3万点と計8万点に及ぶ玩具や人形を収蔵。現在も年間約1000点を収集している。展示は、1号館と6号館で季節ごとに企画展・特別展を開催するほか、2号館は自然素材の玩具と玩具の歴史、3号館はちりめん細工、羽子板、雛人形、手まりなど、4号館は1階が日本の郷土玩具、2階が世界の玩具を常設展示。
　館蔵資料の主なものとして、①世界150カ国の伝承的な玩具と民族人形2万点、②日本の凧2000点、③日本のコマ1800点、④駄菓子屋の玩具1万点、⑤ちりめん細工3000点、⑥世界の音のする玩具1500点、⑦世界のクリスマスの玩具3000点、⑧雛人形500組、⑨世界の船500点など膨大な資料を所蔵する。

【事　業】
　1号館と6号館で季節ごとと年8回の企画展・特別展を開催。おもちゃ作り教室、ちりめん細工の講習などを随時開催。1月上旬に姫路市と共催で全国凧あげ祭りを毎年実施。国、内外での特別展（資料貸出し）。国内＝各地の博物館、海外＝ベルギー、スイス、アメリカ、ブラジル、中国（上海）、韓国で開催。

【出版物】
　一般図書「伝承手づくりおもちゃ」草土文化（1991）／「ちりめん遊び」マコー社（1992）／「ちりめん細工」NHK出版（1994）／「ちりめん細工で遊ぶ四季」NHK出版（1998）／館発行「ちりめん細工 季節の吊し飾り」雄鶏社（2005）／「ちりめん細工四季の傘飾りと雛飾り」日本ヴォーグ社（2007）／「日本玩具博物館開館20周年記念誌」（1994）／「日本玩具博物館開館30周年記念誌」（2004）／「日本玩具博物館館報」No1～No25（1984～2007）

- **所在地**　〒679-2143　兵庫県姫路市香寺町中仁野671-3
- **設　立**　1974年11月

兵庫県

- ・TEL　079-232-4388
- ・FAX　079-232-7174
- ・URL　http://www.japan-toy-museum.org/
- ・交　通　JR姫路駅から播但線で15分の香呂駅下車・徒歩15分，車は播但連絡道路船津ランプ下車西へ約5分
- ・開　館　AM10:00〜PM5:00
- ・入館料　大人500円(400円)，大学・高校生400円(320円)，中学生(子ども)〜4歳200円(160円)※20名以上2割引
- ・休館日　水曜日(但し祝日は開館)，12月28日〜1月2日 ※春・夏休み期間は無休
- ・施　設　木造・白壁土蔵造りの6棟700㎡，一部2階建
- ・責任者　館長・井上重義

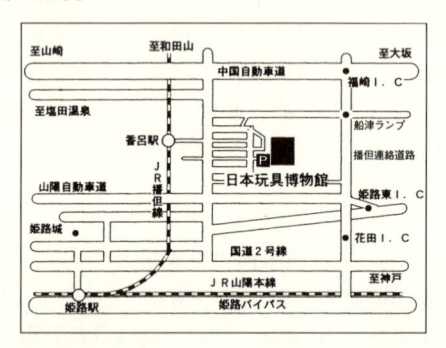

兵庫県

能楽資料館

　1976（昭和51）年に設立。いにしえの丹波猿楽と、近世の城下町文化が育んだ風土の中で、能面・装束・楽器など能に関する資料の収集と研究を行い、全国で唯一の能楽専門の美術館として日本における伝統芸能の一拠点となっている。

　館蔵の「能楽美術コレクション」は、創立者・中西通が昭和30年代後半より40年間にわたり蒐集したものである。

狐　大和　大宮真盛作（江戸時代初期）

【展示・収蔵】

　室町時代〜江戸時代にかけての能面の優品を常設、「小面」赤鶴など。小鼓・大鼓・太鼓・笛など古楽器を展示。旧大名家伝来の能装束など5領を常設。

【事　業】

　年2回、春と秋に企画展を開催。特別展示室にて「現代名匠の能面」を公開。春秋藝術文化雑誌「紫明（しめい）」を発刊。

【出版物】

　「能楽の美」／「能のおもて」

兵庫県

- **所在地** 〒669-2325 兵庫県篠山市河原町175
- **設　立** 1976年10月
- **ＴＥＬ** 079-552-3513
- **ＦＡＸ** 079-552-5718
- **URL** http://www.nohgakushiryoukan.jp/
- **E-mail** tannaka@hk.sun-ip.or.jp
- **交　通** JR福知山線篠山口駅下車 神姫バス篠山営業所行き本篠山バス停より徒歩3分，舞鶴若狭自動車道丹南篠山口I.Cより10分
- **開　館** AM9:00～PM5:00(但し入館はPM4:45まで)
- **入館料** 大人700円(630円)，大高生500円(450円)，小中生300円(270円)
　※(　)内は団体20名以上，丹波古陶館(西隣)との共通券
- **休館日** 月曜日(但し祝日・振替休日の場合はその翌日)，夏期休館(8月第4月曜日～金曜日)，年末年始休館(12月25日～1月2日)
- **責任者** 館長・中西薫

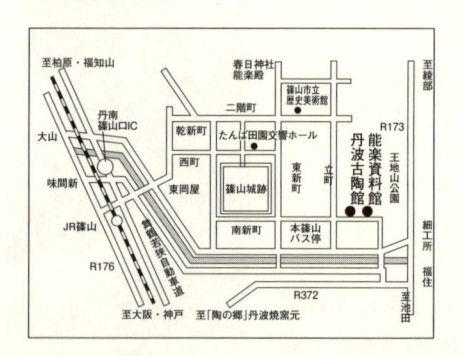

兵庫県

白鶴美術館
はくつる

　財団法人白鶴美術館は、白鶴酒造七代嘉納治兵衛(鶴翁)が、1931(昭和6)年古希を記念して設立、1934(昭和9)年完成開館した。

　鶴翁は奈良の旧家中村家に生まれ、幼少の頃より古都の古美術に親しみ、明治初年、初めて正倉院展が開かれた時にはその手伝いをしていたといわれる。その後、縁あって嘉納家の主として迎えられ酒造業に力を注ぐとともに、かたわら茶の湯とともに広く美術への造詣を深め、昭和初年頃にはその蒐集品は相当な数に及んだ。

　当時は、蒐集家の多くが自らの蒐蔵品を公開することを嫌い、また、蒐集家没後には優れた美術品がいつしか散逸してしまうといった例を鶴翁は憂い、美術品が個人の所有欲を離れて永久に保存されることを願うとともに、更に人々の鑑賞や研究に役立つことを望んで、所蔵品中の優品、基本金及び美術館施設をもって財団法人とし、その志を果たしたのである。1951(昭和26)年に90年の生涯を終えたが、その偉業は、今日も、白鶴美術館の活動の中に継承されている。

　開館60周年のあたる1994(平成6)年には記念事業として新館を建設、主

兵庫県

として中近東の絨毯を展示する"カーペット・ミュージアム"としての機能をもたせている。

【展示・収蔵】
　所蔵品の大半は故嘉納鶴翁の寄付によるもので、設立後更に第2回、第3回そして歴代理事長の寄付を受け、また、財団による購入もあり、現在約1450点の所蔵となっている。所蔵品の中心は中国と日本の古美術である。
　殷周時代の青銅器は、殷墟の出土器を含む美しい逸品が揃っていることで広く内外に知られ、唐時代の傑出した銀器は類品の少ない貴重なものである。また、陶磁器はやきものの黄金時代といわれる宋、明時代の優品を核に充実している。その他に、戦国〜漢時代の漆器・金工品、唐時代の鏡などがある。
　日本美術の中では奈良〜平安時代の経巻が特筆され、古筆手鑑も優れている。さらに飛鳥〜鎌倉時代の仏教工芸品、鎌倉〜江戸時代の絵画も見逃せないものである。
　1995(平成7)年に60周年記念事業として新館が完成し、中近東の絨毯が新たにコレクションに加えられた。(国宝・2件(書)、重要文化財:22件(絵画3、書4、工芸4、考古11))

【事　業】
　美術品の展観、調査・研究、講演会・演奏会の開催。

【出版物】
　「白鶴吉金撰集」白鶴美術館編(1951)／「白鶴翁閑話」高原慶三聞き書き(1963)／白鶴美術館誌「金文通釋」(第1輯〜第57輯)白川静著(1962〜1984, 2006)／「白鶴英華―白鶴美術館名品図」(1978)／「白鶴美術館名品選」白鶴美術館編(1989)

- 所在地　〒658-0063 兵庫県神戸市東灘区住吉山手6-1-1
- 設　立　1931年
- ＴＥＬ　078-851-6001
- ＦＡＸ　078-851-6001
- ＵＲＬ　http://www.hakutsuru-museum.org/
- 交　通　阪神御影駅・JR住吉駅から市バス38系統渦森台行「白鶴美術館前」下車,

兵庫県

- **開　館**　阪急御影駅より北東約1km(徒歩15分)，阪神高速道路3号神戸線大阪方面から魚崎出口より1.5km，姫路・明石方面から摩耶出口より6km
春季展：3月中旬〜6月初旬，秋季展：9月上旬〜11月末いずれもAM10:00〜PM4:30
- **入館料**　大人800円，大学・高校生500円，中学・小学生250円(20名以上団体割引あり)
- **休館日**　月曜日(期間中)
- **施　設**　敷地面積5084.24㎡，延床面積1907㎡(鉄骨鉄筋コンクリート造)
※無料駐車場あり(大型バス可)
- **責任者**　理事長・嘉納健二

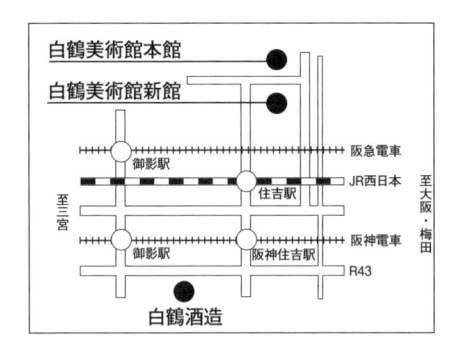

兵庫県

兵庫陶芸美術館

　兵庫陶芸美術館は、全県的な陶芸文化の振興を図るとともに、陶磁器をとおした人々の交流を深めることを目的としている。古陶磁器や内外の現代陶芸作品の展示、作品の収集・保存、調査・研究といった美術館活動をはじめ、次世代の陶芸文化を担う人材の養成、学校教育との連携、陶芸に関するワークショップや講演会・講座などの創作及び学習活動を行うほか、地域の文化資源や豊かな自然環境をいかしたエコミュージアム的環境を創出することとしている。

　収蔵品は、全但バス株式会社の当時の社長・田中寛氏(1904－1981)が1966(昭和41)年に創設した「財団法人兵庫県陶芸館」からの寄贈および購入による陶磁器913件が中心となっている。

【展示・収蔵】
〈収蔵品〉
　◇田中寛コレクション
　　丹波焼をはじめ三田焼、東山焼、出石焼、珉平焼など兵庫県内で作られたやきものを中心とした、全国有数の丹波焼および兵庫県内の陶磁器コレクション。

◇丹波焼
　壺 銘「猩々」(鎌倉時代前期)、「色絵桜川文徳利」(江戸時代後期)
　※いずれも田中寛コレクション
◇兵庫県内のやきもの
　珉平焼「色絵秋草文茶碗」(江戸時代後期)、出石焼「白磁籠形貼花菊文壺」(明治時代) ※いずれも田中寛コレクション
◇国内外の近・現代陶芸作品
　富本憲吉「色絵金銀彩四弁花 模様蓋付飾壺」(1956年)、ルーシー・リー「花生」(1978年)

【事　業】
　「親子陶芸教室」(2月, 8月)、「電動ロクロ講座」(基礎コース(平日)5～6月, 基礎コース(週末)6～7月, 応用コース7～8月)、「陶芸技法ステップアップ講座」(講座5回)、「丹波焼登り窯講座」(窯元指導コース9～10月, 自由作陶コース10～11月)、「やきもの文化講座」(講座5回)
　最近の展覧会…特別展「青磁を極める―岡部嶺男展」(2007年12月15日～2008年3月2日)、テーマ展「丹波の徳利」(2007年9月29日～12月24日)、特別展「現代陶芸への招待―日本とヨーロッパ―」(2007年9月15日～12月2日)、テーマ展「丹波の赤」(2007年6月30日～9月24日)、特別展「珉平焼―淡路が生んだ幻の名陶―」(2007年6月16日～9月2日)、テーマ展「丹波の壺」(2007年4月14日～6月24日)、特別展「兵庫の陶芸」(2007年3月17日～6月3日)、テーマ展「ひょうごの名陶」(2007年2月3日～4月8日)、特別展「TAMBA STYLE―伝統と実験―」(2007年1月20日～3月4日)

【出版物】
　図録(展覧会)…「やきもののふるさと 丹波」展／「バーナード・リーチ」展(完売)／「陶芸の現在、そして未来へ」展／「人間国宝 松井康成の全貌」展(完売)／「人のかたち―もうひとつの陶芸美」展／「TAMBA STYLE―伝統と実験―」展／「兵庫の陶芸」展(小冊子)／「珉平焼―淡路が生んだ幻の名陶」展(完売)／「現代陶芸への招待」展／「青磁を極める―岡部嶺男」展
　図録(所蔵品)…「兵庫陶芸美術館 所蔵五十選」
　定期刊行物…「ミュゼレター」(1～2号) ※やきものの里プロデュース倶

兵庫県

楽部発行
　年報…「兵庫陶芸美術館 年報」(平成17年度)

- **所在地**　〒669-2135　兵庫県篠山市今田町上立杭4
- **設　立**　2005年6月
- **ＴＥＬ**　079-597-3961
- **ＦＡＸ**　079-597-3967
- **ＵＲＬ**　http://www.mcart.jp/
- **E-mail**　togei@pref.hyogo.jp
- **交　通**　電車：JR福知山線相野駅下車，駅前より神姫バス「兵庫陶芸美術館」行き15分
　　　　　　車：舞鶴若狭自動車道「三田西IC」より15分
- **開　館**　AM10:00〜PM7:00(ただし入館はPM6:30まで。その他展覧会により異なる)
- **入館料**　展覧会により異なる
- **休館日**　月曜日(祝休日の場合は翌平日)，年末年始(12月31日，1月1日)
- **施　設**　鉄筋コンクリート造(一部木造)，延床面積6542.46㎡
- **責任者**　館長・乾由明

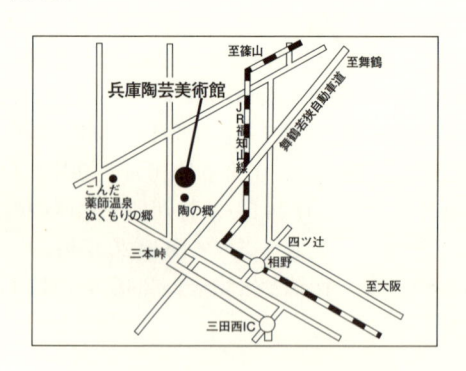

三木市立堀光美術館

　三木市立堀光美術館は、1982(昭和57)年に堀田光雄氏(故人)が建物とコレクションを三木市へ寄贈されて開館した美術館である。
　堀田氏は戦後の混乱期に三木町の町長を歴任し、金物会社の事業とともに金物業界の振興に尽力し、郷土の発展に多くの功績を残している。また美術文化にも造詣が深く、永年にわたる収集品の中から選びぬかれて寄贈された美術品を堀光コレクションとして収蔵している。
　現在の堀光美術館は、緑豊かな三木城址の静かな佇まいの中で、現代美術品、歴史資料等の公開と、地方色あふれる活動を進め、心に潤いと豊かな感性を育み、市民に親しまれる芸術文化振興拠点になることをめざしている。

【展示・収蔵】
　収蔵品は、開館時に寄贈をうけたものを堀光コレクションとして、近代日本画作家の名品や工芸品の秀品などの美術品及び造形資料や博物資料類などを収蔵。開館後、個人からの寄贈や郷土にゆかりの作家の寄贈品などを受贈

兵庫県

館蔵品として収蔵している地方色豊かな美術館でもある。
　「堀光コレクション」…日本画、洋画、版画、書、彫刻、工芸の各分野の美術品100点、造形資料、その他博物資料59点。
　「受贈収蔵品」…日本画、洋画、版画、書、工芸、その他造形資料40点。
　〔収蔵品の著名作家〕日本画：奥村土牛、小松均、堂本印象、山口華楊、横山大観他、洋画：石阪春生、平賀亀祐、バーウェル、ピカソ他、書：上田桑鳩、北村西望他、彫刻：北村西望、半藤政衛、名久井十九三他、工芸：浅蔵五十吉、市野弘之、大上昇、徳田正彦、三浦竹泉他。

【事　業】
　堀光美術館ワークショップ(8月2回)，別所公春まつり共催，アートフェス公募展，展示事業(特別展，特別企画，企画展など16回開催)

【出版物】
　開館25周年記念「新ふるさと三木」の絵はがき

- 所在地　〒673-0432　兵庫県三木市上の丸町4-5
- 設　立　1982年7月
- ＴＥＬ　0794-82-9945
- ＦＡＸ　0794-82-9945
- ＵＲＬ　http://www.city.miki.lg.jp/(三木市の公式サイト)
- 交　通　神戸電鉄粟生線三木上の丸駅下車徒歩5分，三木駅下車徒歩10分
- 開　館　AM10:00～PM5:00
- 入館料　通常は無料，特別展は有料(一般200円)
- 休館日　毎週月曜日，祝日の翌日
- 施　設　鉄筋コンクリート2階建敷地面積1612㎡，延床面積570.7㎡
- 責任者　館長・進藤乙美

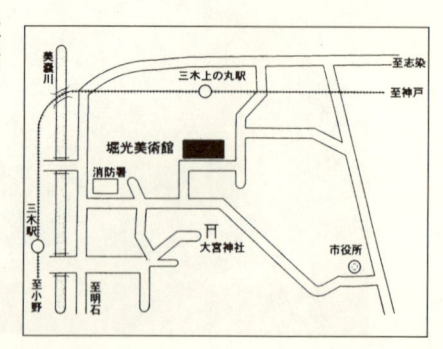

中野美術館

　当館は、中野家第11代を継承する中野皖司氏が、家業(林業)にたずさわるかたわら、約25年間にわたり収集した美術品を、ひろく一般に公開することによって、我が国美術文化の向上発展に寄与し、併せて、これら美術品の永久保存と、その散逸を防ぐため、1983(昭和58)年12月、美術館の竣工とともに財団法人中野美術館を設立、1984(昭和59)年3月開館したものである。

　公開されることになった美術品は、明治、大正、昭和の三代にわたる近代日本の洋画、日本画で、我が国近代美術史上欠くことの出来ない代表的な作家達による作品である。

　当館は、日本文化発祥の地、大和奈良の郊外、近鉄奈良線学園前駅に程近い、蛙股池畔の山紫水明、交通至便の恵まれた文教地区の一角に位置し、美術館にふさわしい環境にある。

　建物は、万国博、日本庭園の迎賓館などを設計した彦谷邦一氏の設計によるもので、建物規模は小さいが、内装の天井板には、吉野産の赤杉を使用するなど展示作品にふさわしい独特の味わいを出しており、館内は落ち着いた、日本の美術を鑑賞するにふさわしい環境につくられている。

奈良県

【展示・収蔵】

　収蔵品の日本画でとくに目をひくのは、なんといっても村上華岳である。華岳の明治・大正・昭和の作例を揃えているのは括目に価する。中でも列仙伝を描いた16点を蔵している点は華岳コレクションとして出色である。そのほかに山水、仏陀、風景もあれば静物・人物と多種多様である。このように華岳芸術を軸に入江波光、土田麦僊、榊原紫峰など国画創作協会会員の作品が柱となっており、その他に富岡鉄斎、横山大観、富田溪仙、小林古径、徳岡神泉など近代日本画の巨匠たちの作品も収蔵している。

　洋画では須田国太郎が軸となっている。「三輪山風景」などの昭和初年期のものから戦中戦後の作例が入っている。他に青木繁、中村彝、村山塊多、万鉄五郎、岸田劉生、椿貞雄、佐伯祐三、前田寛治、小出楢重、古賀春江、三岸好太郎、長谷川利行、松本竣介など異色の近代画家たちの作品、その他藤島武二、岡田三郎助、牧野虎雄、国吉康雄、安井曽太郎、梅原龍三郎、鳥海青児、児島善三郎など、我が国洋画史上欠くことのできない著名な作家たちの作品を収蔵している。

　また長谷川潔、駒井哲郎、浜口陽三など銅版画の巨匠たちの作品の収集にも力が入れられている。

　現在では収蔵品は約300点を数える。代表的なものとして、村上華岳作「中国列仙傳十六幅」（1915（大正4）年）、村上華岳作「早春風景図」（1919（大正8）年）、入江波光作「ゆく春」（1918（大正7）年）、村山槐多作「松の群」（1918（大正7）年）、小出楢重作「鏡のある静物」（1919（大正8）年）、須田国太郎作「ヴァイオリン」（1933（昭和8）年）、長谷川潔作「時　静物画」（1969（昭和44）年）などがある。

【出版物】

　「中野美術館作品選」（1984）／「村上華岳展図録」（1987）／「須田国太郎・鳥海青児展図録」（1989）／「入江波光展図録」（1991）／「村上華岳・須田国太郎展図録」（1994）／「美の栞」（主な作品解説）（1996）／「長谷川潔・駒井哲郎図録」（1999）

- 所在地　〒631-0033　奈良県奈良市あやめ池南9-946-2
- 設　立　1984年3月

奈良県

- **TEL** 0742-48-1167
- **FAX** 0742-48-1167
- **URL** http://www.nakano-museum.ecweb.jp/
- **交　通** 近鉄奈良線学園前駅(南出口)下車徒歩8分　大和文華館そば
- **開　館** AM10:00 〜 PM4:00
- **入館料** 一般600円，シルバー(65歳以上)・大高生500円，中小生250円(団体20名以上100円引)
- **休館日** 月曜日(祝休日の場合は翌日)，冬季(2月〜3月上旬)，夏季(7月中旬〜9月上旬)，年末年始(12月中旬〜1月上旬)
- **施　設** 鉄筋コンクリート2階建，延床面積490.9㎡
- **責任者** 館長・中野利昭

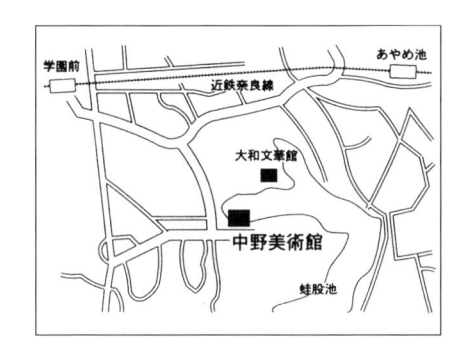

鳥取県

鳥取民藝美術館

　医師でもあり民芸運動家でもあった吉田璋也(1898-1972)が医業の傍ら長年に亘って収集した民芸品を展示するため小さな衣裳蔵を使い、1949(昭和24)年民芸館を開館させた。その後漸時増改築を重ね現在に至っている。1962(昭和37)年財団法人鳥取民藝美術館設立。登録博物館となる。陶磁器、木工、金工、石工、絵画、染織、ガラス等国内外の民芸品を収蔵しており、2階と3階が展示室となっている。民芸美術館に隣接して、江戸末期頃因幡地方の無名の石工によって亡き児のお墓として刻まれた石地蔵154体の安置されている童子地蔵堂が建てられている。

　吉田璋也の収集、展示は単に見てもらうというだけではなく、工人達の物造りの手本としての役割をも持っている。それによって造られた製品は、左に隣接する「たくみ工芸店」を通して販売されている。

【展示・収蔵】

　収蔵品は古民芸がほとんど占め、約3500点。陶磁器が最も多く、日本各地を始めとして、中国、朝鮮(特に李朝期)、西洋の古陶磁が約1500点。その他、木工、金工、石工、染織物、絵画、ガラス等が約2000点。加えて新作民芸品が約1500点となっている。これらの収蔵品はテーマを決め、年3回程度の展示替えを行いながら陳列される。

　地方色溢れるものとして、因幡の古民芸品が収集されており、焼物では牛ノ戸、因久山、浦富、吉成、窯谷のもの、因州釜、鳥取市の文化財に指定さ

鳥取県

れている百歳祝着、絣等が代表的なものである。

【出版物】
「図録 鳥取民藝美術館」(1992)

- 所在地　〒680-0831　鳥取県鳥取市栄町651
- 設　立　1949年12月
- ＴＥＬ　0857-26-2367
- ＦＡＸ　0857-26-2399
- 交　通　JR山陰本線鳥取駅より徒歩5分
- 開　館　AM10:00～PM5:00
- 入館料　一般500円(300円)，学生300円(200円)，中学生以下と70歳以上の方は無料 ※(　)内は団体20名以上
- 休館日　水曜日(但し水曜日が祝休日の場合は翌日)，年末年始，展示替の臨時休館有り
- 施　設　鉄筋コンクリートブロック本瓦葺土蔵式モルタル塗2階建312.72㎡
- 責任者　館長・吉田章二

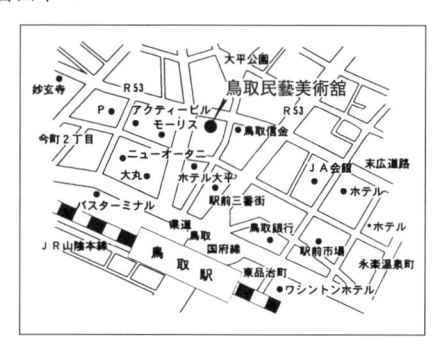

個人コレクション美術館博物館事典　375

鳥取県

渡辺美術館

　当館は、1979(昭和53)年に渡辺元(医療法人明和会理事長)のコレクションを、病院付属美術館として一般公開展示。1987(昭和62)年財団法人設立認可に伴い一切を寄付、同年博物館法第10条の規定による博物館原簿に登録したものである。収蔵品は創立者渡辺元が60余年の歳月をかけて収集した内外の古美術古薫品で、書画、仏像仏具、内外陶磁器、煎抹茶道具、酒器、漆器、甲冑・刀剣、和本など多岐にわたり3万余点。

　収集を始めたのは少年時代、漢詩が大好きで三国志を愛読、これが仏教文化開眼のきっかけとなった。九大医学生時代には、恩師がノイローゼ患者の治療に刀の「つば磨き」をとり入れているのを見、国漢の教授から志士たちの書を得意に見せびらかされたことに触発され、呉教授の「シーボルト先生その生涯及び功業」を読んで「シーボルトのように猛烈なコレクター」として生きたいと決心、長年の夢を実現したもの。

　建物はボーリング場跡を敷地ごと買収・改装利用したもので、広いワンフロアーのままの展示室に陳列ケースを並べ、大名・貴族の用いたものから、庶民の日常雑器まで1万5000点余の展示品は多種多様である。蒔絵・螺鈿を施した見事な漆器、名器といわれる茶道具、殷・周時代の青銅器、大名が身につけた華麗な甲冑から雑兵の質素な鎧兜200余点、豪華な六曲一双屏風「源平合戦・関ヶ原合戦・洛中洛外図」狩野派・四条派の画幅、墨蹟・遺墨をはじめ、地域に埋もれた貴重な資料も合わせて展示、東西文化の交流、大陸文化の影響なども見ることが出来る迫力と見ごたえのある内容となっている。

【展示・収蔵】
　収蔵品…約38種、3万点余。

展示内容…甲冑、刀剣、仏像、仏画、陶磁器、書画、調度、古銭等1万5000点(季節により入替)

代表的史料

　屏風…「関ヶ原合戦図」六曲一双 紙 着色(無落款)、「洛中洛外図」六曲一双 紙 着色(無落款),土佐光吉作「曽我物語図」六曲一双 紙 着色。

　書軸…寧一山禅師(神心洞照)墨蹟 紙、一休禅師(載流喝)墨蹟 紙 横物。

　陶器…(中国)龍泉窯青磁香炉、(朝鮮)高麗象嵌青磁梅瓶、(日本)楽3代のんこう作黒楽茶碗。

　甲冑…伝上杉景勝所用胴丸 練革小櫻威大鎧

　刀剣…栗田口近江守忠綱銘 倶利迦羅竜文彫刻剣

【出版物】

「世界が認めた鳥取の名匠 木象眼師 西村荘一郎図録」/「韓国からの文化使者たち」

- 所在地　〒680-0003　鳥取県鳥取市覚寺堤下1-55-1
- 設　立　1953年4月
- ＴＥＬ　0857-24-1152
- ＦＡＸ　0857-24-1152
- E-mail　fwm@orion.ocn.ne.jp
- 交　通　JR鳥取駅下車北口バスターミナル(徒歩1分)，鳥取砂丘方面行「渡辺美術館前」下車徒歩1分
- 開　館　AM10:00 〜 PM5:00(入館はPM4:30まで)
- 入館料　一般900円，大高生500円，中小生300円，身障者400円
- 休館日　12月29日〜1月1日
- 施　設　鉄筋コンクリート2階建4578㎡
- 責任者　館長・渡辺元

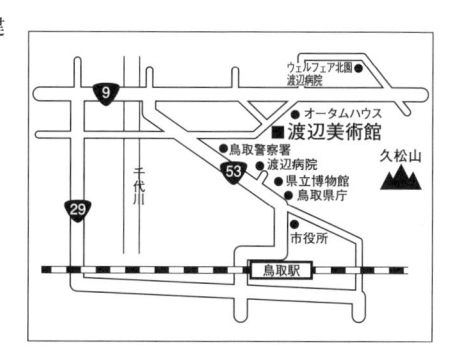

島根県

足立美術館

　当館は、1970(昭和45)年に、地元安来市出身の実業家足立全康(1899-1990)によって、創設されたものである。

　収蔵品の基幹となっているのは、創設者足立全康が収集した近代日本画であり、横山大観をはじめ川端龍子、伊東深水、竹内栖鳳、上村松園、榊原紫峰、橋本関雪等の名品をそろえている。

　中でも横山大観のコレクションは「無我」「紅葉」「山川悠遠」等、初期から晩年にかけて約130点を所蔵しており、別名「大観美術館」と呼ばれているように質・量ともに豊かなものとして知られている。大観の作品は、「大観特別展示室」において常時展示を行っている。

　近代陶芸では、北大路魯山人及び地元出身の河井寛次郎の初期から晩年にかけての作品を収蔵しており、その質の高さには定評がある。両者の作品は陶芸館において各50点ほど展示している。

　また、5万坪に及ぶ日本庭園は、近代日本画と並んで当館の特色となっている。枯山水庭、池庭、苔庭、白砂青松庭など趣の異なる庭園が四季おりおり美しい表情を見せる。この日本庭園は、米国の日本庭園専門誌が実施した日本庭園ランキングで、2003年度から連続日本一に選ばれている。

【展示・収蔵】
(1) 近代日本画コレクション(800点)
　　◇横山大観「紅葉」1931(昭和6)年 (各)163.3×361.0(六曲一双)
　　◇川端龍子「愛染」1934(昭和9)年 168.2×168.5(二曲一隻)
(2) 近代陶芸コレクション(400点)

島根県

◇北大路魯山人「金らむ手津本」1945(昭和20)年頃 高さ34.6cm
◇河井寬次郎「三色扁壺」1963(昭和38)年頃 高さ30.3cm

【事　業】
◇日本美術院展覧会に「足立美術賞」および「春の足立美術館賞」を設け、日本美術の発展と将来性ある日本画家の育成の寄与に努めている。

【出版物】
「足立美術館の美人画」(2001)／「日本画動物園 動物にそそぐ画家のまなざし」(2003)／「画談 日本画家のことばと作品」(2004)／「童画の世界」(2005)／「足立美術館大観選」(2005)／「足立美術館陶芸選」(2006)／「足立美術館名品選」(2007)／「足立美術館の庭園」(2007)

- 所在地　〒692-0064　島根県安来市古川町320
- 設　立　1970年11月
- ＴＥＬ　0854-28-7111
- ＦＡＸ　0854-28-6733
- ＵＲＬ　http://www.adachi-museum.or.jp/
- 交　通　山陰道安来ICより車で約10分。JR安来駅，JR米子駅，玉造温泉，米子空港，皆生温泉より無料シャトルバスあり
- 開　館　AM9:00～PM5:30(10～3月はPM5:00まで)
- 入館料　大人2200円，大学生1700円，高校生900円，小・中学生400円(20名以上，100名以上で団体割引あり)
- 休館日　無休
- 施　設　鉄筋コンクリート3階建，敷地面積約3万3000㎡，延床面積約6000㎡，喫茶室「大観」「翆」，茶室「寿立庵」「寿楽庵」，ミュージアムショップ
- 責任者　館長・足立隆則

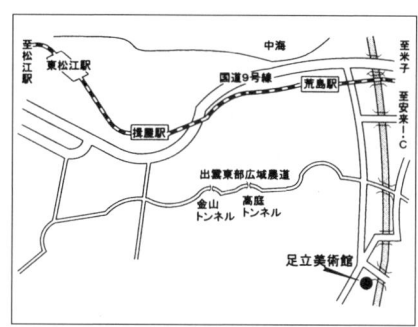

中国

島根県

板橋アンティックドール美術館
(いたはし)

　天才人形師と呼ばれた人々の手になるフランスのアンティックドール、貴族から着る宝石と賛えられた17世紀からのアンティックレース、19世紀風景画、マイセンをはじめとする西洋陶磁器、アールヌーボーのアクセサリー。これらが温かいムードの中展示され、館内はヨーロッパのコレクターの屋敷を連想させる造りとなっている。

　「皆様に、現在の衣生活のルーツと女性の憧れを中心としたコレクションを日本に居ながらにして、それも一ヶ所で堪能して頂けるような美術館を創りたかった、それが夢と使命感だ。」というのがオーナーの心情である。パリでも当館のコレクションは第一級と評価されている。

【展示・収蔵】
◇アンティック・ドール
　アンティック・ドールとは1860～1890年当時「天才人形師」と呼ばれた人達の作品。ジュモー、ブリュ、ゴーチェ他約150体。
◇アンティック・レース
　16世紀半ばにイタリアで作り出されて以来、貴族の男たち女たちを美しく飾り、権威の象徴ともいわれた。約350点。
◇その他の展示品
　マイセン・ドレスデン・セーブル・ウェッジウッド他、18～19世紀のヨーロッパの陶磁器。アールヌーボーのアクセサリー。また空気と水の画家(水彩の巨匠)ヘンリー・フォロー(1869-1938年 フランス)、パステル画家・板橋純世(1961- 広島県生・パリ在住)など。

島根県

- **所在地** 〒699-5604　島根県鹿足郡津和野町森村
- **設　立** 1989年3月
- **ＴＥＬ** 0856-72-3110
- **ＦＡＸ** 0856-72-2000
- **ＵＲＬ** http://itahashi.com/
- **E-mail** info@itahashi.com
- **交　通** JR津和野駅から徒歩17分
- **開　館** AM10:00 〜 PM5:00（最終入館閉館30分前）
- **入館料** 大人800円，中高生400円，小学生300円，4才以上100円
- **休館日** 毎週木・金曜日（祝祭日を除く），毎年12月〜2月
- **施　設** 鉄筋鉄骨コンクリート造2階建
- **責任者** 館長・板橋龍子

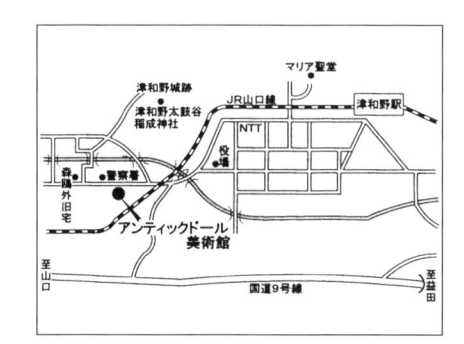

島根県

石見安達美術館
いわみ

　石見安達美術館は、安達啓二個人のコレクション約950点を中心にして財団法人を設立、1977(昭和52)年に開館したものである。
　収蔵品は石見地方を中心とする古美術品が主体で、その主なものは石見刀、鍔、書画、陶磁器、染布地、石見長浜人形等である(現在の収蔵品約1600点)。
　建物は浜田市と江津市の中間、県立海浜公園に隣接した国道9号線沿いにあり、白砂青松の中に建っている。昭和54年には博物館法による県内三番目の博物館登録も受け、名実共に石見の美術の殿堂として現在に至っている。
　館の事業方針としては、生涯学習の場としての博物館を使命と考え、何時来館されても石見地方の古美術、民芸等の文化的歴史が分かるよう努めている。展示替えは毎年1月から3月の新年常設展、4月から6月の春期常設展、7月から9月の夏期常設展、10月から12月の秋期常設展の4回行い、この他に別にテーマを決めた特別展を年1回から2回実施している。

【展示・収蔵】
(1) 石見刀(兼綱、貞綱、貞行、祥末、林喜等)…中国山地という良質の砂鉄生産地域を背後にする石見は、古来より武器として又は輸出品としての刀を生産していた。「石見刀」で総称される物には普通、出羽刀(島根県邑智郡瑞穂町)と、長浜刀(浜田市長浜町)があり、どちらも、14世紀初

中国

382　個人コレクション美術館博物館事典

頭から生産を始め江戸末期まで続いた。江戸末期から明治初年にかけて活躍した最後の刀工に鍋石（浜田市鍋石）の江尾護国がいる。護国は、富豪の息子として生まれ、趣味として始めた刀造りが、芸州住出雲大掾正光により開眼し、実に素晴らしい刀をきたえている。1852（嘉永5）年5月、護国の父江尾兼参（かねみつ）が杵築の出雲大社（天日隅宮）に奉納すべく、息子の護国と芸州出雲大掾正光の両人に打たせたものがある。

◇「銘表 石見国鍋石住江尾護国 安芸国住出雲大掾正光 両人作 裏 天日隅宮奉納焉 願主江尾兼参 嘉永五壬子年五月吉日」（浜田市文化財指定・太刀）…長さ2尺3寸7分（72.1センチ）、反り7分、青味かかった地金は無地の如く、鎬（しのぎ）地に板目少し顕われ、鳥居反り力強く深く反り、古刀の如く美しく湾れ（のたれ）5の目乱れの刃紋は刃ぶちよく締り銀色に輝き、沸（にえ）しぶきの如く刃ぶち全体に付き、大波、小波、打ち返す波頭は玉を飛ばし、海上に月が輝く如く、鋩子（ぼうし）は尖（とがり）気味の小丸、深く反り、幽玄の世界に引き込む魅力を持つ、護国最高の傑作である。

(2) 石見長浜人形…この「長浜人形」は征韓の役に連れ帰った鮮人陶工李陶仙、李陶仁のふたりを永見氏隆が現在の浜田市美川で窯業を営ませたことが機縁となり、永見の子孫の永見城介が人形の創始者といわれてる。そして藩より類職差止の保護を受けて繁栄し多くの製品を各地に送り出した。製品は神楽舞の面、人形、動物などで、制作年代を反映した物も多く、長浜天神など庶民の生活と密接な関係をもつ物から、美術的価値も高く評価されている人形や置物もある。

京都の伏見より伝えられたという長浜人形は、他の地域の郷土人形と比べても、細工、色彩等劣らない物である。古いものでは永見巌の動物や、木島杢助、峠崎石舟等を展示。

(3)「後三年の役」の絵巻物…今より900年前、1086（応徳3）年奥州で起きた藤原家衡、武衡の乱で、源義家が苦戦の末平定した戦闘の模様を画いた約20メートルにも及ぶ長い絵巻物。

悲惨な戦闘の情景を精緻に描いた合戦絵巻の秀作で、目を覆うような場面がそこここに描かれている。これは石見地方の旧家に伝わっていたものだが、水害で見られぬほど傷んだものを修復したものである。

この原本は重要文化財として東京国立博物館にあり、当館所有のもの

島根県

は、1701(元禄14)年10月に数本写された物の一つである。このうち現在わかっているものは岩崎家「静嘉堂文庫」のものと当館のふたつだけしかなく、非常に貴重なもので一見に価するものである。
(4) 石見陶器…主に石見絵徳利を中心に展示。これに似た鳥取県の牛戸焼は、石見の職人が移り伝えたもので、元祖石見絵徳利は郷土が誇る民芸品である。
(5) その他の館蔵品…藤田嗣治、香月泰男、伊藤彪等の絵画等々。

- 所在地　〒697-0004　島根県浜田市久代町1655-28
- 設　立　1977年
- ＴＥＬ　0855-28-1920
- ＦＡＸ　0855-28-1920
- ＵＲＬ　http://www2.crosstalk.or.jp/shinmachi/a8/
- 交　通　JR山陰線浜田または江津駅よりバス15分「美術館前」バス停下車1分、自動車→浜田市と江津市の中間国道9号線沿い(付近観光:石見海浜公園に隣接、有福温泉、美又温泉ほか)
- 開　館　AM9:30～PM4:00
- 入館料　大人500円、学生200円、小学生100円(10名以上団体割引)
- 休館日　火曜日(火曜日が祝祭日の場合は翌日休館)
- 施　設　敷地4637㎡、建物459㎡、鉄筋コンクリート造平屋建(展示室198㎡、図書研究室22㎡、収蔵庫42㎡、ロビー45㎡、その他152㎡)、その他の施設:喫茶物産販売室(同敷地内別棟82㎡)　設計:有限会社田原建築設計事務所、施工:本川建設株式会社
- 責任者　理事長兼館長・安達啓二

島根県

奥出雲多根(たね)自然博物館

　当館は1987(昭和62)年に第3セクター「奥出雲佐白自然博物館」として設立され、開館した。当初は1階部分を展示室、2階を研修室・視聴覚教室、3～5階を宿泊施設、6階を食堂として運営していたが、その後財団設立に当たり、1・2階部分を増改築し、収蔵庫・学芸員室・展示室を新たに設け、1990(平成2)年に財団法人奥出雲多根自然博物館として運営を開始した。

　展示資料は株式会社三城会長兼社長多根裕詞氏の化石コレクションをメインに「宇宙の進化と生命の歴史」をテーマとして展開される。エントランスホールに草食恐竜「ユウオプロケファルス」の全身骨格標本、大山火山灰層はぎ取り標本、アロサウルス頭骨が展示されている。

　1階は宇宙と地球のクロニクル(年代記)をテーマとし、宇宙と地球の誕生から日本列島・島根県の生い立ち、地球生命のクロニクルと続く。島根のクロニクルに隣接して鉱物・岩石のコーナーが設けられ、様々な形・色の鉱物を見ることができる。島根のコーナーは島根県から産出する様々な岩石・化石・鉱物が展示され、イラストで過去の様子が再現されているなど、県内唯一の島根県の地史を紹介するコーナーとなっている。地球生命のクロニクルのコーナーでは古生代・中生代・新生代を代表する多様な生物の化石が展示されている。

　2階は海をテーマとした展示となっており、無脊椎動物・頭足類・魚類の進化がそれぞれ独立したコーナーとして展開され、それぞれに豊富な化石資料及び現生生物の標本が展示されている。特に魚類化石についてはその種・数とも、国内でも最大規模を誇り、当館の一つの特徴となっている。

中国

島根県

【展示・収蔵】

当館は株式会社三城会長兼社長多根裕詞氏より寄贈を受けた化石コレクションを主とし、化石・鉱物・岩石の展示を行っている。

代表的展示物…ユウオプロケファルス全身骨格(レプリカ標本)、アロサウルス全身骨格(レプリカ標本)、ティラノサウルス頭骨(レプリカ標本)、大山火山灰層はぎ取り標本、成田層含貝化石層はぎ取り標本、アンネライト化したアンモナイト、アパトサウルス上腕骨、魚化石(種数とも国内最大級)、島根県内化石・鉱物。

展示標本数約2000点(化石・岩石・鉱物・現生海生生物など)。

【事　業】

秋:自然観察会、天体観望会(不定期)

- 所在地　〒699-1434　島根県仁多郡奥出雲町佐白236-1
- 設　立　1987年11月
- ＴＥＬ　0854-54-0003
- ＦＡＸ　0854-54-0005
- ＵＲＬ　http://fish.miracle.ne.jp/tane-m/
- E-mail　tane-m@mx.miracle.ne.jp
- 交　通　JR木次線出雲八代駅下車徒歩20分
- 開　館　AM9:30～PM5:00
- 入館料　一般700円，高大生500円，小中生350円(団体は各々560円，400円，280円)
- 休館日　月曜日(但し月曜日が祝祭日の場合翌日)，12月30日～1月1日
- 施　設　鉄筋コンクリート6階建，レストラン(6階)，宿泊施設(3～5階)，研修室(2階)
- 責任者　理事長・赤穂孝夫

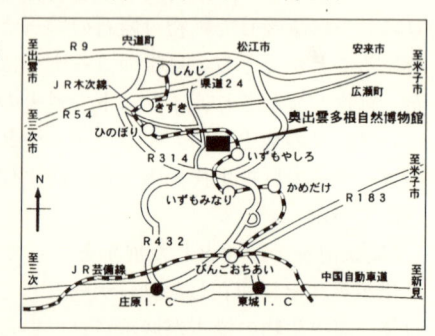

岡山県

林原美術館

　林原美術館は岡山市丸の内、岡山城内堀のかたわらにある。この地は江戸時代には岡山城二の丸の一部で、対面所(今でいう迎賓館)があった。その後、明治時代には旧岡山藩主池田家の岡山事務所として使われるなど、非常に由緒ある地である。

　林原一郎氏(1908-1961)は水飴製造業を発展させ、日本最大の水飴工場をつくるなど、岡山財界に重きをなしたが、一方で古美術を愛好し、高い鑑識眼を示した。すでに学生時代から刀剣の鑑賞、研究に没頭、やがて蒐集に進み、さらにまた広く日本および東洋古美術の全般に目を向け、備前岡山藩主池田家の大名道具を一括して引き受けるなど、東洋美術工芸の蒐集にも精力的に活躍した。しかし残念なことに1961(昭和36)年4月、54歳の若さをもって逝去。遺志を継いで、林原健氏(株式会社林原を含む林原グループの代表)をはじめとする遺族、当時の県知事三木行治氏などの知友が相はかって設立したのがこの美術館である。

中国

岡山県

【展示・収蔵】
　1964(昭和39)年10月1日開館、敷地面積は6382㎡、建物は著名な建築家前川国男氏の設計になり、岡山城周辺の景観に調和した近代建築が生まれた。
　主な収蔵品としては、刀剣、刀装具をはじめ、色鍋島など陶磁器、池田家旧蔵の能装束、絵画、漆工など、国宝2点、重要文化財25点を含む約1万点を収蔵。

【事　業】
　企画展を年間4～5回(館蔵品)、特別展を年1～2回(他館交流)。

【出版物】
　紀要(年1回)／図録

- 所在地　〒700-0823　岡山県岡山市丸の内2-7-15
- 設　立　1964年10月
- ＴＥＬ　086-223-1733
- ＦＡＸ　086-226-3089
- ＵＲＬ　http://www.hayashibara-museumofart.jp/
- E-mail　bijutsukan@hayashibara-museumofart.jp
- 交　通　JR岡山駅より市内電車「県庁通」下車徒歩7分
- 開　館　AM9:00～PM5:00(入館受付PM4:30まで)
- 入館料　大人300円，高校生200円，中・小学生無料
- 休館日　月曜日(但し祝日の場合は翌日)
- 施　設　鉄骨地上1階・地下1階
- 責任者　館長・熊倉功夫

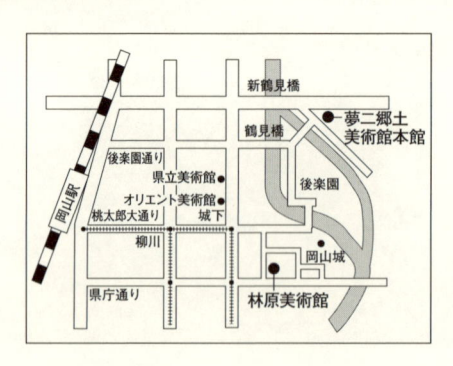

岡山県

BIZEN中南米美術館

　BIZEN中南米美術館は、岡山県備前市日生町(設立当時は、岡山県和気郡日生町)で漁網の製造・販売を営んでいた故森下精一氏のコレクション寄贈により、1975(昭和50)年3月に森下美術館として開館した。

　氏は、1904(明治37)年生まれ、父の始めた漁網原料の販売に従事。昭和30年代に海外(アジア・アフリカ・中南米)へと事業を拡大した際、現地視察で訪れたペルーで古代中南米の美術品に出会う。当時ペルーにおける事業のパートナーで、日系一世としての事業成功と考古学研究で知られた天野芳太郎氏の協力も得て、ペルーの考古学遺品を皮切りに中南米古代美術品のコレクションを始めた。

　その後、精一の長男である一之介が理事長に就任。開館30周年を迎えた2005(平成17)年には、孫の矢須之が理事長に就任。同年には、周年を記念して、美術館ミッションの再構築をはじめとする美術館CIを実施、館名もBIZEN中南米美術館と変更。「好奇心をくすぐる美術館」として、展示のみならず、館内ツアーの充実や出張講演並びに出張展示の実施、全国に向けた知られざる優れた中南米文化(商品)の普及、中南米考古学ツアー(旅行)の実施などの幅広い活動を行なっている。

【展示・収蔵】
　中南米11カ国(メキシコ、グアテマラ、エル・サルバドル、ホンジュラス、コスタ・リカ、パナマ、ドミニカ共和国、コロンビア、エクアドル、ボリビア、ペルー:但し、ホンジュラスは石碑レプリカのみ)で出土したBC3500年〜AD1500年の古代美術品約1700点を中心に収蔵・展示。その内訳は、土器、

岡山県

土偶、石器・石彫、石製装飾品、織物、金属器、石彫レプリカ、拓本と一部民族学資料に及ぶ。現在の展示は、武蔵野美術大学との協同事業による斬新なディスプレーに加え、収蔵品や歴史的キャラクターが自ら収蔵品を解説するというユニークなキャプション形式や、観る、聴く、触る、嗅ぐ、味わうという、五感で感じる古代中南米文化という運営が話題を呼んでいる。

　当館の作品は、いずれも名も無き古代中南米の人々によって作られている。ただ、ほとんどの作品が王族、首長の周辺に仕えるしかるべき身分の作家・工人の手によるものであるため、デザイン、機能共に優れた作品ばかりである。巨大な香炉や見事な装飾の香炉の蓋類、豊かな精神生活を今に伝える心温まるデザインの酒器(酒壺、酒碗、マグ形式容器)及び食器類、往時の人々や動物そして神々の姿を写した土偶や石彫類、さらに現代でもその個性が光る発想豊かなデザインの織物類など、多くの人々の暮らしに直結した品々がある。

【事　業】
　開館30周年以降の年度別常設企画展として、2005年「新大陸からの贈り物(暮らしを彩る植物)」展、2006年「新大陸の仲間たち(古代中南米動物園)」展、2007年「新大陸の仲間たち(古代中南米動物園)エピソードⅡ」展を開催。2008年「クフル・アハウの残輝(古典期マヤ、王たちの物語)」展を開催予定(2008年3月20日～12月25日)。
　2008年5月 古典期マヤ三都物語の旅(現地ツアー)開催予定。

【出版物】
森下美術館図録「現代に華開く古代アメリカの文化と美術」(1976.12)

- 所在地　〒701-3204 岡山県備前市日生町日生241-10
- 設　立　1975年3月
- ＴＥＬ　0869-72-0222
- ＦＡＸ　0869-72-0222
- ＵＲＬ　http://www.latinamerica.jp/
- E-mail　info@latinamerica.jp
- 交　通　JR赤穂(あこう)線 岡山駅から1時間、相生駅から40分、日生駅下車徒歩8分

岡山県

- **開　館**　AM9:00〜PM5:00（入館はPM4:30まで）
- **入館料**　大人500円，大学・高校生400円，中学・小学生250円（20名以上団体割引あり）
- **休館日**　月曜日（祝日・振替休日の場合は翌日），年末年始（HP参照か，お問い合わせ下さい）
- **施　設**　建物面積511㎡，展示面積352㎡
- **責任者**　理事長兼館長・森下矢須之

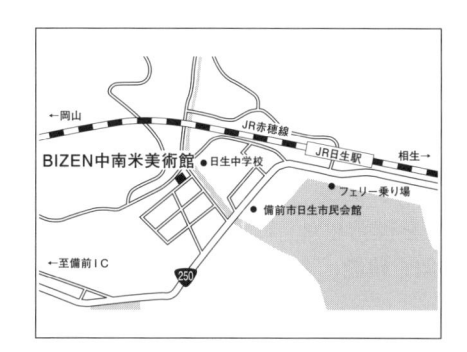

岡山県

夢二郷土美術館

　大正時代に活躍した詩画人・竹久夢二のふるさとである岡山県にある美術館。両備バス前会長である松田基氏は、戦後間もない1951（昭和26年）年、大阪での夢二の絵とのふとした出会いから、竹久夢二の芸術と人柄に惚れ込み作品の収集を始める。コレクションの増加にともない、それらを公開する施設として、1966（昭和41）年、岡山市西大寺に「夢二郷土美術館」を開設。1970（昭和45）年、岡山県邑久郡邑久町本庄の夢二生家を入手し、美術館として一般公開（現在分館）した。また1979（昭和54）年には夢二生家近くにアトリエ「少年山荘」を復元した。1983（昭和58）年、岡山市浜に、夢二生誕100年を記念し新本館を建設、翌1984年3月1日より一般公開した。

【展示・収蔵】
　夢二に関するものでは、全国有数の所蔵内容を誇る。コレクションには、大正ロマンチシズムの旗手であり、庶民的な通俗性の中に時代の美と生活とファッションを創造したと言われる夢二芸術が、その活動領域のすべてにわ

たって集められている。
　本館館内には、絵画以外にも詩や小物・挿画・写真など幅広い作品を展示。生家の保存・修復、アトリエの復元、大正時代と夢二の抒情性を表現した本館建物など、夢二の生きた時代の雰囲気を髣髴とさせる努力がなされている。郷土の生んだ画家をテーマに展開させている個性的で詩情豊かな美術館活動をおこなっている。

【展示・収蔵】
　所蔵作品数1000点、所蔵資料数1200点。代表作品に、屏風「立田姫」、屏風「秋のいこい」、軸「星まつ里」、軸「加茂川」などがある。

【事　業】
　年5～6回企画展を開催。

【出版物】
　「竹久夢二 夢二郷土美術館コレクション選」／「夢二郷土美術館所蔵作品総目録」

- 所在地　〒703-8256　岡山県岡山市浜2-1-32
- 設　立　1966年
- ＴＥＬ　086-271-1000
- ＦＡＸ　086-271-1730
- 交　通　電車：JR岡山駅前より東山行「城下」(5分)下車し徒歩10分．バス：JR岡山駅より後楽園方面行「蓬莱橋・夢二郷土美術館前」(15分)下車すぐ
- 開　館　AM9:00～PM5:00(入館はPM4:30まで)
- 入館料　大人700円、学生400円、小人300円、20名以上団体2割引
- 休館日　月曜日(祝休日の場合翌日)、年末年始
- 施　設　延床面積670㎡、展示室354㎡
- 責任者　館長・小嶋光信

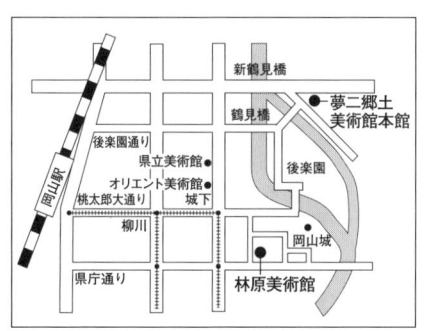

広島県

国際聚蔵館

　国際聚蔵館は1994(平成6)年9月29日、坂本デニム株式会社代表取締役社長坂本恭士が創業105周年記念事業の一環として設立。坂本デニム株式会社は1892(明治25)年の創業以来、藍染めを営んでおり、三代目坂本恭士がその伝統の技を基盤として、日本初の自動連続染色機を開発、国内屈指のデニム染色メーカーへと躍進させた。

　氏は若い頃画家を目指した事もあり、美術への造詣が深く家業を継いだ後も商行で全国へ出向いた折に多くの美術品を収集してきた。コレクションは日本全国から集めた藍染めの資料を中心に、茶道具・蒔絵・陶磁器・書画など多岐にわたり、現在約8000点を収蔵している。

　美術館には人々が集い、文化交流の場となる様「国際聚蔵館」と名付け、現在、美術品の展示をはじめ多くの文化講座や藍染めの体験学習会、友の会活動などを行っている。

【展示・収蔵】
　3F：茶道具をはじめ日本の美術工芸品(蒔絵・陶磁器・書画・彫刻等)を展

広島県

　　示。一角には一畳台目下座床茶室があり、日本の伝統を広く紹介している。
２Ｆ：藍染めの衣裳(万祝着・道中着・火消し装束等)や工芸品など日本人の生活に古くから愛用されてきた藍染め資料を展示、また、その原料や染色技法についてもパネルなどで紹介している。
１Ｆ：企画展及び喫茶のフロアー。美術鑑賞の後、抹茶(季節の和菓子とセットで500円)を飲むことができる。
地下：特別展示会及び貸ギャラリー、ジャンルを問わず多くの方に利用していただける文化交流の場として利用が可能。

【事　業】
（１）常設展示は年4回の展示替を行っている。また年数回の企画展を開催。
（２）毎月、歴史文化セミナーを開催。年数回の文学セミナー、藍染教室、童謡教室、講演会等。
（３）年数回、友の会及び一般を対象としたイベント(コンサート・日帰り旅行・講演会等)。

- 所在地　〒720-0063　広島県福山市元町7-2
- 設　立　1994年9月
- ＴＥＬ　084-926-9315
- ＦＡＸ　084-925-4758
- ＵＲＬ　http://sakamoto-d.co.jp/kaburan.html/index.html
- 交　通　JR福山駅から南へ徒歩5分
- 開　館　AM10:00 〜 PM6:00(入館はPM5:30まで)
- 入館料　一般500円(400円)，大学・高校300円(200円) ※( )内は10名以上の団体料金
- 休館日　毎週火曜日、年末年始
- 施　設　鉄筋コンクリート地上3階・地下1階
- 責任者　館長・坂本恭士

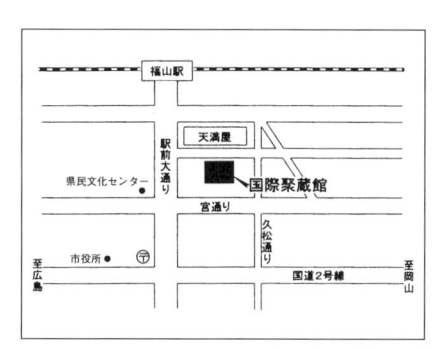

広島県

たけはら美術館

　たけはら美術館は、広島県竹原市に竹原商工会議所が合同で建設した「たけはら合同ビル」の一角に開館した。

　所蔵品は、竹原市出身の元首相・池田勇人が愛蔵していた「池田コレクション」が核となっている。

【展示・収蔵】
　竹原市出身の元首相・池田勇人が愛蔵していた「池田コレクション」は、日本画、洋画、その他の遺品など148点にのぼる。他の館蔵品を含め約260点を収蔵し、年数回の展示替えにより紹介している。

【事　業】
　竹原市ゆかりの作家の作品を紹介する企画展などを開催。

【出版物】
　図録「池田勇人展～その人生と素顔に迫る～」（2005年刊）／「土の華　今井政之　インドの風　安森征治」（2006年刊）

- 所在地　〒725-0026　広島県竹原市中央5-6-28
- 設　立　1992年11月
- ＴＥＬ　0846-22-3558
- ＦＡＸ　0846-22-3558
- ＵＲＬ　http://www.city.takehara.hiroshima.jp/bijutukan/index.htm
- E-mail　take-art@city.takehara.hiroshima.jp
- 交　通　JR呉線竹原駅から徒歩5分、山陽自動車道河内I.C.から車で20分

広島県

- **開　館**　AM9:00〜PM5:00(ただし入館はPM4:30まで)
- **入館料**　19歳以上200(160)円，18歳以下無料　※(　)内は20名以上の団体料金
- **休館日**　月曜日(月曜日が祝日の場合は翌日)，年末年始(12月28日〜1月4日)
- **施　設**　鉄筋鉄骨コンクリート造，建築面積1886.14㎡(たけはら合同ビル)
- **責任者**　館長・加藤洋孝

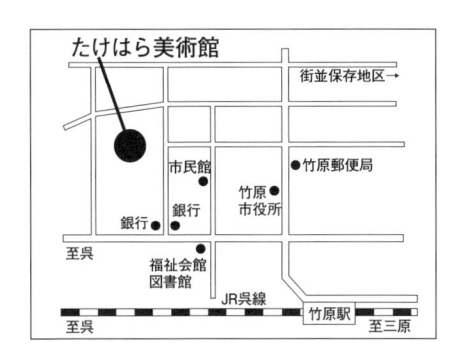

広島県

福山自動車時計博物館

　1989(平成元)年のアメリカ独立記念日に合わせて開館した。日本にも世界にもたくさんの自動車博物館が存在するが、そのほとんどがロープが張ってあり、展示車に触ったり乗ったりするなど論外である。しかしながら当館では、自由に乗り、触れることができ、眺めるだけでなく身体全体で楽しめ、五感で感じられる「体験博物館」となっている。

　当館のコレクションは、特に戦後、物資の不足した時代に日本の復興に貢献した自動車、原動機付自転車、軽自動車、三輪車(バタンコ)、ボンネットバス、外国車などに加え、塔時計、江戸時代の不定時法による和時計、明治時代のボンボン時計や懐中時計、ろう人形、オルゴール、人力車、馬車などである。

　かつて人を、物を運搬する手段は、機械ではなく人力であり、動物の力であった。そこには、額に汗を流して身体を動かし、生き生きとした人々の日々の暮らしがあった。人々は生活の安定、さらには向上を求めて、人力にかわる物を創造し続けてきた。

　日々進歩していく技術は、人間の生活を支えており、その便利さに頼ることは決して悪いことではない。しかしながら、現代人はその便利さに甘えすぎている面が多大にあるように思われる。大量生産、大量消費、大量廃棄により環境破壊(公害)が取りざたされる現代においては「捨てればゴミ」「リサイクルすれば資源」という言葉のように、限りある資源の有効活用が日常の生活に求められている。当館の展示品を通し、来館された方々がこれらの問題にも関心や興味をもって頂ければ幸いである。

広島県

【展示・収蔵】

展示内容…昭和初期〜40年前後の二輪・三輪・四輪自動車、原動機付自転車、江戸時代の和時計(枕時計、櫓時計、尺時計、広東時計等)、日本内外の時計(塔時計、置時計、掛時計、懐中時計等)、生活用品(三種の神器、ラジオ、蓄音機等)、ストリートオルガン、オルゴール、自動ピアノ等。

資料点数…自動車(二輪・三輪・四輪)→200点、時計→400点、その他(生活用具・楽器等)。

【事　業】

　ボンネットバス試乗会(科学技術週間・ゴールデンウィーク・開館記念日・お盆)、科学技術週間企画展、時の記念日など。

- 所 在 地　〒720-0073　広島県福山市北吉津町3-1-22
- 設　立　1989年7月
- Ｔ Ｅ Ｌ　084-922-8188
- Ｆ Ａ Ｘ　084-923-0766
- Ｕ Ｒ Ｌ　http://www.facm.net/
- E-mail　info@facm.net
- 交　通　福山駅北口→徒歩12分，福山駅→中国バス10分，福山東IC→車15分
- 開　館　AM9:00〜PM6:00
- 入館料　大人900円(700円)，中高生600円(500円)，小人300円(250円)※(　)内は団体15名以上
- 休館日　無休
- 施　設　延床面積906㎡(ミュージアム・ショップ含)
- 責任者　館長・能宗孝

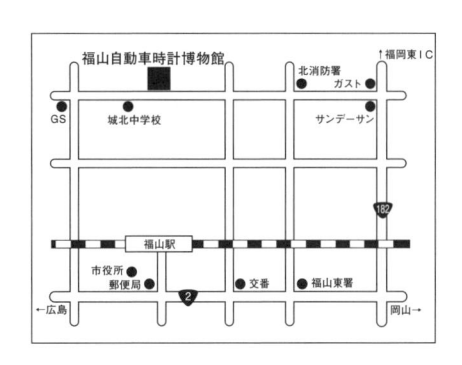

中国

山口県

山口県立萩美術館・浦上記念館

　本館は萩市出身の実業家、浦上敏朗氏が約40年にわたって蒐集されたコレクションを1993(平成5)年山口県へ一括寄贈されたことを契機に、新しい文化の発信拠点にふさわしい特色ある美術館として1996(平成8)年10月に開館した。

　本館収蔵品の礎となっている浦上コレクションは、個人の収集家によるものとしては質・量ともに充実しており、日本美術史や西洋絵画史においても貴重な浮世絵版画のコレクションと、学術的にも価値の高い中国と朝鮮の古陶磁を包含していることで、世界的に評価を受けている。

　展示室の構成や内部空間には、城下町の特徴である「鍵曲(かいまがり)」の雁行を応用し、また敷地内には庭園都市・萩にふさわしく緑豊かな庭園を設けている。

【展示・収蔵】
　現在は浮世絵を約5000点、東洋陶磁器を約500点収蔵している。代表的なものとして、以下の作品があげられる。

(1) 浮世絵
　　「難波屋おきた」喜多川歌麿 大判錦絵 寛政5年(1793)頃
　　「三世市川高麗蔵の志賀大七」東洲斎写楽 大判錦絵 寛政6年(1794)頃
　　「風流無くてなくせ遠眼鏡」葛飾北斎 大判錦絵 享和期頃
　　「富嶽三十六景 神奈川沖浪裏」葛飾北斎 横大判錦絵 天保2～5年(1831～1834)
　　「東海道五十三次之内 庄野 白雨」歌川広重 横大判錦絵 天保4～5年(1833～1834)

（2）東洋陶磁器
　「青磁 牡丹唐草文 瓶」中国・南宋〜元時代 高25.7cm
　「青磁象嵌 菊花文 楽器」朝鮮・高麗時代 高6.9cm
　「白磁合子」中国・五代〜北宋時代 径8.0cm
　「青花 月兎文 栗鼠耳角扁壺」朝鮮・李朝時代 高16.4cm
　「紫紅釉 碗」中国・北宋〜金時代 径11.4cm

【事　業】
　美術講座、ギャラリートーク、ミュージアムスクールなど。

【出版物】
　季刊誌「萩」（年4回発行）／各展覧会図録など。

- 所在地　〒758-0074　山口県萩市平安古586-1
- 設　立　1996年10月
- ＴＥＬ　0838-24-2400
- ＦＡＸ　0838-24-2401
- 交　通　JR東萩駅＝タクシー10分／徒歩30分，JR小郡駅＝バス70分（萩バスセンター下車，徒歩15分），石見空港＝バス75分（萩バスセンター下車，徒歩15分），中国自動車道＝小郡IC，美祢ICから各50分
- 開　館　AM9:00〜PM5:00（入館はPM4:30まで）
- 入館料　特別展示／展覧会により変更（高校生以下無料），平常展示／一般190（160）円，学生120（100）円，高校生以下無料　※（　）内は20名以上の団体割引
- 休館日　月曜日（但し月曜日が祝休日の場合は翌日），年末年始
- 施　設　鉄筋コンクリート造地下1階地上2階，1階ロビーに喫茶室，ミュージアムショップ
- 責任者　館長・上田秀夫

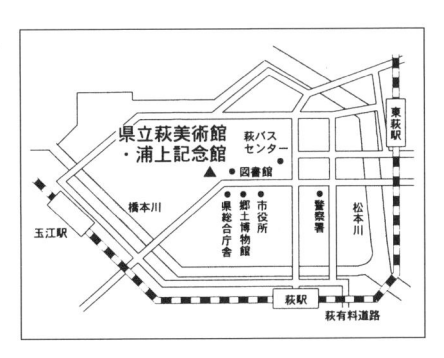

香川県

鎌田共済会郷土博物館
（かまだ）

　財団法人鎌田共済会は、1917(大正7)年、当時の香川県選出貴族議員鎌田勝太郎(1864-1942)の寄付行為によって設立された、香川県民を対象に慈善・育英・各種社会教育(図書館・博物館・社会教育館・武道館・在家禅道場等)を行うことを目的とする財団法人である。

　戦後、公共施設の整備により所期の目的が達成されたため縮小されたが、なお博物館の運営・育英事業・研究助成金の給付等、地道な活動を継続している。現理事長は鎌田正隆。

　郷土博物館は1925(大正14)年に開設され、荻田元広先生寄贈資料の他、香川県の生んだ奇才平賀源内資料や坂出塩田を拓いた久米栄左衛門資料等収蔵資料総数は約2万点に上り、1968(昭和43)年には登録博物館に指定されている。

【展示・収蔵】
　坂出塩田の父・久米通賢関係資料や平賀源内製作量程器など約2万点を収蔵。
　久米栄左衛門遺品関係史料は、文書・器物・写真等1300点を収録。

香川県

【事　業】
館主催で年2回、久米特別展を開催。

【出版物】
「博物館資料目録」博物館(1971)／「博物館資料目録(続)」博物館(1983)／「崇徳上皇御遺蹟案内」博物館／「久米栄左衛門翁」岡田唯吉／「平賀源内翁」岡田唯吉／「崇徳院と讃岐」岡田唯吉／「讃岐国府遺蹟考」岡田唯吉／「長谷川佐太郎翁」岡田唯吉／「堀田先生を憶う」亀井宅平／「讃岐における菅公」鎌田栄／「香川不抱歌集」博物館／「細川清氏と細川頼之」鎌田共済会／「久米栄左衛門建策ノ経済政策」鎌田共済会／「讃岐製糖史」鎌田共済会／「城山の観光と史跡」鎌田共済会／「庄松ありのままの記」鎌田共済会／「図書資料目録」博物館(2002)／「坂出製塩實況写真帳」博物館(2006)

- 所在地　〒762-0044　香川県坂出市本町1-1-24
- 設　立　1925年
- ＴＥＬ　0877-46-2275
- ＦＡＸ　0877-46-2275
- 交　通　JR坂出駅より西へ徒歩5分
- 開　館　AM9:30～PM4:30
- 入館料　無料
- 休館日　月曜日，祝日，年末年始
- 施　設　鉄筋コンクリート2階建(一部3階)171.29㎡
- 責任者　館長・森山修二

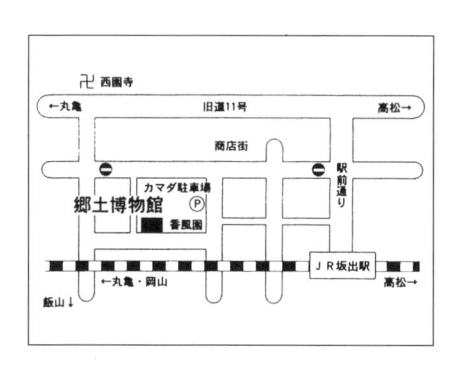

個人コレクション美術館博物館事典　403

香川県

中津万象園・丸亀美術館
なかづばんしょうえん

　1688（貞享5）年に丸亀藩京極二代目藩主高豊侯により、中津の海浜に築庭された約5万6400㎡の大名庭園。園内には、1500余本の松を植え庭の中心には、京極家先祖の地である近江の琵琶湖を形どった八景池を置く。近江八景になぞらえて、帆、雁、雪、雨、鐘、晴嵐、月、夕映と銘した8つの島を配し、その島々を橋で結んだ回遊式の庭園である。
　明治以降、所有者が転々とし、すっかり荒廃していた園を購入したのが初代館長の真鍋利光である。1982（昭和57）年、文化遺産の修復とあわせて園内に美術館をオープンした。
　19世紀中頃、パリ近郊のフォンテンブローの森近くのバルビゾン村に住み、森、畑、そこで暮らす農民などを描いた画家、ミレー、コロー、クールベなどの絵画を展示してある絵画館、古代オリエントの国々から出土した彩文土器、ガラス器、ガンダーラ仏像を展示してある陶器館、昭和から江戸時代にいたるひな人形、くし、かんざしなどを展示のひいな館の3館からなっている。

香川県

【展示・収蔵】
◇絵画館
　フランス・バルビゾン派の絵画を常設展示。ミレー、コロー、クールベ等。
◇陶器館
　紀元前2500年頃から13世紀頃までのペルシャ陶器を展示。
◇ひいな館
　江戸時代から昭和までのひな人形、櫛、かんざし、化粧道具などを展示。

【事　業】
　講演会(オリエントセミナー)、年3回の特別企画展など。

【出版物】
　丸亀美術館図録

- 所在地　〒763-0054　香川県丸亀市中津町25-1
- 設　立　1982年8月
- ＴＥＬ　0877-23-6326
- ＦＡＸ　0877-23-6379
- 交　通　JR丸亀駅よりタクシー6分
- 開　館　AM9:30～PM5:00
- 入館料　大人1000円，高大生600円，小中生400円
- 休館日　無休
- 施　設　5万6400㎡の庭園内に美術館，食事処，喫茶，売店
- 責任者　館長・真鍋雅彦

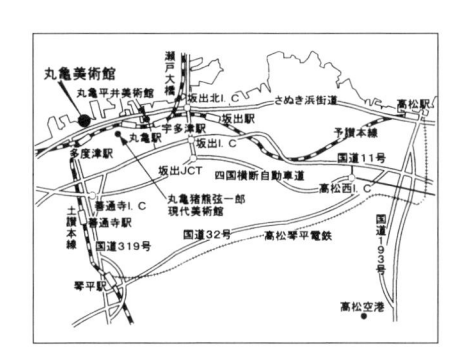

個人コレクション美術館博物館事典　405

愛媛県

今治市河野美術館
（こうの）

　今治市河野美術館は、故・河野信一氏の寄付（寄付金・約2億円・及び文化財）によるもので、氏が多年に亘って蒐集した文化財を保存するとともに、一般に公開して、文化の振興に役立てることを目的として1968(昭和43)年にオープンした。

　その後、館内外の一部を改装し、現代美術品も併せて展示できるようにした。その際1988(昭和63)年4月、館名を今治市河野美術館に変更（旧館名・河野信一記念文化館）した。

　河野氏は出版業界に入って50年、功なり名を遂げた。その間、趣味として、日本の美術品を蒐集。子宝に恵まれなかったことから、郷土・今治市へこれら1万2000点余りもの我国の歴史的・文化的遺産と言っても過言でない貴重なコレクションを寄贈された。

　これらの中には、全国の数多くの学者・研究者の間で、一目をおかれる作品も少なくない。今治市が名誉市民の第一号に河野信一氏を選んだのも、その人柄がにじみ出た贈り物にこたえたからにほかならない。

　敷地内にある茶室「柿の木庵・待庵」は、東京文京区本郷の河野信一氏邸内のものを、1968(昭和43)年本館建築の際、茶室・つくばい・つくばい灯籠と共にこの地に移築したもので、「待庵」は京都・山崎の妙喜庵にある国宝・茶室・待庵を、そっくりに写し建てたものである。

　「柿の木庵」では現在、春と秋に期間を限定し一般公開をおこなっており、市内外から多数の人々に利用されている。

【展示・収蔵】

　収蔵品は、書幅4147、絵画202、画賛637、短冊台張1462、書籍2927(9367)、巻物168、原稿453、図録1052、工芸品38、屏風36、その他の資料682、額

20、その他150。
（1）屏風
　　「山水図」雲谷等顔、「山水図」狩野探幽、「琴棋書画図」狩野探幽、「人物図」狩野尚信、「雪景色図」狩野常信、「人物図」英一蝶、「床之間写生図」正岡子規ほか。
（2）古写本
　　伊勢物語古写本（45種）、源氏物語古写本（36種）ほか。
（3）軸物（書・画・画賛・短冊ほか）
　　《政治家・武人》豊臣秀吉、足利尊氏、藤堂高虎、毛利元就、脇屋義助、加藤清正、伊達政宗、石田三成、細川忠興、前田利長、古田織部、伊藤博文、黒田清隆、山県有朋、松方正義、西園寺公望、原敬、秋山好古、斉藤実、乃木希典、谷干城、山本五十六ほか。《俳人》松尾芭蕉、小林一茶、西山宗因、飯尾宗祇、松永貞徳、高浜虚子、中村草田男ほか。《幻の明治俳句総覧（26幅）》。《医者》曲直瀬道三、貝原益軒、北里柴三郎、小石元瑞、高野長英、野口英世、華岡青洲ほか。《学者》平賀源内、賀茂真淵、香川景樹、平田篤胤ほか。《画人》歌麿、豊国、英泉、菊池容斎、鏑木清方、酒井抱一、上村松園、奥原晴湖、小川芋銭、平福百穂、浅井忠、岡田三郎助、中川一政ほか。《歌人》冷泉為景・為久、祇園梶女、大田垣蓮月、加藤千蔭、柳原白蓮、与謝野鉄幹・晶子、北原白秋、前田夕暮、若山牧水、斎藤茂吉、佐佐木信綱、吉井勇ほか。《文士》上田秋声、樋口一葉、谷崎潤一郎、石坂洋次郎、有吉佐和子、夏目漱石、吉川英二、佐多稲子、小山内薫、吉屋信子、大田南畝ほか。《儒者》雨森芳洲、新井白石、大塩平八郎、荻生徂来、皆川淇園ほか。《書家》松花堂昭乗、貫名海屋、巻菱湖、市河米庵、会津八一ほか。《茶人》武野紹鴎、千利休、千道安、千宗旦ほか。《僧侶》隠元、春屋、円鑑、江月、江雪、高泉、徹翁、澤庵、大綱、伝衣、白隠、物外ほか。《工芸家》朝倉文夫、青木木米、仁阿弥道八、バーナード・リーチ、本阿弥光悦、楽旦入、清水六兵衛ほか。《芸能人》井上正夫、水谷八重子、尾上梅幸、市川団十郎、川上音二郎、松本幸四郎、徳川夢声、山田耕筰、中村晋平、李香蘭ほか。

【事業】
　　館蔵品常設展・企画展、現代美術の企画展（館企画展）・巡回展など。

愛媛県

【出版物】
「私が今治市へ寄附したる文化財総覧 上・中・下」(1975)／「今治市河野信一記念文化館図書分類目録」(1975)／「河野信一氏と河野美術館」(1975)／「館蔵名品図録」(1988)

- 所在地　〒794-0042 愛媛県今治市旭町1-4-8
- 設　立　1968年4月
- ＴＥＬ　0898-23-3810
- 交　通　JR今治駅から徒歩10分，今治港からタクシー5分，今治インターから15分
- 開　館　AM9:00〜PM5:00(入館はPM4:30まで)
- 入館料　一般200円，高校生以下無料。団体20名以上・65歳以上・心身障害者手帳保持者160円　※但し，特別企画展は別料金を設定
- 休館日　火曜日
- 施　設　面積敷地2859.25㎡，鉄筋コンクリート4階建，延面積2743.63㎡。展示室2階・3階・4階，会議室，小会議室，講演室，茶室(柿の木庵)
- 責任者　館長・吉永敏彦

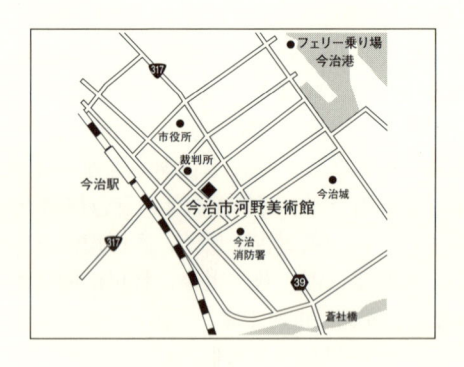

愛媛県

今治市玉川近代美術館

　玉川近代美術館は、玉川町出身の故德生忠常氏が、全資金を提供して、「心温まる名画の美術館」として創立。ふるさと玉川町に寄贈されたものです。

　展示作品は明治以降の日本近代洋画家、黒田清輝、藤島武二などの大家から、近代美術史を塗り替えつつある中村彝、松本竣介、野田英夫等の異色画家を軸として、郷土出身画家及びピカソ、ルオー、ユトリロあたりの海外作品も揃えて、小品主体ながら近代洋画史の一環と幅広くわかりやすい展望をもっております。

【展示・収蔵】
〈展示内容〉
（1）近代美術の出発…浅井忠、黒田清輝、藤島武二、吉田博ほか
（2）明治末／大正の展開…萬鉄五郎、中沢弘光、赤松麟作、石井柏亭、跡見泰、森田恒友ほか
（3）大正ロマンからの最盛期…中村彝、村山槐多、小出楢重、古賀春江、熊谷守一、川口軌外、前田寛治、斎藤与里、木村荘八、黒田重太郎、牧野虎雄、藤田嗣治ほか
（4）戦争前後の異色画家…野田英夫、香月泰男、松本竣介、麻生三郎、鶴岡政男、井上長三郎、今西中通、野口謙蔵ほか
（5）戦後美術の出発と現在…瑛九、林武、山口薫、森芳雄、脇田和、浜口陽三、浜田知明、菅野圭介、山中春雄、藤井令太郎、糸園和三郎、小山田二郎、池田満寿夫、吉原英雄ほか
（6）現代絵画…斎藤義重、村井正誠、難波田龍起、オノサト・トシノブ、菅井汲、磯辺行久、泉茂、荒川修作、靉嘔ほか

愛媛県

(7) 郷土出身画家…中川八郎、野間仁根、安藤義茂、中野和高、古茂田守介ほか
(8) 海外作品…フランドラン、ゴーギャン、シニャック、ピカソ、ルオー、ブラック、シャガール、ミロ、ダリ、ドラン、ブリアンション、パスキン、ユトリロ、ローランサン、クラベ、ジャスパー・ジョーンズ、ラウシェンバーグ、ジャッド、クレー、マチス、サム・フランシス、ウォーホル、ファッチーニほか
(9) その他…彫刻作品(朝倉響子、髙田博厚、山本豊市、ダリ)
浮世絵版画(歌川広重)

【事 業】
絵画、彫刻の常設・企画展示、美術研究資料の収集ならびに閲覧、美術教育の助成、美術講演会の開催。

- 所在地　〒794-0102　愛媛県今治市玉川町大野甲86-4
- ＴＥＬ　0898-55-2738
- ＦＡＸ　0898-55-2738
- ＵＲＬ　http://www.islands.ne.jp/imabari/bunka/tamagawa/index.html
- 交　通　松山市より車で約50分、今治大丸から約8km、車で約15分、バス利用の場合は今治駅(港)から「鈍川温泉」または「木地口葛谷」行バス乗車、「大野」停留所下車徒歩1分
- 開　館　AM9:00〜PM5:00
- 入館料　一般500円、大・高生400円、小・中学生250円(団体割引20名以上2割引、老人・障害者割引2割引)
- 休館日　毎週月曜日および12月27日〜1月1日
- 施　設　地上2階鉄筋コンクリート一部鉄骨造、敷地面積2512.29㎡、延床面積642.62㎡

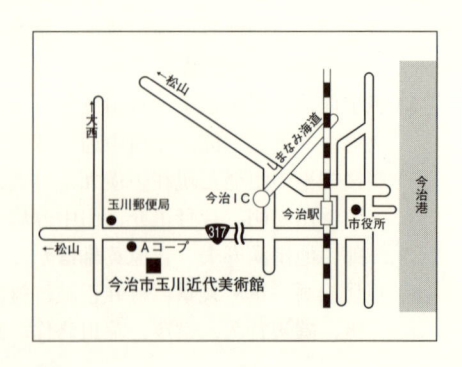

愛媛県

久万美術館
くま

　久万高原町出身の実業家、故・井部栄治氏(1909-1987)が収集した美術コレクション319点の寄贈を受けた久万町(当時)が、その収蔵展示と継承発展を目的として1988(昭和63)年に建設、1989(平成元)年3月23日に開館した。
　地元産の杉・桧をふんだんに用いた木造建築の美術館で、展示室内部には樹齢80年超の杉の磨き丸太柱が並び、桧の太梁とともに屋根を支える。
　館蔵品の核である井部コレクションは日本の近代洋画、近世〜近代の古書画、砥部(とべ)焼を中心にした伊予の陶磁器に大別される。なかでも貴重なのが日本の近代洋画。高橋由一、浅井忠ら明治期から戦後の作家まで、日本の近代洋画が体系化されているが、萬鉄五郎、村山槐多、長谷川利行といった大正、昭和初期に異彩を放った画家たちの作品が充実している。コレクター井部氏は、かつて「異端」と呼ばれた画家に強く惹かれ、彼らの作品を追い求めた。その精神を継承した収集、展示活動とともに、自主企画展を年1回開催している。
　自主企画展は、例年10〜11月に開催。「井部栄治憧れの作家 劉生・関根・佐伯・竣介」(1990年)、「自分の自然を求めた画家 萬鉄五郎」(1996年)など

四国

個人コレクション美術館博物館事典　411

愛媛県

大正、昭和初期に活躍した画家のほか、「山―森―村 戸谷成雄」（1994年）、「堀浩哉―風・空気・記憶」（2000年）など現代美術の企画にも取り組んでいる。通常の常設展は、井部コレクションに開館後に収集した作品を加えた約600点の館蔵品の中から、テーマを設定して約80点を選び、ほぼ2ヶ月半ごとに展示替えを行っている。また、年に1～2回、ギャラリートーク、ギャラリーコンサートを開催している。

【展示・収蔵】
◇「井部コレクション」
　（1）日本の近代洋画：高橋由一、浅井忠らとともに、萬鉄五郎、村山槐多、長谷川利行など。
　（2）日本の古書画：「伊予の三筆」明月和尚、蔵山和尚、伊藤子礼の書、学信、誠拙ら江戸時代の伊予の禅僧、明治期の神主三輪田米山らの書や、吉田蔵澤、遠藤広実の日本画など。
　（3）陶磁器：愛山・五松斎・北川毛など古い砥部焼を中心とする伊予の陶磁器。
◇「東資金コレクション」（平成4年度）
　戦後、新制作派協会で活躍した松山出身の洋画家古茂田守介のデッサン・版画など100点。
◇「石井南放作品」
　日本画家石井南放の水墨画作品・資料など60点。
◇その他
　岸田劉生「岸田辰弥之像」（油彩・1929年）、伊丹万作「櫻狩り」（油彩・1927年）、戸谷成雄「丸石94」（彫刻・1994年）、木下晋「流浪Ⅱ」（鉛筆・1981年）、鳥海青児「石をかつぐ人」（油彩・2000年）、重松鶴之助「父重松宗五郎の肖像」（2004年）、小清水漸「作業台―森の磁界」（2005年）、森堯茂「とりこ」（2005年）など。

【事　業】
　企画展（年1回・例年10月～11月、会期中は館蔵品展は撤去）、年に1～2回・ギャラリートーク、ギャラリーコンサートを開催。

愛媛県

【出版物】
「町立久万美術館館蔵品図録(新版)」(1999)／「町立久万美術館作品散歩」(1999)／「町立久万美術館館報」(1990・1993・1996・1999・2003・2006)／展覧会図録「洲之内井部コレクション展」(1990)／「劉生・関根・佐伯・竣介・井部栄治憧れの作家」(1991)／「小泉清父八雲とともに」(1992)／「古茂田守介新たな素顔」(1993)／「山・森・村 戸谷成雄」(1994)／「没後50年柳瀬正夢展」(1995・在庫無し)／「自分の自然を求めた画家萬鉄五郎」(1996)／「三輪田俊介回顧展」(1997)／「木下晋・祈りの譜」(1998)／「岸田劉生—近親者への眼差し」(1999)／「堀浩哉—風・空気・記憶」(2000)／「工藤省治—陶磁器デザイン展」(2002)／「重松鶴之助—よもだの創造力」(2003)／「松本竣介を支えつづけた友人畑山昇籠コレクション」(2004)／「小清水漸—木の 石の 水の 色」(2005)／「伊予の豪傑—三輪田米山・吉田蔵澤」(2006)／「造形思考の軌跡 森堯茂彫刻の70年」(2007)

- 所在地　〒791-1205　愛媛県上浮穴郡久万高原町菅生2-1442-7
- 設　立　1989年3月
- ＴＥＬ　0892-21-2881
- ＦＡＸ　0892-21-1954
- ＵＲＬ　http://www.kumakogen.jp/culture/muse/
- E-mail　art@kumakogen.jp
- 交　通　JR予讃線松山駅または伊予鉄松山市駅から久万・落出方面行きバスで約70分，JRバス「久万中学校前」または伊予鉄バス「久万」下車徒歩10分，松山ICから国道33号を高知方面へ車で約40分
- 開　館　AM9:30～PM5:00
- 入館料　一般500円，高大生400円，小中生300円(20名以上の団体は2割引，高齢者・身障者は半額)※特別展はその都度定める額
- 休館日　毎週月曜日及び祝祭日の翌日(月曜日が祝日の場合は開館し，火曜日が休館)，年末年始，展示替期間中
- 施　設　木造瓦葺，外壁漆喰塗り柱現わし平屋建1063㎡
- 責任者　館長・高木貞重

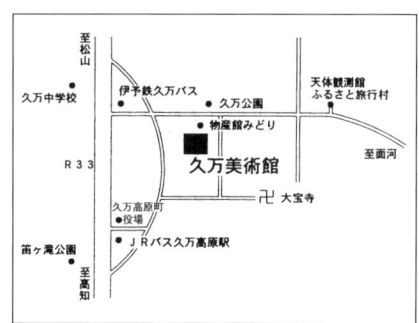

四国

個人コレクション美術館博物館事典　413

福岡県

秋 月 美 術 館

　秋月美術館は古処山(標高859.5m)の麓に位置し、春は桜、秋は紅葉で賑わい、すぐ横を流れる野鳥川の清流にも恵まれた旧城下町の名残りの中に一隅をえている。当館では茶陶で名高い高取焼を中心とする伝世品及び古窯跡出土品を収蔵・展示し、その他美術工芸品を陳列し鑑賞に供している。

【展示・収蔵】
　高取焼を中心とする伝世品及び古窯跡出土品を収蔵・展示。高取焼は黒田長政が文禄・慶長の役の際、朝鮮から連れ帰った陶工・八山(日本名 高取八蔵)に命じて、1606(慶長11)年鷹取山麓宅間窯を開かせたのが始まりとされる。その後、内ヶ磯窯(1614-24)山田窯(1624-30)白旗山窯(1630-65)小石原鼓窯(1665-88頃)など、移窯を繰り返したのち、1716(享保元)年、福岡城下に東皿山窯を開き、廃藩置県の1871(明治4)年まで福岡藩窯高取窯を操業する。茶陶で名高い。

- 所在地　〒838-0011　福岡県朝倉市秋月野鳥字堅小路695-1
- 設　立　1995年5月
- ＴＥＬ　0946-25-0895
- 交　通　九州自動車道・鳥栖JCより大分自動車道を大分方面へ，甘木ICを下り国道322号線を田川・山田方面へ約7km
- 開　館　AM10:00〜PM5:00
- 入館料　200円
- 休館日　12月25日〜2月28日冬期休館(年度により変動あり)他無休
- 施　設　本館・木造一階建，新館・鉄筋コンクリート2階建，庭園内に茶室あり
- 責任者　理事長・荒岡俊宣

福岡県

石橋美術館

　1956(昭和31)年4月26日開館。石橋美術館は、石橋正二郎がブリヂストンタイヤ株式会社創立25周年を記念し、社会公共の福祉と文化向上のため、郷土、久留米市に寄贈した石橋文化センターの中心施設である。1977(昭和52)年、創設者・石橋正二郎氏の遺族の寄付により増改築が行なわれ、同年4月以降、久留米市の委託により、石橋財団がその経営に当っている。1982(昭和57)年8月21日登録博物館認可。

　別館は1996(平成8)年10月に石橋コレクションの中の日本や中国の書画や陶磁器類を展示する美術館として同敷地内のプール跡地に開館した。所蔵品のなかには、国宝1点、重要文化財3点が含まれている。

【展示・収蔵】

　年に1～2回の特別展と2回程度のコレクションによる企画展を開催。

〔本館〕

　主な所蔵作品は、青木繁「海の幸」(1904)「わだつみのいろこの宮」(1907)(以上重要文化財)、坂本繁二郎「帽子を持てる女」(1923)「放牧三馬」(1932)、古賀春江「素朴な月夜」(1929)「単純な哀話」(1930)、黒田清輝「針仕事」(1890)、藤島武二「天平の面影」(1902)(重要文化財)等。

福岡県

〔別館〕
　おもな収蔵品に因陀羅「丹霞焼仏図」(国宝)、雪舟「四季山水図」(重要文化財)、古今和歌集巻一断簡「高野切」(重要文化財)、伊勢集断簡「石山切」(重要美術品)、円山応挙「牡丹孔雀図」、青磁銹斑文瓶(飛青磁)(重要文化財)、三彩馬などがある。

【事　業】
　美術講座、ギャラリートークなど。

【出版物】
　館報／石橋コレクション図録／石橋美術館ガイド／特別展図録

- 所在地　〒839-0862　福岡県久留米市野中町1015石橋文化センター内
- 設　立　1956年4月
- ＴＥＬ　0942-39-1131
- ＦＡＸ　0942-39-3134
- ＵＲＬ　http://www.ishibashi-museum.gr.jp/
- 交　通　JR久留米・西鉄久留米より西鉄バス1・7・9系統文化センター前下車，西鉄福岡より西鉄久留米まで特急で30分，久留米インターより車で5分
- 開　館　AM10:00～PM5:00
- 入館料　一般500円、シニア(65歳以上)・高・大生300円、中学生以下無料、団体(15名以上)：一般400円、シニア・高・大生200円
- 休館日　月曜日(祝日，振替休日の場合は開館)、年末年始、陳列替期間
- 施　設　〈本館〉延床面積2970㎡、鉄筋コンクリート2階建、〈別館〉延床面積1070㎡、鉄筋コンクリート2階建 敷地面積6万7750㎡(文化センター)
- 責任者　館長・平野実

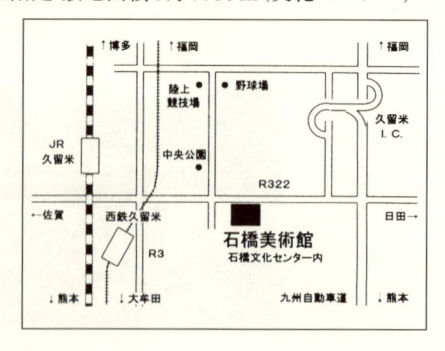

佐賀県

河村美術館

　近年の社会、経済情勢の急激な変化は、人々に物の豊かさを与えると共に心の豊かさを求める傾向を強めさせており、芸術文化に対する期待は一段と高まっていると言える。

　佐賀県には、佐賀市に県立美術館があるのみで、ほかにはなく、県北部の唐津市には、長く美術館施設が皆無の状況に置かれていた。

　故河村龍夫が半生をかけて蒐集した美術品は、青木繁をはじめ優れた芸術を数多く擁しており、河村家の父祖の地であるここ唐津に、これらの美術品を保管、展示する美術館を建設し、市民、県民に公開・鑑賞の機会を与えることは、氏の遺志を継ぐものであり、地方文化の時代を先取りし、県民の芸術文化の新しい芽を育てることにもなる。

　これらの趣旨をもとに1990(平成2)年10月、佐賀県認可第1号の財団法人美術館として「河村美術館」は開館したものである。

【展示・収蔵】
　展示室は2階の4室である。青木繁展示室・東洋美術室・西洋美術室・企

佐賀県

画展示室からなっている。

　収蔵品は約500点(寄託を含む)。絵画の中核となるのは、青木繁の「夕焼けの海」(1910年)、「ランプ」(1901年)、「男半裸体」(1901年)、「神話」(1906年)など20点、黒田清輝「朝日」、岸田劉生「エターナル・アイドル」(1914年)、高橋由一「鮭図」(1877年頃)、小磯良平「裸婦」(1938年)、宮本三郎「五月の窓」など数十点で物故者の作品である。日本画は掛軸が多く、鏑木清方「盆踊図」、小杉放庵「昔噺」、入江波光「法隆寺壁画模写」(1941年頃)など著名な作家のものが22点。

　他にドイツのビアマグ130点、フランスのエマーユ15点、刀剣類70点、東洋美術(陶磁器他)、西洋美術(大理石彫刻他)などが200点余りである。

【出版物】
　図録

- 所在地　〒847-0015　佐賀県唐津市北城内6-5
- 設　立　1990年11月
- ＴＥＬ　0955-73-2868
- ＦＡＸ　0955-73-2868
- 交　通　JR唐津駅から徒歩15分
- 開　館　AM10:00～PM5:00(入館締切PM4:30)
- 入館料　大人500円(400円)、大高生400円(300円)、中小生250円(200円)
　　　　　※( )内は20名以上の団体料金
- 休館日　平日(土・日・祝日のみ開館)
- 施　設　鉄筋コンクリート2階建、敷地面積2045㎡、建築面積763㎡、延床面積1035㎡
- 責任者　理事長・河村晴生

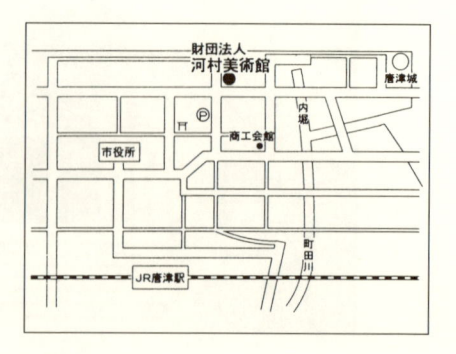

熊本県

島田美術館

　当美術館は、1977(昭和52)年春、92歳の高齢で他界した一人の古美術研究家の遺志を実現するものとして、同年秋に開館した。

　故島田真富翁は生前、武蔵会会長、熊本城顕彰会常務理事として、また在野の故実研究者として、熊本に残る武人文化の保存・研究に打ちこむ一方で、それらにかかわる歴史資料や古美術品を精力的に集めてきた。

　晩年には、私蔵が死蔵に堕することを危惧し、生涯を通じての収集品を国民共有の財産として末永く保存し、また広く一般に公開して郷土の歴史と伝統を語り継ぐよすがにしたいと考え当館設立の基を築いた。

　1983(昭和58)年に開館した現在の新館は市優秀建築物の一つにも選ばれ、古美術品に対座する雰囲気をよく保っている。企画展も入れて年4回(3ヵ月ごと)の展示替えで収蔵品を紹介。別棟のギャラリーでは、現代の作家たちの作品展も常時行われており、新旧文化の交流の場ともなっている。

宮本武蔵肖像

【展示・収蔵】

　常設展示は「宮本武蔵の遺墨・遺品」。自画の伝承をもつ二刀を提げた晩年の「肖像」をはじめ、「芦雁図」「枯木鳴鵙図」などの水墨画、書状や「五輪書」(写本)、自作の鐔や所用刀「吉岡斬り」、さらに周辺資料が展示されている。他に主な収蔵品は、熊本の近世絵画、中近世の多様な甲冑、刀剣と刀装具、漆工や陶磁、歌川派の錦絵など、約1000点。

熊本県

【事　業】
　常設展、企画展。
　館長を講師にした「古典を読む」「美術・工芸の見方」など講座を開催。別館研究棟ではガラスワーク教室も開かれている。

【出版物】
　「島田美術館100選」／「竹冨清嘯―遅れてきた南画家」／「近世肥後の文武―清正、忠興・ガラシャ、武蔵から松本喜三郎まで―」

- 所在地　〒860-0073　熊本県熊本市島崎4-5-28
- 設　立　1977年9月
- ＴＥＬ　096-352-4597
- ＦＡＸ　096-324-8749
- ＵＲＬ　http://www.shimada-museum.net/
- 交　通　JR熊本駅または上熊本駅から車で10分、熊本交通センターより市営バス荒尾橋線で慈恵病院前下車
- 開　館　AM10:00～PM6:00
- 入館料　一般700円、大学・高校生400円、小・中学生200円　（団体20名以上各100円割引）
- 休館日　毎週火曜日（但し祝日開館）、年末約10日間
- 施　設　鉄筋コンクリート2階建、敷地2400㎡、延床面積514㎡、庭園内に別館、ギャラリー、カフェ併設
- 責任者　館長・島田真祐

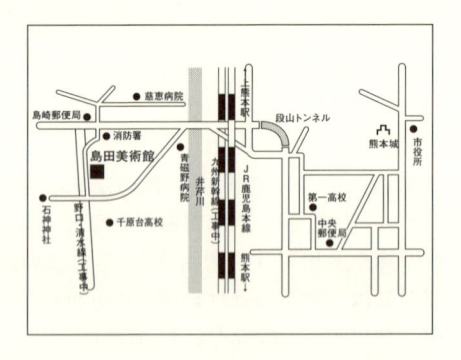

大分県

岩下コレクション

　日本でも屈指のバイクコレクターとして知られる岩下コレクションのオーナー岩下洋陽は小学生の時、初めてバイクに乗せてもらったのがきっかけでバイクに興味を持ち、20代の頃、バイクの博物館を計画。時代と共に消えゆく二輪車の歴史を残し、後世に伝えたいという熱い思いから30数年かけて収集したバイクの数は500台以上に及ぶ。

　また、激動の時代 昭和には膨大な数の製品が生み出され、一方で多くのものが捨てられ忘れ去られていった。現代失われつつある心の豊かさや人の温もり、先人の創造性や努力が感じられる古き良き時代のものを後世に残すため、昭和の大衆文化財の収集・保存も行う。

　1993（平成5）年福岡市立博物館にてNHK主催による「世界のモーターサイクル歴史展」を皮切りに東京、名古屋、大阪の主要都市にて巡回展を行う。

　1998（平成10）年にはオーナーの出身地である福岡県朝倉郡東峰村「宝珠山 ふれあい館」にて村おこし企画「世界のモーターサイクル展・思い出の昭和展」を開催。

　2000（平成12）年、博物館建設に着手。翌年2001（平成13）年8月、大分県湯布院町に「岩下コレクション」を開館した。

　その後、福岡県田川市の三井迎賓館、福岡県黒田藩 習獻館の講堂、大分県別府市にある炭鉱王・麻生太吉氏の別邸 麻生別荘や中山別荘、近代建築

個人コレクション美術館博物館事典　421

大分県

遺産である明治五大監獄の一つ 旧長崎刑務所など、西日本一帯における歴史的建造物の解体保存活動にも取り組んできた。

【展示・収蔵】
〈展示内容〉
　当館では、「昭和レトロ館」「世界のモーターサイクル歴史館」「ヨーロッパステンドクラス」と3部門の展示を行っている。
　1階 昭和レトロ館では、駄菓子屋、電化製品店、床屋、カフェバー、貸本屋など懐かしい昭和の街並みを再現。ブリキやセルロイドのおもちゃ、ホーロー看板、映画ポスター、雑誌、生活雑貨など約5万点を展示。また、戦後の日本に影響を与えたアメリカ文化の紹介も行っている。
　2階 世界のモーターサイクル歴史館では、所有台数500台以上の中から国内外の名車150台を展示。中でも世界で一台のドゥカティ アポロや故スティーブ・マックインの愛車インディアン、アフリカ戦線で実際に使用されたツュンダップ軍用車、本田宗一郎氏が最初に手がけたバイクA型エンジン(自転車バイク)は一見の価値あり。
　ホールでは、日本文化との比較展示として歴史あるヨーロッパの文化を紹介している。イギリス ダイアナ妃の実家 スペンサー家のステンドグラス(4.5m×2.5m)をはじめ、100年前のイギリス製バーカウンターや1930年代の自動ピアノなど多数のアンティークを展示。

〈収蔵品〉
　◇大正期から1970年代までの国産二輪車 80メーカー 400台以上。
　◇日本に影響を与えた海外の二輪車 15カ国 100台以上。
　◇二輪車に関する貴重な資料(雑誌、ポスター、旧工具類等)を多数所有。
　◇戦前から高度成長期を経てバブル期までの激動の時代 昭和を象徴する多種多様な大衆文化財約30万点、総重量にして1000tを所蔵。

【事　業】
　年1～2回、企画展やイベントを開催。

【出版物】
　カタログ「HISTORY OF WORLD MOTORCYCLES」(1995年刊)

大分県

- **所在地** 〒879-5114　大分県由布市湯布院町川北645-6
- **設　立** 2000年12月
- **ＴＥＬ** 0977-28-8900
- **ＦＡＸ** 0977-28-8900
- **URL** http://www.geocities.jp/iwasita_c/
- **E-mail** iwasitacollection@ybb.ne.jp
- **交　通** JR久大線由布院駅下車タクシー3分，大分自動車道湯布院I.Cより車で2分
- **開　館** AM9:00～PM5:00
- **入館料** 大人600円（500円），中高生400円（300円），小学生100円（50円）
  ※（　）内は団体10名以上
- **休館日** 無休
- **施　設** 鉄骨2階建，建築面積500㎡
- **責任者** 館長・田代和子

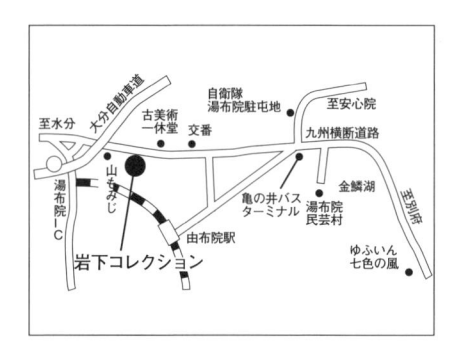

鹿児島県

岩崎美術館

　美術館は、岩崎グループの創立者岩崎與八郎（1902-1994）のコレクションを基に1983（昭和58）年に開館した。初代館長である岩崎は、"豊かな郷土づくり"をモットーに、観光、交通事業等を手がける傍ら、教育・文化・美術の面にも力を注いだ。洋画収集の中心になっているのは、三井美術館に保存されていた黒田清輝をはじめとする白馬会の画家の作品や、赤星コレクションとして有名な赤星家所蔵の藤原武二等の作品で、これらは、戦後混乱期の散逸の危機に、岩崎が買い取り大切に保存していたものである。岩崎は、これら長年にわたり収集してきた作品と私財を投じ財団法人を設立、岩崎美術館を建設した。
　美術館は、洋画の常設展示が主となっており、郷土出身の画家である黒田清輝、藤原武二、海老原喜之助らの作品を中心に、19世紀後半以降のフランスの画家の作品、及びメキシコ、ブラジル出身の画家の作品を展示している。
　その他に、ポール・ゴーギャンの「10の木版画集」、日本画では、谷文晁、横山大観、竹内栖鳳等の他に、松林桂月の作品を23点、書では、西郷隆盛、大久保利通、伊藤博文、東郷平八郎ら明治元勲たちのものを所蔵している。
　美術館の設計は槇文彦氏によるもので、白く幾何学的な建物は、地中海のヴィラをイメージしたもの。また、大理石をふんだんに取り入れた館内は、自然光をとり入れた明るく開放的な一つの大きな空間になっており、ゆったりとした気分で作品が鑑賞できる。
　岩崎芳江工芸館は、岩崎美術館の創設者岩崎與八郎の芳江夫人の遺志により、1998（平成10）年1月に開館した。設計は美術館と同じく槇文彦氏によるもので、日本の民家をイメージして作られている。美術館の洋と工芸館の和

と好対照を見せている。

　工芸館では、薩摩焼をはじめ、近現代の陶磁器及びパプアニューギニアの民族美術を収集展示している。中でもパプアニューギニアの民族美術は内容も充実しており、国内でも珍しいものと言える。

【展示・収蔵】
◇美術館
　洋画の展示が主で、黒田清輝をはじめとする日本近代洋画、19世紀後半以降のフランスの画家の作品、及びメキシコ、ブラジル出身の画家の作品
◇工芸館
　パプアニューギニアの民族美術…「神像」「仮面」「土器」「楽器」
　薩摩焼…幕末から明治にかけて万国博覧会に出品し、欧米に輸出され、近年日本に逆輸入された「里帰り薩摩」を展示

【事　業】
　企画特別展示…年2回(館蔵作品による構成)、夏休み親子講座(小学生を対象)

- 所在地　〒891-0403　鹿児島県指宿市十二町3755
- 設　立　1975年2月
- Ｔ Ｅ Ｌ　0993-22-4056
- Ｆ Ａ Ｘ　0993-24-3017
- Ｕ Ｒ Ｌ　http://ibusuki.iwasakihotels.com/serv/art.html
- 交　通　JR九州指宿枕崎線指宿駅下車徒歩約20分、車・バス約5分、鹿児島交通バス山川桟橋行「指宿いわさきホテル前」下車徒歩2分
- 開　館　AM8:00 〜 PM5:00(入館はPM4:30まで)
- 入館料　一般600円、高大生400円、小中生300円(20名以上2割引)
- 休館日　年中無休
- 施　設　岩崎美術館、岩崎芳江工芸館、事務棟
- 責任者　館長・岩崎福三

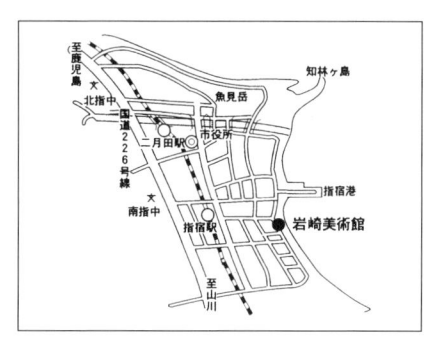

鹿児島県

長島美術館

　当館は、1985(昭和60)年に長島商事株式会社グループの創立者長島公佑によって設立され、1989(平成元)年開館したものである。収蔵品は長島公佑が永年にわたり蒐集したもので、地元出身の作家を中心とした作品をはじめ、外国作品は学校教材などで馴染みのある絵画および彫刻など300点程、陶磁器は、地方の窯別に蒐集し、白薩摩、黒薩摩に分けてわかりやすく展示している。

　他に新大陸先史美術品(アンデス埋蔵品)など合わせて700余点、総計1000点を収蔵している。開館は鹿児島市制施行100周年を記念して地域文化の発展に貢献できればと成されたものである。

　海抜110メートルの高台に位置する当館は、亜熱帯樹に包まれ、錦江湾に聳えたつ雄大な桜島を目の前に市街地を一望でき、まさしく東洋のナポリと称される自然景観の中にあり、多くの方々に喜んで頂いている。

　1996(平成8)年には別館が開館し、特別企画展示室、ミュージアム・ショップが設けられ、1997(平成9)年3月には、本格フランス料理のレストラン「カメリア」もオープンした。レストラン・ウェディングなども行っている。庭園には四季折々の花々が植えられ、又いたるところに彫刻も配してあり、ゆっくりと散策を楽しむこともできる。

【展示・収蔵】
　当館は、郷土出身作家を中心にした日本人作家の油彩と彫刻(黒田清輝「夏草」など)、また19世紀から20世紀にかけて、エコールド・パリを中心とした国外作家の油彩と彫刻(マルク・シャガール「緑のバイオリン弾き」、パブロ・ピカソ「アンジェル・フェルナンデス・デ・ソートの肖像」、アリスティ

鹿児島県

ド・マイヨール「地中海」)、さらに先史美術品(アンデス埋蔵品)と、郷土の焼き物である薩摩焼が白物と黒物に分け約600点展示している。アール・ヌーヴォー・ガラスも含め収蔵品は合計で約1000点である。

【事　業】

年1回程開催する共催の企画展のほか、ミュージアム・コンサートなど。
年3回ほど開催する収蔵品による企画展、貸会場展覧会。

【出版物】

「長島美術館図録」(1989)／「三岸節子"精神の感動"展図録」(1990)／「マリー・ローランサン展図録」(1999)

- 所在地　〒890-0045　鹿児島県鹿児島市武3-42-18
- 設　立　1985年3月
- ＴＥＬ　099-250-5400
- ＦＡＸ　099-250-5478
- 交　通　JR鹿児島中央駅下車西口より車で5分、市電中洲電停下車徒歩30分(坂道含む)、バス中央駅前東22番乗り場から鹿児島交通(11・17・18・20・27・30・33番線)南国交通(武岡ハイランド・西郷団地行)各々武中学校下バス停下車徒歩坂道上り20分
- 開　館　AM9:00～PM5:00(入館はPM4:30まで)
- 入館料　一般1000円(800円)、シニア(65歳以上)500円、高・大生800円(640円)、小・中生400円(320円)※(　)内は団体20名以上
- 休館日　無休
- 施　設　鉄骨鉄筋コンクリート造、地下1階地上2階建、別館地下に特別企画展示室、1階にレストラン「カメリア」、ミュージアム・ショップ
- 責任者　館長・長島裕子

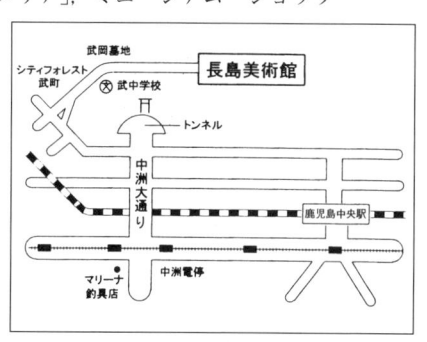

鹿児島県

松下美術館

　精神医療に多大な貢献をした、故松下兼知氏（1905-1989）により、父祖3代に至る美術品を公開するため財団法人松下美術館を設立。展示室は焼物、掛軸、発掘品、洋画、企画展示室、文化資料室からなる。

【展示・収蔵】
　主な展示資料としては、明治から昭和にかけての郷土出身作家である和田英作・黒田清輝・有島生馬・藤島武二・海老原喜之助・東郷青児等の作品。ルノワール・ボナール・ピカソ・モネ・ルドン・コロー・ドラクロワ・ドガ・キスリング・ルオー等の印象派を中心とした絵画。その他、狩野派及び雪舟等の掛幅、薩摩焼、切子、仮面がある。

【事　業】
　南九州水墨画展（公募）、ギャラリートークなど。

【出版物】
　「松下コレクションⅠ～Ⅳ」

- 所在地　〒899-4501　鹿児島県霧島市福山町福山771
- 設　立　1983年6月
- ＴＥＬ　0995-55-3350
- ＦＡＸ　0995-55-3351
- ＵＲＬ　http://www2.synapse.ne.jp/matsushita/
- 交　通　鹿児島空港よりタクシーで40分，JR国分駅よりJRバスで30分
- 開　館　AM10:00～PM4:30（PM5:00閉館）

鹿児島県

- **入館料** 大人500円(300円)，高校・大学生300円(200円)，小・中学生200円(100円) ※(　)は20名以上の団体料金
- **休館日** 月曜日(月曜が祝日の場合は翌平日)
- **施　設** 鉄筋コンクリート2階建(その他5館分館有)
- **責任者** 館長・松下兼介

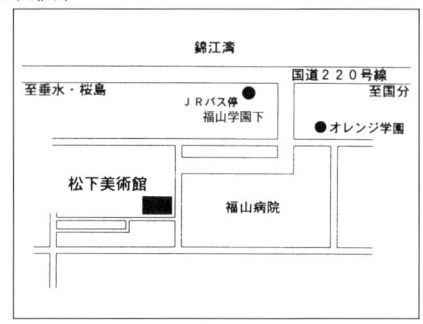

沖縄県

佐喜眞美術館
（さきま）

　当館は、激動する沖縄の中で状況が厳しければ厳しいほど、心を落ち着かせ静かに「もの想う空間」を、という願いを込めて米軍普天間基地内にある館長佐喜眞道夫所有の土地の一部を返還してもらい、1994（平成6）年11月23日に開館した県内初の私設美術館である。
　コレクションのテーマは、「生と死」「人間と戦争」「苦悩と救済」に統一され、丸木位里、俊夫妻の「沖縄戦の図」（全14部）をはじめ、ケーテ・コルヴィッツ、ジョルジュ・ルオー、上野誠などの作品を収蔵、展示している。
　建物は、沖縄にこだわり展示室と屋上階段の軸線の方位は「慰霊の日」でもある6月23日の日没線に合わせて建てられている。屋上からは東シナ海が見渡せ、隣接する米軍普天間基地も一望できる。
　庭には、沖縄の心と歴史を伝える亀甲墓、美術館をとり囲む深い緑など、館内とともに癒しの空間をつくりだしている。1995（平成7）年に国連から出版された「世界の平和博物館」にも収録されている。

【展示・収蔵】
　丸木位里・丸木俊「沖縄戦の図」14部他50点、ケーテ・コルヴィッツ約50点、ジョルジュ・ルオー版画約170点、上野誠170点、草間彌生約40点。

【事　業】
　主として自館コレクションを展示。その他毎年日本版画協会沖縄巡回展、年数回他館との交換展、地元の作家の展覧会を開催。6月23日（慰霊の日）…クラシックコンサートを中心に、11月23日（開館記念日）…講演会を中心に、イベントを行っている。その他、演劇、ジャズ、琉球音楽などのコンサート

を行っている。

【出版物】
　図録「沖縄戦の図」「上野誠木版画展」「沖縄の心を」「石の声…表現行為が導き出すもの」

- 所在地　〒901-2204　沖縄県宜野湾市上原358上原児童公園隣り
- 設　立　1994年11月
- ＴＥＬ　098-893-5737
- ＦＡＸ　098-893-6948
- ＵＲＬ　http://sakima.art.museum/
- E-mail　info@sakima.art.museum
- 交　通　沖縄バス27番，琉球バス90番，那覇バス25・26・61番のバスで宜野湾市上原バス停下車徒歩5分
- 開　館　AM9:30 ～ PM5:00
- 入館料　大人700円，中高生600円，小学生300円(団体20名以上大人630円，中高生540円，小学生200円)
- 休館日　火曜日，年末年始
- 責任者　館長・佐喜眞道夫

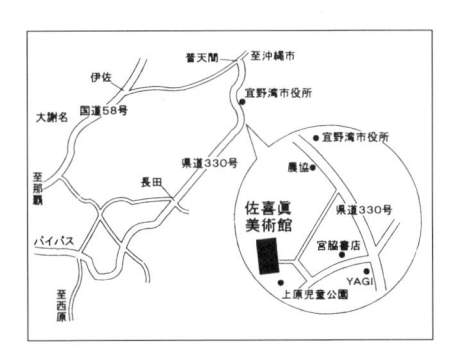

館 名 索 引

コレクション・コレクター索引

館 名 索 引

【あ行】

秋月美術館…………………… 414
稻葉アンティークジュウリー美術館…………………………… 43
安曇野ジャンセン美術館……… 208
足立美術館…………………… 378
荒井記念美術館………………… 3
有明美術館…………………… 211
伊賀信楽古陶館……………… 292
池田記念美術館……………… 171
池田20世紀美術館…………… 262
石橋美術館…………………… 415
伊豆ガラスと工芸美術館…… 264
伊豆テディベア・ミュージアム 266
和泉市久保惣記念美術館…… 325
板橋アンティックドール美術館 380
逸翁美術館…………………… 329
百河豚美術館………………… 192
出光美術館…………………… 80
今治市河野美術館…………… 406
今治市玉川近代美術館……… 409
岩崎美術館…………………… 424
岩下コレクション…………… 421
石見安達美術館……………… 382
上原近代美術館……………… 268
UKIYO-e TOKYO …………… 83
頴川美術館…………………… 335
MOA美術館…………………… 271

エンバ中国近代美術館……… 338
青梅きもの博物館…………… 85
大川美術館…………………… 63
大熊美術館…………………… 213
大倉集古館…………………… 87
大島町貝の博物館「ぱれ・らめーる」………………………… 90
太田記念美術館……………… 91
大村美術館…………………… 21
奥出雲多根自然博物館……… 385
想い出博物館………………… 301

【か行】

蟹仙洞………………………… 26
柿衞文庫……………………… 340
笠間日動美術館……………… 40
カスヤの森現代美術館……… 145
鹿沼市立川上澄生美術館…… 46
何必館・京都現代美術館…… 303
鎌倉大谷記念美術館………… 147
鎌倉古陶美術館……………… 149
鎌田共済会郷土博物館……… 402
かみや美術館………………… 281
カメイ記念展示館…………… 11
唐澤博物館…………………… 94
軽井沢絵本の森美術館……… 215
河鍋暁斎記念美術館………… 68
川村記念美術館……………… 76
河村美術館…………………… 417

個人コレクション美術館博物館事典　435

かんけ　　　　　館名索引

観慶丸本店丸寿美術館……………… 13
掬粋巧芸館……………………… 28
菊池寛実記念 智美術館 ………… 96
喜多方蔵座敷美術館 ……………… 36
北澤美術館　本館……………… 218
北野美術館……………………… 221
北原コレクション　箱根トイ
　ミュージアム…………………… 151
北村美術館……………………… 305
木下美術館……………………… 298
木村茶道美術館………………… 173
京都嵐山オルゴール博物館…… 307
郷土玩具館　痴娯の家………… 175
京都ギリシアローマ美術館…… 309
京都造形芸術大学附属　康耀堂
　美術館………………………… 223
清里北澤美術館………………… 202
清里現代美術館………………… 204
空想ひみつ基地　こどもの時代
　館……………………………… 177
久万美術館……………………… 411
栗田美術館……………………… 48
黒川古文化研究所……………… 343
黒船館…………………………… 178
桑山美術館……………………… 283
小池千枝コレクション　世界の
　民俗人形博物館……………… 225
講談社野間記念館……………… 98
高麗美術館……………………… 311
国際基督教大学博物館　湯浅八
　郎記念館……………………… 101
国際聚蔵館……………………… 394
御所湖川村美術館………………… 9
五島美術館……………………… 103
駒形十吉記念美術館…………… 180
小松市立本陣記念美術館……… 200

【さ行】

斎藤真一　心の美術館…………… 30
佐喜眞美術館…………………… 430
佐久市立近代美術館…………… 227
佐野市立吉澤記念美術館……… 50
佐野美術館……………………… 274
澤乃井櫛かんざし美術館……… 106
三溪園…………………………… 153
サンリツ服部美術館…………… 230
島田美術館……………………… 419
昭和美術館……………………… 285
白浜海洋美術館………………… 78
信州高遠美術館………………… 232
杉野学園衣裳博物館…………… 108
須坂クラシック美術館………… 235
相撲博物館……………………… 110
静嘉堂文庫美術館……………… 112
芹沢長介記念　東北陶磁文化館… 15
宗左近記念　縄文芸術館……… 17

【た行】

大名時計博物館………………… 114
たけはら美術館………………… 396
竹久夢二美術館………………… 116
凧の博物館……………………… 118
辰馬考古資料館………………… 345
田村資料館……………………… 313
丹波古陶館……………………… 347
丹波市立植野記念美術館……… 349
チェアーズ・ギャラリー………… 5

436　個人コレクション美術館博物館事典

長泉院附属　現代彫刻美術館　120
敦井美術館……………………… 182
滴翠美術館……………………… 351
鉄斎美術館……………………… 353
出羽桜美術館…………………… 32
天一美術館……………………… 66
同一庵藍民芸館………………… 184
東北福祉大学　芹沢銈介美術工芸館　19
東御市梅野記念絵画館・ふれあい館　237
遠山記念館……………………… 71
戸栗美術館……………………… 122
鳥取民藝美術館………………… 374
富山市佐藤記念美術館………… 195

【な行】

那珂川町馬頭広重美術館……… 52
長島美術館……………………… 426
中津万象園・丸亀美術館……… 404
中野美術館……………………… 371
那須オルゴール美術館………… 54
那須テディベア・ミュージアム… 57
名和昆虫博物館………………… 253
新潟市潟東樋口記念美術館…… 186
ニキ美術館……………………… 60
西田美術館……………………… 197
西宮市大谷記念美術館………… 356
日本浮世絵博物館……………… 239
日本玩具博物館………………… 358
日本土鈴館……………………… 256
日本のあかり博物館…………… 241
ニューオータニ美術館………… 124

根津美術館……………………… 126
能楽資料館……………………… 361
野村美術館……………………… 315

【は行】

秤乃館…………………………… 294
白鶴美術館……………………… 363
白馬三枝美術館………………… 243
博物館・さがの人形の家……… 317
箱根・芦ノ湖成川美術館……… 155
箱根美術館……………………… 158
箱根武士の里美術館…………… 160
箱根ラリック美術館…………… 162
長谷川町子美術館……………… 129
畠山記念館……………………… 131
林原美術館……………………… 387
光と緑の美術館………………… 164
BIZEN中南米美術館　389
飛騨高山美術館………………… 259
日登美術館……………………… 299
兵庫陶芸美術館………………… 366
平野美術館……………………… 277
平野政吉美術館………………… 24
福山自動車時計博物館………… 398
藤井斉成会　有鄰館…………… 319
藤田美術館……………………… 331
ブリキのおもちゃと人形博物館　322
ブリキのおもちゃ博物館……… 167
ブリヂストン美術館…………… 133
ペイネ美術館…………………… 245
ベルナール・ビュフェ美術館… 279
北海道伝統美術工芸村　国際染織美術館……………………… 7

館名索引

ポーラ美術館……………… 169

【ま行】

マコンデ美術館……………… 296
松岡美術館…………………… 136
松下美術館…………………… 428
松本民芸館…………………… 247
マリー・ローランサン美術館… 249
美枝きもの資料館…………… 206
三木市立堀光美術館………… 369
ミティラー美術館…………… 188
三春郷土人形館……………… 38
村内美術館…………………… 138
メナード美術館……………… 287

【や行】

山口県立萩美術館・浦上記念館 400
山崎美術館…………………… 74
山種美術館…………………… 140
山寺後藤美術館……………… 34
弥生美術館…………………… 143
湯木美術館…………………… 333
夢二郷土美術館……………… 392
ヨコタ博物館………………… 290

【ら行】

ラフォーレ白馬美術館……… 251
ロマンの泉美術館…………… 190

【わ行】

渡辺美術館…………………… 376

コレクション・コレクター索引

【あ行】

青木藤作
　　那珂川町馬頭広重美術館…… 52
青柳政二
　　百河豚美術館…………… 192
「赤楽茶碗　銘無一物」
　　頴川美術館…………… 335
「秋野蒔絵手箱」
　　遠山記念館…………… 71
穐葉昭江
　　穐葉アンティークジュウ
　　リー美術館…………… 43
秋山コレクション
　　根津美術館…………… 126
安達啓二
　　石見安達美術館………… 382
足立全康
　　足立美術館…………… 378
「阿弥陀曼荼羅」
　　頴川美術館…………… 335
荒井利三
　　荒井記念美術館………… 3
荒岡芳宣
　　秋月美術館…………… 414
アール・デコ
　　伊豆ガラスと工芸美術館… 264
アール・ヌーヴォー
　　伊豆ガラスと工芸美術館… 264

アンティークジュエリー
　　穐葉アンティークジュウ
　　リー美術館…………… 43
アンティック・ドール
　　板橋アンティックドール美
　　術館…………………… 380
アンティック・レース
　　板橋アンティックドール美
　　術館…………………… 380
池田英一
　　池田20世紀美術館……… 262
池田恒雄
　　池田記念美術館………… 171
池田勇人
　　たけはら美術館………… 396
池田萬助
　　博物館・さがの人形の家… 317
石塚要
　　ラフォーレ白馬美術館…… 251
石橋正二郎
　　ブリヂストン美術館……… 133
　　石橋美術館…………… 415
椅子
　　チェアーズ・ギャラリー…… 5
「伊勢物語絵巻」
　　和泉市久保惣記念美術館… 325
出光佐三
　　出光美術館…………… 80
伊藤信吾
　　清里現代美術館………… 204
伊藤文學
　　ロマンの泉美術館………… 190

個人コレクション美術館博物館事典　439

いのう　　　　コレクション・コレクター索引

井上重義
　　日本玩具博物館……………　358
井上庄七
　　掬粋巧芸館…………………　28
井部栄治
　　久万美術館…………………　411
伊万里焼
　　栗田美術館…………………　48
　　戸栗美術館…………………　122
「色絵孔雀置物」
　　百河豚美術館………………　192
「色絵藤花文茶壺」
　　MOA美術館　……………　271
岩崎小彌太
　　静嘉堂文庫美術館…………　112
岩崎彌太郎
　　静嘉堂文庫美術館…………　112
岩崎與八郎
　　岩崎美術館…………………　424
岩下庄司
　　郷土玩具館　痴娯の家……　175
岩下洋陽
　　岩下コレクション…………　421
岩田圭一郎
　　喜多方蔵座敷美術館………　36
石見刀
　　石見安達美術館……………　382
石見長浜人形
　　石見安達美術館……………　382
印象派
　　ブリヂストン美術館………　133
　　村内美術館…………………　138
上田美枝
　　美枝きもの資料館…………　206
植野藤次郎
　　エンバ中国近代美術館……　338

丹波市立植野記念美術館…　349
上原昭二
　　上原近代美術館……………　268
上村六郎
　　北海道伝統美術工芸村　国
　　　際染織美術館……………　7
浮世絵
　　UKIYO-e TOKYO ………　83
　　太田記念美術館……………　91
　　日本浮世絵博物館…………　239
　　山口県立萩美術館・浦上記
　　　念館………………………　400
歌川広重
　　那珂川町馬頭広重美術館……　52
「腕を組んですわるサルタンバンク」
　　ブリヂストン美術館………　133
「生れ出づる悩み」
　　荒井記念美術館……………　3
「海の幸」
　　石橋美術館…………………　415
梅野隆
　　東御市梅野記念絵画館・ふ
　　　れあい館…………………　237
浦上敏朗
　　山口県立萩美術館・浦上記
　　　念館………………………　400
頴川徳助
　　頴川美術館…………………　335
絵本
　　軽井沢絵本の森美術館……　215
「炎舞」
　　山種美術館…………………　140
大川栄二
　　大川美術館…………………　63
大熊智恵子
　　大熊美術館…………………　213

大倉喜七郎
　　大倉集古館……………… 87
大倉喜八郎
　　大倉集古館……………… 87
太田清蔵
　　太田記念美術館………… 91
大谷竹次郎
　　西宮市大谷記念美術館…… 356
大谷米一
　　鎌倉大谷記念美術館……… 147
大谷米太郎
　　ニューオータニ美術館…… 124
大村美智子
　　大村美術館……………… 21
岡崎智予
　　澤乃井櫛かんざし美術館… 106
岡田茂吉
　　箱根美術館……………… 158
　　MOA美術館　　　　　　　271
岡田利兵衞
　　柿衞文庫………………… 340
岡野喜一郎
　　ベルナール・ビュフェ美術
　　　館……………………… 279
岡信孝
　　須坂クラシック美術館…… 235
「沖縄戦の図」(全14部)
　　佐喜眞美術館…………… 430
奥知勇
　　伊賀信楽古陶館………… 292
「奥の細道画巻」
　　逸翁美術館……………… 329
織田憲嗣
　　チェアーズ・ギャラリー…… 5
オートバイ
　　岩下コレクション……… 421

おもちゃ
　　北原コレクション　箱根ト
　　　イミュージアム……… 151
　　ブリキのおもちゃ博物館… 167
　　想い出博物館…………… 301
オルゴール
　　那須オルゴール美術館…… 54
　　京都嵐山オルゴール博物館　307

【か行】

貝
　　大島町貝の博物館「ぱれ・
　　　らめーる」…………… 90
海洋関係資料
　　白浜海洋美術館………… 78
「燕子花図」
　　根津美術館……………… 126
梶川芳友
　　何必館・京都現代美術館… 303
化石
　　奥出雲多根自然博物館…… 385
「歌仙歌合」
　　和泉市久保惣記念美術館… 325
片山劫
　　伊豆ガラスと工芸美術館… 264
甲冑
　　箱根武士の里美術館……… 160
金箱正美
　　日本のあかり博物館……… 241
鹿野琢見
　　竹久夢二美術館………… 116
　　弥生美術館……………… 143
嘉納治兵衞

かみく　　　コレクション・コレクター索引

　　　白鶴美術館…………… 363
上口愚朗
　　　大名時計博物館………… 114
神谷幸之
　　　かみや美術館…………… 281
亀井昭伍
　　　カメイ記念展示館………   11
亀井文蔵
　　　カメイ記念展示館………   11
唐澤富太郎
　　　唐澤博物館………………   94
ガラス工芸
　　　飛騨高山美術館………… 259
かるた
　　　滴翠美術館……………… 351
ガレ，エミール
　　　北澤美術館　本館……… 218
川上澄生
　　　鹿沼市立川上澄生美術館……   46
河鍋暁斎
　　　河鍋暁斎記念美術館………   68
河鍋楠美
　　　河鍋暁斎記念美術館………   68
川村喜十郎
　　　川村記念美術館…………   76
河村龍夫
　　　河村美術館……………… 417
川村昶
　　　御所湖川村美術館………   9
かんざし
　　　澤乃井櫛かんざし美術館… 106
菊池智
　　　菊池寛実記念 智美術館 ……   96
北川和夫
　　　想い出博物館…………… 301
北澤利男

　　　清里北澤美術館………… 202
　　　北澤美術館　本館……… 218
北野次登
　　　北野美術館……………… 221
北野吉登
　　　北野美術館……………… 221
北原照久
　　　北原コレクション　箱根ト
　　　イミュージアム………… 151
　　　ブリキのおもちゃ博物館… 167
北村謹次郎
　　　北村美術館……………… 305
木下弥三郎
　　　木下美術館……………… 298
木村重義
　　　木村茶道美術館………… 173
きもの
　　　青梅きもの博物館………   85
　　　美枝きもの資料館……… 206
　　　須坂クラシック美術館…… 235
郷土玩具
　　　三春郷土人形館…………   38
　　　郷土玩具館　痴娯の家…… 175
　　　日本土鈴館……………… 256
　　　日本玩具博物館………… 358
郷土人形
　　　博物館・さがの人形の家… 317
「漁村夕照図」
　　　根津美術館……………… 126
草苅正
　　　大島町貝の博物館「ぱれ・
　　　らめーる」………………   90
櫛
　　　澤乃井櫛かんざし美術館… 106
「久能山真景図」
　　　山種美術館……………… 140

442　個人コレクション美術館博物館事典

久保惣太郎
　　和泉市久保惣記念美術館… 325
「熊野懐紙」
　　昭和美術館…………… 285
久米栄左衛門資料
　　鎌田共済会郷土博物館…… 402
栗田英男
　　栗田美術館…………… 48
黒川幸七
　　黒川古文化研究所………… 343
桑山清一
　　桑山美術館…………… 283
「源氏物語絵巻」
　　五島美術館…………… 103
現代彫刻
　　長泉院附属　現代彫刻美術
　　館……………………… 120
現代陶芸
　　菊池寛実記念 智美術館 …… 96
現代日本画
　　箱根・芦ノ湖成川美術館… 155
現代美術
　　カスヤの森現代美術館…… 145
　　清里現代美術館………… 204
小池千枝
　　小池千枝コレクション　世
　　界の民俗人形博物館…… 225
小泉八雲
　　池田記念美術館………… 171
考古資料
　　辰馬考古資料館………… 345
河野信一
　　今治市河野美術館………… 406
「紅白梅図屏風」
　　MOA美術館 ………… 271
「古今和歌集序」

大倉集古館……………… 87
こけし
　　カメイ記念展示館………… 11
五島慶太
　　五島美術館…………… 103
小嶋吉久
　　箱根武士の里美術館……… 160
後藤幸三
　　昭和美術館…………… 285
後藤季次郎
　　山寺後藤美術館………… 34
「古銅観音菩薩立像」
　　百河豚美術館…………… 192
古陶磁
　　富山市佐藤記念美術館…… 195
小林一三
　　逸翁美術館…………… 329
小林コレクション
　　根津美術館…………… 126
駒形十吉
　　駒形十吉記念美術館……… 180
「駒競行幸絵巻」
　　和泉市久保惣記念美術館… 325
「金剛界八十一尊大曼荼羅図」
　　根津美術館…………… 126
昆虫
　　名和昆虫博物館………… 253

【さ行】

「柴門新月図」
　　藤田美術館…………… 331
三枝久則
　　白馬三枝美術館………… 243

さかい　コレクション・コレクター索引

酒井忠正
　　相撲博物館……………… 110
酒井コレクション
　　日本浮世絵博物館……… 239
坂本恭士
　　国際聚蔵館……………… 394
坂本光浄
　　鉄斎美術館……………… 353
佐喜眞道夫
　　佐喜眞美術館…………… 430
「佐竹本三十六歌仙絵」
　　北村美術館……………… 305
「佐竹本三十六歌仙絵　頼基」
　　遠山記念館……………… 71
「佐竹本三十六歌仙切」
　　野村美術館……………… 315
「佐竹本三十六歌仙切　藤原高光」
　　逸翁美術館……………… 329
佐藤潔
　　那須オルゴール美術館… 54
佐藤助九郎
　　富山市佐藤記念美術館… 195
茶道美術
　　北村美術館……………… 305
佐鳥康郎
　　京都造形芸術大学附属　康
　　耀堂美術館……………… 223
佐野隆一
　　佐野美術館……………… 274
「三十六歌仙図屏風」
　　メナード美術館………… 287
「サント・ヴィクトワール山と
　シャトー・ノワール」
　　ブリヂストン美術館…… 133
「サン＝マメス六月の朝」
　　ブリヂストン美術館…… 133

「四季山水図」
　　石橋美術館……………… 415
自動車
　　福山自動車時計博物館… 398
島田真富
　　島田美術館……………… 419
シャガール
　　ラフォーレ白馬美術館… 251
ジャンセン，ジャン
　　安曇野ジャンセン美術館… 208
「春秋経伝集解」
　　藤井斉成会　有鄰館…… 319
縄文土器
　　宗左近記念　縄文芸術館… 17
「随身庭騎絵巻」
　　大倉集古館……………… 87
杉野芳子
　　杉野学園衣裳博物館…… 108
圖師禮三
　　日登美術館……………… 299
鈴木常司
　　ポーラ美術館…………… 169
鈴木十三雄
　　青梅きもの博物館……… 85
鈴木正彦
　　光と緑の美術館………… 164
須田幸一郎
　　観慶丸本店丸寿美術館… 13
相撲資料
　　相撲博物館……………… 110
生活雑器
　　同一庵藍民芸館………… 184
「青磁鳳凰耳花生・銘万声」
　　和泉市久保惣記念美術館… 325
関口芳弘
　　那須テディベア・ミュージ

コレクション・コレクター索引　ちゅう

　　　アム……………………… 57
　　　伊豆テディベア・ミュージ
　　　　アム……………………… 266
「雪村風涛図」
　　　野村美術館……………… 315
芹沢銈介
　　　東北福祉大学　芹沢銈介美
　　　　術工芸館………………… 19
芹沢長介
　　　芹沢長介記念　東北陶磁文
　　　　化館……………………… 15
仙鶴
　　　出光美術館……………… 80
染織品
　　　北海道伝統美術工芸村　国
　　　　際染織美術館…………… 7
宗左近
　　　宗左近記念　縄文芸術館…… 17
蔵書票
　　　ロマンの泉美術館……… 190

【た行】

「胎蔵界曼陀羅」
　　　百河豚美術館…………… 192
「大燈国師墨蹟」
　　　野村美術館……………… 315
高取焼
　　　秋月美術館……………… 414
高野将弘
　　　マリー・ローランサン美術
　　　　館………………………… 249
高畠華宵
　　　弥生美術館……………… 143

高山豊治
　　　ブリキのおもちゃと人形博
　　　　物館……………………… 322
竹久夢二
　　　竹久夢二美術館………… 116
　　　夢二郷土美術館………… 392
竹久夢二
　　　喜多方蔵座敷美術館…… 36
凧
　　　凧の博物館……………… 118
辰馬悦蔵
　　　辰馬考古資料館………… 345
田中寛
　　　兵庫陶芸美術館………… 366
多根裕詞
　　　奥出雲多根自然博物館…… 385
田村伎都子
　　　田村資料館……………… 313
「丹霞焼仏図」
　　　石橋美術館……………… 415
丹波焼
　　　丹波古陶館……………… 347
　　　兵庫陶芸美術館………… 366
茶道具
　　　畠山記念館……………… 131
　　　木村茶道美術館………… 173
　　　富山市佐藤記念美術館…… 195
　　　サンリツ服部美術館…… 230
　　　昭和美術館……………… 285
　　　野村美術館……………… 315
　　　藤田美術館……………… 331
　　　湯木美術館……………… 333
中国古美術
　　　黒川古文化研究所……… 343
中国陶磁
　　　掬粋巧芸館……………… 28

ちゆう

松岡美術館 ………………… 136
中南米美術
 BIZEN中南米美術館 …… 389
蝶
 カメイ記念展示館 …………… 11
 名和昆虫博物館 …………… 253
朝鮮陶磁
 掬粋巧芸館 ………………… 28
 高麗美術館 ………………… 311
土屋芳春
 軽井沢絵本の森美術館 …… 215
敦井栄吉
 敦井美術館 ………………… 182
鄭詔文
 高麗美術館 ………………… 311
テディベア
 那須テディベア・ミュージアム ……………………… 57
 伊豆テディベア・ミュージアム ……………………… 266
東欧絵画
 御所湖川村美術館 …………… 9
陶磁器
 観慶丸本店丸寿美術館 ……… 13
 芹沢長介記念　東北陶磁文化館 ………………………… 15
 滴翠美術館 ………………… 351
 兵庫陶芸美術館 …………… 366
東南アジア関係資料
 ヨコタ博物館 ……………… 290
東洋陶磁器
 戸栗美術館 ………………… 122
 有明美術館 ………………… 211
 山口県立萩美術館・浦上記念館 ………………………… 400
東洋美術品
 藤井斉成会　有鄰館 ……… 319
遠山一男
 日本土鈴館 ………………… 256
遠山元一
 遠山記念館 ………………… 71
徳生忠常
 今治市玉川近代美術館 …… 409
戸栗亨
 戸栗美術館 ………………… 122
富岡鉄斎
 辰馬考古資料館 …………… 345
 鉄斎美術館 ………………… 353
ドーム
 清里北澤美術館 …………… 202
「豊臣秀吉像画稿」
 逸翁美術館 ………………… 329
土鈴
 日本土鈴館 ………………… 256

【な行】

中井淳
 三春郷土人形館 ……………… 38
長島公佑
 長島美術館 ………………… 426
中西幸一
 丹波古陶館 ………………… 347
中西通
 丹波古陶館 ………………… 347
 能楽資料館 ………………… 361
中野皓司
 中野美術館 ………………… 371
仲野清次郎
 斎藤真一　心の美術館 ……… 30

コレクション・コレクター索引　はたか

　　　出羽桜美術館⋯⋯⋯⋯⋯ 32
長浜刀
　　　石見安達美術館⋯⋯⋯⋯ 382
「那智瀧図」
　　　根津美術館⋯⋯⋯⋯⋯⋯ 126
鍋島焼
　　　栗田美術館⋯⋯⋯⋯⋯⋯ 48
　　　戸栗美術館⋯⋯⋯⋯⋯⋯ 122
成川實
　　　箱根・芦ノ湖成川美術館⋯ 155
名和靖
　　　名和昆虫博物館⋯⋯⋯⋯ 253
ニキ
　　　ニキ美術館⋯⋯⋯⋯⋯⋯ 60
西田安正
　　　西田美術館⋯⋯⋯⋯⋯⋯ 197
西村祐次
　　　空想ひみつ基地　こどもの
　　　　時代館⋯⋯⋯⋯⋯⋯⋯ 177
「二十巻本類聚歌合」
　　　昭和美術館⋯⋯⋯⋯⋯⋯ 285
蜷川明
　　　京都ギリシアローマ美術館 309
日本画
　　　小松市立本陣記念美術館⋯ 200
日本刀
　　　蟹仙洞⋯⋯⋯⋯⋯⋯⋯⋯ 26
日本陶磁
　　　掬粋巧芸館⋯⋯⋯⋯⋯⋯ 28
ぬいぐるみ
　　　那須テディベア・ミュージ
　　　　アム⋯⋯⋯⋯⋯⋯⋯⋯ 57
　　　伊豆テディベア・ミュージ
　　　　アム⋯⋯⋯⋯⋯⋯⋯⋯ 266
根津嘉一郎
　　　根津美術館⋯⋯⋯⋯⋯⋯ 126

能面・能装束
　　　野村美術館⋯⋯⋯⋯⋯⋯ 315
　　　能楽資料館⋯⋯⋯⋯⋯⋯ 361
野々川大介
　　　メナード美術館⋯⋯⋯⋯ 287
野々村仁清
　　　百河豚美術館⋯⋯⋯⋯⋯ 192
野間清治
　　　講談社野間記念館⋯⋯⋯ 98
野村徳七
　　　野村美術館⋯⋯⋯⋯⋯⋯ 315

【は行】

俳諧資料
　　　柿衞文庫⋯⋯⋯⋯⋯⋯⋯ 340
秤屋健蔵
　　　秤乃館⋯⋯⋯⋯⋯⋯⋯⋯ 294
橋本雅邦
　　　山崎美術館⋯⋯⋯⋯⋯⋯ 74
長谷川勝三郎
　　　鹿沼市立川上澄生美術館⋯ 46
長谷川謙三
　　　蟹仙洞⋯⋯⋯⋯⋯⋯⋯⋯ 26
長谷川正
　　　鎌倉古陶美術館⋯⋯⋯⋯ 149
長谷川時夫
　　　ミティラー美術館⋯⋯⋯ 188
長谷川仁
　　　笠間日動美術館⋯⋯⋯⋯ 40
長谷川町子
　　　長谷川町子美術館⋯⋯⋯ 129
簱功泰
　　　箱根ラリック美術館⋯⋯ 162

はたけ コレクション・コレクター索引

畠山一清
　　畠山記念館……………… 131
服部一郎
　　サンリツ服部美術館…… 230
林原一郎
　　林原美術館……………… 387
原三溪
　　三溪園…………………… 153
原田政雄
　　信州高遠美術館………… 232
バルビゾン派
　　山寺後藤美術館………… 34
　　村内美術館……………… 138
版画
　　鹿沼市立川上澄生美術館…… 46
樋口顕嗣
　　新潟市潟東樋口記念美術館 186
「ひとよ茸ランプ」
　　北澤美術館　本館……… 218
ビュフェ，ベルナール
　　ベルナール・ビュフェ美術
　　館………………………… 279
平賀源内資料
　　鎌田共済会郷土博物館…… 402
平木信二
　　UKIYO-e TOKYO ………… 83
平野憲
　　平野美術館……………… 277
平野素芸
　　平野美術館……………… 277
平野政吉
　　平野政吉美術館………… 24
「風雨山水図」
　　静嘉堂文庫美術館……… 112
「富嶽三十六景　神奈川沖浪裏」
　　山口県立萩美術館・浦上記
　　念館……………………… 400
武具
　　箱根武士の里美術館…… 160
福島コレクション
　　根津美術館……………… 126
「普賢菩薩騎象像」
　　大倉集古館……………… 87
藤井善助
　　藤井斉成会　有鄰館…… 319
藤田伝三郎
　　藤田美術館……………… 331
藤田平三郎
　　藤田美術館……………… 331
藤巻進
　　ペイネ美術館…………… 245
ペイネ，レイモン
　　ペイネ美術館…………… 245
ボイス，ヨゼフ
　　カスヤの森現代美術館…… 145
　　清里現代美術館………… 204
「蓬莱山図」
　　山崎美術館……………… 74
堀田光雄
　　三木市立堀光美術館…… 369
「仏功徳蒔絵経箱」
　　藤田美術館……………… 331
本陣甚一
　　小松市立本陣記念美術館… 200

【ま行】

マコンデ彫刻
　　マコンデ美術館………… 296
増田静江

448　個人コレクション美術館博物館事典

　　　　ニキ美術館……………… 60
「班猫」
　　　　山種美術館……………… 140
松岡清次郎
　　　　松岡美術館……………… 136
マッキントッシュ，C.R.
　　　　飛騨高山美術館………… 259
松下兼知
　　　　松下美術館……………… 428
松田政秀
　　　　同一庵藍民芸館………… 184
松田基
　　　　夢二郷土美術館………… 392
「松に鶴と波の屏風図」
　　　　山崎美術館……………… 74
松村英
　　　　有明美術館……………… 211
真鍋利光
　　　　中津万象園・丸亀美術館… 404
丸山太郎
　　　　松本民芸館……………… 247
水野恒男
　　　　マコンデ美術館………… 296
ミティラー画（インド）
　　　　ミティラー美術館……… 188
「三保松原図」
　　　　頴川美術館……………… 335
宮本武蔵
　　　　島田美術館……………… 419
民芸品
　　　　国際基督教大学博物館　湯
　　　　　浅八郎記念館…………… 101
　　　　松本民芸館……………… 247
　　　　鳥取民藝美術館………… 374
民族衣裳
　　　　杉野学園衣裳博物館……… 108

民俗人形
　　　　小池千枝コレクション　世
　　　　　界の民俗人形博物館…… 225
向井鉄也
　　　　飛騨高山美術館………… 259
村内道昌
　　　　村内美術館……………… 138
「紫式部日記絵巻」
　　　　五島美術館……………… 103
「紫式部日記絵詞」
　　　　藤田美術館……………… 331
「名樹散椿」
　　　　山種美術館……………… 140
茂出木心護
　　　　凧の博物館……………… 118
茂出木雅章
　　　　凧の博物館……………… 118
森下精一
　　　　BIZEN中南米美術館 …… 389

【や行】

柳八十一
　　　　白浜海洋美術館………… 78
矢吹勇雄
　　　　天一美術館……………… 66
山口吉郎兵衛
　　　　滴翠美術館……………… 351
山崎嘉七
　　　　山崎美術館……………… 74
山崎種二
　　　　山種美術館……………… 140
山田晴美
　　　　京都嵐山オルゴール博物館 307

山本丘人
　　箱根・芦ノ湖成川美術館… 155
湯浅八郎
　　国際基督教大学博物館　湯
　　　浅八郎記念館………… 101
油井一二
　　佐久市立近代美術館……… 227
湯木貞一
　　湯木美術館………………… 333
「曜変天目茶碗」
　　静嘉堂文庫美術館………… 112
　　藤田美術館………………… 331
横田正臣
　　ヨコタ博物館……………… 290
横山大観
　　足立美術館………………… 378
吉澤松堂
　　佐野市立吉澤記念美術館… 50
吉田正太郎
　　黒船館……………………… 178
吉田璋也
　　鳥取民藝美術館…………… 374

　　　　【ら行】

「羅漢図」
　　頴川美術館………………… 335
ラグーザ・玉
　　池田記念美術館…………… 171
ラリック，ルネ
　　大村美術館………………… 21
　　箱根ラリック美術館……… 162
　　飛騨高山美術館…………… 259
リーチ，バーナード

　　日登美美術館……………… 299
「麗子像」
　　天一美術館………………… 66
　　ブリヂストン美術館……… 133
ロイヤルコペンハーゲン
　　大熊美術館………………… 213
ローランサン，マリー
　　マリー・ローランサン美術
　　　館………………………… 249

　　　　【わ行】

「倭漢朗詠抄　太田切」
　　静嘉堂文庫美術館………… 112
「わだつみのいろこの宮」
　　石橋美術館………………… 415
渡辺元
　　渡辺美術館………………… 376
和時計
　　福山自動車時計博物館…… 398

\[新訂増補 個人コレクション美術館博物館事典\]	
2008年2月25日 第1刷発行	

編　集／日外アソシエーツ編集部
発行者／大高利夫
発行所／日外アソシエーツ株式会社
　　　　〒143-8550 東京都大田区大森北1-23-8 第3下川ビル
　　　　電話(03)3763-5241(代表)　FAX(03)3764-0845
　　　　URL http://www.nichigai.co.jp/
発売元／株式会社紀伊國屋書店
　　　　〒163-8636 東京都新宿区新宿3-17-7
　　　　電話(03)3354-0131(代表)
　　　　ホールセール部(営業) 電話(044)874-9657

組版処理／有限会社デジタル工房
印刷・製本／光写真印刷株式会社

不許複製・禁無断転載　　　　　　《中性紙三菱クリームエレガ使用》
〈落丁・乱丁本はお取り替えいたします〉
ISBN978-4-8169-2093-6　　　　　Printed in Japan, 2008

大学博物館事典――市民に開かれた知とアートのミュージアム

伊能秀明 監修　A5・610頁　定価9,800円（本体9,333円）　2007.8刊

日本全国の大学に設置された、総合、歴史、美術、自然史、服飾、楽器、工業科学、植物園、水族館など様々な館種の大学博物館を紹介。

伝統工芸館事典

A5・450頁　定価10,290円（本体9,800円）　2003.12刊

日本の伝統工芸を扱う博物館・展示施設・体験参加型施設の事典。陶磁器、漆芸、染織、和紙、木工など幅広く全国203館を収録。

美術作品レファレンス事典

人物の肖像画・人物画・彫刻が、どの美術全集に掲載されているか、モデルとなった人名から探せるレファレンスツール。

人物・肖像篇
B5・670頁　定価39,900円（本体38,000円）　2007.2刊

人物・肖像篇　II 神話・宗教
B5・600頁　定価39,900円（本体38,000円）　2007.11刊

日本の映画人――日本映画の創造者たち

佐藤忠男 編　A5・720頁　定価12,600円（本体12,000円）　2007.6刊

製作、監督、脚本、撮影、美術、照明、音楽、編集、アニメ、字幕、評論など各分野で活躍し、日本映画に功績を残した1,472人を収録した総合的な事典。

現代写真人名事典

東京都写真美術館 監修　A5・600頁　定価13,440円（本体12,800円）　2005.12刊

現在日本で活躍中の写真関係者1,512人のプロフィール。写真家、写真評論家、写真史研究家、写真産業関係者など、写真に関わる人物を幅広く収録。

お問い合わせは…　データベースカンパニー　日外アソシエーツ

〒143-8550　東京都大田区大森北1-23-8
TEL.(03)3763-5241　FAX.(03)3764-0845
http://www.nichigai.co.jp/